國家圖書館出版品預行編目資料

中國哲學發展史 / 吳怡著.－－四版二刷.－－臺北
市：三民，2015
面；　公分

ISBN 978-957-14-5101-5　（平裝）

1.中國哲學史

120.9
97017676

ⓒ　中國哲學發展史

著 作 人	吳　怡
發 行 人	劉振強
著作財產權人	三民書局股份有限公司
發 行 所	三民書局股份有限公司
	地址　臺北市復興北路386號
	電話　(02)25006600
	郵撥帳號　0009998-5
門 市 部	（復北店）臺北市復興北路386號
	（重南店）臺北市重慶南路一段61號
出版日期	初版一刷　1984年6月
	四版一刷　2009年7月
	四版二刷　2015年4月修正
編　　號	S 120100

行政院新聞局登記證局版臺業字第○二○○號

有著作權‧不准侵害

ISBN　978-957-14-5101-5　（平裝）

http://www.sanmin.com.tw　三民網路書店

中國哲學

發展

吳怡

三民書局

尚不至於絕

——《中國哲學發展史》四版序

　　三民書局編輯部來函邀我為本書再版作序。事實上，本書已是第四版，離初版也有二十餘年，當然算不上暢銷了。很多熱門的書，一出版便銷售一空，接著再版無數次，可是十年、二十年後，便絕了版，因為內容已過時了，沒有再版的必要。不像我們這些哲學書籍，本就是過時了的東西，可是由於它們還有一些超時間的價值，所以尚能綿延而不至於「絕」。為本書再版作序，我就是夾雜了這點「尚不至於絕」的心情。

　　目前，我有兩本關於中國哲學史的著作。一是和先師張起鈞教授合著的《中國哲學史話》，另一就是本書。前者寫於我在大四和研究所一年級之間，那時，年輕氣盛，再加上起鈞老師勉以道統為主軸，所以寫來滿富熱情，是屬於感性的作品。後者的前半部是在臺灣教課時的講義，後半部是來美教學時的構思，寫作時期大多在我四十歲前後，這時，熱情化為知識，所以本書是屬於知性的作品。

　　最近二十年來，由於我所執教的整體學研究所是從印度整體瑜伽、整體哲學，到美國的整體心理學一路發展下來，我自己也因緣相合，而提出一套中國整體生命哲學和轉化的理論，在本局出版的拙著《關心茶》、《生命的轉化》、《生命的哲學》，都是有關這方面的論著。另一本《心的轉化》正準備在中國大陸出版。基於這方面的研究，我在美國學校便開了一門「中國整體生命哲學發展史」的課程。當然內容和前兩本中國哲學史又有不同。我所謂「整體生命哲學」是以道、理、用為等邊三角形的三點，說明三者之間的相輔相成。我用這個關係來表達中國哲學的特質，來分析各哲學家、各哲學學派的高下深淺，同時也用這個關係來探討中國文化的生命。

　　在我個人來說，思路和歷程是由感性、知性，而到生命的整體性。雖然我尚沒有衝動去寫第三本的中國哲學史，但讀者們，無論是讀到較富於感性的《中國

哲學史話》，或較偏於知性的《中國哲學發展史》，仍然可以用他們自己的生命，去把感性和知性融化為整體的生命，在自己的心中去轉化，去提昇。

吳　　怡　於美國加州整體學研究所
民國 98 年 5 月 30 日

前　言

　　中國哲學史的著作，自胡適《中國古代哲學史》開始，直到最近，寫得比較完整的，也已有好幾部了。每一部都有它不同的方法，不同的特色。很難說那一部絕對的好，更不可能說那一部完全符合哲學發展的史實。因為在撰寫的過程中，必然會摻入作者個人的思想和看法。

　　我這部《中國哲學發展史》的前半本，原為民國 64 年應教育部社教司之邀，在廣播電臺的講稿。由於時間的限制，只講到先秦思想部分，後來再加以整理擴充。至於後半本卻是近幾年來飄泊海外，在文化衝擊的環境下，斷斷續續寫成的。儘管我前後的思想有很多改變，寫作的心態也不一樣，但堅決強調中國哲學不應空談觀念，玩弄術語；必須由內聖通向外王，必須解決社會人生問題的這一信念，卻是始終如一的。

　　在初稿中，本有一篇〈緒論〉，介紹中國哲學的特質和哲學史的研究方法，現在把它刪除了。因為我覺得在讀者還沒有接觸到中國哲學史本身之前，便灌輸給他們太多中國哲學是什麼的看法，也許會先入為主的，妨礙了他們自己的判斷。同時過分強調某種特殊的方法，往往會削足適履的，使某些哲人的思想在作者預設好的框框中變了形。

　　我沒有歷史的考證癖。本書的目的只是希望能揭露一些中國哲人們的思想精神，看看他們是如何前後相承地去傳續這點智慧的聖火。所以在撰寫的過程中，我儘量試著去把握每位哲人思想裏的一兩個中心觀念，再由這些觀念去貫串他們的哲學體系，去探索他們思想的發展和影響。當然限於才力和學力，這一點對我來說已是奢望；但對讀者來說卻有一個寄望：希望讀者們能藉此更進一步去研讀原典，直承前哲們的思想精神，再接著他們的努力，繼續地往前跑。

吳　怡　謹識於舊金山

民國 72 年 10 月 10 日

第一章 哲人帝王的治道

「哲人帝王」是柏拉圖的理想，然而在西方政治上，這個理想，也只能存在於柏拉圖的理想國中。可是很奇怪的，在中國，早在柏拉圖之前，我們的堯舜禹湯文武，都是兼有哲人和帝王的兩種身分。如〈皋陶謨〉上有一段描寫：

> 皋陶曰：「都！在知人，在安民。」禹曰：「吁！咸若時，惟帝（指舜也）其難之。知人則哲，能官人；安民則惠，黎民懷之。能哲而惠，何憂乎驩兜？何遷乎有苗？何畏乎巧言令色孔壬？」

這種具有明智之哲和愛人之慧的修養，也正是帝王能兼哲人的內聖外王的工夫。

然而在這裏有一個極為複雜的問題，就是我們所根據以了解堯舜禹湯等哲人帝王之治的《尚書》，在古代有今古文之爭，在近代不僅推翻了《古文尚書》，甚至連《今文尚書》也有懷疑之詞。

孔子設科授徒，主要的教本便是《詩》、《書》兩部經典，所謂：

> 《詩》、《書》執禮，皆雅言也。（《論語‧述而》）

同時，在《論語》中，又有兩次直接引證了《尚書》，如：

> 子曰：「《書》云：『孝乎惟孝，友于兄弟。』」（〈為政〉）（《偽古文尚書‧君陳》）
>
> 子張曰：「《書》云：『高宗諒陰，三年不言。』」（〈憲問〉）（《尚書‧無逸》）

可見《尚書》在當時已成定本。所以《史記‧孔子世家》中說：

> 孔子……序《書傳》，上紀唐虞之際，下至秦穆，編次其事。

《漢書‧藝文志》上也說：

> 《書》之所起遠矣，至孔子纂焉，上斷于堯，下訖于秦；凡百篇，而為之序，言其作意。

其實今天所留下來的《今文尚書》二十九篇，為文帝時的一位秦博士伏生所傳，是用漢代通行隸書所寫的。後來據說在漢武帝末年，魯恭王（劉餘），在孔壁中得到了以籀文（鐘鼎石鼓，大篆等文字）所寫的《古文尚書》，孔安國以今文去讀它，又比從前多出了十六篇，但這十六篇文字，在漢代沒有通行，以後又失傳了。直到東晉元帝時，豫章地方的一位內史，名叫梅賾的，獻上了自稱為孔安國所傳的《古文尚書》，一共有五十九篇。比伏生的書多出了三十篇。可是伏生的文字佶屈聱牙，意義不易盡解，而這三十篇卻文字通順，意義淺顯明白。所以自宋代的學者，如吳棫、朱熹、蔡沈以來都有懷疑，直到清代，閻若璩的《古文尚書疏證》，惠棟的《古文尚書考》，更證明《古文尚書》是偽的。

此後研究《尚書》的學者，大致都公認閻若璩的考證近乎事實。但在西元 1908 年，日本學者白鳥庫吉發表了一篇〈堯舜禹抹殺論〉，居然對堯舜禹的事跡發生懷疑，而否定《今文尚書》的可靠性。我國學者顧頡剛也受其影響，認為禹是大爬蟲，禹的時候，仍然是一片蠻荒。

在這裏，我們不必為這個問題去考證。僅就思想發展的線索上，至少可以有二點認識：

①堯舜禹的事跡雖然有不可靠處，但必非子虛烏有，為孔門所改託。因為除孔子提到堯舜外，墨子也明言：

> 尚欲祖述堯舜禹湯之道，將不可以不尚賢。（〈尚賢上〉）

莊子也屢言：

> 堯治天下之民。（〈逍遙遊〉）

墨子反儒，莊子笑孔，而兩人談到堯舜之事與儒家相同，這點也足證堯舜必非孔子所改託。

②《古文尚書》雖然為偽託之作，《今文尚書》雖非堯舜禹湯的親作，但其中並非沒有真實可靠的資料。譬如拿〈堯典〉來說，即使有些學者說該篇成於戰國初年，但它所根據的仍然為古代的傳說，而此傳說並非神話故事，乃是具有極為嚴肅的主題。因為在孔子時曾以《尚書》為教本，所以其所依據的傳說相信是十分可靠的。尤其我們是站在思想演變的立場來看問題，因此這種傳說的形成，也正代表了思想的旨趣，及其發展。

由於以上二點認識，因此我們仍然肯定堯舜禹實有其人，實有其事，只是我們選材料證明時，儘量取自於《今文尚書》，及再輔以其他子書如《論》、《孟》、《墨》、《莊》的旁證。

關於堯舜禹湯文武的這個道統究竟講些什麼？我們把它們歸納為以下幾點：

㈠天道與政道的相應

在古代的信仰中，都是把天看成作威作福的上帝，人只有懾服於天，才能生存。但在《尚書》中對於這個天，卻加以義理化了。同時，也提高了人的地位。使政道和天道能夠相應。如〈皋陶謨〉上說：

> 天工人其代之。天敘有典，勑我五典（父子君臣夫婦兄弟朋友五倫）五惇哉！天秩有禮，自我五禮（天子、諸侯、卿、士、庶民）有庸哉！同寅協恭和衷哉！天命有德，五服五章哉！天討有罪，五刑（墨、劓、剕、宮、大辟）五用哉！政事懋哉懋哉！天聰明，自我民聰明；天明畏，自我民明威。達于上下，敬哉有土！

在這段話裏，所謂「天敘有典」，是指天訂定了常典；「天秩有禮」，是指天序列了禮法；「天命有德」，是指天任命有德之人；「天討有罪」，是指天處罰有罪之人。可見天不是活靈活現的一個操縱者，而是人生大倫，政治法則的一個安排者，而且天的這種安排，也並非一意孤行，而是透過了人心的，正是所謂：「天聰明，自我民聰明；天明畏，自我民明威。」也就是說天之所以能鑑照一切，並非有無所不

知的神通，乃是以人民的耳目為耳目；天之所以令人敬畏，並非有草菅人命的威權，而是以民意為賞罰的標準。

由以上所述，可見在《尚書》中，一方面已把天理則化，一方面又把人向上提昇，使天道和政道能夠相應。

㈡中正與中和的相通

《論語》中記載堯舜禹的相傳：

> 堯曰：「咨！爾舜，天之曆數在爾躬，允執其中。四海困窮，天祿永終。」舜亦以命禹。(〈堯曰〉)

這段話在《尚書》中找不到，只有在《偽古文尚書》的〈大禹謨〉中把這段話拆了開來說：

> ……天之曆數在汝躬，汝終陟元后。人心惟危，道心惟微；惟精惟一，允執厥中。無稽之言勿聽，弗詢之謀勿庸。可愛非君？可畏非民？眾非元后何戴？后非眾罔與守邦。欽哉！慎乃有位，敬修其可願。四海困窮，天祿永終。

今天許多學者都公認這篇文字是偽託的，因此在這裏暫不把它引作資料。唯「允執厥中」四字，見於《論語》，可見堯舜禹的確是以這句話相傳的，但這個中字又是指什麼呢？後代的學者，往往根據「人心惟危，道心惟微」的話，把這個中字解釋為心字。(如熊十力在《讀經示要》上說：「中謂心也，心備萬理，其通感流行，皆自然有則而不過，故謂之中。」) 其實堯的這段話，完全對施政而言，所以這個中字，不如解釋為中正，較為淺顯明白。

至於要如何才能保持中正之道呢？當然必須從心上先下工夫。在心上的求中，乃是致中和。〈堯典〉上說：

> 帝曰：「夔，命汝典樂，教冑子。直而溫，寬而栗，剛而無虐，簡而無傲。詩言志，歌永言，聲依永，律和聲；八音克諧，無相奪倫，神人以和。」

又〈皋陶謨〉上說：

> 皋陶曰：「都！亦行有九德；亦言其人有德，乃言曰：載采采。」禹曰：「何？」
> 皋陶曰：「寬而栗，柔而立，愿而恭，亂而敬，擾而毅，直而溫，簡而廉，剛而塞，彊而義。」

這兩段話中所舉的德行都是把兩種相反的心態加以調和，以得其中。唯有心中先保有這種中和的精神，施之於外，自然也就合乎中正之道了。

㈢無為與遜讓的相成

我們一提到「無為」兩字，便立刻會想到老子的無為而治。其實「無為」並不是老子的專利品，孔子在《論語》中曾讚美舜說：

> 無為而治者，其舜也與！夫何為哉？恭己正南面而已矣！（〈衛靈公〉）

可見早在老子之前的舜，已運用過無為，及和老子不同的孔子，也讚美無為。

不過在這裏我們須辨明的是老子的無為，從高處說，只是一種自然的境界；從低處說，乃是一種處事的方法。而孔子眼中的舜的無為，乃是著重在「恭己」兩字。也就是由修身立德，自然能使天下歸於治。

這種能夠正南面的恭己，能夠無為而治的恭己，在堯舜的表現上，最具特色的就是遜讓之德所造成的禪讓之風。後代學者對於堯舜的禪讓頗多懷疑之詞，其實描寫堯舜禪讓的不僅是儒家，像反儒的墨子也說：

> 古者，堯舉舜於服澤之陽，授之政，天下平。（〈尚賢上〉）

挖苦孔子的莊子也說：

> 昔者堯舜讓而帝。（〈秋水〉）

可見禪讓之風並非孔子一人所造，儒門一家所託了。

在《尚書‧堯典》上曾記載得很明白：

> 帝曰：「咨！四岳，朕在位七十載，汝能庸命，巽朕位。」岳曰：「否德忝帝位。」曰：「明明揚側陋。」師錫帝曰：「有鰥在下，曰虞舜。」帝曰：「俞，予聞；如何？」岳曰：「瞽子，父頑，母囂，象傲；克諧以孝，烝烝乂不格姦。」帝曰：「我其試哉！」女于時，觀厥刑于二女，釐降二女于嬀汭，嬪于虞，帝曰：「欽哉！」

又有：

> 帝曰：「格汝舜：詢事考言，乃言底可績，三載；汝陟帝位。」舜讓于德，弗嗣。

由這些記載都可以看出堯舜的這種遜讓的美德。把這種遜讓的美德推之於政治，自然就能無為而治了。

㈣宗聖與祭祖的相融

《國語》上曾描寫堯舜禹湯的祭祀之禮說：

> 有虞氏禘黃帝而祖顓頊，郊堯而宗舜。夏后氏禘黃帝而祖顓頊，郊鯀而宗禹。商人禘舜而祖契，郊冥而宗湯。周人禘嚳而郊稷，祖文王而宗武王。

有虞氏所宗者，都是前代的聖王，並無血統的關係。所謂祖和宗都是祭名，「祖有德、宗有功」，都是紀念有功德的古聖先賢。直到夏后氏時，除了仍然「禘黃帝而祖顓頊」外，又加上「郊鯀而宗禹」。鯀沒有功德可言，所以郊鯀完全是為了祭祖，也就是說自夏后開始，在以功德為主的祭禮中，加入血統的祭祀。《論語》中孔子曾讚美禹說：

> 禹，吾無間然矣！菲飲食而致孝乎鬼神。（〈泰伯〉）

孔子用一個「孝」字去寫禹的敬鬼神，是指明了禹的祭祖，完全是重在血統。

自禹以後，功德和血統這兩個因素就交織在中國的祭祀之禮中，也相融於中國整個道統文化中。我們中國人之所以對宗教非常淡薄，無論什麼宗教都可以在

中國兼容並蓄，就是由於這種功德和血統的祭祀，可以滿足我們的不朽感，而無需尋求宗教的寄託。

以上，我們把堯舜禹湯的道統歸納為天道與政道，中正與中和，無為與遜讓，宗聖與祭祖四個方面，是有兩個動機：

第一個動機是要從這雙雙對對的相應，相通，相成，相融中，以說明我們道統的源頭都是把握住一個中字，都是在發揮天人合一，內聖外王的思想。

第二個動機是從這四個方面中，每一方面都是立基於德，以說明我們道統的源頭都是以德行為中心。

第二章 《易經》與天人變化之學

一、《易經》的結構和發展

研究中國哲學的人，都非常重視《易經》，因為它不僅是中國哲學的源頭，而且與整個中國哲學史的流變，無論是深的或淺的，都有密切的關係。現在我們就從它的結構和發展兩方面，來看看它的源頭，以及在中國哲學史上所扮演的角色。

㈠從《易經》的結構看上古思想形成的線索

今天《易經》這本書，可以分為三大部分：

1. 八卦與六十四卦

這裏所謂八卦與六十四卦，完全是指赤裸裸的符號，而沒有文字。

傳說伏羲畫八卦。雖然八卦並非《易經》哲學中最重要的一部分，因為《易經》哲學的完成，必須等到周公孔子之時，但八卦畢竟是《易經》的第一步。雖然是八個簡單的符號，小小的一步，但卻吹響了中國哲學、中國文化的號角。

究竟有無伏羲這個人？究竟是什麼時代的人？在今日的考古家，史前學家的眼中，還是一個謎，但伏羲畫八卦在《易經・繫辭》上卻明文有據：

> 古者包犧氏之王天下也，仰則觀象於天，俯則觀法於地。觀鳥獸之文，與地之宜，近取諸身，遠取諸物，於是始作八卦，以通神明之德，以類萬物之情。作結繩而為罔罟，以佃以漁，蓋取諸離。（〈繫辭下傳〉第二章）

至於把八卦重疊為六十四卦，有的說是伏羲自重的（王弼主張），或神農所重

（鄭玄主張）、夏禹所重（孫盛主張）、文王所重（司馬遷主張）。其實是誰所重，這問題並不重要。重要的是由八卦重疊為六十四卦，在哲學思想上的意義。

〈繫辭下傳〉上曾說：

> 八卦成列，象在其中矣。因而重之，爻在其中矣。剛柔相推，變在其中矣。（〈下傳〉第一章）

這是說八卦只是一種靜態的分列，只是取象於外而已。這和西方哲學上討論宇宙根本元素是水，是氣，是火，及印度哲學上的地水火風等四大，並沒有多少差別。而六十四卦的構成，卻不只是一種符號的重疊而已，因為每個卦都代表一類事物，以及這一類事物中的某一現象。如蒙卦（主教育）、師卦（主軍事）、訟卦（主司法）、家人卦（主家庭）、謙、无妄、損、益等卦（主修身）、比、履、革、鼎等卦（主政事）。雖然這種分類並不夠精密，但至少可以看出每一個卦都在說明某一現象和事理。所以就卦的符號來說，是一種重疊；就事理來說，卻是一種歸納。並且是由自然到了人生，由素樸的實在到了複雜的人事。

2. 卦辭和爻辭

卦辭是繫於每一卦之下，代表該卦性質的文字；爻辭是繫於每一爻之下，說明該爻作用的文字，據說是文王所作（司馬遷主張），或卦辭文王作，爻辭周公作（馬融等主張）。甚至也有認為卦辭爻辭皆為孔子所作（熊十力主張）。

關於卦辭和爻辭究竟是誰所作，似乎也無定論。但其時期在春秋以前，卻是無可懷疑的。現在我們要研究的不是卦爻辭的考證問題，而是卦爻辭在哲學思想上所代表的意義。

如果我們把六十四卦的卦辭爻辭作一個分析，可以發現卦辭中都離不了「亨」和「利」字。其中言「亨」的有三十八卦，言「利」的有四十二卦。而在三百八十四根爻辭中，更是充滿了吉、凶、悔、吝等字，這說明了《易經》發展到卦爻辭，已經把六十四卦從靜的分類完全運用到人生上，以作避禍求福的準則。如《易‧繫辭傳》中所謂：

> 聖人設卦觀象、繫辭焉而明吉凶。（〈上傳〉第二章）

辨吉凶者存乎辭。(〈上傳〉第三章)

繫辭焉以斷其吉凶。(〈上傳〉第八章)

繫辭焉所以告也,定之以吉凶,所以斷也。(〈上傳〉第十一章)

這些都說明了卦爻下所繫的辭,只有一個目的就是斷吉凶,也就是說《易經》發展到卦爻辭時期,已經成為一部占卜之書。而這一時期大約在殷周之際。

3. 十翼

相傳孔子作「十翼」,所謂十翼就是十篇輔助《易經》的文字,即〈上象〉、〈下象〉、〈大象〉、〈小象〉、〈繫辭上〉、〈繫辭下〉、〈文言〉、〈說卦〉、〈序卦〉、〈雜卦〉等十篇。前人對孔子作十翼一事,頗多懷疑,自歐陽修開始,崔東壁、顧頡剛、馮友蘭等人都以為不是孔子所作。

事實上,十翼的內容參差不齊,顯然不是成於一人之手,因此也不可能完全是孔子所親作。但孔子曾讀過《易》,贊過《易》,所以十翼中自然也有孔子的思想。關於孔子是否讀《易》,這也是一個聚訟紛紜的問題。《史記‧孔子世家》明言:「孔子晚而喜《易》。」「讀《易》,韋編三絕。」《論語》中孔子自言:「加我數年,五十以學《易》,可以無大過矣。」(〈述而〉)這與他「五十而知天命」正好相符,同時在〈子路篇〉中曾說:「不恆其德,或承之羞。」這是恆卦的九三之爻。從這些事實中,至少可以確認孔子和《易經》是有極大的關係。

十翼和以前兩部分比起來,有兩點值得我們重視:

①卦辭和爻辭只是純粹斷吉凶的,而其所斷的依據,只是在爻的關係上來看。可是到了十翼中,卻加入了道德的因素。如〈大象〉中:

君子以自強不息。(乾)

君子以厚德載物。(坤)

君子以果行育德。(蒙)

君子以懿文德。(小畜)

其中有不少的話都和《論語》、《大學》、《中庸》的話相通,如:

君子以思不出其位。(艮〈象〉)

　　君子思不出其位。(《論語‧憲問》)

　　君子以自昭明德。(晉〈象〉)

　　古之欲明明德於天下。(〈大學〉)

　　君子以獨立不懼，遯世無悶。(大過〈象〉)

　　遯世不見知而不悔。(〈中庸〉)

由這點可見十翼中的許多部分，已把粘執在爻象上的占卜之《易》，逐漸轉為著重
在心性修養上的道德之《易》。

　　②十翼中的〈繫辭〉、〈序卦〉、〈雜卦〉、〈說卦〉等文字，已把《易經》中的
占卜加以理論化。譬如〈繫辭上〉第九章：

　　天一地二、天三地四、天五地六，……(十一章) 二篇 (指上下經) 之策，
　　萬有一千五百二十，當萬物之數也。

這是以數的原理來解《易》了。又如〈說卦〉第八章：

　　乾為馬、坤為牛、震為龍、巽為雞、坎為豕、離為雉、艮為狗、兌為羊。

這是把經和物象相比來解《易》。又如〈序卦〉：

　　有天地，然後萬物生焉。盈天地之間者惟萬物，故受之以屯。屯者，盈也，
　　屯者，物之始生也。物生必蒙，故受之以蒙。

這是按照事理的發展把卦的次序連成一貫來說《易》。再如〈雜卦〉：

　　乾剛坤柔，比樂師憂。臨觀之義，或與或求。

這是就一卦之性能來釋六十四卦。

　　總之十翼中像這些部分，可能非孔子所作。但它在《易經》的發展上也自成
一格。

　　最後，我們再就《易經》這三部分的結構作一結論：

　　①八卦和六十四卦只是符號。它在思想發展上的意義是由自然的元素到人事

的歸類。

②卦辭和爻辭只是屬於占卜之用。它在思想上的發展，是就卦爻的關係，運用於人生，以避禍求福。

③十翼是後人把原始《易經》作了整理。一方面加入了道德的意義，一方面發揮其象數的關係。這是《易經》由占卜而變為《易》理，或是《易經》哲學的開始。

以上我們看過《易經》的結構，接著再談談《易經》在中國哲學史上的發展。

(二)《易經》在中國哲學史上所扮演的角色

《四庫提要》上說：「《易》之為書，推天道以明人事者也。《左傳》所記諸占，蓋太卜之遺法；漢儒言象數，去古未遠也。一變而為京焦，入於禨祥；再變而為陳邵，務窮造化；《易》遂不切於民用。王弼蓋黜象數，說以《老》《莊》；一變而為胡瑗程子，始闡儒理；再變而為李光楊萬里，又參證史事；《易》遂日啟其論端。此兩派六宗已互相攻駁。」

現在我們把以上所述，分為六個階段，來看《易經》的發展史。

1. 占卜之《易》

這是《易經》的原始面貌，限於卦辭和爻辭。它本為古代太史所掌，在殷商時都是卜龜甲，到了周朝才以筮為占。這是《易經》逐漸由宗教的身分走入了政治舞臺的開始。

當時太史所掌的《易》有三，正如鄭玄在《易贊》中說：「夏曰《連山》、殷曰《歸藏》、周曰《周易》。」前人對這三《易》的說法頗多，如果殷商多用龜甲占卜的話，那末《連山》和《歸藏》乃是以龜甲占卜之《易》，到了《周易》才改由筮占。這說明了兩點：

①《連山》、《歸藏》之失傳，主要是為《周易》所取代。

②《周易》的占法是占卜之學上的一大進步，也是由占卜逐漸走上哲學之途的開始。

2. 象數之《易》

所謂象，依據〈繫辭傳〉所說：

天垂象，見吉凶，聖人象之。（〈上傳〉第十一章）

聖人有以見天下之賾，而擬諸其形容，象其物宜，是故謂之象。（〈上傳〉第八章）

這是說宇宙萬物變化的表現叫做象，所謂：「《易》者，象也；象也者，像也。」（〈下傳〉第三章）而聖人或作《易》者，根據這種變化之象，運用於人生，以定吉凶，也叫做象。

所謂數，依據〈繫辭〉上所說：

參伍以變，錯綜其數。通其變，遂成天地之文；極其數，遂定天下之象。（〈上傳〉第十章）

這是說宇宙萬物變化的多端，叫做數。打個譬喻，我們白天看公路上的車子，只知道一個接著一個行駛；如果在晚上，則看到的是一條條的燈光。假定再運用攝影技巧的話，卻看到一條條的光線錯綜複雜的交叉著，非常美觀。車子的行駛，非常單純；而宇宙萬物的變化，卻非常複雜。這種變化路線的關係就叫做數。

象數之學就是研究這些爻象變化，及宇宙人生變化的關係之學。正如下圖所表示：

象數 {
　理數——宇宙萬物變化之象
　術數——三百八十四爻間的變化之象
}

這種象數之學比起前面占卜之《易》卻推進了一大步。因為占卜之《易》包圍在神秘的色彩中；我們不知道為什麼這一爻是吉，那一爻卻是凶。而象數之學卻提出了解釋；儘管這種解釋是否能合乎事實的真相，但它卻是理智向神秘的挑戰。

象數之學的發展成熟大約在戰國時期直到漢代。

前面我們把象數分為理數和術數。理數是自然之數，是天之垂象；術數是聖人，或作《易》者，及後來的玩《易》者，用以把握天象的。在〈繫辭傳〉中，有把理數運用於人生的，如〈文言〉、〈象傳〉及〈繫辭〉中極大部分；也有談術數的，如〈序卦〉、〈說卦〉、〈雜卦〉及〈繫辭傳〉中的一部分。在戰國時期這兩

部分猶相融在占卜之《易》中。後來到了漢初，偏重於理數，皮錫瑞在《經學通論》中，曾謂：「漢初說《易》皆主義理、切人事，不言陰陽術數。」可是到了兩漢之際，治《易》者泥於術數，而有專講陰陽災異的機祥之《易》。

3. 機祥之《易》

本來機祥之《易》也是屬於象數之《易》的範圍，但我們在這裏把它別立一節，乃是為了說明這種《易》學逐漸脫離了《易經》中言象數的本意，而雜於陰陽災異。如皮錫瑞在《經學通論》中說：

> 經學有正傳、有別傳。以《易》而論，別傳非獨京氏而已，如孟氏之卦氣、鄭氏之爻辰，皆別傳也。又非獨《易》而已，如《伏傳》五行，《齊詩》五際，《禮·月令》明堂陰陽說，《春秋公羊》多言災異，皆別傳也。

所謂正傳、別傳，是指占卜之《易》到了孔子及其後學手中，強調「不占而已矣」，把重心放在道德義理上，所以《易》才能躋身於經的地位，這是正傳。而自孟喜主卦氣（以氣節流行說《易》，如以坎離震兌為四正卦，以其初爻當二至二分，再以其餘二十爻，每爻主一氣節）、京房主變通（以其中八卦為八宮卦，再推衍其他五十六卦）、虞翻（始於京房）主納甲（以八卦配十干支）、鄭玄（起於京房）主爻辰（以乾坤十二爻配十二時辰來解《易》，又從辰求星象肖屬）、荀爽主升降（陰陽升降配君臣尊卑）之後，一方面治《易》者泥於術數，而另一方面術數者，更託於《易》理。使得一部《易經》在占卜的原始面貌上，更憑添了幾許光怪陸離。

4. 老學之《易》

物極必反，漢代的治《易》者猶如在泥潭中摸魚，摸來摸去，所摸到最多只是一些魚鱗而已。正如朱子在《易象說》裏所指出的：

> 漢儒求之《說卦》而不得，則遂相與創為互體變卦五行納甲飛伏之法、參互以求，而幸其偶合。然其不可通者，終不可通。唯其一二之適然而無待於巧說者，為若可信。然上無所關於義理之本源，下無所資於人事之訓誡，則又何必苦心極力，以求於此而欲必得之哉！

這話完全寫出了漢代治《易》走入術數的毛病。所以到了魏晉時期，一方面，這

種別傳正式成為別傳，也就是術數之《易》被道士所運用，變成了神仙煉丹之學，如魏伯陽的《參同契》便是把虞翻的納甲作為煉丹的理論根據；另一方面，引起了魏晉玄學家的不滿，於是公開揚棄《易經》的象數系統，而以老學來解《易》。其中最具代表性的是王弼。

王弼的注《易》，一方面在掃除漢代的象數，如他所說：

> 義苟在健，何必馬乎？類若在順，何必牛乎？爻苟合順，何必坤乃為牛？義苟應健，何必乾乃為馬？（《略例・明象》）

另一方面，卻是以注解《老子》思想的路向來注《易》。如王弼在復卦〈象傳〉「復其見天地之心」一句的注說：

> 復者，反本之謂也。天地以本為心者也。凡動息則靜，靜非對動也；語息則默，默非對語者也。然則天地雖大，富有萬物；雷動風行，運化萬變；寂然至无，是其本矣。故動息地中，乃天地之心見也。若其以有為心，則異類未獲具存矣！

這段話的思想也正是他注《老子》的思想。如《老子》三十八章注上說：

> 天地雖廣，以無為心；聖王雖大，以虛為主，故曰以復而視，則天地之心見；至日而思之，則先王之志覩也。

可見王弼的《易注》完全是《老子》的思想。

王弼注《易》是否能得其真，雖然值得我們推敲，但他掙脫了象數機祥之《易》的努力，卻功不可沒。而且以《老》注《易》，至少尚能把握《易》理的一面；使得整個魏晉的《易》學幾乎都走向這條路線，這也是極有助於《易》學的發展的。

5. 儒理之《易》

自魏晉而後，一方面是儒學的衰微；一方面是佛學的大盛，使得過去曾為群經之首的《易經》，反而被冷落了。這段時期，只有那些煉丹的方士，躲在一旁像畫符咒似的用圖案去窺測天機。雖然這種圖書之《易》，由〈繫辭〉「河出圖，洛出書，聖人則之」一語引申而出，但都是宋人自創的玩意，而且也是象數之《易》

的另一面貌而已，所以略而不談。

值得大書特書的，乃是由宋代程伊川等開展出來的儒理之《易》。

前面我們曾提過在十翼中，如〈文言〉、〈大象〉及〈繫辭〉的大部分，都是孔子及其後學者，以儒家的道德修養來轉變占卜的吉凶觀念。這種思想自戰國以後，一直被象數之《易》所掩蓋，直到宋代程伊川等人手中，才恢復了它的地位，走上《易經》為儒家思想的正途。誠如朱子的讚嘆：

> 自秦漢以來，考象數者，泥於術數，而不得其弘通簡易之法；論義理者，淪於空寂，而不適乎仁義中正之歸。求其因時立教以承三聖，不同於法，同於道者，則惟伊川先生程氏之書而已。（朱子《書伊川先生易傳版本後》言）

《伊川易傳》的特色，就是把漢代之後的所有象數之《易》，機祥之《易》，老莊之《易》，甚至當時流行的圖書之《易》放在一邊不談，直接從自己所悟的孔孟精神來注《易》。這是儒家思想在《易經》上的復活，整個宋明理學家除了少數，像邵康節等猶注意於象數，及楊萬里等專心於史事外，可說都是走《伊川易傳》的路子。

6. 史事之《易》

在伊川的《易傳》之外，另有一部楊萬里的《誠齋易傳》。

這部《易傳》本來是走伊川的路子，初名《易外傳》，後來改名《易傳》。它和《伊川易傳》一樣，把所有象數，圖書之《易》放在一邊。但它和《伊川易傳》不同的，乃是注重《易經》中的史事，以事理來輔伊川的義理。

本來《易經》的爻辭，常有舉當時的史事來說明的。如：

> 高宗伐鬼方，三年克之，小人勿用。（既濟九三）
> 箕子之明夷，利貞。（明夷六五）

注意到《易》理中的史事其實並不自楊萬里開始，像干寶、歐陽修、程伊川都曾提到。只是楊萬里說得比較普遍，總其成而已。

這種史事之《易》發展到近代，非常盛行，很多學者都就《易經》中的許多

問題以推敲史實。無論他們的研究正確與否，但都是著重《易經》中的史事。也是屬於史事之《易》。

從以上所敘述各時代對《易經》的研究中，不僅可以看出各時代對《易經》的態度；而且可以了解各時代在形而上學方面的發展。《易經》就是這樣一部貫串了中國哲學史，貫串了形而上與人生哲學的最重要的經典。此後中國哲學上的各大學派幾乎都和它有極密切而不可分的關係。

二、《易》理的三義和應變的方法

《易經》，無論是原始的占卜之《易》也好，是後來的儒理之《易》也好，以及其他象數、機祥、老學之《易》也好，都有一個共同的特色，就是應變的精神。

我們可以這麼說：《易經》哲學，就是一門應變的學問。

談到《易經》的應變，必須從兩方面著手，一是宇宙人生是如何變的？一是我們用什麼方法去應變？

㈠「易」有三義

《易經》的這個「易」字，按照《說文》易部上所說：

　　易，蜥易，蝘蜓，守宮也；象形。

這是指易字的原義取象於四腳蛇。據李時珍《本草綱目》及《嶺南異物志》中說：蜥易善變，俗名十二時蟲，其首隨十二時變色。同時在《說文》中又引秘書說：

　　日月為易，象陰陽也。

這是指易字從日從月，取象於日月的交替，陰陽的變化。

無論是取象蜥易也好，日月也好，都是強調這個「變」字。但究竟是如何變的呢？卻沒有具體說明。把這個易字的「變」說得較詳細的，是始於《易緯》的「三義」。如：

孔子曰：易者，易也，變易也，不易也。管三成為道德苞籥。易者以言其德也，通情無門，藏神無內也。光明四通，傚易立節。天地爛明，日月星辰布設。八卦錯序、律歷調列。五緯順軌，四時和粟孶結。四瀆通情，優游信潔，根著浮流，氣更相實。虛無感動，清淨炤哲，移物致耀，至誠專密。不煩不撓，淡泊不失，此其易也。變易也者，其氣也。天地不變，不能通氣，五行迭終，四時更廢。君臣取象，變節相和。能消者息，必專者敗。君臣不變，不能成朝。紂行酷虐，天地反。文王下呂，九尾見。夫婦不變，不能成家。妲己擅寵，殷以之破。大任順季，享國七百，此其變易也。不易也者，其位也。天在上，地在下，君南面，臣北面，父坐子伏，此其不易也。（《易緯·乾鑿度》卷上）

《易緯》雖是漢代讖緯一類的作品，雜於陰陽氣化之說，但它的這種分法卻別有理境，只是在解釋上稍嫌虛玄而已。後來，鄭玄根據這種分法，在《易贊》中說：

易一名而含三義：易簡一也，變易二也，不易三也。

鄭玄的分法，比《易緯》所說的，要簡明清楚多了，現在我們就根據鄭玄的分法，來談談三義。

由於宇宙人生的變動，是整個生命的開展與轉變，所以是一體不可分的。正如〈繫辭〉上所謂：

天下之動，貞夫一者也。（〈繫辭下傳〉第一章）

因此這三義是結成一體，相互為關的。有如下圖：

$$\text{變易（象）} \begin{cases} \text{生生不已——不易（體）} \\ \text{反復其道——簡易（用）} \end{cases}$$

1. 變易

《易》理是周流旁通，變化無常的。正如〈繫辭下傳〉第八章上說：

《易》之為書也，不可遠。為道也，屢遷。變動不居，周流六虛。上下无

常，剛柔相易；不可為典要，唯變所適。

這是說《易》理是永遠處於變動之中，沒有一定的準則，完全是依據變遷而定的。
而《易》理之所以屢遷，乃是由於宇宙人生，就是變動不居的。如〈繫辭上傳〉
第一章的描寫：

> 在天成象，在地成形，變化見矣！是故剛柔相摩，八卦相盪；鼓之以雷霆，
> 潤之以風雨；日月運行，一寒一暑；乾道成男，坤道成女。

這是說一有了天地之後，無論天上的象，地上的形，都在動，都在變；而且是不
動不能成象，不變不能成形。

然而是什麼使它動？究竟如何變的呢？

2. 不易

這個「動」字的能源，就是一個「生」字。所謂：

> 天地之大德曰生。（〈繫辭下傳〉第一章）
> 夫乾，其靜也專，其動也直，是以大生焉；夫坤，其靜也翕，其動也闢，
> 是以廣生焉。（〈繫辭上傳〉第六章）

所謂大生，是生命的上揚；所謂廣生，是生命的繁衍。由於天地具有這種生的性
能，所以萬物才生生不已，正是所謂「生生之謂易」。

不過《易經》的這種「生」，不是上帝造物般的創生；不是母親生子般的養育；
也不是工匠製造器具般的彫琢；而是由陰陽感應而生。如《易經》上說：

> 一陰一陽之謂道。繼之者，善也；成之者，性也。（〈繫辭上傳〉第五章）

一陰一陽是指相感。繼之者，是指相應。成之者，是指由感應而生。又如：

> 《易》，無思也，無為也，寂然不動，感而遂通天下之故。（〈繫辭上傳〉第
> 十章）
> 天地感而萬物化生，聖人感人心，而天下和平；觀其所感，而天地萬物之
> 情可見矣。（咸卦〈象〉辭）

〈象〉曰：「恆，久也。剛上而柔下，雷風相與，巽而動，剛柔皆應，恆。
恆，亨，无咎，利貞，久於其道也。天地之道，恆久而不已也。利有攸往，
終則有始也。日月得天而能久照，四時變化而能久成。聖人久於其道而天
下化成，觀其所恆而天地萬物之情可見矣！」（恆卦）

以上幾段話，都說明了萬物的生成，由感應的作用。這個感應的作用，是生的動
力；這個生，也就是「易」的本體。儘管宇宙萬物變動不居，而這個感應的生，
卻永遠是不變的。

3. 簡易

儘管宇宙的變化，紛紜複雜；儘管陰陽的相感，神秘莫測。但透過了《易》
理來看這個變化的軌跡，卻是簡易明白的。正如〈繫辭上傳〉第一章說：

乾以易知，坤以簡能。易則易知，簡則易從。易知則有親，易從則有功。
有親則可久，有功則可大。可久則賢人之德，可大則賢人之業。易簡而天
下之理得矣！天下之理得，而成位乎其中矣。

這是說乾就像天一樣，只要我們順應天道，「四時行焉」，沒有一點奧妙難知；坤
就像地一樣，只要我們努力耕耘，「百物生焉」，沒有一點神秘難從。

乾坤是就卦象上來說，它在形而上，就是陰陽；在宇宙現象上，就是動靜；
在人生運用上，就是剛柔。因此只要我們能夠把握剛柔兩種作用，便能夠處動靜
之常，以求陰陽之和。正如復卦〈象〉辭上說：

復、亨、剛反。動而以順行，是以出入无疾，朋來无咎。反復其道，七日
來復，天行也。利有攸往，剛長也。復，其見天地之心乎？

這是說由剛柔相推，以了解天地的陰陽消息。而這剛柔二理，正像開關一樣，是
易知易從的。所以《易》理之偉大處，也就在於原理簡易。

(二)應變的方法

關於《易》理的應變方法，可以歸納為以下三方面。

1. 知位

〈繫辭上傳〉第一章：

> 天尊地卑，乾坤定矣。卑高以陳，貴賤位矣。動靜有常，剛柔斷矣，方以
> 類聚，物以群分，吉凶生矣。

從這段話上來看，所謂位至少有三種含義：

$$
位\begin{cases}
宇宙——空間、坐標——天尊地卑\\
人際——地位、職位，身分，立場——貴賤位矣\\
卦象——爻位——剛柔斷矣，吉凶生矣
\end{cases}
$$

《易經》從卦理上把握，當然所講的主要在於爻位。不過認識爻位的關係，
必須先了解幾個常用的術語。如：

①六爻的性能

初爻——潛也　　二爻——多譽　　三爻——多凶

四爻——多懼　　五爻——多功　　六爻——危也

這是說在每一爻上都有其特殊的意義，也就是說有其不同的應變態度。

②同功異位

〈繫辭下傳〉第九章：

> 二與四同功而異位，其善不同，二多譽，四多懼。近也。柔之為道，不利
> 遠者，其要无咎，其用柔中也。三與五，同功而異位；三多凶，五多功，
> 貴賤之等也。其柔危，其剛勝邪！

二與四爻同為陰功，而一外一內，高低不同。所以同功異位。三與五同為陽功，
而一上一下，地位有別，所以也是同功而異位。

③當位與不當位

二與四爻為陰功，三與五爻為陽功，因此凡一卦中，二與四爻是陰爻的話，為
當位，否則為不當位。三與五爻，正好相反。當位多半為吉，不當位則多半為凶。

④二五相應

在爻位的關係上，二爻和五爻是一卦的靈魂。拿內卦來說，初爻代表潛，三爻代表凶，沒有作為。只有二爻多譽，前途無限。拿外卦來說，四爻代表懼，六爻代表危，也沒有作為，只有五爻多功，作用最大。而這兩爻的重要，就重要在它們的互相關照。也就是陰陽的相應，君臣的相和。舉例來說：

家人卦䷤——

〈象〉曰：「女正位乎內，男正位乎外，男女正，天地之大義也。」

按：女是指六二的陰爻，在內卦而當位，所以說正位乎內。男是指九五的陽爻，在外卦也當位，所以說男正位乎外。

《易經》對位的運用，雖然有以上各種爻位的性能，但並非是如此的執著；因為爻位只是代表我們所處的環境。如何應變完全操縱在自己。雖然爻辭上有吉有凶，如果遇凶而能接受爻辭的教訓，便能化凶為吉了；相反的如遇吉爻，不能依理而行，則雖吉也會變凶。

2. 識時

「位」，只是一個靜態的關係，但宇宙人生的變化是動態的。我們每一時間所處的「位」都有不同，所以「位」必須配合了「時」才有作用。正是乾卦〈象〉辭所謂的：

大明終始，六位時成。

所謂「時」，也有三義：

$$
時 \begin{cases} 宇宙——四時 \\ 人際——機遇 \\ 卦象——升降 \end{cases}
$$

就宇宙來說，必須順應四時而行。如：

變通配四時。（〈繫辭上傳〉第六章）

> 天地盈虛，與時消息。（豐卦〈彖〉辭）
>
> 四時變化而能久成。（恆卦〈彖〉辭）
>
> 天地革而四時成。（革卦〈彖〉辭）

就人際關係來說，必須把握時機。如：

> 君子進德修業，欲及時也。（乾〈文言〉）
>
> 君子藏器於身，待時而動，何不利之有。（〈繫辭下傳〉第四章）

就卦象來說，是指一卦中陰陽的升降。如：

> 艮卦☶──
>
> 〈象〉曰：「艮，止也，時止則止，時行則行，動靜不失其時，其道光明。」
>
> 損卦☶──
>
> 〈象〉曰：「損剛益柔有時，損益盈虛，與時偕行。」

這是說整個卦象雖然是止、是損，但由於時間的變化，爻位也跟著有升降，因此應變的態度也不同，止中有行，損中有盈。所以即使所遇的客觀環境是止是損，但千萬不可固執不化，而要應時而變，便能由止而行，損中求益了。

3. 研幾

「知位」和「識時」的位和時，就卦象來說，都是指爻的變化，都是粘執於外在的現象。但所以知，所以識，卻必須依據內心的智慧，以窺測天行。

所謂「幾」，也有三義：

$$
幾\begin{cases} 宇宙──天地的陰陽消息 \\ 人際──事理的吉凶預兆 \\ 卦象──六爻的變化關係 \end{cases}
$$

就宇宙來說，這個「幾」，就是天機。所謂：

> 《易》與天地準，故能彌綸天地之道；仰以觀於天文，俯以察於地理，是故知幽明之故；原始反終，故知死生之說。（〈繫辭上傳〉第四章）

就人際來說，這個「幾」字，是指動之微。所謂：

> 子曰：「知幾，其神乎！君子上交不諂，下交不瀆，其知幾乎。幾者，動之微，吉之先見者也，君子見幾而作。」（〈繫辭下傳〉第五章）

就卦象來說，這個「幾」，是指的《易》辭之占。所謂：

> 是故君子所居而安者，《易》之序也；所樂而玩者，爻之辭也，是故君子居則觀其象而玩其辭，動則觀其變而玩其占，是以自天祐之，吉无不利。（〈繫辭上傳〉第二章）

這個「幾」，無論是指天機、吉凶之兆或《易》辭之占，但並非神秘的。所謂：

> 極數知來之謂占。（〈繫辭上傳〉第五章）
>
> 神以知來，知以藏往。（〈繫辭上傳〉第十一章）

能夠知來，固然是神，但所以知來，卻是由於極數——變化之理；藏往——歸納過去的經驗。所以是神而不秘，也是非常科學化的。

(三)《易》理的特色

從以上《易經》思想運用上來看，最後我們可以歸納出《易》理的幾個特色：

1.《易》理是超越空靈的

《易經》的最基本結構是符號，《易經》所有文字都是解釋符號之間的關係。任何一種思想，由於它通過了文字的媒介，因此不是為文字所限，不能表達它某一部分的真義；便是為文字所偏、所執、所變，而失去了它的全面性、活潑性及不變性。

《易》理是超越空靈的，但它和普通形而上學的超越不同。因為形而上學的本體是不可思議的，一有思議，便落言銓，便有所執。可是《易》理卻相反，它是可以思議的，而且是讓我們從不同的角度去思議。所以不僅卦和爻的符號，可以有不同的象徵，而且連卦辭和爻辭也可有不同的解釋，就同數學的符號代表一種關係的模式，你可以把任何數字代入。但數學的公式只能代入數字，而《易經》

的符號卻可以代入任何事理。

2.《易》理發揮中正之道

乾〈文言〉：

> 知進退存亡而不失其正者，其惟聖人乎。

進退存亡，這是外在的變化，而不失其正，就是把握中正的原則。如：

> 〈彖〉曰：「同人，柔得位得中而應乎乾，曰同人。同人曰（衍文）：『同人
> 于野，亨，利涉大川。』乾行也，文明以健，中正而應，君子正也，唯君子
> 為能通天下之志。」（同人卦）

這卦的柔是指的第二爻，應乎乾是指的第五爻；由於各得其位，而且陰陽相和，
所以是中正而應。

在《易經》中，除了中正外，其他如時中、中行、中道等，都是把爻位上的
中正之理，運用到人生上，以求中正之道。

3.《易》理是以義為利的

《易經》占卜，固然是卜吉凶。但吉凶之理，卻是繫於行事及心術之義與不
義。坤卦卦辭「元亨利貞」的利字，按照〈文言〉的解釋是：

> 利者，義之和也。

可見這個利並非個人的小利；也非投機取巧之利；而是利字做到最合義的地步。
一般人往往指責儒家思想不言功利，過分理想而不切實際，其實儒家的精神，正
是從「利者，義之和也」去求利的。乾〈文言〉上又說：

> 乾始能以美利利天下，不言所利，大矣哉！

所謂美利，就是大利，也就是義字，而不言所利的利字，乃是小利。所以《易經》
是以義為利的。

以上我們只舉出《易》理的三個特色來說明《易》道的精神。《易經》所要應
付的是天人間的變化關係。而面對這種變化的關係，我們必須運用一套變化的方

法，這就是《易經》之所以空靈。所謂空靈並非空虛，乃是從各個不同的角度以及全面性來看一個問題，使我們不至於執著一偏。但在運用這套方法時，卻始終把握住二點不變的原則：一是講中正、一是講道義。《易經》的前身雖是占卜的工具，在《易經》的流變上，雖為一般星相之術所誤用，但自孔子等儒家學者發掘出《易》理的特色之後，《易》道的精神也就成為此後中國哲學發展上的一座燈塔，使得中國的哲學始終不會脫離中正與道義的這兩大原則。

第三章　春秋戰國思想勃興的原因

　　以上，我們已從《尚書》和《易經》透視周代以前的那段斬荊闢棘，規模草創的思想。《尚書》代表史官一路的思想，從該書中，我們可以看到那些「哲人帝王」是如何的完成內聖外王理想，把政治和人生融成一體；《易經》代表筮人一路的思想，從該書中，我們可以看到那些哲人智者是如何的謀求天人合一之道，把宇宙和人生打成一片。

　　這兩路思想在當時便相融相交在一起，正像兩條流水，慢慢的交錯，到了周代，便匯成一泓大流。我們試看周代的文物制度，如果說中國有五千年的文化，孔子以後有二千五百年；那末前面的二千五百年，到周代可說是集了大成。孔子曾說：

> 周監於二代，郁郁乎文哉！吾從周。（《論語・八佾》）

這個「文」字極為傳神，它寫出了周代文物的鼎盛，文彩的煥發。就如那初昇的旭日，萬道光芒，照遍大千。

　　周朝思想上的代表人物，當然是周公；孔子最崇拜的人物，也是周公。周公的最大貢獻，就是制禮作樂。他所制的禮，乃是確立封建的大法；所作的樂，乃是健全精神的教育。關於周公制禮作樂的故事，《尚書大傳》上曾說：

> 周公將作禮樂，優游之三年，不能作。君子恥其言而不見從，恥其行而不見隨。將大作，恐天下莫我知也。將小作，恐不能揚父祖功業德澤。然後營洛，以觀天下之心，於是四方諸侯，率其群黨，為攻位於其庭。周公曰：「示之以力役，且猶至，況導之以禮樂乎？」然後敢作禮樂。

從這段故事中有三點值得我們注意:

①在周公以前,雖有很好的政治,卻沒有具體的禮樂制度。

②周公制禮作樂,並非憑個人一時的想法草率而作,他自己優游三年,研究於其中,陶醉於其中。

③制禮作樂乃是有關於過去文化的傳承,是所謂「揚父祖功業德澤」的;而且也是統一文化的工具,所以對諸侯來說,是要「導之以禮樂」的。

由於周公的制禮作樂,不僅鞏固了周代國家社會的組織,而且也奠定整個中國文化的基礎。

不過周代文物之盛,只是制度的確立。對周代以前的思想來說,這是一種整合統一的作用。然而思想凝縮成制度後,其好處在具體、穩定;而其壞處,卻在保守、板滯。所以按照「物極必反」的道理,周代文物的鼎盛,同時也種下了以後變化的種子。

這時的思想,正像一泓流水,水勢雖然非常開闊,卻在默默中流。突然流到了一片斷崖,於是變成了萬丈瀑布,直瀉下去,激起了無數的浪花,而有諸子百家之盛。

關於春秋戰國思想勃興的原因,前人雖有提及,但多屬斷片,只有梁啟超先生所歸納的七點較為完備。這七點是:①由於蘊蓄之宏富也,②由於社會之變遷也,③由於思想言論之自由也,④由於交通之頻繁也,⑤由於人才之見重也,⑥由於文字之趨簡也,⑦由於講學之風盛也。

現在參考梁氏所說,把春秋戰國思想勃興的原因,分為以下六點:

㈠政治社會、制度之變動

周代採中央集權,整個封建制度,宗法社會,都以周天子為中心,貴族公卿為骨幹,所以學術隸於一尊,掌於王官。

柳詒徵《中國文化史》上說:

> 周之教育,皆官掌之,其教人曰師曰儒。而稽其學術,大抵出於官守,故清人盛稱周代學術本於王官。

並引章學誠《校讎通義》：

> 故官守其書，有書斯有學，故師傳其學，有學斯有業。故弟子習其業。官守學業皆出於一。而天下以同文為治，故私門無著述文字。

這種學術掌於王官之說，最早的根據，乃是班固《漢書・藝文志》（本於劉歆《七略》）中認為諸子出於王官。如：

> 儒家者流，蓋出於司徒之官。
>
> 道家者流，蓋出於史官。
>
> 陰陽家者流，蓋出於羲和之官。
>
> 法家者流，蓋出於理官。
>
> 名家者流，蓋出於禮官。
>
> 墨家者流，蓋出於清廟之守。
>
> 縱橫家者流，蓋出於行人之官。
>
> 雜家者流，蓋出於議官。
>
> 農家者流，蓋出於農稷之官。
>
> 小說家者流，蓋出於稗官。

班固的說法未必正確，但周代學術為王官所掌，卻是於史有據，並非自班固而始。如《尚書・堯典》中屢言：

> 乃命羲和，欽若昊天，歷象日月星辰，敬授人時。
>
> 契，百姓不親，五品不遜，汝作司徒，敬敷五教，在寬。
>
> 夔，命汝典樂，教胄子。

《莊子・天下篇》也說：

> 其明而在數度者，舊法世傳之史尚多有之。

可見這些王官都與教育有關，自然也就為學術所繫了。

直到周室衰微，王官失守，學術便散入民間。《左傳》昭公十七年：

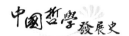

　　　仲尼曰：「天子失官，學在四夷。」

王官中，真正有關學術的是史官，周室衰微，史官紛紛離去，如春秋初，司馬氏去周適晉，而散於衛、趙、秦等國。

　　另一方面，封建宗法社會解體，則人才四散，學術自然流於民間，如鄒魯之士，是殷的遺民，多散居東土；許多封建諸侯，也多降為平民。而替王侯服務的工正、工匠、醫卜、祝史及樂官等，也都向外四散了。

㈡征戰通商、交通之頻繁

　　在春秋以前，雖然也有許多戰爭，但規模不大。而自春秋以後，戰爭頻繁，益形激烈。戰爭對於文化固然有破壞作用，但也有催生的功能。因為由於戰爭造成的聯盟，以及戰後的和談，都促進兩國文化的交流，於是彼此觀摩富國強兵之道，政教也就蒸蒸日上，學術也就更加的開放了。

　　同時，自春秋以後，商人階級也逐漸抬頭，豪商巨賈的地位都非常高，他們常與公卿大夫周旋，如鄭商弦高，孔子弟子子貢，以及陶朱公等，所到之處，可以與國君分庭抗禮。在今天來看，一個商業氣氛過濃的社會，往往會窒息了文化的發展；但在閉塞的古代卻不然，因為通商的頻繁，促進了交通的方便，也就助長了學術的傳播。

㈢布衣卿相、人才之見重

　　周室衰微，封建解體，一方面是貴族的下降為民，而另一方面卻是平民的向上掙扎。

　　在春秋以前，政權都操在貴族手中，可是到了春秋以後，卻不斷有下剋上的現象產生。因為當時貴族逐漸腐化，既不能武，又不能文；而諸侯之兼併益烈，各國都講富國強兵之道，所以需要大量的人才，於是便只得求之於民間。此時由下層階級躍上政治舞臺的，以管仲最具有代表性，齊國就由他一人的經營，而蔚為大國，於是秦楚各國也轉相效法。正如《孟子》所描寫的：

　　管夷吾舉於士（囚於監獄），孫叔敖舉於海（楚莊王舉之為令尹），百里奚

舉於市（秦穆公以五羖買之）。（〈告子下〉）

在當時政治舞臺上左右世局的，可以說都是由平民階級掙扎出來的英雄豪傑，如范睢、蔡澤、蘇秦、張儀、孫臏、白起、樂毅、廉頗、王翦等。

由於平民階級抬頭，布衣能夠卿相。這一方面說明了國君需才甚急，一方面說明了平民競奔於仕途。然而國君所需要的是才幹。而平民也必須靠才幹才能為君主所賞識。而才幹的培養，必須讀書，必須有學問。像蘇秦一樣，他的口才是天生的，可是他還需懸梁刺股的苦讀窮研，才能提出一套方法來，為國君所賞識。雖然研究學問也靠個人的興趣，但對整個學術的風氣來說，政治上的需要，在上者的推崇，卻具有決定性的力量。

㈣文化蘊積豐富，一觸即發

中國的文化在春秋以前，至少也有二千餘年的歷史，雖然我們對於這段歷史記載不詳，但文化的發展由來已久，並非一朝一夕之事。周公之所以能制禮作樂，威儀三千，周官三百，也不是他一個人所能制作；而是我民族二千多年來（當然真正文化的發展尚不至此）斬荊闢棘，苦心經營的結果。今天我們試讀《尚書》各篇，如〈堯典〉、〈皋陶謨〉、〈禹貢〉及〈洪範〉等文中的那種文明的德治、開放的心靈及健全的制度，就可以知道，我國文化在春秋以前的蘊積豐富了。

這蘊積豐富的文化，像一朵含苞待放的花，冰冷死板的王官，畢竟限制不住它；由於內部的向外掙扎，終於一等春神的降臨，立刻衝破了外殼，向外奔放。

㈤思想言論自由，百家爭鳴

周代中央集權，因此對思想言論的管制也非常的嚴厲。如《禮記・王制》上所規定：

執左道以亂政，殺。作淫聲、異服、奇技、奇器以疑眾，殺。行偽而堅，言偽而辯，學非而博，順非而澤，以疑眾，殺。假於鬼神、時日、卜筮以疑眾，殺。

由這一段記載，可見周代對思想言論控制的一斑了。

　　直到周室衰微，整個思想統治的制度被打散了，遊士學者憑著他們三寸不爛之舌，可以到處遊說，這時，不僅孔子周遊列國，干七十二君；孟子也當面諷諭君主，甚至君主邀請他不以禮，他還敢故意推辭不去。可見到了春秋戰國時期，思想言論極端自由。這與周代正好形成了一個顯明的對比。

　　由思想言論的自由，再加上當時諸侯各君主都有開放的心靈和容人的雅量，所以更激起了百家爭鳴之盛。

㈥學以救時之弊，士子興起

　　由於春秋時期，封建破壞，井田廢弛，經濟便隨著破產；再加上連年的征戰，百姓家破人亡，顛沛流離。如《詩經・大雅・瞻卬》所描寫的：

> 人有土田，女反有之；人有民人，女覆奪之；此宜無罪，女反收之；彼宜有罪，女覆說之。

由此可見當時民生的疾苦。在這時人們再也無法像西方哲學初期一樣，去研究抽象的宇宙問題。因為他們所感覺到威脅的，不是風雨雷電，而是烽火兵災。他們亟須解決的，乃是如何去防止戰爭，安定社會。他們圍繞著這兩大問題，各自提出自己的見解和方法。他們到處呼籲，到處辯論；他們聚徒結黨，各標旗幟；終於在一個黑暗的時代中，點燃起無數救世的火炬。《淮南子・要略訓》便詳細敘述他們興起的原因說：

> 文王欲以卑弱制強暴，以為天下去殘除賊而成王道，故太公之謀生焉。……周公受封於魯，以此移風易俗，孔子修成康之道，述周公之訓，以教七十子，使服其衣冠，修其篇籍，故儒者之學生焉。……墨子學儒者之業，受孔子之術，以為其禮煩擾而不說，厚葬靡財而貧民，（久）服傷生而害事，故背周道而用夏政……故節財薄葬閒服生焉。……桓公憂中國之患，苦夷狄之亂，欲以存亡繼絕，崇天子之位，廣文武之業，故管子之書生焉。……齊景公內好聲色，外好狗馬；……故晏子之諫生焉。……晚世之時，六國

諸侯……上無天子，力征爭權，勝者為右、恃連與國、約重致、剖信符、結遠援，以守其國家，持其社稷，故縱橫脩短生焉。……先君之令未收，後君之令又下，新故相反，前後相繆，百官背亂，不知所用，故刑名之書生焉。……秦國之俗，貪狼強力，寡義而趨利……孝公欲以虎狼之勢而吞諸侯，故商鞅之法生焉。

這一大段話就是說明諸子百家的興起，完全是由於時勢所迫，環境所形成的。

綜合以上六點原因，最主要者，乃是第一點，政治社會、制度之變動，和第六點學以救時之弊，士子興起；其餘四點都只是圍繞著以上二點的助緣罷了。第一點是歷史變遷的因素，而第六點乃是思想產生的動力。由這內外的相變相需，再加以天時地利等各種因素，便造成了春秋戰國思想的大盛。

第四章 孔子的思想及其在中國哲學史上的地位

一、哲學史上兩種不同的安排

胡適在寫《中國上古哲學史》時，是把第一位中國哲學家的尊銜放在老子身上。他所根據的理由是《史記》〈孔子世家〉及〈老子列傳〉都載有孔子向老聃問禮的故事；而《禮記·曾子問篇》中，也有孔子「昔吾從老聃助葬於巷黨，及垣，日有食之」的話，便推定，孔子在三十四歲或四十一歲（兩年皆有日食）之間，曾去見過老子。這時老子大約比孔子大了二十歲左右。

馮友蘭在寫《中國哲學史》時，卻把孔子放在前面。他的理由是：

> 孔子以前無私人著述之事，有無正式哲學，不得而知。孔子本人雖亦未以
> 文字為一人之著述，然一生竟有未作官不作他事而專講學之時。此在今雖
> 為常見，而在古實為創例。就其門人記錄者觀之，孔子實有系統的思想。
> 由斯而言，則在中國哲學史中，孔子實佔開山之地位，後世尊為惟一師表，
> 雖不對而亦非無由也。以此之故，此哲學史自孔子講起，蓋孔子以前無有
> 系統的思想，可以稱為哲學也。

馮氏這段話立論並不充足，尤其他那句「雖不對而亦非無由」的話，常被許多學者當作話柄。

在這裏我們可以看出後人對孔子在哲學史上的地位至少有兩種安排：一種是把老子放在孔子前面；一種是把孔子放在老子前面。這一前一後的安排不同，不

僅對孔老思想的理解有了距離,而且對整個中國哲學史的看法也有了很大的差異。

我們先討論胡適的安排，他以老子為第一人；對於春秋以前文化，只就《詩經》中許多資料，以說明當時貴族暴虐，戰爭頻繁，及人民痛苦，而刺激出老子思想的產生。所以他把老子以前的思想只是當作老子哲學的一個懷胎時期。這種寫法顯然是不正確的，因為它攔腰斬斷了整個歷史文化的源頭。胡氏以老子為當代思想的反動，可是對當代思想批評的人物不少，為什麼胡氏偏偏要舉老子為第一位哲學家呢？顯然老子本身是有一套思想的，胡氏不否認老子是周代的「守藏室之史」，可見老子的思想基礎與周代及守藏史有關，而《老子》書中也一再明言「聖王之治」、「聖人之治」。可見老子的思想不只是具有革命性，而是有所本的。胡氏忽略了這點，只把老子看作時代的產物，而不是長期歷史孕育的人物，這是最大的錯誤。

馮氏成書於胡氏之後，自然注意到胡氏的此一錯誤。所以他在孔子之前介紹了許多人物的片斷思想，如范蠡、子產等，以明孔子思想的淵源有自。可是他並沒有完全抓住中國哲學的血脈，因此在他把孔子放在第一位時，發現半路殺出一個程咬金來，就是《道德經》的作者——老聃。如果按照《史記》所載，孔子問禮於老聃，那末老聃要比孔子年長，而且有私人著述，因此按諸史實，自應請老聃居上座。於是他想盡了方法，把老聃和《道德經》分了開來，對於孔子問禮的老聃闊開不談，而把《道德經》的作者，歸於李耳；又把李耳的年代挪到了戰國。馮氏這樣挖空心思的作法，就是為了一個原因——著述。他明知這種作法沒有充分的證據，因此自認「不對」。可是又感覺把孔子放在前面較為妥當，因此又說「非無由也」。可惜他心中感覺到，卻沒有說出來。

現在讓我們來解釋這個「由」吧。

這個「由」就是整個中國哲學的道統。因為我們中國有五千年文化；春秋時期只是一個中站。如果我們把老子放在前面，只能像胡適一樣，就當時社會背景，寫出老子思想革命的一面。對於老子以前二千餘年的文化與學術根本無從談起，因為在老子的思想著述中，並沒有提到前代文化思想，所以扯不上很大的關係。可是換上孔子卻不然，他自認為「述而不作」；既然是述，自然就是繼承前代文化思想。他不僅刪《詩》《書》、贊《易經》，能夠繼絕學；而且在《論語》中，一再

提到前代的文化事功，所以我們把孔子放在第一位，也就很自然的能夠承接以前二千餘年的文化思想。

再往以後的發展來看，如果把老子放在前面，雖然道家也是中國文化裏的重要一派，但儒家畢竟是主流；畢竟是正面提出解決人生問題的方案。我們在敘述中國哲學史的演變時，自應把握主流，其他支流便如綠葉相襯，井然有序。這就同一本小說，必須先抓住主角，然後圍繞著主角再穿插了其他的角色。因此我們把孔子放在前面，則由春秋戰國，而漢代，而宋元明清，便有一脈相承的線索。

這便是我們站在整個道統的立場上，把孔子放在第一位的最大理由。

當然我們並不是執著於道統，而歪曲了歷史的年代。如果老子真是早過孔子一百年，我們自當把他放在第一位。可是按照胡適的考證，老子只比孔子大一二十歲。這時間相差得太有限了。因為寫中國哲學史，並不是寫年譜，更不是替他們做生日。如果他們是同一時代的人物，究竟誰先誰後，就要看他們在整個哲學史上的意義和地位而論了。

我們把孔子放在第一位，乃是因為他在中國哲學史上，是扮演著一個承先啟後的角色。是一個關鍵性的人物。

然而為什麼孔子是扮演著一個承先啟後的角色呢？關於這一點，可從孔子一生思想的演變中看出。

二、孔子一生思想的演變

孔子（西元前 551—前 479 年），名丘，字仲尼。春秋魯國昌平鄉（今山東曲阜）人。他的祖先本是宋國的遺族，父親孔紇在他三歲時便逝世，他在母親的撫育下成長，由於家境清苦，所以「多能鄙事」，但對周禮非常有興趣，曾以知禮聞名。他曾做過魯國的大司寇三年，頗有政績，但限於實際環境，終未能把他的抱負從政治上實踐出來。後來帶著學生周遊列國，都未能得償宿願。直到六十八歲那年，便專心於學術，在中國文化上開創了新的紀元。關於孔子一生前人介紹過很多。在這裏我們不再贅言，只談他在思想上的演變。

他自己曾描述說：

吾十有五而志於學，三十而立，四十而不惑，五十而知天命，六十而耳順，
七十而從心所欲不踰矩。(《論語・為政》)

這雖是一段簡單的自敘，其中卻大有文章，值得我們推敲。在這段文字裏，可以
看出孔子的思想歷程有兩大階段，第一階段是從十五志於學，三十而立，四十而
不惑，這是求知的路線；第二階段是從五十而知天命，六十而耳順，到七十而從
心所欲不踰矩，這是證道的路線。

　　現在我們先看第一階段，孔子十五便志於學。究竟他所「志」是什麼樣的學？
雖然沒有直說，但據《史記》所載：「孔子為兒嬉戲，常陳俎豆。」《論語》也載孔
子的話說：「俎豆之事，則常聞之矣！」(〈衛靈公〉)可見孔子自少便對俎豆之禮發
生興趣，所以《論語》中又載：「孰云鄹人之子多禮哉！入太廟，每事問。」(〈八
佾〉)由這些話可以看出孔子十五志於學所學的是偏於禮制方面的事。至於他向誰
學？《論語》中也有段記載：

衛公孫朝問於子貢曰：「仲尼焉學？」子貢曰：「文武之道，未墜於地，在人；
賢者識其大者，不賢者識其小者，莫不有文武之道焉。夫子焉不學？而亦
何常師之有？」(〈子張〉)

這裏說出了孔子沒有常師，他所學的都是文武之道。其實，周代以禮稱盛，所以
孔子所學，乃是周代的禮制。這一點我們也可以從其他經書中得到旁證。如：

仲尼聞之，見於郯子而學之。既而告人曰：「吾聞之，『天子失官，學在四
夷』，猶信。」(《左傳》昭公十七年)
孔子曰：「丘之聞諸萇弘。」(《禮記・樂記》)
孔子學於老聃、孟蘇夔、靖叔。(《呂氏春秋・仲春紀・當染》)

孔子向郯子請教的，乃是周代的官制；向萇弘請教的是周代的樂制；向老聃等人
請教的也是周代的禮制。所以孔子當時向這些前輩們請教的都是有關周代的禮樂
制度。而孔子問郯子時，只有二十九歲，問老聃時，也只是三十四歲到四十一歲
之間。可見孔子自十五志於學，三十而立，直到四十而不惑，完全是走的研究禮

制的路線。他在《論語》中屢言：

> 立於禮。（〈泰伯〉）
>
> 不知禮，無以立也。（〈堯曰〉）

可證他三十而立，是立於禮，也就是他對於禮制已能充分把握。至於四十而不惑，便是立於禮之後的一種境界。而這種境界乃是依禮而行，沒有一點困惑。孔子曾說「知者不惑」。可見孔子從十五直到四十，完全是走「知」的路子。

孔子一生思想歷程的第二個階段，是從五十而知天命開始。他的思想卻起了一大轉變。

在這一轉變的關鍵上，有一個事實值得我們注意。就是孔子問禮於老聃。關於這一史實，在《史記》中有兩段記載。一是〈孔子世家〉：

> 魯南宮敬叔言魯君曰：「請與孔子適周。」魯君與之一乘車，兩馬，一豎子，俱適周問禮，蓋見老子云。辭去，而老子送之曰：「吾聞富貴者送人以財；仁人者送人以言。吾不能富貴，竊仁人之號，送子以言曰：聰明深察而近於死者，好議人者也；博辯廣大危其身者，發人之惡者也。為人子者，母以有己；為人臣者，母以有己。」孔子自周反於魯，弟子稍益進焉。

一是〈老子韓非列傳〉：

> 孔子適周，將問禮於老子，老子曰：「子所言者，其人與骨皆已朽矣，獨其言在耳。且君子得其時則駕；不得其時則蓬累而行。吾聞之：良賈深藏若虛，君子盛德容貌若愚。去子之驕氣與多慾，態色與淫志，是皆無益於子之身，吾所以告子若是而已。」孔子去，謂弟子曰：「鳥，吾知其能飛；魚，吾知其能游；獸，吾知其能走。走者可以為罔，游者可以為綸，飛者可以為矰。至於龍，吾不能知其乘風雲而上天，吾今日見老子，其猶龍邪！」

從這兩段故事中，可以看出孔子這時猶以禮為他最主要的研究課題。而他向老聃問禮，可見老聃也是以知禮聞名的。不過老聃在孔子辭別時，告誡他的那段話，卻指出當時孔子所講的禮，猶執著於外在的表現，是「好議人者」，「發人之惡者」；

是有「驕氣與多慾，態色與淫志」的。這和孔子所謂「三十而立」，「四十而不惑」的自信態度正好相符。孔子自遭遇到老聃的這一批評之後，思想逐漸由外而內。如果按照胡適的考證，他見老子是三十四到四十一歲；那麼也可說他自「四十而不惑」之後，逐漸由外在軌範性的禮，及制度性的禮，而轉向內心的體驗，直到五十歲這一時期，才認清了天命的重要，而說：

> 君子有三畏，畏天命，畏大人，畏聖人之言。小人不知天命而不畏；狎大人，侮聖人之言。（《論語‧季氏》）

所謂天命並非天帝的作威作福，而是指的天道、天理。

孔子由於自四十之後，轉向內心，才到五十而知天命。不過在此時期，還有一個重要的因素，就是讀《周易》。他說：

> 加我數年，五十以學《易》，可以無大過矣！（〈述而〉）

孔子說這話時顯然是在四十五六歲左右，因為這時候，他由內心的體驗，而觸及形而上的問題，所以對《易》理產生了興趣。

孔子的學《易》，並不是在於玩弄占卜術數；而是透過《易》理直觀天道，以作為人生處世的準則。也就是說他在尋求天人合一的路子。這一路子如果打不通，孔子的思想便是無源之水，無根之木了。

然而天不僅加孔子以數年，而且是二十年。在這二十年人生智慧最成熟的階段中，孔子由知天命，而耳順，而從心所欲不踰矩。

什麼是耳順？這是因為他在知天命之後，對於外界的一切是非之言都能超然而不執著。我們要了解這段時期，正是孔子周遊列國，困於陳蔡，而為隱士所譏，極不得意的時期。由於孔子深體「作《易》者，其有憂患乎！」（〈繫辭下傳〉第七章）所以外在的環境愈惡劣，而孔子內心卻愈平靜。這時孔子讀《易》也最勤。正如《史記》的描寫：

> 孔子晚而喜《易》，序〈彖〉、〈繫〉、〈象〉、〈說卦〉、〈文言〉。讀《易》，韋編三絕，曰：「假我數年，若是，我於《易》則彬彬矣！」（〈孔子世家〉）

可見《易》理對於孔子後期思想的影響。

耳順只是對外在的超脫。直到七十從心所欲而不踰矩的階段可說完全進入了化境。所謂不踰矩的這個矩字，固然也可解作人世的一切規矩，但這樣的解釋卻變得太淺了。因為孔子在四十而不惑時，可說已很少踰越人世一般的規矩了。所以七十不踰矩的矩字，宜解作天理。也就是說此時孔子的一舉一動自然和天理相合了。所以孔子由十五而志於學，直到了七十才真正證道，而達到了聖人的境界。

然而在這裏也許有人會問：孔子的這段思想歷程與他在中國哲學史上的地位有何關係？依我們的看法有二點值得注意：

①從孔子求學到證道的這一歷程來看，孔子在第一階段都是零碎的到各處，各方面去搜求古代的制度，而在第二階段知天命之後，受了《易》理的影響，智慧才完全成熟。所以到了晚年，才刪《詩》、編《書》、贊《易》，這是他在智慧成熟之後所醉心的工作。由於他的這一整編，雖然自稱述而不作，其實他等於一位淘金者，從古代混雜的礦石中濾掉了渣滓，得到了純金。所以在道統思想傳承中，孔子的功勞實是首屈一指。

②從孔子求學到證道這一歷程來看，他從知到德，從外在追求到內心修養，從形而下到形而上，就他個人說，這是思想上的自覺的、提昇的過程。而孔子的努力也就是通過了他的體驗，把他所傳承的古代文化奠基於這種自覺的德性修養上。使得《書經》上的治道一變而為內聖外王的工夫，使得《易經》的天人變化，也一變而為致誠中正之道。這是中國哲學精神的發端，孔子在中國哲學史上所以能坐第一把椅子，這也是一大理由。

三、孔子的一貫之道——仁

孔子是把古代的整個文化德性化的第一人。也就是說他是把整套文化建立在自覺的德性上。這個德性，就是他所謂一貫之道的「仁」字。

仁為什麼就是孔子所謂的一貫之道呢？我們以《論語》一書中用仁的次數來看。《論語》共有四百九十二章，一萬一千七百零五個字，其中，有五十八章是論仁的，有一百零五個仁字。所以從比例來看，論仁佔了八分之一章，仁字佔了一

百一十一分之一個字。可見《論語》中仁字出現之多。整部《論語》都是學生的
筆記，東說一段，西說一句，毫無頭緒，如果我們把仁字當作一個關鍵，那麼這
一百零五個字，便像一百零五條線索，把孔子在《論語》中的所有思想連接了起
來，成為一部有系統的著作。所以單就這方面來說，仁是孔子思想的一貫之道，
也沒有一點過分。

　　然而「仁」究竟是什麼？這是我們研究孔子思想最先提出的問題，也是最難
下斷語的問題。因為孔子到處運用這個字，卻沒有給我們下一個確切的定義。首
先使我們感覺困擾的是，有時這個仁字好像高高在上，統括一切；有時卻又是實
踐之德。其實這正是仁的一大特色。

　　宋儒程伊川曾把孔子的仁分為廣狹二義：廣義的仁，統括一切德行，伊川稱
之為「專言之仁」；狹義的仁與諸德並列，伊川稱之為「偏言之仁」。其實孔子所
謂的仁本是一貫之道，所以是統括一切的；至於他在運用上，有時不得不偏指。
不過值得我們注意的是，這種偏指的仁字在孔子之前便已存在。如：

> 仁，文之愛也。
> 愛人能仁。
> 仁所以保民也。（以上見於《國語・周語》）
> 明慈愛以導之仁。（《國語・楚語》）

可見這個仁字在孔子以前就存在，但只是偏於愛的意義；而自孔子以後，這個仁
字也都偏於愛的意義。只有在孔子手中，卻具有特殊的精神，能一以貫之。

　　現在我們從幾個不同的方面來看看這個仁字。

㈠仁的統貫意義

　　仁是道體，不能加以定義。但今天我們研究哲學，往往要先下定義；尤其在
孔子以後的許多哲人學者，喜歡以偏用處論仁，喜歡替仁下定義，如韓愈所謂「博
愛之謂仁」，梁啟超所謂「同情心」。

　　一般人提到仁，常喜歡引用漢儒鄭玄的「相人偶」。清儒阮元曾說：

> 孔門所謂仁者也，以此人與彼一人相人偶，而盡其敬禮忠恕等事之謂也。
> （〈論仁〉）

像以上這種說法，都是就作用來論的。因為以愛、以同情心釋仁，只說到仁的偏用處；而以「相人偶」釋仁，也把仁字落實到相對的意義上。都未能把握住仁的統貫意義。

我們用「統貫意義」而不用「定義」兩字，乃是因為「定義」始終是站在一個角度，把仁固定化。而所謂「統貫意義」，乃是就仁的統括性及一以貫之的意義上來說的。

在古代哲人中，解釋仁字，最具有統貫意義的，要推〈中庸〉和《孟子》的「仁者，人也」了。

這個解釋，如果就定義學的眼光來看，也許太籠統、太抽象了，根本不能算定義。但仁既然是統貫之道，那麼這個「人」字具有統貫義。以統貫義來釋統貫之道，可以說是最適當不過了。

所謂「仁者，人也」的這個人字，就是指人之所以為人的人道。它包括了做人的標準，做人的理想。所以用人字去釋仁，是最簡易、最深入，也最具有普遍性的。

(二)仁的本質

上面仁的統貫意義，是就仁的外在意義上說；而此處仁的本質，是就仁的內在意義來論。

《論語》上說仁，常就運用上來說，因此漢代以前的學者解釋仁字，都就相對關係上來論。可是隋唐以來，由於受到佛學思想的刺激，宋明的學者轉而注意到人的形上境界。宋儒程明道曾說：

> 天地之大德曰生，天地絪縕，萬物化醇，生之謂性。萬物之生意最可觀。此元者善之長也，斯所謂仁也。（《宋元學案‧明道語錄》）

這段話是就《易經》十翼上的思想來釋仁的，是把《論語》的仁和《易經》的生

連在一起，以托出人的形上境界。

明道以這個「生」字釋仁的本質，極為精要。因為中文裏的這個「仁」字，便含有生字的意思，譬如我們常指那個產生桃子、杏子的本質為「桃仁」、「杏仁」。再說「仁者人也」的這個「人」字，在宇宙中，也如桃仁、杏仁一樣，具有生的性能。如〈中庸〉上說：

> 唯天下至誠為能盡其性；能盡其性，則能盡人之性；能盡人之性，則能盡物之性；能盡物之性，則可以贊天地之化育；可以贊天地之化育，則可以與天地參也。

人之所以能贊天地之化育，就是由於他能生。「天地之大德曰生」，而人的至德，也就在於能贊助天地之生。《易經》上說天之生物，在於相感相應，同樣人之生的這個仁心，也在於相感相應，這也就是孔子之所以說「仁者，己欲立而立人，己欲達而達人」（〈雍也〉）了。

㈢仁的作用

孔子之所以釋仁，重在「己欲立而立人，己欲達而達人」。這是就仁的這種能生之性，而加以推擴的。我們再看〈里仁篇〉的那段對話：

> 子曰：「參乎！吾道一以貫之。」曾子曰：「唯。」子出，門人問曰：「何謂也？」
> 曾子曰：「夫子之道，忠恕而已矣！」

如果拿忠恕兩字去釋仁的本質，或概括仁的全部意義，是不當的；但如果拿忠恕去說明仁的一以貫之的作用，卻是最為恰當的了。

為什麼忠恕可以代表仁的作用呢？

朱子解釋忠恕兩字說：「盡己之謂忠，推己之謂恕。」這就是說：忠是充實自己，盡自己的本分，即是所謂的誠。恕是立人達人，推愛於人，即是所謂的愛。由誠心而愛人，這就是由忠而恕的仁的作用。

忠恕兩字，最主要的關鍵還是一個恕字。所以在〈衛靈公篇〉中曾記載：

> 子貢問曰:「有一言而可以終身行之者乎?」子曰:「其『恕』乎! 己所不欲,勿施於人。」

己所不欲,即是言忠,所謂「為人謀而不忠乎」(〈學而〉),就是這種自反之忠的意思。而勿施於人,便是恕。正是〈大學〉上所謂的:「所惡於上,毋以使下;所惡於下,毋以事上;所惡於前,毋以先後;所惡於後,毋以從前;所惡於右,毋以交於左;所惡於左,毋以交於右,此之謂絜矩之道。」

仁的性能,就建立在這種盡己推己的作用上。所謂「親親而仁民,仁民而愛物」,是推;「老吾老以及人之老,幼吾幼以及人之幼」,也是推。孔子之所以讚美管仲「如其仁,如其仁」,就是因為管子能推善於民。但管子「盡己」方面還不夠,所以只是「如」其仁而已。至於務光、許由一般的隱士,雖然個人修養都很高,但不能兼善天下,所以孔子反認為這些隱士與禽獸同群。由此可以看出仁的作用,完全在於由忠至恕的一個「推」字。

㈣仁的內涵

由於仁的作用在能推,於是便推出了各種德行,使仁不限於那點能生的本質,而有更大更廣的內涵。

在《論語》中,孔子回答弟子問仁的話很多。如:

> 顏淵問仁,子曰:「克己復禮為仁。一日克己復禮,天下歸仁焉。」(〈顏淵〉)
>
> 司馬牛問仁,子曰:「仁者,其言也訒。」(〈顏淵〉)
>
> 樊遲……問仁,曰:「仁者,先難而後獲,可謂仁矣!」(〈雍也〉)
>
> 樊遲問仁,子曰:「愛人。」(〈顏淵〉)
>
> 樊遲問仁,子曰:「居處恭,執事敬,與人忠;雖之夷狄,不可棄也。」(〈子路〉)
>
> 子張問仁於孔子,孔子曰:「能行五者於天下,為仁矣!」「請問之。」曰:「恭、寬、信、敏、惠。」(〈陽貨〉)
>
> 仲弓問仁,子曰:「出門如見大賓,使民如承大祭,己所不欲,勿施於人。在邦無怨,在家無怨。」(〈顏淵〉)

從孔子回答弟子的問仁，可見孔子所謂的仁，範圍了克己、言訒、先難後獲、愛人、恭、寬、信、敏、惠、忠、恕等，也可說涵蓋了《論語》中所有的德行。

由於「仁者，人也」。仁是整個人格的極致，所以也是一切道德的總和。

不過在這裏，我們要了解仁是一切道德的總和，仁者，一定能愛人、能敬事、能忠恕；但倒過來，能愛人者，不必就是仁者。因為愛人只是仁的一種偏用。部分不能等於全部，所以我們不能執著任何一德以論仁。

在《論語》中，仁字雖然出現很多，孔子都是就實踐之德告訴學生如何去做，並沒有對仁的本身有何論斷。所以在〈子罕篇〉裏，不知是那一位極有見地的學生記載說：

> 子罕言：利，與命，與仁。

孔子罕言利與命，這在《論語》上是有文可據的；可是孔子罕言仁，卻令人難以接受。清儒史繩祖在《學齋筆記》中，為了講通這一點，而把「與」字解作讚許之意。近代許多學者也按照這種解法。其實在《論語》整部書中「與」字的用法，除了作動詞的給與、連接詞的與及感嘆詞的歟字外，只有「吾與點也」一句，而此處的「與」字，也代表看法相同的意思。所以這種解釋也非常勉強。

其實，如果就仁涵蓋諸德的意義上說「子罕言仁」，並不覺為奇。我們要了解在《論語》中，學生向孔子問仁，並不像我們現在研究哲學一樣問：「仁的定義是什麼?」而是問如何做，才能成為一位有仁德的人。而孔子的回答，都是就學生個性及才能的不同，而告訴他們實踐之德。所以孔子在《論語》中雖然提到很多仁字，卻始終沒有就仁字本身去論定，因此說孔子罕言仁，也是很正確的看法。只是這位學生腦筋不簡單（不像子路那樣直率），而這種說法又是另有深意的。不然的話，如果說孔子罕言利，而讚許命、讚許仁，這是大家都知道的，又何必提出來大書特書。

㈤仁的實踐

這個超越性的仁字，在《論語》中，孔子雖然罕談，但孔子並不是把仁超絕化了。因為「仁者，人也」，這個仁也是做人的起點。所以他說：

> 仁遠乎哉？我欲仁，斯仁至矣！（〈述而〉）

我們只要一念行善，便可以行仁（是指走向仁的路子）。一般人所以不能行仁，就是他沒有這個「欲」仁的欲字，這個欲是動機，也是需要。只要我們有這點動機，有這種需要，任何地方都可以行仁。所以孔子又說：

> 能近取譬，可謂仁之方也已。（〈雍也〉）

「仁者，人也。」這個人，是包括了所有的人。聖人是人，凡人也是人。他們都具有這個仁性，所以在行仁的路子上，誰都可以參與，誰都可以完成。這可見孔子的仁字，不是一種高蹈的空虛理論，而是人人都可以實踐的德行。

㈥仁的效果

一般的德行，似乎都有規範性，都要使自己作某一部分的犧牲和貢獻。可是仁卻不然，它有一種境界之美，就是和諧之樂。孔子說：

> 仁者不憂。（〈子罕〉）

又說：

> 仁者壽。（〈雍也〉）

何以仁者能不憂、能壽呢？這是因為仁者正如《易》乾〈文言〉中所描寫的：

> 夫大人者，與天地合其德，與日月合其明，與四時合其序，與鬼神合其吉凶。先天而天弗違，後天而奉天時。天且弗違，而況於人乎？況於鬼神乎？

這也就是說仁者心量博厚廣大，與天地相合。因此外在的一切遭遇都無法擾亂他。譬如孔子困於陳蔡時，仍然一邊講道，一邊弦歌。子路懷疑的問：

> 君子亦有窮乎？

孔子回答說：

　　君子固窮，小人窮斯濫矣！(〈衛靈公〉)

固窮就是能安於他所處的惡劣環境。所以他自描說：

　　飯疏食，飲水，曲肱而枕之，樂亦在其中矣！不義而富且貴，於我如浮雲。
　　(〈述而〉)

這一個樂字，正活活潑潑的寫出了仁者不憂的境界。
　　仁者必須有這種悅樂的境界，才是美的人生，才是值得嚮往的理想。

四、孔子仁道思想的實踐

　　仁，不是一個孤立的哲學觀念。它的本質是生；而生必須發展，因此它不是
永遠躲在形上的境界，不能下來。它是必須通貫於人生實際，而產生作用的。
　　前面，我們已把仁字作了一個概括的認識，接著，要看看仁字，如何一以貫
之，去支配孔子其他方面的思想。孔子主要的思想，有以下三端，如圖：

$$仁\begin{cases}以禮教為主的政治思想——仁政\\以孝道為本的倫理思想——人倫\\以德行為重的教育思想——成人\end{cases}$$

(一)以禮教為主的政治思想

　　儒家的政治，是以仁政為理想。而仁之所以能和政聯結在一起，必須透過了
禮的運用，所以仁政也就是以禮教為主的政治。
　　孔子一生所崇拜的是周公，所嚮往的是周代的政體。而周公的貢獻是禮制的
奠定；周代政體的特色也就在於強調禮治。不過孔子比周公多做了一點，乃是把
禮的本源歸之於仁。
　　現在我們就看看孔子是如何攝禮歸仁，以禮為治。

1. 攝禮歸仁

在孔子一生思想的演變上，我們曾討論過在第一階段時，他著重於外在禮制的研究；自四十以後，逐漸轉向於內心的修養。

孔子所講的禮，本承自周代的禮制，可是由於他內心的體驗，覺得單講外在的禮制是不夠的。他曾說：

> 禮云，禮云，玉帛云乎哉！樂云，樂云，鐘鼓云乎哉！（〈陽貨〉）

這是感慨禮的作用，不在外表的禮儀。因此當林放問禮之本時，他便說：

> 禮，與其奢也，寧儉；喪，與其易也，寧戚。（〈八佾〉）

禮之所以寧儉，寧戚，乃是因為它真正的作用，是在於仁心的發露。如：

> 子曰：「人而不仁，如禮何？人而不仁，如樂何？」（〈八佾〉）

可見仁是禮的根本，沒有這個仁心，所有的禮都是虛文。

由於仁是禮的根本，因此就人心發露的關係來看，有仁心的人，自然一切的行為中規中矩，合乎禮節。但就為學功夫，由下而上的次序來看，卻必須先從禮上磨鍊。正如〈顏淵篇〉中的一段對話：

> 顏淵問仁。子曰：「克己復禮為仁。一日克己復禮，天下歸仁焉。為仁由己，而由人乎哉？」顏淵曰：「請問其目？」子曰：「非禮勿視，非禮勿聽，非禮勿言，非禮勿動。」顏淵曰：「回雖不敏，請事斯語矣。」

這段話極為精要，所謂「克己復禮為仁」，是指「克己復禮」乃行仁之方。克己就是克除私慾，也就是「非禮勿視，非禮勿聽，非禮勿言，非禮勿動」，這四條克己復禮的項目，並非孤立的，因為只做到非禮勿視等本身，並無多大意義；重要的是，經過「非禮勿視」等的修煉之後，功夫純熟，下學上達，使內心毫無非禮之念，因此在行為上自能中規中矩。孔子由三十而立，四十而不惑，直達六十而耳順，七十而從心所欲不踰矩，便是順著這一路線發展的。

從以上所論，可見仁和禮之間的關係。也可說是孔子思想由內到外的實踐。

2. 以禮為治

攝禮歸仁，這是哲學上的工夫；在攝禮歸仁之後，再放之於政治，便是仁政。

現在我們再看看孔子是如何以禮為治的。在〈為政篇〉裏孔子說：

> 道之以政，齊之以刑，民免而無恥。道之以德，齊之以禮，有恥且格。

固然政令和刑法都能使民恐懼，而不敢為非作歹；但這只是暫時的，而不是正本清源的辦法。一個人如果因嚇阻而不敢為非作歹，則至少他已有為非的一念。這一念縱然一時受到嚇阻，但遲早必會暴露，所以最好的辦法是德化；使每個人都有道德修養，當然就不屬於為非作歹了。正是孔子所謂：「聽訟，吾猶人也，必也使無訟乎！」（〈顏淵〉）

但德化是指個人心性的陶冶，稍嫌軟弱緩慢。而在政治上，卻必須比德化較有強制性，而又不失為德的本質的東西，來作為德與治之間的橋樑——這便是孔子心目中的禮。禮在周代政治的運用上，相當於刑法，但它和刑法不同；因為刑法只訴之於政治的制裁，而禮卻一方面訴之於輿論，一方面訴之於內心的自覺，所以以禮為治，遠比專任刑法為深切。

(二)以孝道為本的倫理思想

孔子的人生思想是以倫理為主，而孝乃是整個倫理的綱紐。現在我們來看看這個孝與仁，以及與整個倫理思想的關係。

1. 孝為仁本

有子曰：

> 其為人也孝弟，而好犯上者鮮矣！不好犯上，而好作亂者，未之有也。君子務本，本立而道生。孝弟也者，其為仁之本與！（〈學而〉）

這段話雖是有子說的，但也和孔子的思想是一致的，因為孔子也說：

> 弟子入則孝，出則弟，謹而信，泛愛眾，而親仁。行有餘力，則以學文。
> （〈學而〉）

由這段話中也可以看出仁是德行的最高目標，而孝卻是成仁的開始。在我們普通觀念上，常以為開始只是整個過程中的一步，到了完成之後，開始的這一步，只有歷史的意義，也就無足輕重了。但孝與仁的關係卻不同，孝是行仁的開始，也是行仁的根本。因為一念孝心的發露，也就是仁心的體現。如宰我要廢三年之喪，孔子說：

> 予之不仁也，子生三年，然後免於父母之懷，夫三年之喪，天下之通喪也。予也有三年之愛於其父母乎！（〈陽貨〉）

孔子以不仁責備宰予的不孝，正說明了這點孝心也即是仁心。

2. 孝與倫理

中國古代社會的結構是以倫理為主，而整個倫理的中心綱目就是孝。孔子曾說：

> 孝乎，「惟孝，友于兄弟」。施於有政，是亦為政，奚其為為政？（〈為政〉）

這說明了孝與整個倫理政治的關係。不過孔子所謂的孝還有在禮制上的鞏固作用。如〈中庸〉第十九章上所說的：

> 子曰：「武王、周公其達孝矣乎！夫孝者，善繼人之志，善述人之事者也。春秋修其祖廟，陳其宗器，設其裳衣，薦其時食。宗廟之禮，所以序昭穆也；序爵所以辨貴賤也；序事所以辨賢也；旅酬下為上，所以逮賤也；燕毛，所以序齒也。踐其位，行其禮，奏其樂，敬其所尊，愛其所親，事死如事生，事亡如事存，孝之至也。郊社之禮，所以事上帝也。宗廟之禮，所以祀乎其先也。明乎郊社之禮，禘嘗之義，治國其如示諸掌乎！」

這段話把孝與整個禮制、政治、宗教的關係描寫得極為具體而生動。可見孔子的重孝，是有他深遠的理想的。

(三)以德行為重的教育思想

我們都知道孔子是被認為提倡私人講學的第一人。事實上，他也是確立中國

教育思想的第一人。

　　現在我們從兩方面來看孔子的教育思想。

1. 德行為重

　　孔子教育思想的最大特色，就是以德行為重。教授學生的四科是「文、行、忠、信」（〈述而〉），他以此四科去分列他的弟子說：

　　　德行：顏淵、閔子騫、冉伯牛、仲弓。言語：宰我、子貢。政事：冉有、季路。文學：子游、子夏。（〈先進〉）

這四科只是就其才具的分別，但整個教育的重心卻在德行。孔子曾說過：

　　　弟子入則孝，出則弟，謹而信，泛愛眾，而親仁。行有餘力，則以學文。
　　　（〈學而〉）

德	行	孝	弟	行
言	語	謹	信	信
政	事	泛	愛	忠
文	學	學	文	文

　　可見孔子整個教育的重心在德行的培養。言語雖屬修辭，但言而須謹、須信，「修辭立其誠」，仍然是以德為主。政事雖然講治術，但治術而要泛愛眾，而要合乎仁道，也是以德為主。文學雖然講文采，但「繪事後素」，而要以素樸為質地，這仍然是以德行為主。最後說：「以文會友，以友輔仁。」可見其目的也是為了德行。

2. 成人的教育

　　「仁者，人也。」仁，既是全人格的表率，那麼孔子的教育都集中於成仁，也就是說完全為了成人。《論語》中曾有記載：

　　　子路問成人。子曰：「若臧武仲之知，公綽之不欲，卞莊子之勇，冉求之藝，文之以禮樂，亦可以為成人矣！」曰：「今之成人者何必然！見利思義，見危授命，久要不忘平生之言，亦可以為成人矣！」（〈憲問〉）

在這裏孔子回答子路的問成人，有兩種層次，第一層是借具體的人物如臧武仲之知、公綽子之不欲、卞莊子之勇、冉求之藝，再加以禮樂。而第二層是日常生活的德行，如見利思義、見危授命及久要不忘平生之言的守信。

另外在《說苑‧辨物篇》也有關於孔子談到成人的記載：

> 顏淵問於仲尼曰：「成人之行何若?」子曰：「成人之行，達乎情性之理，通乎物類之辨；知幽明之故，睹遊氣之源。若此而可謂成人。……既知天道；行躬以仁義，飭躬以禮樂。夫仁義禮樂，成人之行也；窮神知化，德之盛也。」

由於顏子智慧最高，所以孔子回答他的成人的標準也提高了一層。

雖然孔子回答學生的話，有層次的不同，而孔子的教育在完成全人格這一點卻是相同的。

以上，我們是從仁的一貫作用，透視孔子如何把仁字扣緊在禮上，以達到仁的政治；把仁字根之於孝上，以健全仁的倫理；把仁字統攝了諸德，以完成仁的教育。

五、對孔子思想批評的檢討

自孔子之後二千五百年來，雖然也有人對孔子思想表示懷疑過，如漢代王充在《論衡》中便有〈問孔〉一篇。曾就孔子和學生問答的不當，提出異議。但並沒有尖刻的批評。對孔子思想作任意的詆毀，有意的破壞，還是近代的事。

我們歸納近人對孔子思想的批評，大致不外以下兩方面：

一是指孔子為帝王的御用者，封建制度的維護者，貴族階級的幫凶者。
二是指孔子思想復古迂腐，妨礙了社會的進步，科學的發展。

現在我們試分析這兩種看法的錯誤。

㈠孔子是否為帝王的御用者

1. 從孔子的時代環境來看

　　我們並不否認孔子在當時對周代的政制有所留戀，我們也不否認孔子一直希望能維繫宗法制度。然而我們對孔子這種作法的評斷，卻不能以二千五百年後的民主社會的標準。因為處於今日的社會，我們救世的路子很多，不一定要走政治的路線。我們可以從事教育，從事新聞，甚至工商業等。但在孔子的時代，一個讀書人的出路只有三條：第一條是幫助君主富國強兵。第二條是脫離政治，去修心養性。第三條是從文教方面輔導君主，使他們能行仁政。

　　在以上三條路中，第一條是法家的路線，第二條是隱士及道家的路線，當然是孔子所不願走的。因此，剩下的只有第三條路。今天許多人拿孔子恓恓皇皇，遍干諸侯，好像孔子要過官癮，這就是以今天的環境來看古代，犯了時代的錯覺。我們要想想孔子在那個封建社會，君主專政的社會，要想施展抱負，也只有得君行道的一條路，所以在當時知識分子的出路中，孔子所選的，還是最合情合理的了。

　　孔子的理想決不是像管仲等法家之流，只是替國君作工具。他是為了整個文化的延續，為了整個社會的安定，因此只有維持宗法和封建不可。但孔子的維持宗法和封建，就同他的刪《詩》《書》一樣，並非一味的沿襲，而是有其改良、廓清、健全的意義。我們要了解這一苦心，才能了解孔子之所以為孔子，哲人之所以為哲人。

2. 從孔子言論的內容來看

　　除了從環境上了解孔子的苦心外，我們再從他的言論中去證明他絕不是一位替君主作幫凶的人物。如：

　　　　修己以安百姓，堯舜其猶病諸。（〈憲問〉）
　　　　因民之所利而利之。（〈堯曰〉）

這是民本思想。

　　　　君子和而不同。（〈子路〉）

　　道並行而不相悖。(〈中庸〉)

這是思想自由。

　　內省不疚，夫何憂何懼！(〈顏淵〉)
　　天生德於予。(〈述而〉)

這是人格自尊。

　　單從這些片斷的思想，便可以看出孔子絕不是一個幫助君主統治人民的幫凶。因為民本思想，自由思想，以及人格自尊正是專制政體的剋星。

㈡孔子思想是否阻礙了科學思想的發展

　　至於批評孔子思想阻礙了科學思想，那更是牽強附會之談。我們暫不必談理論，就從淺處來看。是否一個孝子，就不能做科學家，是否一個守禮的人，就不懂科學方法呢？如果這兩者之間沒有必然的關係，那末孔子思想就不會構成影響科學發展的罪名。

　　也許有人會說那是因為自董仲舒獨尊儒學以後，一切的學術思想都受到壓抑，無從發展，而儒家本是以政治人生為主，但此後的儒家卻都埋首於經書的注疏，而不屑於知識的研究，因此使得此後中國的科學思想不發展。對於這個問題，我們的答覆是：既然是董仲舒之後，儒學走向注疏之途，那末這個責任自應歸咎於在董仲舒以後的儒家。而不應歸在孔子身上。我們試比較孔孟荀與漢代的儒家，前者充滿了活躍、創造及熱烈的情感；而後者卻都顯得死板、保守及毫無生氣。了解到這點，我們便知道使儒家思想僵化的責任，究竟應該歸於誰了。

　　也許又有人會問：孔子自謂我不如老農，不如老圃，也就是說孔子不重視生產，不重視實用，而專務道德理論，因此影響以後的學者，都成為只談心性的空言家，而不重物理的研究，所以此後便開展不出科學的天地來。其實孔子少時多能鄙事，並非像漢代許多儒生，一輩子只死守一部經書。至於孔子之所以說我不如老農，我不如老圃，這只是說事有專主，而並非孔子的輕視。中國政治在漢代以後，的確有一種只崇尚政術，而不注重外在知識的趨向，但這個責任仍然要歸

咎於漢代的博士，而不能怪在孔子思想身上。

　　今天許多人之所以有這種怨尤之言，乃是有鑑於十九世紀西方科學的發達，和我們的落伍。其實我們如果把中西文化的發展比作一場接力賽，便可以看出究竟是那一棒的失誤。

　　在清代以前，我們的文化與西方文化相比，可說並無遜色。因為今日西方的科學文明，還是十八世紀以後的事，所以落後的關鍵完全在有清一代。清代不僅儒學是低潮，所有思想也都是真空。可怕的文字獄，使得讀書人只有埋首經書，做尋章摘句的編纂工作；做推敲字音的訓詁工作。因此使我們落伍的原因，自應歸咎於清代的無知與愚蠢，又豈能一筆筆都算在孔子身上。

　　以上只是對近代一般學者批評孔子思想的檢討。其實，孔子之所以為孔子，並不是代表他一個人的思想，而是代表中國全民族的智慧結晶。他不僅承接了在他以前整個中國文化的道統；同時，他的思想也和在他以後整個中國文化的發展融成一體。儘管在中國歷史上有許多朝代當權得令的思想不是儒家，如漢初的黃老之治，隋唐的佛學獨盛，但就整個社會制度，及人民的生活習俗來說，仍然是和孔子及儒家的思想息息相關。所以我們可以說孔子思想不僅是中國哲學的發端者，而且也是中國哲學的主流；不僅是中國文化的傳承者，也是中國民族賴以生存發展的穩定力量。

第五章 道家與老子的思想

在孔子之後，第二位哲學家是老子。在談到老子之前，我們首先須對道家的源流作一鳥瞰。

一、什麼是道家

先秦時期雖然已有各派思想的形成，但並沒有嚴格的劃分，譬如在《莊子·天下篇》中把墨子和宋鈃分成二派；在《荀子·非十二子篇》中，卻把墨子宋鈃合成一派。在《莊子·天下篇》中所描寫的慎到帶有濃厚的道家色彩；而在《荀子·非十二子篇》中的慎到卻近於法家的思想。由這些事實可以想見先秦時期雖然有各派的活動，但卻並沒有嚴格的家派之分。

真正把先秦思想分派分家的，最早見於司馬談的〈論六家要旨〉一文。該文中說：

> 〈易大傳〉：「天下一致而百慮，同歸而殊途。」夫陰陽名法道德，此務為治者也。……道家使人精神專一，動合無形，贍足萬物。其為術也，因陰陽之大順，采儒墨之善，撮名法之要，與時推移，應物變化，立俗施事，無所不宜。（《史記·太史公自序》）

關於這段話，後人曾引起爭執。馮友蘭《中國哲學史》裏曾說：

> 此明謂道家後起，故能采各家之長；而後世乃謂各家皆出於道家，亦可謂不善讀司馬談之文也。

胡適以為司馬談所謂道家乃是漢初所謂道家；即《漢書・藝文志》所謂雜家，而不是老莊。馮氏又反駁說：《漢書・藝文志》在雜家之外，另有道家。故雜家不包括老莊；司馬談所謂道家則包括老莊。

其實，司馬談所謂道家，是指《道德經》的思想而言，是包括老子，而不包括莊子的。至於他對道家兼採各家的看法，自然是受了時代的影響。馮胡兩氏拿司馬談的話作定論，顯然都有所偏差。

和司馬談的看法有部分相似的，是班固的《漢書・藝文志》(採自劉歆《七略》)：

> 道家者流，蓋出於史官。歷記成敗存亡禍福古今之道，然後知秉要執本，清虛以自守，卑弱以自持，此君人南面之術也。

相似的地方，是此處所指的道家，也是就老子思想而立論的。唯不同的是，班固把道家拉上了史官的關係，這不僅把道家接上了道統文化的淵源，而且也把道家的開端推得更早，因此使得後代許多獨尊道家的學者，認為道家是一切學術之所本。如江瑔在《讀子巵言》中便說：

> 上古三代之世，學在官而不在民。草野之士，莫由登大雅之堂，唯老子世為史官，得以掌數千年學庫之管鑰，而司其啟閉。故老子一出，遂盡洩天地之私藏，集古今之大成。學者宗之，天下風靡，道家之學遂普及於民間……道家之徒既眾，遂分途而趨，各得其師之一嵩而演為諸家之學，而九流之名以興焉。

道家的形成問題，不僅在源頭上已那麼複雜，而且在發展上，更是添枝添葉，變化萬千。如下圖：

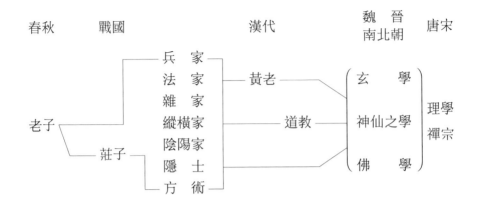

從以上這個簡表，我們可以看出幾個事實：

①純粹的道家思想應以老莊為主。

②老子到戰國時期，和兵家、法家、雜家、縱橫家、陰陽家等交互融會。

③莊子承接了老子思想，但也摻有隱士、方術思想（在〈外〉、〈雜篇〉中較多），表現出和老子不同的風格。

④老子思想，經法家的運用，到了漢代，影響而成為黃老之學，正是司馬談、班固之所謂道家。

⑤莊子自戰國以來，到漢代，其影響不大。

⑥漢末道教附會老莊，到了魏晉，演變成《抱朴子》等的神仙之學。

⑦老莊的形上思想到了魏晉，形成了玄學；到了南北朝，與佛學交流；直到唐宋，便演變成兼有儒道佛三方面思想的理學和禪宗。

二、老子其人與其書

㈠老子其人

《史記‧老子韓非列傳》中曾記載老子的生平說：

> 老子者，楚苦縣鄉曲仁里人也，姓李氏，名耳，字伯陽，謚曰聃，周守藏室之史也。

孔子適周，將問禮於老子。

老子修道德，其學以自隱無名為務。居周久之，見周之衰，乃遂去。至關，
關令尹喜曰：「子將隱矣，強為我著書。」於是老子乃著書上下篇，言道德
之意五千餘言而去，莫知其所終。

或曰老萊子亦楚人也，著書十五篇……蓋老子百有六十餘歲，或言二百餘
歲……或曰儋即老子，或曰非也。世莫知其然否。

老子，隱君子也，老子之子名宗，宗為魏將，封於段干。

世之學老子者則絀儒學，儒學亦絀老子。「道不同不相為謀」，豈謂是邪？

李耳無為自化，清淨自正。

這是老子生平在正史上的根據。然而這段話到了近代，卻產生了不少的問題，譬
如老子究竟是姓老，名聃，或姓李，名耳？孔子是否有適周問禮的事實？老子是
否因關令尹喜的請求，才寫下《道德經》五千言？老子究竟是老聃、李耳、老萊
子或太史儋呢？

　　這些問題幾乎每部中國哲學史的著作都提到，可是也都只是推想之詞，未有
定論。也有人為司馬遷感覺遺憾，因為他的幾個「或曰」，給後人添加了不少的困
惑，但這點也許正是司馬遷的偉大處。如果以今天某些學者來寫史的話，總是認
定一種看法，刻意的考證。其實他們所謂考證只是找資料維護自己的看法而已；
至於不利的資料，多看作存疑而不談。如果司馬遷也是這樣的話，那麼今天我們
只知《道德經》的作者就是老聃了。這樣反而掩蓋了事實真相，所以幸虧司馬遷
能夠直截寫出他自己不解之處，他的這幾個「或曰」，卻使我們能夠更進一步去了
解老子的真相。

　　至於老子究竟是誰，對於這問題，似乎不必正面從人物上研究。因為今天我
們之所以對老子產生興趣，乃是為了《道德經》的作者是誰，因此應該先從《道
德經》著手。《道德經》的問題解決了，那麼作者是誰的問題也就自然解決了。

(二)老子其書

　　關於《道德經》的成書年代，歸納起來大約有以下四類看法：

1. 為春秋時代作品

這種說法是傳統的看法，所根據的理由是《史記‧老子韓非列傳》明言《道德經》為孔子問禮的老聃所作。

2. 為戰國時代作品

主張這種說法的，清朝有崔述、汪中，近人有梁啟超、馮友蘭等。其中以梁氏之說最具體，他說：

> 從文字語氣上論，《老子》書中用王侯、王公、萬乘之主等字樣者凡五處，用取天下字樣凡三處，這種成語像不是春秋時人所有。還有用仁義對舉的好幾處，這兩個字連用，是孟子的專賣品，從前像是沒有的。還有「師之所處，荊棘生焉；大兵之後，必有凶年」這一類的話，像是經過馬陵、長平等戰役的人才有這種感覺，春秋時雖以城濮、馬陵……等有名大戰，也不見死多少人，損害多少地方，那時的人怎麼說出這種話呢？還有「偏將軍居左，上將軍居右」，這種官名都是戰國的，前人都已說過了。(〈評胡適之「中國哲學史大綱」〉)

3. 為戰國末年集成之作

主張這種說法的，如李石岑、錢穆等。據錢氏的看法老子不僅在孔子之後，甚至在莊子之後，他的論點很多，主要如：

> 《老子》書中道字之觀念實《老子》一書中心思想之所寄也，今尋《論語》言道，僅指人事，與《老子》之言道，絕不相類；墨子言義不言道，孔墨均淺近，而老獨深遠；孔墨均質實，而老獨玄妙；以思想之進程言，老子斷當在孔墨之後，已無待煩論。(〈關於「老子」成書年代之一種考察〉)
>
> 孔墨諸家皆不言常，獨莊子始曰：「化則無常也。」蓋莊子言天地之化，故曰無常，而老子承之，乃轉言有常，此為思想線索之推進一層，蓋以無常言化，淺而易見。以有常言化，乃深而難知也，若老子先知化有常，而莊子師承之，則決不輕言「化則無常矣」。(〈「老子」書晚出補證〉)

4.為漢人所編定者

主張這種說法的有顧頡剛、張蔭麟等人。張氏曾說：

> 現存《道德經》其寫定的時代，不惟在《孟子》之後，要在《淮南子》之
> 後，此說並不自我發，二十多年前，英人翟理斯已主之，他考證的方法是
> 把《淮南子》以前引《老子》的話搜集起來，與現存的《道德經》比對，
> 發現有本來貫串之言，而《道德經》把它們割裂者；有本來不相屬之文，
> 而《道德經》把它們混合者；有《道德經》採他人引用之言，而誤將引者
> 之釋語羼入者。……他的書經秦火以後蓋已亡逸或殘闕，現存的《老子》
> 乃漢人湊集前人所引，並加上不相干的材料補綴而成。（〈評馮友蘭「中國
> 哲學史」上卷〉）

關於以上四種說法，有的言之成理，有的證據不足，但在這裏我們不必去詳
加考證。因為《道德經》成書年代的問題，與這四種說法都有關係。

首先我們必須強調一個事實，就是凡是先秦的子書，幾乎都不是出於一人之
手。因為古代的典籍，都是寫在竹簡上，既沒有版權問題，而且流通也不方便。
因此最先的作者寫成書後，互相輾轉鈔寫，很自然的，會誤入了後人的眉批和心
得。尤其是道家作品的作者，都是隱士型的人物，他們雖然著書，卻不為了立名；
而且他們也沒有正式授徒，使他們的教言，為學生所傳頌。因此他們的著作最容
易混雜。

《道德經》的作者，最先應是春秋時的周守藏史老聃；《道德經》一書多言聖
王治世之道，這正合老聃的身分。不過今天《道德經》一書並非完全出自老聃之
手，老聃只是寫了《道德經》中最重要的部分；也就是已寫出了《道德經》的中
心旨趣，以後的道家人物，圍繞著這一中心思想，也添了不少心得感想。所以戰
國時期的許多術語和觀念也很自然的走進了《道德經》一書中。不過《道德經》
一書雖然在春秋到戰國的這段時間內業已成書而流通，但原著因秦火而散佚，今
天我們看到的版本，顯然是經過漢人的整編。

由以上所述，可見《道德經》一書的寫成、發展和再編定，和以上四種說法
都有關係。那麼既然如此，《道德經》作者是誰的問題，也就不解而自解了。因為

《道德經》不是出於一人之手，它的作者自然有好幾位。當然老聃是最主要的一位，其餘如李耳、太史儋、老萊子等也許都在《道德經》中留下了幾筆。

三、老子思想的精神和運用

㈠老子思想的常道

老子曾說：

> 反者，道之動；弱者，道之用。（四十章）

可是沒有提到老子的道之體是什麼。中國哲學家們談到道，常常都是就動用處來論，很少單獨去分析道的本體。因為應用我們有限的文字、有所偏的觀念，根本無法去見道之體，所以《老子》全書，談反、談弱之處很多，而談到道之體處，都未直接點明。今天我們研究哲學，卻不免要多事的去問一句老子的道之體究竟是什麼？在這裏我要多事的，在《老子》「反者，道之動；弱者，道之用」的上面加一句：「常者，道之體。」

現在我們就先來談談這個常字。

在這裏讀者也許有疑問，一般對老子道體的解釋，都認為是一個「無」字，為什麼我們說是「常」字呢？

的確，在中國哲學史上，都把道之體解為無字。其實老子本身並沒有說「無者，道之體」。把道解為無字，是從何晏、王弼開始，現在就讓我們看看這個「道無史觀」吧！

何晏在〈無名論〉中說：

> 夫道者，惟無所有者也。

王弼在《論語釋疑》中說：

> 道者，無之稱也。

胡適在《中國哲學史大綱》上說：

> 老子又從具體方面著想，於是想到一個無字，覺得這個「無」的性質作用，處處和這個道最相像……所以老子所說的無與道簡直是一樣的……道與無同是萬物的母，可見道即是無，無即是道。

李石岑在《中國哲學講話》上說：

> 老子以為道就是無名，就是無物，也就是無。……所謂無名即是無，這是老子的本體論。

胡哲敷在《老莊哲學》上說：

> 老莊既以無為宇宙本源，而無又是淵湛寂寥的虛無之體；從而可知他們之所謂無與所謂道，並無多大差異。

馮友蘭在《中國哲學史》上說：

> 道即是無，不過此無乃對於具體事物之有而言，非即是等於零，道乃天地萬物之所以生之總原理，豈可謂為等於零之無。

從以上所引，可見自魏晉以來的學者們幾乎都把老子的無當作道之體。

如果把老子的無字作一分析，我們將可看出《老子》書中的無字很多，共有三十五章。但老子所用的無字大約有三種性質：

名　詞：代表一種概念

形容詞 ⎫ 與另一字結合，成為老學的一德

副　詞 ⎬ 當作否定詞用

當作否定詞用的無字，如：

> 夫唯不爭，故無尤。（八章）
> 載營魄抱一，能無離乎。（十章）

> 復歸於無物，是謂無狀之狀，無物之象。（十四章）
>
> 盜賊無有。（十九章）

像這一類的無字，根本和哲學思想無關。

另外和某一字結成老學的一德，如：

> 常使民無知、無欲。（三章）
>
> 非以其無私邪，故能成其私。（七章）
>
> 復歸於無極。（二十八章）
>
> 道常無名。（三十二章）
>
> 道常無為而無不為。（三十七章）
>
> 為無為，事無事。（六十三章）

這種有關老學道德修養的名詞，雖然是無的一種運用，但就「無」字的任務來說，只是充任否定詞；就其意義來說，也只是一種應用，因此這些無字也和道體無關，那麼剩下來，單獨當作名詞用的無字，就只有四章：

> 無，名天地之始……故常無，欲以觀其妙。（一章）
>
> 有無相生。（二章）
>
> 當其無，有車之用……有之以為利，無之以為用。（十一章）
>
> 天下萬物生於有，有生於無。（四十章）

就這四條來看，第一條寫明「無，名天地之始」，可見無是一種名稱，是拿來稱呼天地之始的那種狀態的。至於第二第三兩條，更是明言「有無相生」、「無之以為用」。可見無是和有相對的，是一種用，當然也不是道之體。最後只剩下「天下萬物生於有，有生於無」一條。這條有兩種解釋，一種是就發生論來解說，是天下萬物生於有，有又是生於無。但此處有生於無，也可看作有是從無形無象的混沌境界而來。仍然是從無形之有而到有形之有。所以此處之無也只是一種境狀的描寫，而不是指道的本體。第二種解釋是就變化的相對性來看，也是指有無相生的意思，正是所謂「反者，道之動」。

由以上的分析來看，《老子》書中的無字，都是當作境態的描寫，不能視為道之體。

那麼為什麼我們要用這個「常」字來代「無」字，認為常是道之體呢？雖然「常」和「無」一樣，都是我們用來描寫道的一個名詞、一個概念。但這兩者相比，「無」都作負面描寫，「常」都作正面的描寫，所以我認為「常」較「無」字更能寫出道的真面目來。因為這個「常」有「不生不滅」、「周流不息」的意思，它是宇宙人生的常規，是普遍永恆的法則，唯有它與自然最近，但它並不是自然的現象，它是自然中的那個使其自然的法則。就《周易・繫辭》上所謂「一陰一陽之謂道」來說，並不是一個陰、一個陽就是道，而是所以使其有一陰一陽作用的是道。

然而在這裏，我們必須注意的是，這個「常」相當於《易經》中的「不易」。很多人往往把「不易」解作「固定」不變，這是一種曲解，我們在談《易經》的時候，曾特別以「生生」兩字來注釋不易。就是說這種不易乃是生生不息的，也就是永恆不變的。永恆不變與固定不變完全不同。固定不變是板滯的、死寂的、執著的；而永恆不變卻是活潑的、創生的、無住的。

現在把《老子》書中所有的常字，作一個統計，將發現《老子》書中有二十章提到這個常字。而這些常字的意義，約可分為：

名　詞：單獨運用。

形容詞 {
與道，和德結合在一起，成為老學之道德。
與其他名詞結合在一起，作固定、經常解。
}

動　詞：作本之於解。

先就動詞的常來說，如：「常無欲以觀其妙」、「道常無名樸」、「夫莫之命而常自然」、「道常無為而無不為」。這個常字許多注家都當作崇尚來解，但道是無為的，用崇尚兩字似乎與道的無為性不適，所以我們認為此常字宜解作「本之於」。

至於當作形容詞用的常字，和道德相合者，如常道、常德，可解作永恆不變的道德。唯常心可解作固定不變之心。整部《老子》書只有常心一處，可解為固定不變。因心有欲，所以要無常心。

　　至於當作名詞用的常字共有三章，如：

　　　復命曰常，知常曰明，不知常，妄作凶……知常容，容乃公，公乃王，王
　　　乃天。（十六章）

　　　無遺身殃，是謂習常。（五十二章）

　　　知和曰常，知常曰明。（五十五章）

從以上所舉的例子來看，老子的常字境界極高，至少有三種特質：

$$
常
\begin{cases}
性命的根本——復命曰常。\\
宇宙的大和——知和曰常。\\
智慧的源泉——知常曰明。
\end{cases}
$$

如果拿西語來說，就是普遍律；佛家語來說，就是真如或真常；儒家語來說，就
是天命或天道。

　　此處之所以用常字來寫道體，乃是因為這個常一方面能夠包括有無；一方面
又不落有無。《論語》中孔子嘆說：「逝者如斯夫，不舍晝夜。」（〈子罕〉）所謂逝
者即是變易，即是有無相生的隨起隨滅；所謂不舍晝夜即是不易，即是有無相生
轉換的不斷。這正同河流一樣，時時刻刻在那裏變，所謂長江後浪推前浪，所謂
「一足不能二次踏入同樣的水流」（西哲赫拉克里蒂斯語），但這條河流卻又是千
秋萬世沒有變過，長江依然是長江，江流淘淘，千古如斯。這不變的就是常，就
是道之體。

　　這個常，自其周流不息來看是有，自其永恆不變來看是有；但自其現象的認
識來看是無，自其時空的轉變來看也是無。所以這個常實含有「有」和「無」的
兩種作用。就拿老子所舉的「埏埴以為器」來說，實質處是有，空虛處是無，但
道體即不在實處，也不在空處，更不在空實之處，而是在於有無相生之理處。

(二)老子思想的變道

1. 反者，道之動

　　前面我們已談過老子的常道。現在再來看看老子的「反者，道之動」。

　　道之為道，其所以具有真實性，而不流於死寂；常之為常，其所以具有永恆性，而不致流於板滯，乃是由於它一方面變動，一方面又有不變存焉。可是如何一方面變，一方面又能不變呢？這是因為它的變不是一往無前的變，而是循環的變。老子曾說：

　　　　大曰逝，逝曰遠，遠曰反。（二十五章）

這三句話，可以從物象來看，也可以從道體來看。

　　先從物象來看，任何東西，無論如何變，起初總是量的變，愈變愈大，愈變總與原來的愈不相似。但這在最初的時候尚感覺不出，如朋友一年二年不見面，變化尚不大，可是十年二十年不見面，變化就大了。所以最初只是逝，逝就是逐漸消失了原來的狀態；後來是遠，遠是指相差的距離越大；最後便變得和原來全不相同，這即是反。人由小至大，每天都在變，也許每天我們並不覺得，但有一天「朝如青絲暮似雪」，我們才發現變化之大；最後，突然死亡而化為腐骨，這便是由生變到死，由正變到反。

　　再就道體來看，這個道是無所不包的，但它的大不是對待的大，不是佔於空間一面的大，而是通貫乎時間之流，所以「逝」，是指永遠的發展，不留在一個地方。「逝曰遠」，遠就是無窮的發展，發展到最後，又形成一個圓環的軌道，回到他的原來的地方。所以就道體來說，這個反字，乃是返回來的返字，也就是復返的意思。

　　老子之所以強調「反者，道之動」，而《老子》之反字，所以有這兩層意見，乃是因為一般人的知見有所蔽。有一種人是只看到變，而不知其反；另一種人是只看到反，而不知其返。

　　先談談第一種只看到變，而不知其反。

　　我們每天都在變化中，但卻並沒有敏感的發覺變化之速。譬如我們從嬰兒到兒童、少年、青年，都是逐漸在變，好像是正常的發展，自己也感覺不出有什麼太大的變化，直到有一天發現自己髮已蒼蒼、齒牙動搖時，雖猛然的感覺到變化之速，但這時尚沒有看到相反的一面。尚沒有看到死亡之後，我們的骨肉變成糞土。例如《茶花女》小說中的男主角，在女友死後猶以為花容玉貌，要見最後一

面，結果開棺一看，骷髏一具而已。這種看到事變之反，在我們現實生活中雖然不乏其例，但我們卻視而不見，並沒有常常的感覺到。

譬如我們追求個人的前途，不外乎名和利。先以利來說吧！一個人賺錢，從苦工而到富翁，由於這一過程是逐漸的在變，所以一天一天的富有，並沒有感覺到有什麼太大的變化，可是一旦富到了極點，突然降臨了禍患，一貧如洗，或死於非命，這就是一個反。這就是因為一個人在求利的過程中，只看到漸變的一面，而看不到相反的一面。

再拿求名來說，由布衣而卿相，這也是逐漸的在變。他們在通達之前，也不知經過了多少含辛茹苦，懸樑刺股，所以這相位也是得來並非偶然的。可是等他們達到了卿相，功高蓋主，招來殺身之禍，像李斯死時，嘆著早知如此，還不如以前帶著兒子到野外去打獵，過著清閒的生活舒服多了。再像美國的海明威、日本的川端康成來說，他們一部部著作出版，文名也跟著往上直升，他們也希望一部比一部精彩，可是最後，在他們紅得不能再紅時，江郎才盡，結果只有以自殺結束了生命。在他們追求的過程中，又那裏會看得到自殺的一面。

所以一般人都只看到變，而看不到反的一面。

接著我們再談談另一種只看到反，而不知其返。

也有一些人比較敏感一點，他們常會看到事變的相反一面，譬如文學家和宗教家，都是比較富於想像的，正同《紅樓夢》裏的黛玉，看到落花，就想到身世，想到了死亡。我們就以釋迦牟尼來說，他在幼年時，雖然生活在榮華富貴的皇宮，可是他卻非常敏感，所看到的盡是生老病死，他的父皇深怕他厭世出家，很早就給他娶了漂亮的皇后，並選了許多美麗的宮女服侍他，可是他非但不去看她們美麗的一面，相反的，卻看到她們酒醉後醜陋的睡態，於是逼得他十九歲便出了家。

起初釋迦牟尼只看到相反的一面，所以要出家，逃避人生；跳出生老病死的痛苦，而到深山中去學仙、要辟穀，有一次差點餓死，幸而遇見一位牧羊的女子，才救了他。此後他放棄了辟穀的苦修，最後在菩提樹下悟了道。悟個什麼？所悟的也就是一個返字。使他了解逃避人生是一種執著，宇宙大道是循環返復的，因此他又回到人世去宣揚大道了。

由以上所述，不僅釋迦牟尼最後從相反看到了復返，就是中國第一流的思想

家如孔孟老莊也都能看到復返的一面，因為這復返的一面，是回復於道體的路子。

現在我們依據老子思想，來看看這個反字的兩層境界。

①相反之反

關於這種「相反」的理論，在《老子》書中大致可分為三項：

a.物象上的相生

　　有無相生，難易相成，長短相較，高下相傾，音聲相和，前後相隨。（二章）

這是指物理現象上的相對而生，相較而成。

b.事理上的作用

　　明道若昧，進道若退，夷道若纇，上德若谷，大白若辱，廣德若不足，建
　　德若偷，質真若渝，大方無隅，大器晚成，大音希聲，大象無形。（四十一
　　章）

這是指事理上的反作用。

c.政治人生的運用

　　大道廢，有仁義；智慧出，有大偽；六親不和，有孝慈；國家昏亂，有忠
　　臣。（十八章）
　　絕聖棄智，民利百倍；絕仁棄義，民復孝慈；絕巧棄利，盜賊無有。（十九
　　章）
　　夫禮者，忠信之薄而亂之首。（三十八章）
　　信言不美，美言不信。善者不辯，辯者不善。知者不博，博者不知。聖人
　　不積，既以為人己愈有，既以與人己愈多。天之道，利而不害；聖人之道，
　　為而不爭。（八十一章）

這都是把這個相生相成，事理變化的反作用，運用於政治人生。

②復返之反

以上相反之反，都是就政治人生的運用上來說，都只是一種暫時的權變。而
老子思想的真正目標是要我們回歸於道體，所以這裏復返的反，都是指勘破現象，

回歸本體。

a.復命

> 致虛極，守靜篤。萬物並作，吾以觀復。夫物芸芸，各復歸其根。歸根曰靜，是謂復命；復命曰常，知常曰明。（十六章）

這是指宇宙萬物都要回到它們的根本。然而照普通現象來說，萬物由生到死，歸根豈不等於死亡。其實從整個自然講，歸根即與自然合一。此處所謂復命即是指自然的大命。

b.返樸

> 知其雄，守其雌，為天下谿。為天下谿，常德不離，復歸於嬰兒。（二十八章）

此處復歸於嬰兒的「嬰兒」，就是指無知無欲的純樸境界。而此境界並非真的是渾渾噩噩的無知無欲，而是含德的至真至和。正如第五十五章所描寫的：

> 含德之厚，比於赤子。蜂蠆虺蛇不螫，猛獸不據，攫鳥不搏。骨弱筋柔而握固。未知牝牡之合而全作，精之至也。終日號而不嗄，和之至也。知和曰常。知常曰明。

c.歸明

> 天下有始，以為天下母。既得其母，以知其子；既知其子，復守其母，沒身不殆。塞其兌，閉其門，終身不勤。開其兌，濟其事，終身不救。見小曰明，守柔曰強。用其光，復歸其明，無遺身殃，是謂習常。（五十二章）

這是要我們不須向外去求知，而應返歸內心自知之明。即使有時不得已要用知，但最後還須歸本於內心的明。

從以上三段話中，可以發現歸返的反，包括了復命、返樸、歸明的三種境界。而這三種境界不僅是互相關連的，如：「復命曰常，知常曰明。」「知和曰常，知常曰明。」「復歸其明，無遺身殃，是謂習常。」而且都共同的歸於一個常字。所以老

子的復返，一言以蔽之，就是返於常道。

2. 弱者，道之用

接著，我們再來談談老子的「弱者，道之用」。

由於「反者，道之動」，這個反在政治人生的運用上，是相生相成、正言若反。因此它的路子，不外乎是弱變為強，強又變為弱。然而在強和弱之間，強是物之極，而物極必反，所以強是一個危險的信號，《老子》書中曾一再的強調：

> 強梁者不得其死。（四十二章）
>
> 心使氣曰強，物壯則老。（五十五章）
>
> 堅強者，死之徒。（七十六章）
>
> 兵強則不勝，木強則兵。（七十六章）

這些都只是直接談到強字的不好，其餘間接談到的地方還很多，如：

> 不敢為天下先。（六十七章）
>
> 不敢為主而為客，不敢進寸而退尺。（六十九章）
>
> 勇於敢則殺，勇於不敢則活。（七十三章）

可見老子對於「強」字的深以為戒。那麼「強」既然是危險地帶，因此避強只有用弱了。

不過在這裏，我們要了解老子的用弱，並非求弱，因為天下沒有一個正常的人是要使自己變得虛弱，不堪一擊的；更何況是一套高超的哲學思想。所以老子只是把弱當作道之用，也就是說弱是一種求道的方法、手段，或路子。其實老子的用弱，正是為了強，只是這個強不是在鋒頭上的、表面上的，或暫時性的強，而是安全的、骨子裏的、永恆性的真強。試看《老子》書中的強字，便有兩種，除了前面的堅強、強梁之外，還有：

> 自勝者強。（三十三章）
>
> 守柔曰強。（五十二章）

此處所謂的強，顯然不是老子所戒除的堅強、強梁，而是骨子裏的真強。

　　然而這種真強的性質如何，要怎樣才能用弱以達到真強。分析老子的思想，可以分為以下五方面：

　　①知足常足

　　　　五色令人目盲，五音令人耳聾，五味令人口爽，馳騁畋獵令人心發狂，難
　　　　得之貨令人行妨，是以聖人為腹不為目，故去彼取此。（十二章）
　　　　禍莫大於不知足，咎莫大於欲得，故知足之足常足矣！（四十六章）

這些話都是說一切的痛苦煩惱，就是由於多欲。因為欲望的追求漫無休止；而永遠的追逐，卻帶來永遠的痛苦，所以老子一再的強調：

　　　　知足者富。（三十三章）
　　　　知足不辱，知止不殆。（四十四章）

知足是滿足於已有，是滿足於少。在表面上看好像是自處於弱小，其實他所達到的卻是常足的永恆幸福，能夠在「飯疏食，飲水，曲肱而枕之」或「一簞食、一瓢飲」，在陋巷中獲得快樂的人才是真正的快樂，才是真正「貧賤不能移」的強者。

　　②不露鋒芒

　　　　持而盈之，不如其已；揣而梲之，不可長保；金玉滿堂，莫之能守；富貴
　　　　而驕，自遺其咎；功遂、身退，天之道。（第九章）

任何事物發展到「滿」，一定遭損；發展到「銳」，一定受挫。富和貴這是人生追求的最高目標，如果再加以驕傲的話，勢必遭忌受妒，而自找麻煩。這正是樹大招風的自然結果。所以老子要我們不可太出鋒頭，鋒頭之後所接著而來的便是霉頭。但在這裏也不可誤以為老子一味的要我們藏頭藏尾、無所事事，而是要我們功遂而後身退。功遂是有作為，是強的實際表現，但在功遂之後，立即掩蓋光芒，以避免鋒頭之後的霉頭。所謂身退是處弱，但這裏的處弱，正像「善刀而藏之」，目的在保持住真正的鋒利之強。

　　③曲成之道

江海之所以能為百谷王者，以其善下之，故能為百谷王。是以欲上民，必以言下之；欲先民，必以身後之；是以聖人處上而民不重，處前而民不害；是以天下樂推而不厭。以其不爭，故天下莫能與之爭。（六十六章）

善為士者不武，善戰者不怒，善勝敵者不與，善用人者為之下，是謂不爭之德，是謂用人之力，是謂配天古之極。（六十八章）

所謂「不武」、「不怒」、「不與」、「為之下」、「以言下之」、「身後之」，在表面上看來，都是一種弱的表現，但這種弱乃是一種曲成的作用，以達到真強。所謂「不爭」是曲、是弱；而使得天下莫能之爭，便是成，便是真強。

④把握樞機

為無為，事無事，味無味，大小多少，報怨以德；圖難於其易，為大於其細。天下難事必作於易，大事必作於細；是以聖人終不為大，故能成其大。（六十三章）

其安易持，其未兆易謀，其脆易泮，其微易散，為之於未有，治之於未亂。（六十四章）

這些話就是說明老子的無為，並不是什麼事都不為。而是說由於把握要點，方法簡單，處理從容，因此雖然「為」了，卻像無為一樣。這一點我們就拿經驗上的例子來說，同樣是一件事，知識淺陋的人，忙得汗流浹背，還是未必弄得好；相反的，智慧高的人，正像庖丁解牛，刀子輕輕順勢一推，立刻如土委地、水到渠成。這並不是誇張，因為任何事情都有一個藏結所在，不從藏結上下手，自然是治絲愈紛了。

⑤以退為攻

將欲歙之，必固張之；將欲弱之，必固強之；將欲廢之，必固興之；將欲奪之，必固與之；是謂微明。柔弱勝剛強，魚不可脫於淵，國之利器不可以示人。（三十六章）

這段話就是告訴我們要達到正面的目的，必須從反面下手。所謂微明者，就是由

微致明，以退為攻。那麼這一節與第三節所謂曲成之道有什麼不同呢？曲成之道是順乎自然之勢以達到理想，這是偏於德性的把握；而此處的以退為攻，卻是運用人心的趨勢而達到目的。

以上我們從五方面看過老子所用的弱，不是真的弱，而是求真強之道。老子自謂「柔弱勝剛強」（三十六章），這句話已替老子的柔弱兩字下了最好的定義，也就是說以勝剛強為前提的柔弱，才是老子所守的柔，所用的弱。

四、老子思想的檢討

由於老子的道有政治運用的一面，有人性修養的一面；有相反的變道一面，也有復返的常道一面。而後人往往只執著於一面，過分使用，知變而不知常，於是便產生了許多流弊。使老子思想蒙上了許多陰影。

現在我們把一般對老子思想的誤解歸納為以下兩方面來檢討。

㈠認為老子思想是陰謀之術——積極運用的錯誤

宋儒程明道曾說：

> 老子語道德而雜權詐，本末舛矣！（熊賜履《學統・老子》）
> 予奪翕張，理所有也，而老子之言非也。予之之意，乃在乎取之，張之之意，乃在乎翕之，權詐之術也。（熊賜履《學統・老子》）

這些批評可說似是而非的。關於這方面，我們有幾點辯證：
①在《老子》書中，雖然徵引了不少兵家的話，及兵家的思想，如：

> 以正治國，以奇用兵，以無事取天下。（五十七章）
> 用兵有言：吾不敢為主而為客，不敢進寸而退尺；是謂行無行，攘無臂，扔無敵，執無兵。禍莫大於輕敵，輕敵幾喪吾寶，故抗兵相加，哀者勝矣！
> （六十九章）

但老子借這些兵家的話，只是寓兵於止兵；所謂「抗兵相加，哀者勝矣」，就是勸

大家不要用強鬥狠，要能把握一個慈字。所謂「以奇用兵，以無事治天下」，就是勸我們與其以奇用兵，得到暫時的勝利，還不如以無事治天下，反而能得到長久的安定。

事實上《老子》全書，不容否認的是充滿了反對用兵的思想。如：

> 以道佐人主者，不以兵強天下。（三十章）
>
> 夫佳兵者不祥之器。（三十一章）

由此可見老子和兵家根本無血脈的關係。至於戰國時的兵家有很多話和老子相似，如《孫子兵法》中所謂：

> 兵者，詭道也，故能而示之不能，用而示之不用；近而示之遠，遠而示之近；利而誘之，亂而取之；實而備之，強而避之；怒而撓之，卑而驕之；佚而勞之，親而離之；出其不意，攻其無備。（《孫子兵法・始計篇》）

然而這最多只是一種運用罷了。並不是老子思想本身鼓勵用兵。其實《老子》全書也只有第三十六章使人感覺有權謀的作用。我們也不能僅以此一章，便斷定老子是陰謀家，而無視於《老子》全書到處在強調「慈」，強調「救人」。

②就拿第三十六章來說，明道也承認「理所有也」，也就是說這是事理物象中本來就有的，那麼既然是「理所有也」，老子照理直說，又有什麼不對可言。就拿《老子》三十六章本文來說：

> 將欲歙之，必固張之；將欲弱之，必固強之；將欲廢之，必固興之；將欲奪之，必固與之；是謂微明。

這幾句話的主詞由於沒有明白指出，因此可指天道，也可指人生的運用。但老子的思想都是就天道來說人生的。譬如：

> 天之道，其猶張弓與！高者抑之，下者舉之。（七十七章）

因此如果把三十六章看作天道的作用，這正是「反者，道之動」，這正是「天地不仁，以萬物為芻狗」，根本就是一種自然現象，這又那裏稱得上是陰謀權術。

③當然我們也不否認老子的思想在戰國時代開始，就被一般人所運用，而流於陰謀權術。譬如司馬遷在〈老子韓非列傳〉中便說：

> 申子卑卑，施之於名實。韓子引繩墨，切事情，明是非，其極慘礉少恩，皆原於道德之意。

其實道德之意，並沒有要我們慘礉少恩，而且老子還一再強調：

> 民不畏死，奈何以死懼之。（七十四章）
> 和大怨，必有餘怨，安可以為善。（七十九章）

所以陰謀權術家之運用，只是看到了老子所談的反字，而不知老子借這個反，是要返回到道體之常的。老子說：「不知常，妄作凶。」這些陰謀權術家，不知常，自然會流於刻薄少恩，殘酷不道了。

所以，這是運用《老子》的錯誤，而不是老子思想本身的錯誤。

(二)認為老子思想流於虛無頹廢——消極運用的錯誤

由於老子強調無為，要我們知足，因此許多人誤以為老子只講虛無，而流於頹廢。關於這點，班固在《漢書・藝文志》中便說：

> 道家者流，蓋出於史官。歷記成敗存亡禍福古今之道，然後知秉要執本，清虛以自守，卑弱以自持，此君人南面之術也。合於堯之克攘，易之嗛嗛，一謙而四益，此其所長也。及效者為之，則欲絕去禮學，兼棄仁義，曰：「獨任清虛，可以為治。」

這「獨任清虛」四字，正寫出了一般誤解老子思想者的心理。他們以為無事，不做就是無為。關於這一點，我們在「弱者，道之用」時，已略有說明，現在把無為與為之間的關係，作一圖表說明如下：

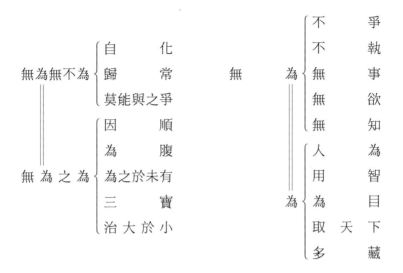

這個圖表說明了無為所不為的是那些用智、好強、人為之事；而無為本身就是一種為，其所為的，乃是順物性之自然。最後所達到的乃是萬物都能自由生長，和而不同的無不為境界。

由此可見無為絕不是袖手不管事的無所事事。

然而在這裏又有一個問題，如果說無為乃是要我們知足，要我們不用知，要我們不執人為的話。可是今日社會就是依靠這些才有如此輝煌的成果。因此大家如果都照老子的話去做，豈不是阻礙了社會文明的進化？

對於這問題，我們首先要認定，老子思想要我們追求的是什麼？答案是幸福。如果這個答案不錯的話，那末問題就很顯然了。因為人類幸福之路和社會文明發展之路並不是完全平行的。當然它們有時是平行的，譬如醫藥的發明，減少了我們的病痛和死亡。但有時候卻是互相交叉，甚至背道而馳的，譬如今天物質愈文明，而我們的生活卻愈空虛。老子所謂：

> 五色令人目盲，五音令人耳聾，五味令人口爽，馳騁畋獵令人心發狂。（十二章）

這並不是空話。法國的盧騷也有這種看法。今天存在主義的產生，就是有感於在物質文明生活中的人類，就像大機器中的螺絲釘，沒有一點自主性、獨立性。

今天的交通固然發達，可以拉短人與人在空間上的距離，可是今天的人忙於生活，即使是親朋友戚面對著面，也沒有時間可以談心。

今天的電氣設備雖然完善，不必像過去點著欲明欲暗的蠟燭。但過去我們可以剪燭談心，可是今天，在通亮的日光燈下，只是熬夜趕報告、趕計劃。

物質文明是得到了，可是我們的幸福又在那裏？

由於人類幸福之路，和物質文明進化之路，是兩條路；因此我們不能說它們之間有阻礙的關係。這正如甲乙兩人同自火車站上下來，甲的家在火車站前方，乙的家在後車站，我們不能以甲的家為標準，認為乙不向前走，就是落伍。英哲羅素有一段話說得很好，他說：

> 保守的中國知識分子說話，就像古代的賢哲寫文，假如有人提示他們中國進步很少，他們會說：「為什麼尋求進步，假如你已經享有美好？」首先一個歐洲人會覺得這種看法是懈怠的，可是當他自己變得更聰明的時候，他漸漸地會懷疑，而且開始覺得我們所謂的進步只是不停的變易，那種進步並不使我們更接近任何被企求的目標。

羅素這話正指出了兩種人生態度，一種是追求新、變化、進步；一種是追求幸福。這兩條路子既然不同，就不能站在這一路上，而指另一條路是落伍、退化。

第六章　墨家及墨子的思想

一、和儒家對立的另一派

如果中國的哲學思想是以儒家為主流的話，那末，在先秦時期，和儒家對立，旗幟最為分明的，除了道家外，就是墨家了。孟子在〈滕文公下篇〉中說：

> 楊朱墨翟之言盈天下，天下之言，不歸楊，則歸墨。

這是道、墨和儒家的對立。《韓非子・顯學篇》更說：

> 世之顯學，儒墨也。儒之所至，孔丘也；墨之所至，墨翟也。

這是指儒和墨的對立。可見在戰國初年，墨家是和儒家思想分庭抗禮的一大學派。

儒家和道家的對立，在於前者強調人為，後者鼓吹自然。至於墨家一方面反儒，一方面也反道。他們認為儒家斤斤於恢復舊制度、舊禮法，未免失之於迂；而道家的自求多福、恬淡無為，又未免失之於私。因此墨家便採取激進的姿態、大刀闊斧的把整個時代加以改造，他們不像儒家那樣保守（儒家另有其積極的一面，只是在墨子的眼中稍嫌保守）。也不像道家那樣的迂迴，他們乃是以宗教家般的精神，從事於社會的改革。

雖然，儒、道、墨三家都是從同一個文化道統中發展出來的，司馬談所謂「墨者，亦尚堯舜道」（〈論六家要旨〉）。但儒道兩家都是有深長的歷史淵源，而唯獨墨家卻是時代的產兒。這話如何說法？

我們先以儒家為例，雖然孔子也是有鑑於春秋之衰，而提出他的救世主張，

但他念念不忘的是周代的文物制度，他自稱自己的學術態度是述而不作。可見孔子的學說不是完全因時代而產生的一套新思想，而是拿道統思想來診治時代的毛病。至於道家，雖然有許多話都是針對時代之病痛而發的，但他們所注意的問題，卻是人性永恆的問題，而他們運用的智慧，卻是歷代相傳的智慧。所以這兩家的思想都有深長的歷史背景。

然而墨家卻不然，他們起於下層社會，他們和道統的文化關涉不深。他們不像儒家一樣以精通禮制見重於世，也不像道家一樣以深澈的智慧去點化人心。他們拿著一套實際的本領，去推行他們的主義。他們的身分都是工匠之流，而他們的組織也正同許多幫會的組織。至於他們所注重的問題，完全是現實的政治社會的問題，他們的思想完全是由時代所發，而他們解決問題的方法，也是頭痛醫頭，腳痛醫腳的，所以說墨家是時代的產兒。

二、墨子的生平及其時代背景

墨家思想既然是由時代所激發的，那麼墨子便是首當其衝的人物。他在墨家中的身分，和孔子在儒家，老子在道家不同。因為孔子雖然是儒家開創性的人物，可是我們論儒家思想卻不能限於孔子、在孔子之前有所承、在孔子之後有所繼。同樣老子也是如此。可是我們對於墨家思想卻只能以墨翟一人，《墨子》一書為全部的代表。在他之前，雖然標榜大禹，但那只是政策性的推崇，而並非學術思想的所承；在他之後，雖然也有幾位鉅子的承傳，但那只是組織的衣缽相傳，而不是學術思想的另添新境。所以整個墨家，只能以墨子一人為代表。

關於墨子的生平，也是聚訟紛紜的。

元代伊世珍認為墨子姓翟名烏，後來江瑔在《讀子巵言》中舉出了八個例證，主張墨子不姓墨，但此說殊不可靠，因為《孟子》《莊子》書中都明指墨翟或墨子，而《墨子》書中也自以翟相稱。

墨子的籍貫，有的認為是宋人（葛洪《神仙傳》、《抱朴子》）、楚人（畢沅《墨子注・序》）、魯人（《呂氏春秋》），甚至也有人認為他是印度人（胡懷琛）、亞拉伯人（金祖同、衛聚賢）。對於這種種說法，我們不必去細考。因為這和他的思想

無關。但有一點，值得我們注意的是，墨子和魯及宋的關係很深，在《墨子》及其他書中，屢言他離開魯。如：

> 墨子自魯即齊。（《墨子・貴義》）
>
> 越王……為公尚過束車五十乘，以迎子墨子於魯。（《墨子・魯問》）
>
> 公輸般為高雲梯，欲以攻宋。墨子聞之，自魯往。（《呂氏春秋・開春論・愛類》）

這是他與魯國的關係。又《史記》、《漢書》都說他做過宋國的大夫。可見他和宋國的關係也非常密切。我們之所以特別提出他和魯國及宋國的關係，並非是對他的籍貫的考證有興趣，而是此事對他的思想有很大的影響。

墨子生於魯，學於魯，去過宋，曾做過宋國的大夫。這話是有古籍的根據。《呂氏春秋・仲春紀・當染篇》上說：

> 魯惠公使宰讓請郊廟之禮於天子，桓王使史角往，惠公止之。其後在於魯，墨子學焉。

史角是史官，但他奉桓王之使到魯國去，離墨子至少有十世。所以墨子只是學於史角的後人，而史角雖是史官，但他的後人於春秋末年在魯國講學的，已是屬於私人講學了。再看《淮南子・要略訓》：

> 墨子學儒者之業，受孔子之術，以為其禮煩擾而不悅，厚葬靡財而貧民，久服傷生而害事，故背周道而用夏政。

由這段話可見墨子受學於史角的後人，和儒家之學極有關係，因為儒家也是專精於周代的禮制，孔子也問禮於老聃（也是一位精通禮制的史官）。所以墨子初期在魯所學，和儒家學術有相當的關係。

後來傳說墨子到了宋國做大夫。雖然我們不敢確定說墨子是不滿儒家學說之後，才到宋國，或到了宋國之後，思想才轉變，而不滿儒家學說。但宋國實行殷道，與周政不同。墨子與宋的關係，姑且不論他是否生於宋，是否真做過宋國大夫（梁啟超否認，俞正爕贊成此說），但這一關係正象徵了他思想的反儒的轉變。

以上我們已簡單看過墨子的生平。接著我們再看看他的時代背景。

墨子生於孔子之後，孟子之前，正當春秋之末，戰國之初。這是中國古代歷史上由衰到亂的一個蛻變時期。這時期與墨子思想發生關係之處有四：

①在上位者荒淫無度，勞民傷財，有文勝之弊。

②鐵器發明，戰爭激烈。

③道家中隱士的為我思想盛行。

④孔子之後，七十二弟子沒有一個有魄力光大儒學門庭，而一般儒者徒具形式，而無創造精神。

由於以上的原因，使得墨子倡導的墨家思想得以脫穎而出，大行於天下。

三、墨子思想的特色

㈠墨子的反儒思想

墨子曾說：「非人者，必有以易之。」這是說批評別人的人，自己必須有一套學說可以代替別人。所以墨子思想也有兩套：一套是反儒學說，一套是他自己的學說。如他在〈公孟篇〉中說：

> 儒之道足以喪天下者，四政焉。儒以天為不明，以鬼為不神，天鬼不說，此足以喪天下。又厚葬久喪，重為棺槨，多為衣衾，送死若徙，三年哭泣，扶後起，杖後行，耳無聞，目無見，此足以喪天下。又弦歌鼓舞，習為聲樂，此足以喪天下。又以命為有，貧富壽夭、治亂安危有極矣，不可損益也，為上者行之，必不聽治矣；為下者行之，必不從事矣，此足以喪天下。

儒家	遠鬼	厚葬	正樂	知命
墨子	明鬼	節葬	非樂	非命

以上只是墨子明言儒家的四大學說不對，而加以反對。另外尚有許多不同，如孔子要親親，墨子要兼愛；孔子要重禮，墨子要節用等。

除了以上學說的針鋒相對外，根本上還有一個方法的不同。如〈公孟篇〉中有段記載：

> 子墨子曰：問於儒者：「何故為樂?」曰：「樂以為樂也。」子墨子曰：「子未我應也。今我問曰：『何故為室?』曰：『冬避寒焉，夏避暑焉，室以為男女之別也。』則子告我為室之故矣。今我問曰：『何故為樂?』曰：『樂以為樂也。』是猶曰：『何故為室?』曰：『室以為室也。』」

從這段話中可以看出，儒家著重在精神上，而墨子則著重在實用上。當然儒家也可按照墨子回答的方式說：音樂可以使人感化、使人振奮。如《禮記・樂記篇》上說：

> 樂也者，聖人之所樂也，而可以善民心，其感人深，其移風易俗，故先王著其教焉。

但對於這樣的回答，墨子仍然會不滿意的，因為墨子所要講究的就是一個看得見的功用。

由於這一方法上的著眼點不同，才激出了墨子的反儒思想；也就由反儒而提出了一套「有以易之」的墨子的學說。

仁)墨子思想的精神

墨子思想的精神，可以歸結為兩個字：一個是愛字、一個是利字。這兩個字，在墨子運用起來，好像是一對開關。他談到愛字的地方，常輔以利。如他說：

> 愛利萬民。(〈尚賢中〉)
> 兼相愛，交相利。(〈兼愛中〉)
> 兼而愛之，從而利之。(〈尚賢中〉)

現在我們就從「愛」、「利」兩字去透視墨子的思想。

1. 愛

墨子所講的愛，就是兼愛。

①什麼是兼愛

墨子的兼愛有三種特色：

a.兼愛是相對於別愛的大公的意思

在〈兼愛下〉裏曾說：

> 今吾本原兼之所生，天下之大利者也；吾本原別之所生，天下之大害者也。
> 是故子墨子曰：別非而兼是者，出乎若方也。

接著他又把士分為別士與兼士。說：

> 別士之言曰：「吾豈能為吾友之身，若為吾身；為吾友之親，若為吾親？」是故退睹其友，飢即不食，寒即不衣，疾病不侍養，死喪不葬埋，別士之言若此，行若此。兼士之言不然，行亦不然，曰：「吾聞為高士於天下者，必為其友之身，若為其身；為其友之親，若為其親，然後可以為高士於天下。」是故退睹其友，飢則食之，寒則衣之，疾病侍養之，死喪葬埋之，兼士之言若此，行若此。（〈兼愛下〉）

從這些話裏，可見墨子把這個「別」字看作自私自利的態度，而「兼」就是大公無私的精神。

b.兼愛是一切德行的基礎

〈兼愛下〉曾說：

> 故君子莫若審兼而務行之。為人君必惠，為人臣必忠，為人父必慈，為人子必孝，為人兄必友，為人弟必悌，故君子莫若欲為惠君忠臣、慈父孝子、友兄悌弟，當若兼之不可不行也。

在這段話中，墨子是把兼字看作一切德行的樞紐，其地位有點像孔子講的仁字。

c.兼愛是以利國為最大的目標

墨子所謂的兼愛，內容就是指彼此的相愛，對象就是指國家的利益。他一再的強調說：

> 聖人以治天下為事者也，不可不察亂之所自起。當察亂何自起，起不相愛。臣子之不孝君父，所謂亂也；子自愛不愛父，故虧父而自利；弟自愛不愛兄，故虧兄而自利；臣自愛不愛君，故虧君而自利，此所謂亂也。……故聖人以治天下為事者，惡得不禁惡而勸愛，故天下兼相愛則治，交相惡則亂，故子墨子曰：不可以不勸愛人者。此也。（〈兼愛上〉）

這是〈兼愛上篇〉的全部主要意義。其他〈兼愛中篇〉、〈兼愛下篇〉，除了多引證一些歷史的故事外，中心思想和〈兼愛上篇〉完全相同，所以說墨子的兼愛完全是著重在利國這一目標上的。

②兼愛的運用

墨子雖然高唱兼愛，但他所提倡的兼愛本身並不深刻。我們都知道強調愛的哲學家，不僅中國，就是西方也多得很；只是每個人對愛的體悟各有深淺不同罷了。就拿儒家來說，也是強調愛的，樊遲問仁，孔子便答以愛人。雖然愛並不是仁的全部意義，但也是仁的中心思想之一，所以在儒家也是仁愛連言的。

那麼儒家的仁愛和墨子的兼愛有什麼不同呢？

在表面上，我們也許可以立刻回答，儒家的仁愛是有等級的，所謂親親而仁民、仁民而愛物，墨家的兼愛卻是完全平等的。其實這是似是而非的。

儒家的仁愛和墨子的兼愛最根本的不同，就是仁愛的愛是根之於仁，而儒家的仁乃是本於人性，有形而上的根基。至於墨子的兼愛，卻只是重在彼此的相愛而已。並沒有從人性上去強調這種愛是發乎天性，是有其必然性的。

由於墨子的兼愛只談到相愛，而沒有人性很深的基礎，也就缺乏形而上的根據（墨子整個思想便缺乏形而上的根基），因此他的兼愛便不能上達，因此只好下降，而和利打交道，試看他談愛處始終離不了利。如：

> 夫愛人者，人必從而愛之，利人者，人必從而利之；惡人者，人必從而惡之；害人者，人必從而害之。（〈兼愛中〉）

> 姑嘗本原之，孝子之為親度者。吾不識孝子之為親度者，亦欲人愛利其親與？意欲人之惡賊其親與？以說觀之，即欲人之愛利其親也。然即吾惡先從事，即得此，若我先從事乎愛利人之親，然後人報我愛利吾親乎？意我

先從事乎惡人之親，然後人報我以愛利吾親乎？即必吾先從事乎愛利人之親，然後人報我以愛利吾親也。然即之交孝子者，果不得已乎！毋先從事愛利人之親者與？意以天下之孝子為遇（愚），而不足以為正乎！（〈兼愛下〉）

可見墨子雖然標榜兼愛，實際上兼愛的運用，完全在於一個利字。所以墨子的兼愛主義，易其名，也就是一種功利主義。

2.利

墨子的思想，除了「兼愛」的這一招牌外，可以說完全在一個利字。關於這點，我們可以從三方面來看：

①政治思想上講利

有關政治思想方面的有〈尚賢〉、〈尚同〉、〈天志〉和〈非攻〉等篇。〈尚賢〉、〈尚同〉和〈天志〉是一個系統，屬於內政方面，〈非攻〉是屬於國際方面。

a.尚賢、尚同到天志

墨子尚賢，是以國家之利為前提。他說：

尚賢者，天鬼百姓之利，而政事之本也。（〈尚賢下〉）

對於這點，和儒家尚沒有什麼差別。

這些賢人推舉出來之後，便必須納入整個政治體系中，而講尚同。墨子之所謂尚同是：

天子發政於天下之百姓，言曰：「聞善而不善，皆以告其上。上之所是，必皆是之；所非，必皆非之。上有過，則規諫之；下有善，則傍薦之。上同而不下比者，此上之所賞，而下之所譽也。」（〈尚同上〉）

這也就是說天子是總司令，所有百官完全以天子的意思為意思，雖然有時，他也說到分層的尚同。如：

是故里長順天子政，而一同其里之義。里長既同其里之義，率其里之萬民，以尚同乎鄉長，曰：「凡里之萬民，皆尚同乎鄉長，而不敢下比。鄉長之所是，必亦是之；鄉長之所非，必亦非之。去而不善言，學鄉長之善言；去

而不善行，學鄉長之善行。鄉長固鄉之賢者也，舉鄉人以法鄉長，夫鄉何說而不治哉！」察鄉長之所以治鄉者，何故之以也？曰唯以其能一同其鄉之義，是以鄉治。鄉長治其鄉，而鄉既已治矣，有率其鄉萬民，以尚同乎國君。（〈尚同中〉）

從這段話中，鄉長雖然同一萬民，但鄉長又尚同乎國君，所以最後仍以國君為惟一樞紐。然而君主如果是唯一的施令者，君主行善固然很好，但君主為惡，豈不是率天下之人都上同於惡了嗎？為了這點，墨子特別提出了天志來。他說：

> 昔三代聖王，禹湯文武，欲以天之為政於天子，明說天下之百姓，故莫不犓牛羊、豢犬彘、潔為粢盛酒醴，以祭祀上帝鬼神，而求祈福於天。我未嘗聞天下之所求祈福於天子者也，我所以知天之為政於天子者也。故天子者，天下之窮（極也）貴也，天下之窮富也，故於富且貴者，當天意而不可不順。順天意者，兼相愛，交相利，必得賞；反天意者，別相惡，交相賊，必得罰。（〈天志上〉）

這是認為天有意志，可以賞善罰惡。因此君主雖然在政治上是最高的發號施令者，但並不敢一意孤行，因為在他之上還有神明監視著他。

在這裏我們可以看出墨子談尚賢、尚同，雖然多就政治上的功利著眼，但和儒家的思想尚無多大距離；可是最後提出天志，便完全是功利主義，這和儒家的天命、天道卻完全不同的了。所以墨子從尚賢、尚同，到天志的這一理論體系，完全是為了一個利字。

b.非攻

墨子在〈非攻中篇〉裏勸君主們非攻的理由是：

> 計其所自勝，無所可用也。計其所得，反不如所喪者之多。……今盡王民之死，嚴下上之患，以爭虛城，則是棄所不足，而重所有餘也。為政若此，非國之務者也。

這是認為攻別人之國，只有兩種結果，一是戰勝，一是戰敗。如果明知戰敗，當

然不攻。但如果戰勝呢，表面上是勝利，可是勞師動眾，自己損失也慘重，經過了一場攻戰，所得的也只一個虛城，一片焦土，所以衡之以利，也是非攻為上。可見墨子勸非攻，也是重利的。

②社會制度上講利

屬於這方面的，有三篇文字：為〈節用〉、〈節葬〉和〈非樂〉。

a.節用、節葬

節用和節葬是同一性質，都是在批評當時政制上的禮繁，而勞民傷財，如〈節葬下篇〉上說：

> 今惟無以厚葬久喪者為政，君死，喪之三年；父母死，喪之三年；妻與後子（長子）死者，五皆喪之三年；然後伯父叔父兄弟孽子其族人五月；姑姊甥舅皆有月數，則毀瘠必有制矣，使面目陷隱，顏色黧黑、耳目不聰明，手足不勁強，不可用也。又曰：「上士操喪也，必扶而能起，杖而能行，以此共三年。」若法若言，行若道，苟其飢約又若此矣，是故百姓冬不仞寒，夏不仞暑，作疾病死者，不可勝計也，此其為敗男女之交多矣！以此求眾，譬喻使人負劍而求其壽也。

這是站在利上批評儒家的禮制。

b.非樂

墨子之非樂，並不是因為音樂不好聽，而是因為音樂沒有利益可圖，他說：

> 是故子墨子之所以非樂者，非以大鐘、鳴鼓、琴瑟、竽笙之聲，以為不樂也。……然上考之，不中聖王之事；下度之，不中萬民之利，是故子墨子曰：為樂非也。（〈非樂上〉）

總括樂之可非，有幾點理由：

(a)廢時廢事

> 使丈夫為之，廢丈夫耕稼樹藝之時；使婦人為之，廢婦人紡績織紝之事。……與君子聽之，廢君子聽治；與賤人聽之，廢賤人之從事。（〈非樂上〉）

⑸不能救貧

> 今惟毋在乎士君子，說樂而聽之，即必不能竭股肱之力，亶其思慮之智，內治官府，外收歛關市、山林、澤梁之利，以實倉稟府庫，是故倉稟府庫不實。（〈非樂上〉）

⑹無法衛國

> 今有大國即攻小國，有大家即伐小家，強劫弱，眾暴寡，詐欺愚，貴傲賤，寇亂盜賊並興，不可禁止也。然即當為之撞巨鐘、擊鳴鼓、彈琴瑟、吹竽笙，而揚干戚，天下之亂也，將安可得而治與！（〈非樂上〉）

由於樂既礙事，又不能直接生利，所以墨子要非之。

③宗教觀念上講利

屬於這方面的，有兩篇文字，即〈明鬼〉和〈非命〉。

　a.明鬼

墨子之強調鬼神，並非因為他們真有；而明鬼之有，乃是使人懾懼，不敢為非作歹，所以他說：

> 逮至昔三代聖王既沒，天下失義，諸侯力正，是以存夫為人君臣上下者之不惠忠也，父子弟兄之不慈孝弟長貞良也。……此其故何以然也？則皆以疑惑鬼神之有與無之別，不明乎鬼神之能賞賢而罰暴也。今若使天下之人，偕若信鬼神之能賞賢而罰暴也，則夫天下豈亂哉！（〈明鬼下〉）

　b.非命

墨子非命，明言是以實證論的看法。他說：

> 我所以知命之有與亡者，以眾人耳目之情，知有與亡。有聞之，有見之，謂之有；莫之聞，莫之見，謂之亡。（〈非命中〉）

其實，也是為了一個利字。因為：

今用執有命者之言，則上不聽治，下不從事。上不聽治，則刑政亂；下不從事，則財用不足。……故命上不利於天，中不利於鬼，下不利於人。(〈非命上〉)

由以上所述，可見墨子思想都建立在一個利字上。

四、墨子思想的衰微

墨子思想正像一陣龍捲風，在戰國初年，突然而起，聲勢浩大，使孟子感覺到莫大的威脅。可是在孟子以後，便欲振乏力；到了戰國末年，便消失於無形。

為什麼墨子思想消失得那麼快呢？這就是由於他的思想本身潛伏著許多缺點所致。

關於墨子思想衰微的原因，前人也偶有論及，如胡適在《中國哲學史·上古篇》中曾舉出三點：

①由於儒家的反對；

②由於墨家學說之遭政客猜忌；

③由於墨家後進的詭辯太微妙了。

後來梁任公先生在〈評胡適之「中國哲學史大綱」〉中更增加了一條，即是《莊子·天下篇》中的：「反天下之心，天下不堪。墨子雖獨能任，奈天下何？」對於梁任公增加的一條，我們同意，可是胡氏的三條，卻並非確論。因為在先秦時期，儒家並沒有得君行道，不足以構成墨子思想的威脅，本來在此時各家思想間的批評，原不足為怪，墨子反儒，也並沒有使儒家滅跡；同樣儒家的反墨，自然也不能使墨家衰退。所以真正透過政治的力量，獨尊儒家，罷黜百家的，實在是漢代以後的事了。再說由於墨家學說的遭政客猜忌，這也不成理由，在春秋戰國時期，各家學說幾乎都受到政客的猜忌，何獨墨家為然？其實政客的猜忌只能說明它在政治舞臺上受到阻力，而不能說他的思想因此而衰退。最後說墨家的詭辯太微妙了，縱使這一點站得住，也只能是指〈墨經〉〈墨辯〉演變成以後的名家來說，事實上《墨子》書中有關政治社會宗教等思想部分，何嘗有詭辯可言，也何嘗夠得

上微妙之稱。所以胡氏的三點理由，實在是不夠充足的。

　　現在根據我個人的看法，試分析墨子思想衰微的原因。

㈠無文

　　所謂無文，就是指欠缺文采。我們要了解哲學和文學雖然是兩條路，但哲學思想，常常要借文學的傳播，才能傳得更遠、更廣。譬如儒家的《論語》、《孟子》；道家的《老子》、《莊子》，都是言簡意賅，文采非常優美的散文。所以後代的學子，才百讀不厭。拿《墨子》全書來說，他自己在書中便強調：「言無務多而務為智，無務文而務為察。」上面一句「無務多而務為智」，他並沒有做到，試觀他的〈兼愛〉等幾篇文字，常有文字重複之處，同時思想深度也不夠。而後面一句「無務文而務為察」卻是十足的做到了。但他雖然做到，卻給他的思想帶來了障礙，因為《墨子》全書中像〈備城門〉等篇只是攻守的防禦工事，是給兵家用的，當然對一般人的可讀性可說很少。再如〈墨經〉，〈小取〉、〈大取〉等幾篇東西，著重在名詞的界定，其中像〈墨經〉中文字都有錯簡，也只能供邏輯學家去爬梳，不適於一般學者去欣賞。因此剩下來的，只有〈兼愛〉、〈非攻〉等文字，這些文字條理固然寫得很緊湊，符合了他所謂的察，但也真個做到了他所謂的無文。譬如拿《墨子》的〈非攻上篇〉來說，全文約有四五百字，推理雖然井然有序，可是內容卻非常簡單，顯得有點單調死板。如他說：

> 今有一人，入人園圃，竊其桃李，……今至大為攻國，則弗知非，從而譽之，謂之義。此可謂知義與不義之別乎！

這篇文字都是一個個相似的譬喻，非常呆板。讀第一遍尚覺得言之有理，可是讀五遍十遍便覺得索然無味了。墨子這四百多字的推論，莊子卻用兩句話便概括無遺，這兩句話就是《莊子‧胠篋篇》中所謂「彼竊鉤者誅，竊國者為諸侯」。《莊子》這兩句話簡單明瞭，卻意義深長，這就是由於《莊子》文學手法之高明。因此後代學者對於《墨子》書始終不太注意，《墨子》無文實在是一大因素。

(二)苦行

莊子在〈天下篇〉中批評墨子思想說:

> 雖然,歌而非歌,哭而非哭,樂而非樂,是果類乎?其生也勤,其死也薄,其道大觳,使人憂、使人悲,其行難為也。恐其不可以為聖人之道,反天下之心,天下不堪。墨子雖能獨任,奈天下何?離於天下,其去王也遠矣!

這「奈天下何」四字,可以說刺中了墨子的要害。因為墨子這種摩頂放踵,以自苦為極的理想,的確是非常偉大的;但墨子本人是了不起的人傑,可以做得到,而要求天下的人都有這種精神,便不合人情,強人之所難了。本來這種犧牲的苦行作法是來自於宗教的精神,譬如印度宗教中的苦行頭陀等,但宗教中的犧牲苦行精神,是有所寄託的,因為我此生的犧牲可以贏得來生入天國,或今日的苦行可以修成來日的正果。如果說宗教中一味的只要我們犧牲,而在末日裁判時,或閻羅王的殿上,不替我們保證,可以進入天國,我想,信教者可能要打了一個大大的折扣。墨子的思想,在行為方面的確具有宗教上的犧牲苦行,可是在個人的心理或前途上,卻並沒有給人們慰藉,墨子思想的毛病也就在這裏,所以莊子直截了當的評他「奈天下何」。

(三)分子複雜

墨家的組成分子,都是低下層社會,都是工匠之流,這些人物不學而有「術」。他們之聚合,原為一時的義氣,但這種義氣並不易持之有恆,在高明的領導人物來領導他們的時候,他們便能發揮力量;可是領導人物一去,或新繼的領導人物無魄力時,便不易再團結在一起了。所以自墨子之後,傳了幾位鉅子,整個組織便作鳥獸散了。

(四)思想偏於急功近利

墨子思想重在功利,但他的功利,並非是儒家的大利,而是實用的,物質的小利。譬如他對音樂的批評,完全站在浪費時間上去衡量,而不了解音樂教化之

深。如果有人替墨子辯論，認為墨子所見到的當時社會有文勝之弊，他所聽到的都是靡靡之音。縱然如此，墨子也不能以靡靡之音，來攻擊音樂，就同我們今天不能以電視中的流行歌曲之不當，而否定了音樂的價值。再說墨子〈節用〉、〈節葬〉等文，都是針對當時的社會而下的針砭，這些文字就當時的社會現象來說，仍然有它的意義和價值；可是社會是變的，當社會變遷之後，這些社會現象不再存在了，因此他針砭社會現象的理論，也就不再有其重要性了。譬如節葬是針對當時的三年之喪，及許多過繁的喪禮而言的，在當時，固然也有其社會改革的意義，可是今天我們的社會，這種問題已不存在，因此，我們讀起來，便索然無味。這就是由於墨子所注重的乃是當前社會的病態，不像儒家和道家，無論他們是針對社會問題也罷，不滿社會現實也罷，他們都是從人性根本處下藥，都是從永恆的問題處著手。

㈤反儒卻為儒所反

　　墨家雖然公開反儒，但他反儒的理論並沒有擊中儒家的要害，譬如他的非命所非的是命定或命運，而儒家的知命是指的知天命，所謂：「不知命，無以為君子。」（《論語・堯曰》）此處所指的命，又豈是普通的命運。所以墨子非命是對孔子而言，但卻完全和孔子思想無關，至於墨子反對孔子的「敬鬼神而遠之」（《論語・雍也》），及「子不語怪力亂神」（《論語・述而》），而要明鬼，更是以粗淺的俗見以批評高度的智慧。所以墨子的反儒非但不能動搖儒家，相反的卻暴露了自己的弱點。即使以後的儒家不像孟子一樣從正面來排墨，只要儒家在智慧方面多加發展，墨家也就自然的相形見絀，而歸於衰微了。

第七章 儒學的發揚與孟子

一、儒學的發揚

孔子思想到了戰國時期，受到兩派思想的衝擊：一派是楊朱，一派是墨翟。正如孟子所描述的：

> 聖王不作，諸侯放恣，處士橫議。楊朱、墨翟之言盈天下，天下之言不歸楊則歸墨。（《孟子・滕文公下》）

其實所謂「不歸楊則歸墨」，只是約歸來說的，在孟子當時，正是各家思想蓬勃發展的時期。和孟子同時的哲學家便有：告子、申不害、楊朱、商鞅、許行、淳于髡、鄒忌、腹䵎、孫臏、彭蒙、莊周、匡章、宋鈃、慎到、田駢、尹文、陳仲（以上據錢穆《先秦諸子繫年・附表》）及惠施等。這時各家思想的競爭及分裂，正如《莊子・天下篇》所描寫的：

> 其明而在數度者，舊法世傳之史尚多有之。其在於《詩》、《書》、《禮》、《樂》者，鄒魯之士，搢紳先生多能明之。《詩》以道志，《書》以道事，《禮》以道行，《樂》以道和，《易》以道陰陽，《春秋》以道名分。其數散於天下而設於中國者，百家之學時或稱而道之。天下大亂，賢聖不明，道德不一，天下多得一察焉以自好，譬如耳目鼻口，皆有所明，不能相通。猶百家眾技也，皆有所長，時有所用。雖然不該不徧，一曲之士也。判天地之美，析萬物之理，察古人之全，寡能備於天地之美，稱神明之容。是故內聖外

> 王之道，闇而不明，鬱而不發。天下之人，各為其所欲焉以自為方。悲夫！
> 百家往而不反，必不合矣！後世之學者，不幸不見天地之純，古人之大體，
> 道術將為天下裂。

這段話所描寫的時代，是孟子的；所描寫的心情與抱負，也和孟子相同。所以也就在這時，孟子振臂疾呼，與諸家抗衡，以承擔儒家的道統。經過他這一推揚，孔子的學說，才衝開了諸子百家的重圍，而大放光明。

然而孔子學說為什麼要孟子來宏揚呢？對於這問題，我們從兩方面來說明。

㈠孔子學說的不彰

首先，我們研究一下孔子學說為什麼到了戰國時期並沒有蓬勃的發展開來，主要的原因有三：

1. 孔子學說平淡無奇

孔子的學說都是就人生實用來說的。所謂：

> 子不語：怪、力、亂、神。（《論語‧述而》）

子貢也曾嘆過：

> 夫子之言性與天道，不可得而聞也。（〈公冶長〉）

這並不是說孔子沒有形而上學的根基。而事實上，孔子五十而知天命，已通達天道。但孔子卻是「極高明而道中庸」，把形而上之道，納入了人生實用。他所講的話，都是非常平易近人，淺顯明白的。正如老子所謂：「道之出口，淡乎其無味。」（三十五章）也就由於過分平淡，使得很多人淺嘗即止，未能深入。所以到了戰國時期，反而被那些思想偏激，出語奇特的學說所掩蓋，正是所謂「儒門淡薄，收拾不住」。

2. 孔學缺乏理論系統

孔子身處春秋時代，還是承繼著周代學術的餘緒，並沒有各派學說的爭鳴。所以在《論語》中所記載的，都是孔子和學生們零星的談話，而他自己也承認「述

而不作」。

這種作法到了戰國時期，便不能適應。因為諸子競起，百家爭鳴，他們為了使自己的學說站得住，必須確立一套理論基礎。荀子說他們：

> 其持之有故，其言之成理。（《荀子・非十二子》）

班固也說他們：

> 各引一端，崇其所善，以此馳說，取合諸侯。（《漢書・藝文志》）

由於孔子在《論語》中所說的話，都是把經驗指點給學生，不必斤斤計較在言論上要成理，更不需要拿理論去趨合諸侯。所以在諸子學說的競爭中，反而顯得理論疏鬆，而缺乏抗衡的力量了。

3. 孔門缺乏宏揚人才

孔子的門生，雖說有七十餘大賢，按《史記・仲尼弟子列傳》上說：

> 孔子曰：「受業身通者七十有七人。」皆異能之士也。德行：顏淵、閔子騫、冉伯牛、仲弓；政事：冉有、季路；言語：宰我、子貢；文學：子游、子夏。師也辟，柴也愚，參也魯，由也喭，回也屢空，賜不受命而貨殖焉，億則屢中。

從這些選出的弟子代表來看，和孔子關係最深的：有顏回、季路、子貢、子夏和曾子等人。孔子最欣賞的顏回，只是個人修養很高，且不幸短命死了。子路好勇，只能治軍；子貢雖然絕頂聰明，口才也好，可惜未能深入，後來改了行，去做生意。子夏據說傳《易》，但只是在默默中耕耘。曾子為學非常切實，卻缺乏豪氣，無法開展。所以孔子的弟子雖然很多，但真正有口才，有抱負、而且有救世熱情，有宏揚學術氣度的人卻幾乎沒有。

由於以上的原因，所以使得孔子學說到了戰國初期，不能吸引一般人的注重。儒學道統，闇而不彰。

㈡孟子宏揚道統的才能

孟子之所以能排楊闢墨，使孔子思想成為顯學，是由於他本身有很多條件。如：

1. 反應敏捷，把握立場

孟子反應敏捷，無論和君主的對答，和其他人物的辯論，往往一兩句話，便把整個問題轉變了過來，成為對自己有利的情勢。譬如：

> 齊宣王問曰：「齊桓、晉文之事可得聞乎?」孟子對曰：「仲尼之徒，無道桓、文之事者，是以後世無傳焉，臣未之聞也，無以，則王乎!」(〈梁惠王上〉)

齊宣王問齊桓、晉文之事，就等於問齊國祖先的霸業如何? 孟子如果加以批評，則立刻得罪了齊宣王，以後的話也就免談了。反之，孟子如果加以敘述或讚許，豈非在宣揚霸道? 不僅失去自己的立場，還掉入了別人的圈套中。孟子處理這種兩難的問題，手法極為高明。他只推說「仲尼之徒，無道桓、文之事」，便把齊宣王的問題，擋了回去；接著「無以，則王乎」，便順理成章的提出自己的一套主張。

2. 因勢利導，懂得心理

孔子宣教，頗為嚴肅。孟子卻非常風趣，常常把握住環境，借題發揮。譬如，他見齊宣王，宣王常推說自己好色、好樂、好勇、好貨，孟子非但不正面的給予批評，相反的還給予讚美，如〈梁惠王下〉：

> 王曰：「寡人有疾，寡人好色。」對曰：「昔者大王好色，愛厥妃，《詩》云：『古公亶父，來朝走馬，率西水滸，至于岐下，爰及姜女，聿來胥宇。』當是時也，內無怨女，外無曠夫。王如好色，與百姓同之，於王何有?」
>
> 他日，見於王曰：「王嘗語莊子以好樂，有諸?」王變乎色，曰：「寡人非能好先王之樂也，直好世俗之樂耳。」曰：「王之好樂甚，則齊其庶幾乎? 今之樂由古之樂也。」
>
> 王曰：「大哉言矣! 寡人有疾，寡人好勇。」對曰：「王請無好小勇。夫撫劍疾視曰：『彼惡敢當我哉!』此匹夫之勇，敵一人者也，王請大之。《詩》云：『王赫斯怒，爰整其旅，以遏徂莒，以篤周祜，以對于天下。』此文王之勇

也，文王一怒而安天下之民。《書》曰：『天降下民，作之君，作之師，惟曰：其助上帝，寵之四方，有罪無罪，惟我在，天下曷敢有越厥志?』一人衡行於天下，武王恥之，此武王之勇也，而武王亦一怒而安天下之民。今王亦一怒而安天下之民，民惟恐王之不好勇也。」

王曰：「寡人有疾，寡人好貨。」對曰：「昔者公劉好貨，《詩》云：『乃積乃倉，乃裹餱糧，于橐于囊，思戢用光，弓矢斯張，干戈戚揚，爰方啟行。』故居者有積倉，行者有裹糧也，然後可以爰方啟行。王如好貨，與百姓同之，於王何有?」

好色、好樂、好勇、好貨，這都是君子之所戒，齊宣王的託詞，但孟子卻抓住了這些弱點，「化腐朽為神奇」，把它們都一一變成了美德，變成了仁政的基礎。

3. 才思煥發，英氣逼人

在學術思想的戰場上，孟子堪稱得上是一位斬荊闢棘的英雄。荀子批評他：

材劇志大。（《荀子·非十二子》）

宋儒程明道說他：

孟子則露其材，蓋亦時然而已。（《近思錄》卷十四）

這些話都是指孟子那種驕傲自負，不可一世的野心，雖然這一點比起孔子來，顯然是不夠圓融。但生在各家爭鳴的當時，也就靠這點英雄氣概，使他有「夫天未欲平治天下也，如欲平治天下，當今之世，舍我其誰也」（〈公孫丑下〉）的胸懷，而承擔道統。

二、孟子的生平，著述，以及思想的淵源

(一)生平和著述

孟子（西元前372－前296年）他的生平，《史記》的描寫也非常簡略：

> 孟軻，鄒人也，受業子思之門人。道既通，游事齊宣王，宣王不能用。適
> 梁，梁惠王不果所言，則見以為迂遠而闊於事情。當是之時，秦用商君，
> 富國強兵；楚、魏用吳起，戰勝弱敵；齊威王、宣王用孫子、田忌之徒，
> 而諸侯東面朝齊。天下方務於合從連衡，以攻伐為賢，而孟軻乃述唐、虞、
> 三代之德，是以所如者不合，退而與萬章之徒序《詩》《書》，述仲尼之意，
> 作《孟子》七篇。

在這段記載中，有三個要點：

1. 受業於子思的門人

　　孟子在〈離婁下篇〉曾說：

> 予未得為孔子徒也，予私淑諸人也。

在〈公孫丑上篇〉也說：

> 乃所願則學孔子也。

從這些記載中，不論孟子的老師是一人，是多人，但孟子繼承孔子的儒學系統，
卻是非常明顯的。

2. 在政治上的不得志

　　按照孟子遊說列國的路線，先由鄒至齊，正是齊威王之時，孟子只有三十餘
歲。後來曾居宋，過薛，回到魯，再返鄒；接著去滕，再遊梁齊，這時正是梁惠
王當政。就梁惠王稱他為叟看來，孟子已是六七十歲的人了。接著孟子再遊齊，
這時已是宣王執政。此後孟子便不再在政治舞臺上周旋了。從這段事實看來，孟
子在政治上的生命，和孔子一樣的坎坷，但他留下來的許多藍圖，不僅構成了儒
家的政治理想，也影響了秦代以後實際的政治。

3. 退而著書以明志

　　孟子在政治上雖然未能發揮，但在當時聲勢卻非常之大，如〈滕文公下篇〉
曾記載：

> 彭更問曰：「後車數十乘，從者數百人，以傳食於諸侯，不以泰乎?」孟子

曰：「非其道，則一簞食不可受於人。如其道，則舜受堯之天下，不以為泰。」

可見孟子在當時跟隨者的眾多。這些跟隨者，不是貪求孟子的政治地位，而是仰慕孟子行道的理想。所以在孟子周遊列國時，不只徒逞口舌之利，而是帶有一套完完整整的儒家理想，政治方案。而在他退出政治舞臺之後，便由學生們整理成篇，傳到了現在，就是《孟子》七篇。

(二)思想的淵源

1. 與孔子的關係

孟子雖然未能親見孔子，但他所受學的，卻出自孔子的真傳，試觀《孟子》一書，到處提到孔子兩字，有七十八次之多，雖然偶有徵引的話，不見之於《論語》。如〈離婁上〉：

孔子曰：「道二，仁與不仁而已矣。」

但這與《論語》中孔子的思想也是一致的。如：

唯仁者，能好人，能惡人。(〈里仁〉)
苟志於仁矣，無惡也。(〈里仁〉)
君子而不仁者有矣夫，未有小人而仁者也。(〈憲問〉)

有時在《論語》中是零碎而簡短的記載，如狂狷與鄉愿，在《孟子》書中卻把它們合成一章，而加以發揮。這充分說明了孟子對孔子言教運用的純熟。

尤其值得注意的，雖然據《史記》所說，孟子是受業於子思的門人，但書中卻沒有一句話提到他的老師，好像他是直承自孔子的門庭。如果我們把孟子提昇到孔門學生群中，不容置疑的，孟子是孔門最出色的學生，而《孟子》一書，無異是第二部《論語》。

2. 與子思的關係

《史記》雖明言孟子受業子思的門人，但在《孟子》書中卻沒有一點痕跡。這有兩種可能，第一種是「門人」兩字，是泛指，猶之於今日的所謂「後學」，孟

子也說過「予私淑諸人也」（〈離婁下〉），可見不是出自一人。第二種是孟子私淑諸人，都是傳授孔子的言教，所以孟子直接徵引孔子，而不提中間的幾位老師了。

雖然如此，今天我們研究孟子與子思的關係，不在子思本身，而在〈中庸〉一書。因為〈中庸〉一書至少是相傳子思所留下來的唯一作品。關於〈中庸〉是否子思所作雖然後人說法很多，但〈中庸〉裏的中心思想是來自於子思的，而這個中心思想卻正和孟子的思想產生了密切的關係。譬如〈中庸〉開端三句話：

　　　天命之謂性，率性之謂道，修道之謂教。

這和孟子的性善思想正好相合。〈中庸〉思想裏最重要的關鍵是誠。所謂：

　　　誠者，天之道也；誠之者，人之道也。（〈中庸〉第二十章）

這段也被孟子所引用。

從這些現象中，可以看出孟子和子思〈中庸〉的關係。我們之所以要強調這個關係，乃是為了說明孔子在《論語》中不談性與天道，而孟子大談性與天道，孟子這部分的思想，是透過了子思的，正因為如此，荀子才在〈非十二子篇〉中，把子思和孟子連在一起批評。

三、孟子思想的精神

孟子是以發揚孔子的學術思想為己任，但他和孔子一樣，在政治上未能施展抱負；可是在哲學理論上，卻為孔子的思想打下了更深更廣的基礎。

孔子的思想可以歸結為一個仁字；而孟子就是為這個仁字建立了哲學的基礎。

㈠仁的向內探索

孔子常提到仁，都只是就德行上，告訴我們應該如何做，才能成為仁人。可是卻沒有說明人為什麼能夠如此做。孔子用這個仁字，替我們確立了做人的標準，可是卻沒有進一步說明這個標準是怎麼定，和根據什麼而定的。孟子基於辯論的需要，便不得不去解決這些問題。

　　孔子的仁，就是人的本性。可是孔子對於這個本性如何，卻始終避而不談，只談到「性相近，習相遠」(《論語‧陽貨》)，究竟是怎麼樣個相近？卻沒有隻字說明。孟子對於這話自然感覺不足，因此便進一步去研究性為什麼相近、相近到什麼程度？結果，他發現人性不只是相近，而且相同。因為人性如果不相同，那麼人性的標準便無由確立，這樣一來，仁就成為無根的虛詞了。

　　現在我們來看看孟子如何探索這個問題。

1. 人性是相同的

　　首先他必須決定人性相同，他的根據如下：

　　①人同具官能

　　他說：

> 口之於味，有同耆也，易牙先得我口之所耆者也。如使口之於味也，其性與人殊，若犬馬之於我不同類也，則天下何耆皆從易牙之於味也。至於味，天下期於易牙，是天下之口相似也，惟耳亦然，至於聲，天下期於師曠，是天下之耳相似也。惟目亦然，至於子都，天下莫不知其姣也，不知子都之姣者，無目者也。故曰：口之於味也，有同耆焉。耳之於聲也，有同聽焉。目之於色也，有同美焉。至於心，獨無所同然乎？心之所同然者何也？謂理也，義也。聖人先得我心之所同然耳。故理義之悅我心，猶芻豢之悅我口。(〈告子上〉)

這是由官能的相同，推出心的相同。關鍵就在於一個「相同」，這「相同」就是人性的相同。

　　但單單舉官能之相同，還是不夠的，必須附帶下面的兩個條件來加以補充。

　　②同類者性必同

　　官能之相同，必須限定於同類者。因為所謂官能相同，並非只指五官，而是指的嗜好，指五官背後的那個心。孟子說：

> 故凡同類者，舉相似也，何獨至於人而疑之？聖人與我同類者。故龍子曰：「不知足而為屨，我知其不為蕢也。」屨之相似，天下之足同。(〈告子上〉)

這是指聖人與我雖然在表面上尚有高低境界的不同，但聖人和我同屬於人類；同具有相同的心，所以我和聖人之性是相同的。

③不同類者性不同

禽獸也和人一樣具有五官，但由於五官背後的這個心不同，所以它和人不同類，其性也就不同了。孟子曾力闢告子「生之謂性」之說：

> 孟子曰：「生之謂性也，猶白之謂白與?」曰：「然。」「白羽之白也，猶白雪之白；白雪之白，猶白玉之白與?」曰：「然。」「然則犬之性猶牛之性，牛之性，猶人之性與?」（〈告子上〉）

以上兩個補充條件，表面上好像只是第一條根據的衍生，但是在作用上卻非常重要。因為人與禽獸，類不同而性不同，所以人必須自拔於禽獸；所謂「人之所以異於禽獸者幾希」（〈離婁下〉），這是孟子要我們斬斷獸性。至於我和聖人，類同而性也同，所以「人皆可以為堯舜」（〈告子下〉），這是孟子要我們往聖人方面發展。

2. 相同之點在善端

人性既然是相同的，那末相同之處在什麼地方呢? 就是在心中的那個善端。

①人性共具善端

人類的仁義禮智是善德，這是不容否認的。這些善德不是憑空由天掉下來的，而是在心中發芽而成長的，這個發芽的種子就是善端。孟子說：

> 今人乍見孺子將入於井，皆有怵惕惻隱之心。非所以內交於孺子之父母；非所以要譽於鄉黨朋友也；非惡其聲而然也。由是觀之，無惻隱之心，非人也；無羞惡之心，非人也；無辭讓之心，非人也；無是非之心，非人也。惻隱之心，仁之端也；羞惡之心，義之端也；辭讓之心，禮之端也；是非之心，智之端也。人之有是四端也，猶其有四體也。（〈公孫丑上〉）

乍見孺子將入於井，這表示外境變化之快，來不及思慮，立刻就有怵惕惻隱之心。可見這種惻隱之心，根之於內，完全是發乎本性。這就是善端。

②善端是良知良能

這善端，不僅發乎本性，而且是純粹至善的。孟子說：

> 人之所不學而能者，其良能也；所不慮而知者，其良知也。孩提之童，無
> 不知愛其親也；及其長也，無不知敬其兄也。親親，仁也；敬長，義也。
> 無他，達之天下也。（〈盡心上〉）

這善端的良知良能，不僅孩提時就有，到了成長後，還是一樣的有，這說明了善
端不受年齡的限制。同時不僅個人具有，全天下的人都具有，這說明了善端的普
遍性。

③善端必須擴充

這點善端雖然根之於本性，但必須擴而充之，孟子說：

> 凡有四端於我者，知皆擴而充之矣！若火之始然，泉之始達。苟能充之，
> 足以保四海；苟不充之，不足以事父母。（〈公孫丑上〉）

如果不把這點善端擴充出來，近之以事父母，遠之以兼善天下。那末這點善端就
像芽苗一樣死在心中，也就不成其為善了。

3. 人為什麼有不善

既然人性中都有善端，那末人為什麼有不善呢？孟子認為這個不善並非由性
而來，而是性中的善端不能好好擴充，才逐漸形成的。他說：

> 乃若其情，則可以為善矣，乃所謂善也。若夫為不善，非才之罪也。……
> 仁義禮智非由外鑠我也，我固有之也，弗思耳矣！故曰：求則得之，舍則
> 失之，或相倍蓰而無算者，不能盡其才者也。（〈告子上〉）

所謂情是指的實質，才是指的材料，都是就性的本質來說。人之不善，並非性的
本質不善，而是不能「盡其才」。可是為什麼人不能盡其才呢？主要原因有：

①外力的影響

這個善端是很微小的。環境的影響，往往阻礙了它的發展。孟子說：

> 富歲子弟多賴，凶歲子弟多暴。非天之降才爾殊也，其所以陷溺其心者然

也。今夫麰麥，播種而耰之，其地同，樹之時又同，浡然而生，至於日至之時，皆熟矣。雖有不同，則地有肥磽，雨露之養、人事之不齊也。(〈告子上〉)

這裏的外力，並不是指客觀環境的惡劣，因為有時環境的不好，反而會激發我們的憂患意識，所謂「天將降大任於是人也，必先苦其心志，勞其筋骨，餓其體膚，空乏其身，行拂亂其所為」(〈告子下〉)。這裏的外力，乃是指物欲的引誘。「物交物引之而已」，使我們的善端無法順其條理的擴充出來。

　②內在的不修

　這個善端在我們心中要好好的存養，否則便容易放失。孟子說：

雖存乎人者，豈無仁義之心哉？其所以放其良心者，亦猶斧斤之於木也，旦旦而伐之，可以為美乎？其日夜之所息，平旦之氣，其好惡與人相近也者幾希；則其旦晝之所為，有梏亡之矣！梏之反覆，則其夜氣不足以存；夜氣不足以存，則其違禽獸不遠矣。人見其禽獸也，而以為未嘗有才焉者，是豈人之情也。(〈告子上〉)

所謂夜氣者，就是指沒有與物相接前的清明之氣，也就是指的良知，或善端。這點良知和善端，是必須好好保養，才能由良知，而變為善行；由善端，而變為善德。否則任意放失，便會流於禽獸了。

㈡仁的向外發揮

　孔子的中心思想是仁，而仁是惻隱之心。這點惻隱之心，非常微弱，完全訴之於自覺。這在春秋時期，諸侯還沒有過分跋扈，百家尚沒有激烈競爭，因此這個仁還可以應付。可是到了戰國時期，諸侯放恣，處士橫議，孔子這個訴之於自覺的仁字，已收拾不住，所以孟子特別強調一個義字。「孔曰成仁，孟曰取義」，可見義，乃是孟子思想裏極重要的一個字。

　孔子並不是沒有強調過義，但孔子都是把仁和義分開來說的。孔子談到的義，都是指正當的行為。如：

見義不為，無勇也。（〈為政〉）

君子之於天下也，無適也，無莫也，義之與比。（〈里仁〉）

君子喻於義，小人喻於利。（〈里仁〉）

可是到了孟子手中，這個義卻提高了地位，和仁並列。而且也由外在的行為，變成內在的德性。如：

其為氣也，配義與道。（〈公孫丑上〉）

仁義禮智根於心。（〈盡心上〉）

為什麼孟子特別強調這個義字，這個義又有什麼功用呢？

1. 仁和義的相輔

孟子之所以講仁，而輔之以義，乃是因為仁是屬於內心的，而義卻是把仁由內而通向外的一條路，他一再的強調：

仁，人之安宅也；義，人之正路也。（〈離婁上〉）

夫義，路也；禮，門也。（〈萬章下〉）

仁，人心也；義，人路也。（〈告子上〉）

這就是把仁看作心，把義看作由心向外擴充的路。義比起仁來較為強硬，而有軌範性，再一步步的由義，而禮、而智，可說是一步步的向外，一步步的具有強制性。現在我們就根據孟子的四端畫表如下：

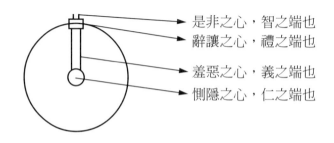

是非之心，智之端也
辭讓之心，禮之端也
羞惡之心，義之端也
惻隱之心，仁之端也

仁是人心，義是由人心向外的路，禮是由內向外的門，而智就是打開了門，對事物的判斷。可見由仁、義、禮、智，是一步步的向外，一步步的強硬化。

孟子之所以言仁，必輔以義，也就是要發揮仁的作用，使它不只限於軟弱的惻隱之心，而能由羞惡心，產生強烈的情感，以付之於行動。

2. 義和命的比較

《孟子》書中提到的命，有三種意義：一是天命，一是運命，一是生命。〈盡心上篇〉中曾說：

> 莫非命也，順受其正，是故知命者不立乎巖牆之下。盡其道而死者，正命也；桎梏而死者，非正命也。

這段話裏的命，包含了天命、運命和生命的三種意義。所謂「盡其道」，就是盡仁道，盡人道，也就是要行義。能夠行義而死，才是真正的命。正如張載所謂：「義命合一，存乎理。」（《正蒙‧誠明》）所以孟子強調一個義字，也就是用這個義字，去踐行天命，代替運命，而光大了生命。

3. 義和利的分辨

關於義利之辨，孔子就說過：

> 君子喻於義，小人喻於利。（《論語‧里仁》）

到了孟子手中，更特別重視其間的差別，他見梁惠王的時候，便直言不諱說：

> 王何必曰利？亦有仁義而已矣！王曰：「何以利吾國？」大夫曰：「何以利吾家？」士庶人曰：「何以利吾身？」上下交征利，而國危矣！萬乘之國弒其君者，必千乘之家；千乘之國弒其君者，必百乘之家。萬取千焉，千取百焉，不為不多矣！苟為後義而先利，不奪不饜。未有仁而遺其親者也；未有義而後其君者也。王亦曰仁義而已矣，何必曰利？（〈梁惠王上〉）

這段話放在《孟子》一書的首章，可見孟子強調義利之別的旗幟是非常顯明的。不過後人往往誤為孟子只講理想，而不講功利。其實，對個人來講是利，對別人有利的就是義；對自己的國家是利，對別人的國家有利的就是義。所以孟子講的義，乃是大利，乃是全面的利，乃是最後的利。孟子用義去代利，實際上就是把利往上提昇。達到全人類和諧相處，不言利而利在其中的境界。

㈢仁的內聖工夫和外王理想

仁的內聖工夫，就在一個義字。

仁的外王理想，就是通過了仁義所達到的王道政治。

1.義的工夫

孟子對於仁道方面都是直承孔子的思想，並無新義；但在行仁的工夫上，卻著重一個義字。孟子是把義當作一種內聖的修養工夫，它是涵養仁，使其擴充出來，而成為一種至大至剛的浩然之氣。他說：

> 其為氣也，至大至剛，以直養而無害，則塞於天地之間。其為氣也，配義與道。無是，餒也。是集義所生者，非義襲而取之也。行有不慊於心，則餒矣。（〈公孫丑上〉）

「養」，就是居仁；「不害」，就是由義。能居仁而由義，就是能配義與道，便是至大至剛的浩然之氣。這種浩然之氣，乃是根之於內心的一點惻隱之心，生生之機；但當它發出來後，卻是義薄雲天，莫之能禦的。

這種具有浩然之氣的理想人物，就是孟子所謂的大丈夫。

> 居天下之廣居，立天下之正位，行天下之大道。得志與民由之；不得志獨行其道。富貴不能淫，貧賤不能移，威武不能屈。此之謂大丈夫。（〈滕文公下〉）

這種大丈夫比起孔子理想的仁人和聖人來，雖然頗有英雄氣概，但就孟子的個性、氣質來說，卻是他的理想人物。而且我們說大丈夫是他的理想人物，並不否認了仁人和聖人也是他的理想人物。因為大丈夫和仁人、聖人之間是可以相融而不相背的。

要達到這種理想人物的修養工夫，主要有兩方面：

①養心以存仁

孟子說：

養心，莫善於寡欲。其為人也寡欲，雖有不存焉者，寡矣；其為人也多欲，
雖有存焉者，寡矣。（〈盡心下〉）

欲就是私心，孟子之所以反對重視利，就是要淨除利字背後的私心。私心一除，
仁心自存。所謂：

君子所以異於人者，以其存心也。君子以仁存心，以禮存心。（〈離婁下〉）

②持志以率氣

上面養心以存仁，乃是消極的，對內的方法；而此處持志以率氣，卻是積極
的，向外擴充的方法。孟子說：

夫志，氣之帥也；氣，體之充也。夫志，至焉，氣，次焉。故曰：持其志，
無暴其氣。（〈公孫丑上〉）

所謂志就是精神意志之所主，氣就是精神作用的表現。持志就是要我們的精神「先
立乎其大者」，以仁義為主，發出來的自然是浩然的正氣了。

2. 王道政治

把仁義推展到政治上，就是王道的政治。

在這裏，我們無須闡述王道政治的詳細內容，只就其在哲學上的意義來看，
值得注意的有兩點：

①仁心的推展

孟子的哲學方法，重在一個推字，由仁心向外推廣，在政治上，必然的結果，
就是仁政，或王道。孟子曾說：

人皆有不忍人之心。先王有不忍人之心，斯有不忍人之政矣。以不忍人之
心，行不忍人之政，治天下可運之掌上。（〈公孫丑上〉）

這點不忍人之心，就是仁心。〈梁惠王上篇〉中也有一段和齊宣王的對話：

曰：「德何如，則可以王矣？」曰：「保民而王，莫之能禦也。」曰：「若寡人
者，可以保民乎哉！」曰：「可。」曰：「何由知吾可也？」曰：「臣聞之胡齕

日，王坐於堂上，有牽牛而過堂下者，王見之，曰：『牛何之?』對曰：『將以釁鐘。』王曰：『舍之，吾不忍其觳觫，若無罪而就死地。』對曰：『然則廢釁鐘與?』曰：『何可廢也? 以羊易之。』不識有諸?」曰：「有之。」曰：「是心足以王矣! 百姓皆以王為愛也，臣固知王之不忍也。」

孟子之所以抓住齊宣王的這點本不足道的小事，就是要說明仁心在日常生活中隨時都有呈現。但如果不善加把握，便會稍縱即逝。所以他接著又說：

> 老吾老以及人之老，幼吾幼以及人之幼，天下可運於掌。《詩》云：「刑于寡妻，至于兄弟，以御于家邦。」言舉斯心加諸彼而已。故推恩足以保四海；不推恩無以保妻子。古之人所以大過人者，無他焉，善推其所為而已矣!

這裏提出了一個推字，由個人的仁心，推到了國家，便是仁政。這是仁心向外擴充的必然結果。不達到這一境域，仁心便會枯死。

　②仁者為王

　由仁心到仁政，推出的理想是「仁者為王」。所謂「仁者為王」有兩層含意：一是仁者必能為王，一是王者必須是仁者。

　先說仁者必能為王。因為仁者重德，以德才能感人。孟子說：

> 以力假仁者霸，霸必有大國；以德行仁者王，王不待大。湯以七十里，文王以百里。以力服人者，非心服也，力不贍也；以德服人者，中心悅而誠服也。（〈公孫丑上〉）

又說：

> 地方百里，而可以王。王如施仁政於民，省刑罰，薄稅歛，深耕易耨，壯者以暇日修其孝悌忠信，入以事其父兄，出以事其長上，可使制梃以撻秦楚之堅甲利兵矣。（〈梁惠王上〉）

這些話的真義，不只是在說明仁者可以為王而已，而是在強調道德的力量勝過武力。以道德為主的，才是真正的王道。

其次，我們來看看王者必須是仁者。孟子曾說：

> 民為貴，社稷次之，君為輕。是故得乎丘民而為天子，得乎天子為諸侯，
> 得乎諸侯為大夫。（〈盡心下〉）

今日一般學者常引這話來強調孟子的民本思想，其實，孔子所謂的「因民之所利而利之」（《論語·堯曰》），老子所謂的「聖人無常心，以百姓心為心」（四十九章），也都是強調以民為本的。不過孟子「民為貴」的思想，還有更深一層的意義，所謂「得乎丘民而為天子」，這已是認為政權的得失，完全在於民心的向背。在〈梁惠王下篇〉中有一段對話：

> 齊宣王問曰：「湯放桀、武王伐紂，有諸？」孟子對曰：「於傳有之。」曰：
> 「臣弒其君，可乎？」曰：「賊仁者謂之賊，賊義者謂之殘。殘賊之人，謂
> 之一夫。聞誅一夫紂矣，未聞弒君也。」

這說明了不行仁義的君主，就不配為王。正是《莊子·天下篇》上所謂：「離於天下，其去王也遠矣。」

四、孟子對各家的批評

孟子是批評各家以發揚儒學道統為己任。但他對各家的批評可以歸納為楊墨兩派，他自己也說過：

> 能言距楊墨者，聖人之徒也。（〈滕文公下〉）

現在我們就看看孟子對這兩派批評的要點。

在《孟子》書中有兩段話是直接就楊墨的思想加以批評的：

> 楊氏為我，是無君也。墨氏兼愛，是無父也。無父無君，是禽獸也。（〈滕
> 文公下〉）
> 楊子取為我，拔一毛而利天下，不為也。墨子兼愛，摩頂放踵利天下，為
> 之。（〈盡心上〉）

(一)對楊派的批評

$$
為我\begin{cases} 無人——個人主義——利天下不為 \\ 無君——隱士思想——否定君臣倫 \end{cases}
$$

孟子批評楊朱無君，是指他只重個人的修養，而失去了君臣之義；批評楊朱拔一毛利天下而不為，也是指他是極端的個人主義。這種隱士思想和個人主義，雖然就他們個人的操守來說，並沒有什麼毛病，但他們畢竟太過偏向內在，把我們的心性封閉了起來，只有不忍人之心，而無不忍人之政，這樣的話，使我們徒具仁心，而無法推擴；既不合乎義，也就失去了仁。所以孟子要大加批評了。

在《孟子》書中，似乎並未和楊朱碰面，而且對楊朱的批評也只是提出理論的綱要，沒有作詳盡的描述。倒是另外有兩位人物，也是屬於楊朱這一路線的，孟子對他們的批評非常具體，而且激烈。他們就是陳仲子和告子。對於他們的思想內容，我們在第十二章再討論。

(二)對墨派的批評

$$
兼愛\begin{cases} 無己——苦行主義——利天下而為之 \\ 無父——共產思想——否定父子倫 \end{cases}
$$

孟子批評墨子無父，是因為他講的愛沒有差等，像共產思想一樣，否定了父子的關係。至於批評墨子「摩頂放踵利天下，為之」，就是一種苦行主義，完全抹煞了個人的存在。利他就是義，也是孟子特別強調的，但孟子講的義是由仁而發，是親親而仁民，仁民而愛物的。相反的，如果沒有仁，而專講義，也就是不根據人性，而專門強調義，這種義便容易走入了違反人性、人情的偏激之路，所以孟子對墨子的思想要大加批評。

孟子及身並未見到墨子，所以孟子批評當時的墨家，已是墨子的後學，及屬於墨子路線的人物，如宋牼和許行等。

五、孟子思想的檢討

㈠批評

1. 論辯方法上的不妥

　　孟子不只是好辯，而且是善辯，善於運用推理的方法來辯論。不過由於他的才情洋溢，有時只注意很高的理想，而在論辯的方法上，不免有過當之處。譬如：

> 口之於味也，有同耆焉。耳之於聲也，有同聽焉。目之於色也，有同美焉。
> 至於心，獨無所同然乎？心之所同然者何也？謂理也，義也。聖人先得我
> 心之所同然耳。故理義之悅我心，猶芻豢之悅我口。（〈告子上〉）

這段話如果不加以仔細分析，往往會只注意到結論的好與不好，而忽略譬喻的當與不當。事實上，這段話在表面上貌似推理卻只有武斷的結論。因為：

　　①口、耳、目，屬於外感的五官，而心卻是精神作用。兩者本身是不同的，因此不能由口、耳、目的作用，去推出心的作用。

　　②如果說口、耳、目不能自主。它們的作用，完全由心所主使。那末照這樣推論的話，應該從口之喜歡好吃的，耳之喜歡好聽的，目之喜歡漂亮的，而推出心也就是喜歡好吃、好聽和漂亮；那末這樣一推，豈不是推出心所喜好者是物欲了嗎？這個理義又是怎麼來的呢？

　　由此可見這段話中的口、耳、目，都是譬喻，最多只能借譬說明心也有所同然。至於這同然者，是理義，卻沒有推理的結論。

　　《孟子》書中像這些方面的錯誤並不少，如陳相說：

> 屨大小同，則賈相若。（〈滕文公上〉）

這是指同樣大小的屨，價格相同。而孟子批評說：

> 巨屨小屨同賈，人豈為之哉？（〈滕文公上〉）

這豈不是完全枉曲了陳相的意思嗎？又如告子說：

> 人性之無分於善不善也，猶水之無分於東西也。（〈告子上〉）

這段話的譬喻本不當理，因為人性之善和不善，和水之東西南北毫無關連，不能以它來推論。可是孟子卻批評說：

> 水信無分於東西，無分於上下乎？人性之善也，猶水之就下也。人無有不善，水無有不下。（〈告子上〉）

孟子非但沒有從推理上，摧破告子的立論。而且自己也犯了同樣的毛病。因為水之就下，與性之善也毫無關係。

2.性善理論上的不足

孟子性善論的最大根據是：

> 今人乍見孺子將入於井，皆有怵惕惻隱之心。（〈公孫丑上〉）

如果我們詳細分析這句話，也有幾處值得商榷：

①今人是指當時的人。這種人已是文化人，他的心性中早已受到了道德的薰陶，自然有怵惕惻隱之心。可是野蠻之人，是否如此呢？

②乍見雖然是指第一個念頭，可是如何去斷定那是第一個念頭呢？或是只有一個念頭呢？按照孟子「怵惕惻隱」四字，似乎已有兩個念頭，一是怵惕，一是惻隱。怵惕是驚懼感，惻隱才是不忍之心。

③孟子用的例子是乍見孺子將入於井，如果我們換一個例子：今人在電影院乍聞失火，恐怕第一個念頭，將是本能的拔腿先跑。這是否也可證明人皆有自利之心呢？

我們舉這個例子，並不是否認了孟子的性善說，只是說明孟子用以證明人皆有善端的最重要例證，卻是不夠充足的。

尤其孟子用善端的這個「端」字，如果善既有端，這個端在我們的心性之中，那麼惡是否也有端呢？惡的端又發生在那裏呢？像這些問題，孟子都沒有明白的交代。

㈡貢獻

儘管孟子在證明性善的理論上有所不足，但他提出性善說，對人生，對教育，對政治的影響，卻非常的重要，現歸納為兩點來說明。

1.提高了人的地位

孔子強調仁，樹立了做人的標準，是把人從理想中往上提昇；而孟子強調性善，更是從人的內在之性上，使人很自然的有別於萬物。

孟子的這一提昇，並不是靠人類的智力、武力，而是靠內在於人心中的這點善端。因為如果只靠智力或武力的話，人不僅和動物一樣，弱肉強食，物競天擇；而且驕傲自大，輕視萬物，這樣總有一天會走上自取滅亡之路。相反的，如果保有這點善端，拿這點善端去和物相交的話，則由親親而仁民，仁民而愛物，人就很自然的成為萬物協調的中心，以促成一個和諧安樂的世界。

2.鞏固了仁政的基礎

仁政就是德治，德治的最大根據就在性善。

德治對執政者來說，要推恩，所謂「老吾老以及人之老，幼吾幼以及人之幼」，就是要推不忍人之心，去行不忍人之政。如果性有不善的話，也就無法推了。尤其是古代的君主，操生殺的大權，而且往往決於一念。假定他知道自己之性，純粹至善的話，自能保養擴充、兼善天下。假定他了解百姓之性，也是純粹至善的話，他也自然的不多動刀斧，而用溫和的道德教訓了。

德治對百姓來說，就是要訴諸人心的自覺。如果君主行仁政，「省刑罰，薄稅斂」，而百姓卻乘刑罰之省，以作奸犯科；藉稅斂之薄，以廢費偷惰。這樣的話，豈不是反而造成社會的混亂了嗎？所以真正要推行仁政，必須每個人都有這點自覺的善端，尤其彼此都要認定人性本善，這樣人與人才能真誠相待，以造成和諧安樂的社會。

人性是否真善，這是一個問題；而我們是否認定人性本善，這又是一個問題。對於前者，孟子的論證也許有不足的地方。可是對於後者，孟子卻給予我們很大的自信和鼓勵。今天我們在人世上運用的，僅僅後者，就足足可以受用不盡的了。

第八章　〈墨經〉與別墨

一、從墨子到別墨

墨子的後學

　　關於墨子的後繼者，都稱之為鉅子。在《呂氏春秋》中曾提到三位，即：孟勝、田襄、腹䣍。這三位人物的詳細情形不甚可靠，更沒有學術思想可言，最多只是執墨家的教權，忠實的師承墨子的使命罷了。

　　但另有一種說法，是墨子的後學，後來分裂為三派，在《韓非子》中曾提到有相里、相夫、鄧陵，而沒有詳細的記載。敘述得最為詳盡的，乃是《莊子‧天下篇》：

> 使後世之墨者，多以裘褐為衣，以跂蹻為服，日夜不休，以自苦為極。曰：「不能如此，非禹之道也，不足謂墨。」相里勤之弟子、五侯之徒，南方之墨者苦獲、已齒、鄧陵子之屬，俱誦〈墨經〉，而倍譎不同，相謂別墨。以堅白同異之辯相訾，以觭偶不仵之辭相應，以巨子為聖人，皆願為之尸，冀得為其後世，至今不決。

這段話中有三個重點：

1. 俱誦〈墨經〉

　　此處〈墨經〉雖然有人以為是墨子〈兼愛〉、〈非攻〉等文章，但就下文來看，顯然是指《墨子》書中的〈經〉、〈經說〉、〈大取〉、〈小取〉等幾篇專講知識概念

的文字。

2. 相謂別墨

胡適以為此處所謂別墨是指新墨，表示自己和過去的墨家不同。但就《莊子》所敘述來看，此處別墨顯然是各人批評對方為別墨，即不是正統墨家的意思。

3. 以堅白同異之辯相訾

在先秦名家中可分兩派，一是講分析的離堅白，一是講綜合的合同異。前者可以公孫龍為代表，後者可以惠施為代表。所以《莊子》此處所指的墨家後學，顯然已轉入了名家的範圍了。

據此可以看出《莊子‧天下篇》中的描述，正寫出了墨子思想轉入名家的路線。而這一轉變的關鍵就在〈墨經〉的幾篇文字。現在我們就先談談〈墨經〉的思想。

二、〈墨經〉思想的特色

㈠〈墨經〉和墨子思想的相關處

〈墨經〉雖然和墨子思想中的〈兼愛〉〈非攻〉的文體內容大不相同，可是〈墨經〉之所以存於《墨子》書中，因為它們主要的觀念是相合的。

1. 兩者都重視方法

《墨子》有三表法。如：

> 何謂三表？子墨子言曰：「有本之者，有原之者，有用之者。於何本之？上本之於古者聖王之事；於何原之？下原察百姓耳目之實；於何用之？廢（按：為發字之誤）以為刑政，觀其中國家人民之利。」（〈非命上〉）

至於〈墨經〉更是重視方法。如：

> 〈經〉：「知、聞、說、親。」
> 〈經說〉：「知，傳受之，聞也；方不㽷，說也；身觀焉，親也。」

此處所謂「傳受之」的「聞」，相當於三表法的「本之者」；「身觀焉」的「親」，相當於「原之者」、「用之者」。而〈墨經〉多了一項「方不㾠」的「說」。所謂方不㾠的㾠，通障。即比方而無障礙的意思，也就是今天所說的推理。整個〈墨經〉所重視的就是這一部分。在《墨子》的文章中，雖然也時常用到推理，如〈非攻篇〉從偷桃李開始，層層推論，但都未能就推理本身作嚴密的界定和考察。至於〈墨經〉卻在這方面下工夫，所以〈墨經〉可以看作墨子思想的方法論。雖然不一定是墨子所親著，但卻是承接著墨子思想的路線發展的，是屬於墨家思想體系之內的。

2. 兩者都強調功利

墨子思想重視功利，而〈墨經〉中對於利字也非常推重，甚至用這個利字去界定一切倫理道德。如：

> 義，利也。
>
> 孝，利親也。
>
> 忠，利君也。
>
> 功，利民也。

由此可見重視功利，這也是《墨子》和〈墨經〉思想一貫相承的。

(二)〈墨經〉對知識構成的看法

在〈經上〉、〈經下〉、〈經說上〉、〈經說下〉四篇文字中，都是非常雜亂的排列著一大堆名詞界說。由於其中摻雜了不少物理學和幾何學上的概念，因此古代的知識分子，幾乎無法了解，也沒有興趣去研究。直到近代學人，如梁啟超、胡適等，憑著他們在科學和邏輯方面的知識，總算把這幾篇文字整理得較為可讀。才使我們知道〈經說〉是解釋〈經〉，〈經說〉中的那一條，應該附在〈經〉中的那一條之下。

現在僅舉有關知識構成的幾條界說，來看看〈墨經〉中對這些問題所研究的深度：

① 〈經〉：「知，材也。」

〈經說〉：「知也者，所以知也，而不必知，若目。」

② 〈經〉：「慮，求也。」

　〈經說〉：「慮也者，以其知有求也，而不必得之，若睨。」

③ 〈經〉：「知，接也。」

　〈經說〉：「知也者，以其遇物而能貌之，若見。」

④ 〈經〉：「恕，明也。」

　〈經說〉：「恕也者，以其知論物，而其知之也著，若明。」

從以上四條來看，第一條是指所以知的物質條件，如眼睛。第二條是指想去知的心理條件，如欲念。第三條是指眼睛和外物相遇的條件。就這三條來說，都是偏於視覺方面，相當於西方哲學上的經驗論。至於第四條是指內心的了解能力，相當於西方哲學上的理性論。雖然〈墨經〉所論的內容不夠詳盡，無法和西方知識論相比，但在整個學術環境都偏重於政治，倫理思想的先秦時代，而對知識論的見解已有如此的造詣，實屬難能可貴的了。

㈢〈墨經〉中論理的精神

〈墨經〉中〈大取〉、〈小取〉兩篇文字，是有系統的分析推論的問題。它們的特色有二：

1. 權衡與利害

墨子思想重視功利，〈大取篇〉所敘述論理的精神，正是講究是非利害的權衡。如：

> 斷指以存腕，利之中取大，害之中取小也。害之中取小也，非取害也，取利也。其所取者，人之所執也。遇盜人，而斷指以免身，利也；其遇盜人，害也。（〈大取〉）

在這裏值得我們注意的是，一般邏輯的推論只重事實，斷臂是害，斷指也是害。即使斷指以存臂，仍然是害，只是大害小害之分而已，而〈大取篇〉卻納入了價值的比較──拿功利的觀點去判斷事實，以定取捨的標準。

2.周偏與實質

在西方邏輯中，概念的是否周偏是一個基礎問題，在〈小取篇〉中對於這個問題，也有相當深度的分析：

> 白馬，馬也；乘白馬，乘馬也。驪馬，馬也；乘驪馬，乘馬也。獲，人也；愛獲，愛人也。臧，人也；愛臧，愛人也。此乃是而然者也。獲之親，人也；獲事其親，非事人也。其弟，美人也；愛弟，非愛美人也。車，木也；乘車，非乘木也。船，木也；入船，非入木也。盜人，人也；多盜，非多人也，無盜，非無人也。

在這段話中，所討論的問題，似乎是針對公孫龍的白馬非馬論而發的。後半段所謂「獲之親，人也；獲事其親，非事人也」，乃是就數量上來論，正是邏輯學上的周偏問題。但前半段所謂「白馬，馬也；乘白馬，乘馬也」，乃是就本質上來論，白馬和馬在本質上都是馬，所以乘白馬，就是乘馬，所謂「此乃是而然者也」，即是實際上如此。這一點，正是對「白馬非馬」的批評。

三、名家的產生與沒落

㈠名家的來源

名家在戰國中期開始，才活躍在哲學界。它的源流，大約有三種說法：

1.為諸家所共術

這是胡適的看法，他認為在諸子中，如孔子、老子、莊子、荀子等都論過名，所以名的討論不是名家所專有的。而且名學既然是方法論，每家也都有它的方法論，不該獨立成家。關於這一點，我們承認各家都論過名，這是事實，但在戰國中期，有惠施、公孫龍等人，專論名詞概念的問題，有特殊的色彩，而《莊子·天下篇》把他們歸為一派，這也是我們不能否認的事實。

2.與刑名家有關

蘇秦對秦王：「夫刑名之家，皆曰白馬非馬也。」（《戰國策·趙策》）所謂刑名，

即是指的刑法。如：

> 秦聖臨國，始定刑名。(《史記‧秦始皇本紀》)
> 百官背亂，不知所用，故刑名之書生焉。(《淮南子‧要略訓》)

關於刑名家是否都論「白馬非馬」，我們卻找不到其他的根據。但刑名家都重視名，卻是事實。如：

> 夫名以制義，義以出禮，禮以體政，政以正名。(《左傳》桓公二年)
> 是以聖人之治也，靜身以待之，物至而名自治之。正名自治之，奇身名廢，
> 名正法備，則聖人無事。(《管子‧白心》)

在這裏可以看出刑名家，和名家重視名實問題上，是相同的。但名家如以「白馬非馬論」為研究問題的特色的話，卻是刑名家所不談，甚至為刑名家所反對。

3. 與別墨有關

名家雖然和刑名家共一個名字，而且在討論名實相合的主旨上不無關係，但名家所討論的內容，實際上，卻是和別墨有關。這一點，不僅在《莊子‧天下篇》中，所謂：「以堅白同異之辯相訾，以觭偶不仵之辭相應。」明白的指出了別墨已進入了名家的範圍；而且就〈墨經〉所討論問題的性質上來看，也和名家大有關係。如公孫龍的兩篇重要文字〈白馬論〉和〈堅白論〉，在〈墨經〉中都可找到相同的論述：

> (堅) 於尺 (石)，無所往而不得，得二。堅 (白)，異處不相盈。相非，
> 是相外也。(〈經說上〉)
> 牛不二，馬不二，而牛馬二。則牛不非牛，馬不非馬，而牛馬非牛非馬，
> 無難。(〈經說下〉)

從這些論述中，雖然我們不能說：別墨就是名家，但至少可以看出這些別墨，是一面吸吮墨家的思想，一面談論名家的問題。

綜合以上三點，可以看出孔老和刑名家所論的名，都是偏於政治上的名分、名器和名實。只有莊子和荀子所論的名，除了政治、道德上的意義外，也牽涉到

名詞概念的問題。但值得我們注意的是莊荀兩人的時代已在戰國中期之後，這也正是別墨和名家產生的時期。所以我們可以說在戰國中期後，中國哲學上有些人物已注意到名詞和概念本身的問題，莊荀只是站在他們自身的哲學大體系上，加以小小的批評。〈墨經〉的作者卻是本著墨家實用思想，而加以科學的分析。只有名家才是專從這些名詞概念上著手，而自成一派的人物。

㈡名家思想的特色

名家人物，往往都是指鄧析、惠施和公孫龍三人。其實真正論名學的內容，像〈墨經〉及《荀子‧正名篇》都遠較鄧析和惠施所留下的文獻為充實，而且積極。但前兩者畢竟有他們各自為墨、為儒的體系。今天我們提到名家也就限於他們三人。

鄧析，事實上是個刑名家，他和子產同時，並未留下任何文獻，僅荀子和劉向提到有關他的說法：

> 山淵平，天地比，齊秦襲，入乎耳，出乎口，鉤有鬚，卵有毛，是說之難持者也，而惠施鄧析能之。(《荀子‧不苟》)
> 鄧析好刑名，操兩可之說，設無窮之辭。(劉向《別錄》)

就這兩條來說，據劉向所錄，鄧析只是一個善辯的刑名家而已。據荀子所敘，是和惠施並列。其中「山淵平，天地比，齊秦襲」，顯然是惠施的思想路線。而「入乎耳，出乎口，鉤有鬚，卵有毛」，正是《莊子‧天下篇》所描寫惠施以後辯者的思想。所以究竟鄧析有那一點成分是屬於名家的，實在不是我們今天所能判斷的了。因此真正值得一提的，只有惠施和公孫龍兩人而已。

1.惠施

惠施(約西元前 370—前 300 年間)是宋人，曾做過梁相。他和莊子是好朋友，今天我們知道他的生平思想，最為詳盡的，還是在《莊子》一書。

據《莊子‧天下篇》所載：

> 惠施多方，其書五車，其道舛駁，其言也不中。歷物之意，曰：「至大無外，

謂之大一；至小無內，謂之小一。無厚不可積也，其大千里。天與地卑，
山與澤平。日方中方睨，物方生方死。大同而與小同異，此之謂小同異；
萬物畢同畢異，此之謂大同異。南方無窮而有窮。今日適越而昔來。連環
可解也。我知天下之中央，燕之北，越之南是也。氾愛萬物，天地一體也。」

這十事僅有標題，而無內容。究竟惠施是如何去解釋，我們無法很正確的知道，
但從這十事的性質上，可以看出惠施不像〈墨經〉的作者一樣偏重於一個觀念一
個觀念的界說。惠施在這十事的背後，似乎有一個中心的思想在襯托著，連貫著。
它就是這十事的最後一事——氾愛萬物，天地一體。惠施就是為了要達到這一結
論，以他尖銳的分析力，在空間上，打破大小、厚薄、高卑、南北、有窮無窮的
不同；在時間上，打破生死、今昔的相異；在觀念上，打破同異、可與不可的差別。

　　然而在這裏值得我們留意的是，惠施這種「氾愛萬物，天地一體」的觀念，
與莊子「天地與我並生，萬物與我為一」的境界極為相似。如果兩者沒有什麼差
別的話，那麼為什麼，惠施和莊子卻一直爭辯著。而且一個屬於名家，一個卻歸
入道家。主要原因有三：

　　①惠施的「氾愛萬物，天地一體」，沒有把這個我溶入，完全是對外物的看法。
而莊子卻把我溶入，以我去和天地同生，和萬物為一。

　　②惠施「氾愛萬物，天地一體」，只是分析各種物象所得到的一個結論；而莊
子卻是超脫是非成見而達到的一種境界。

　　③惠施完全屬於名相的分析，是平面的歷物而已；莊子卻是道德的境界，由
內而外，由高而下的觀覽萬物。所以一個是名家，一個是道家。

2. 公孫龍

　　公孫龍（較惠施稍後）是趙人，曾做過平原君的食客。比莊子和惠施稍晚。
曾與鄒衍發生衝突，被逐於趙。

　　公孫龍所留下的文獻共有〈白馬論〉、〈堅白論〉、〈指物論〉、〈通變論〉、〈名
實論〉等五篇。而公孫龍之所以享名於世，主要還是在於〈白馬論〉一文。如〈跡
府篇〉上說：

龍與孔穿會趙平原君家。穿曰：「素聞先生高誼，願為弟子久，但不取先生

以白馬為非馬耳。請去此術，則穿請為弟子。」龍曰：「先生之言悖。龍之所以為名者，乃以白馬之論爾。今使龍去之，⋯⋯此先教而後師之也。」（《公孫龍子・跡府》）

在這裏有兩點值得我們注意：

①為什麼白馬非馬論使公孫龍成名？問題很簡單，就出在這個「非」字上。因為古文的這個「非」字有兩種含意：一是「不是」，二是「不同」。「不是」指的本質。「不同」指的範圍，有「不等於」的意思。「白馬非馬」給人的印象乃「白馬不是馬」，這在經驗事實上是不可能的。因此大家由好奇而與他爭辯，結果他所說的是另一套，是屬於邏輯上周偏的問題。公孫龍能服人之口的是這一套，而不能服人之心的，乃是「白馬非馬」的標題所導致事實上的不可能。

②為什麼孔穿特別指明不取公孫龍白馬非馬之論呢？其實孔穿的意思是拿「白馬非馬論」代表公孫龍的整個思想方式，並不是說孔穿不敢領教「白馬非馬論」，而願學其他，如堅白論和指物論。事實上，後兩者比前者更為抽象而煩瑣。所以孔穿說這話的意思是認為公孫龍的所有思想不外白馬非馬論，除此之外別無伎倆。

我們之所以要引述孔穿的話，是因為孔穿的話指出了公孫龍的整個思想以「白馬非馬論」為代表，也就是說他在〈堅白論〉、〈指物論〉中的思維方式，是和白馬非馬論一致的。現在我們就以這三篇可以代表公孫龍思想最主要的文字，作一個綜合的分析。

在〈白馬論〉中，公孫龍所用簡單的方法是指白馬是部分，馬是全體。部分不能等於全體，所以白馬不等於馬。但這只是公孫龍的一個論辯過程，我們如果能通觀他這三篇文字，可以看出公孫龍的真正用意不在於此。在〈白馬論〉的末尾，他說出了這一點：

> 白者，不定所白，忘之而可也。白馬者，言白定所白也。定所白者，非白也。馬者，無去取於色，故黃黑皆所以應。白馬者，有去取於色，黃黑馬皆所以色去，故唯白馬獨可以應耳。無去者非有去也，故曰：白馬非馬。

這段話是說，單單一個白字，是一個概念，不能獨存。而和馬結合的白馬，這是

「定所白」,是具體的存在。同樣,單單一個馬字,也是一個全體的類的概念,而和白結合之後的白馬的馬,已是具體的存在了。所以白馬是具體物,馬是概念,兩者是不同的。既然是不同,因此可說「白馬非馬」。

基於此,我們再看〈堅白論〉:

> 「堅白石三,可乎?」曰:「不可。」曰:「二可乎?」曰:「可。」曰:「何哉?」
> 曰:「無堅得白,其舉也二;無白得堅,其舉也二。」

這話的意思即是說單單堅、白、石三者分開來都是概念,不能獨立存在。只有白石和堅石,由於白有所定,堅有所定,石也有所定,才能成為具體之物。那麼為什麼不把堅白石合成一,而說為二呢?這是因為白和堅必須定在石上,一顯一藏,才能互相含攝。白和堅彼此不能互定。所以只有白石和堅石的存在。由這一點來看,顯然〈堅白論〉比〈白馬論〉更推進了一步。

至於〈指物論〉,正是總括了〈白馬論〉和〈堅白論〉的意思。如他說:

> 物莫非指,而指非指。天下無指物,無可以謂物。

這篇文字向來被學者所認為最難讀的,因為這個「指」字非常抽象,而特殊。前人的解釋很多,但總嫌含混。如果我們把〈白馬論〉、〈堅白論〉和本文合在一起來分析,這個物可作具體之存在物,如白馬、白石。而指,即馬和石之指定辭,如有所定之白。這樣一來,前面兩句話的解釋,可作為:具體存在之物(如白馬),莫不有所定稱之指(如白),而這個指(白),如果沒有定物去指,則不能存在。天下如果沒有被指稱之物(如白馬、白石、堅石),也就沒有具體物之存在了。

由以上的分析,我們可以描繪出公孫龍這幾篇文字所要表達的主題是:

白馬──物──具體存在

馬──概念──不能自存

白石、堅石──物──具體存在

白、堅、石──概念──不能自存

物──白馬、白石、堅石──具體存在

指──白、堅、石──不能自存

所以概念不能自存，只有被指定形色之物，才能獨立存在。

四、名家思想的檢討

名家自戰國中期產生後，到了戰國末期，已消失得無影無跡。近代學者常把名家思想比作西方的邏輯學。為什麼西方的邏輯學自亞里斯多德開始，直到今天的數理邏輯，發展得非常蓬勃，而且對西方的知識有很大的貢獻，可是我們的名家卻曇花一現，在中國哲學史上幾乎沒有一點影響呢？推求這個原因，約有以下四端：

㈠沒有建立完整的體系

雖然中國哲學不像西方哲學一樣都有一套完整的體系。但中國主要的學派，如儒家、道家等，都有中心的旨趣，圍繞著這中心旨趣，也自然構成了他們的一套「疏而不漏」的體系。可是名家卻不然，如果就內容來論，則〈墨經〉和荀子的名學比惠施和公孫龍談得更完整；如果就人物來論，則只有限於惠施和公孫龍，而他們兩人之間，各談各的，散漫而無脈絡。

㈡沒有確立嚴密的方法論

名學，顧名思義應該是講方法論的。像西方的邏輯學，自有其一套基本的理論方法，因此才能構成一門學科，可以應用於其他各方面。而我們的名家，根本沒有確立一套方法，都是各自為政，就自己特殊的論題，加以申辯，並無共同的

一套方法。

(三)破壞多於創建

名家雖然美其名要我們注重名和實的符合，但他們的論題，往往破壞了常識性，反而導致了名詞的混淆。尤其公孫龍以後的許多辯者，競以標新立異以惑世，更破壞了立名的本意，及用名的標準。

(四)缺乏正面的遠大目標

儒、道兩家之所以能傳，是因為他們有正面和遠大的目標。無論在政治上、修身上，都有積極的理想。墨家雖然有正面的目標，可是不夠遠大，所以限於急功近利，而無法開展。至於名家，連這點急功近利的目標也沒有。而他們唯一的目的，求名實相合，又導致了名實的不合。所以其思想本身因完全的貧乏，而流於玩弄名詞，這也是勢所必然的。

由於以上四點原因，使得名家在思想上是缺乏深度，在人才上是後繼無人。以致到了戰國末期，便完全的掩沒不彰。

自民國以來，許多曾研習西方哲理的學者，震驚於西方邏輯學的鼎盛。有意再發掘〈墨經〉，復興名家。如果說我們要吸收西洋哲學的方法論，來研究中國哲學，這是應該的；我們要從中國哲學本身，去整理出一套方法論來，這也是必須的。但如果只想從名家、別墨或〈墨經〉中去繼絕學，卻是徒勞無功的。因為儘管〈墨經〉中的許多材料在當時是難能可貴的，儘管名家的討論在當時是空谷足音，但不幸這種學術已斷了將近二千多年。如果我們在當時就能好好的加以發展，相信今天的成就，也絕不遜色於西方的邏輯學。可惜的是它畢竟已斷了二千多年，它所有的內容比起今天的邏輯學，顯然簡陋得近乎幼稚，如果要再發展它們，還不如好好引進西洋的方法論，使它們在中國哲學裏生根。

所以，我們不得不，而又無可奈何的說：名家不僅已成為絕學，而且在今天來說，已成為不可繼的死學。要想死灰復燃是不可能的，如要想建立中國哲學的方法論，也只有另謀出路了。

第九章　莊子思想的精神和理想

一、從老子到莊子

明憨山禪師在其所著《莊子內篇注》的序言中說：

> 《莊子》一書，乃《老子》之注疏。予嘗謂老之有莊，如孔之有孟。若悟
> 徹老子之道，後觀此書，全從彼中變化出來。

莊子和老子都是道家，當然他們的根本思想是相同的，但如果只認《莊子》為《老子》的注疏，這樣無異一筆抹煞了莊子思想的意義和價值。

其實，莊子和老子的相同處，固然可以看作道家的特色；而莊子和老子的不同處，不僅也可以代表道家的特色，而且更顯示出道家思想的多彩多姿。

(一)老莊的相同處

老莊的相同處，前人多有論及，扼要的，可歸納為三點：

1.體法常道──捨相對

老子所推崇的常道，是有象、有物、有精、有信，是先天地生而又能生養萬物的。這種常道的性能完全為莊子所採取。如〈大宗師篇〉上描寫：

> 夫道，有情有信，無為無形；可傳而不可受，可得而不可見；自本自根，
> 未有天地，自古以固存；神鬼神帝，生天生地；在太極之先而不為高，在
> 六極之下而不為深；先天地生而不為久，長於上古而不為老。

體法常道，就經驗上來說，就是捨相對。老子在第一章中描寫了常道之後，到了第二章便提出「有無相生，難易相成」的相對法，其目的，就是要我們捨相對，而歸於常道之無為。同樣，莊子在〈齊物論〉中，也是要我們捨棄生死，是非等相對法，要趨於「天地與我並生，萬物與我為一」的境界。

2. 崇尚自然──戒人為

老子推崇自然，一再的強調：

> 希言自然。（二十三章）
>
> 道法自然。（二十五章）
>
> 莫之命而常自然。（五十一章）
>
> 以輔萬物之自然而不敢為。（六十四章）

老子所謂的自然，就是物性的本來如此，不著人為。莊子對自然的看法，和老子是完全一致的。如他說：

> 牛馬四足，是謂天；落馬首，穿牛鼻，是謂人。（〈秋水篇〉）

所謂天，就是自然；人，就是人為。《莊子》書中屢言自然：

> 常因自然而不益生也。（〈德充符〉）
>
> 順物自然而無容私焉。（〈應帝王〉）

這些自然思想和老子「道法自然」都是相同的。

3. 解脫物累──除物欲

老子所嚮往的人生，是超脫物欲，而回歸於內心的寧靜淡泊。他一再表白說：

> 眾人熙熙，如享太牢，如春登臺；我獨泊兮其未兆，如嬰兒之未孩，儽儽兮若無所歸。眾人皆有餘，而我獨若遺。（二十章）

而莊子在這方面更為尖銳，他認為人生如陷於物累，就有倒懸之苦。如他說：

> 且夫得者，時也；失者，順也。安時而後順，哀樂不能入也。此古之所謂

縣解也，而不能自解者，物有結之。(〈大宗師〉)

這個物結，就是物累，打破了物結，才能「物物而不物於物」，遊心於逍遙之境。

以上三點，是老莊的相同處，也是老莊的共同特色，以它們去和儒家思想比較，便會看出儒道兩家的路向不同。雖然儒家和道家一樣，都是重視這個道，但儒家不僅不捨相對，相反的，更要在相對中去把握，去實踐。儒家雖然也不違反自然，但儒家卻推重人為，由人為的方法去配合自然。對於解脫方面來說，儒家壓根沒有強調物累，也不承認人生是痛苦的。儒家始終不提解脫兩字。所以我們從以上三點老莊的相同，來代表道家的特色，旗幟是相當顯明的。

接著，再看看老莊的不同。

(二)老莊的不同處

1. 老子有道物之分；莊子重在合一

在《老子》書中，道與物是站在上下的兩個層次。如：

> 執古之道，以御今之有。(十四章)
>
> 樸散則為器。(二十八章)
>
> 玄德深矣遠矣，與物反矣。(六十五章)

從這些話中，可見老子認為道的無名之樸，打散了之後，才變成器。道是高高在上，支配萬有的。物是一種失落，必須回歸於道。至於《莊子》書中，雖然道和物有高低之分，但道卻是和物生存在一起。如：

> 東郭子問於莊子曰：「所謂道，惡乎在?」莊子曰：「無所不在。」東郭子曰：「期而後可。」莊子曰：「在螻蟻。」曰：「何其下邪?」曰：「在稊稗。」曰：「何其愈下邪?」曰：「在瓦甓。」曰：「何其愈甚邪?」曰：「在屎溺。」(〈知北遊〉)

莊子並不是強調道就是螻蟻，因為道和螻蟻之間，當然是有高低不同的。在這裏，莊子只是把這個道請下來，與萬物同存。認為萬物都有其存在的價值，都是道的

一體。所謂：

> 物固有所然，物固有所可，無物不然，無物不可，故為是舉莛與楹，厲與
> 西施，恢恑憰怪，道通為一。（〈齊物論〉）

這是說萬物固然以人的觀點，各有不同價值，但就整個宇宙來看都有其真是的一
面。顯然，在這一點上，莊子比老子更能把握住個體的生命。

2. 老子著重時空的運用；莊子卻由任順而和時空渾然一體

　　老子的思想，似與《易經》的哲學有關，他的工夫就在善於把握時空。他說：

> 為之於未有，治之於未亂。（六十四章）

就是要我們在事情未形成前，先動手解決，這是事前的準備。又說：

> 功成而弗居。（二章）
> 功遂，身退，天之道。（九章）

就是要我們在事情成功之後，要安排退路，這是事後的處理，這些都是「時」的
把握。他又說：

> 聖人後其身而身先，外其身而身存。（七章）
> 大國以下小國，則取小國；小國以下大國，則取大國。（六十一章）
> 是以欲上民，必以言下之；欲先民，必以身後之。（六十六章）

就是要我們在對待的關係中，如何使自己站得更穩，這些也都是「位」的把握。
　　至於莊子對時空的態度卻是，任運而行，和時空合成一體。所謂：

> 浸假而化予之左臂以為雞，予因以求時夜；浸假而化予之右臂以為彈，予
> 因以求鴞炙；浸假而化予之尻以為輪，以神為馬，予因以乘之，豈更駕哉？
> （〈大宗師〉）

這是要我們安時而處順的任運而行。由任運而行，進一步便是忘時空。所謂：

> 參日而後能外天下；……無古今，而後能入於不死不生。（〈大宗師〉）

外天下，即是忘空間；無古今，即是忘時間。而忘時，忘空，便是與時空打成一片，已不覺其存在了。

3. 老子由理以入道；莊子從心以適道

《老子》全書，都在講一個理。老子是一位智者，他把人生的許多經驗，歸納成一條條的定理，只要我們照著去實行，便可以入道。如他說：

> 執古之道，以御今之有，能知古始，是謂道紀。（十四章）
>
> 常知稽式，是謂玄德。（六十五章）

所謂「道紀」、「稽式」，就是道的理則。讀《老子》全書，就像讀數學一樣，都是一條條的規則。只要我們好好運用這些規則，便能入道。至於對心字，老子並沒有特別重視，全書僅有五章提到心字：

> 不見可欲，使民心不亂。是以聖人之治，虛其心，實其腹。（三章）
>
> 馳騁畋獵，令人心發狂。（十二章）
>
> 我愚人之心也哉。（二十章）
>
> 聖人無常心，以百姓心為心。（四十九章）
>
> 心使氣曰強。（五十五章）

從這些話中可以看出老子對於「心」的看法，並無深義。他之所以要虛心，也只是少私寡欲而已。

至於在《莊子》書中，這個心的分量非常重要，逍遙遊所遊的不是肉體，而是心。所謂：

> 且夫乘物以遊心，託不得已以養中，至矣！（〈人間世〉）
>
> 且不知耳目之所宜，而遊心乎德之和。（〈德充符〉）

可見此處之心，乃是所遊的主體。莊子要我們坐忘，也就是要使心同於大通；要我們心齋，也就是要使心中虛靈不昧。所以莊子的寫心，常用靈臺、真宰等詞，

都是把這個真心看作最高的境界。

4. 老子處弱以致用；莊子則兩忘而化其道

老子強調「弱者，道之用」（四十章），他一再的認為：

> 柔弱勝剛強。（三十六章）
>
> 天下之至柔，馳騁天下之至堅。（四十三章）
>
> 天下莫柔弱於水，而攻堅強者，莫之能勝。（七十八章）

因此一再的要我們守柔處弱。可見老子猶有強弱之分。

至於莊子，要「兩忘而化其道」。兩忘不僅指是非，也包括了一切相對的關係，如強弱、貴賤等等。在《莊子》全書中提到柔字的，只有三處。即：

> 淖約柔乎剛強。（〈在宥〉）
>
> 能柔能剛。（〈天運〉）
>
> 此筋骨非有加急而不柔也。（〈山木〉）

這三處中，只有第一條和老子講的柔有關，但這條卻是引自老聃的話。另外提到弱字的有五處。即：

> 予惡乎知惡死之非弱喪而不知歸者邪。（〈齊物論〉）
>
> 以強陵弱。（〈盜跖〉）
>
> 老弱孤寡為意。（〈天下〉）
>
> 以濡弱謙下為表。（〈天下〉）
>
> 弱於德。（〈天下〉）

這五處中，只有「以濡弱謙下為表」與老子的弱相同，但這句話正是〈天下篇〉中描寫老子思想的。

由以上的分析看來，莊子對老子中心思想的這個弱字，根本無所取。而且由他一次徵引老子的柔，一次描寫老子的弱字中，還有意無意的表示著老子是講柔弱，而自己則不然的味道。

5. 老子猶重聖人之治；莊子則已超聖而入神

《老子》一書提到聖人兩字的有二十三章，二十六次，都是把聖人看作政治和人生修養方面最高的境界。而《老子》全書中，除了單純的描寫道的幾章之外，幾乎都與政治有關，可見老子雖被後人誤作隱士，《老子》一書被後人當作心性修養之學來看，其實，老子本人是政治思想家，而《老子》全書所談的都是君王治世之術。其所強調的道，只是把這個術往上提昇，使其有更深睿的淵源而已。

至於莊子，對聖人的態度，卻參差不齊，在〈內〉七篇中，所提到的聖人都是完美的。如：

> 聖人無名。（〈逍遙遊〉）
> 聖人不由，而照之於天。（〈齊物論〉）

到了〈外〉、〈雜篇〉中，聖人便有好有壞，在〈駢拇〉、〈馬蹄〉、〈胠篋〉中對聖人多有誤解，和偏激的批評。如：

> 毀道德以為仁義，聖人之過也。（〈馬蹄〉）
> 聖人不死，大盜不止。雖重聖人而治天下，則是重利盜跖也。（〈胠篋〉）

在其他各篇中，對聖人都有讚美之意。如：

> 神全者，聖人之道也。（〈天地〉）
> 聖人休休焉，則平易矣！平易則恬淡矣！平易恬淡，則憂患不能入，邪氣不能襲。（〈刻意〉）

我們如果仔細分析莊子對聖人之所以有此不同，除了〈馬蹄〉等篇本身成分的有問題，另外有個可以解釋的原因，就是〈馬蹄〉等篇所談的聖人都是就創立制度上來說，如老子所謂「前識者，道之華」（三十八章），而其他各篇所談的聖人都是就內心的修養來說。從這一點，也可看出莊子對聖人之治的事功方面，並不重視；而對聖人內修方面卻非常推重。儘管在〈天下篇〉中，也著重事功，但其層次仍然較低。

無論莊子對聖人的看法如何，有一個顯然的事實，就是《老子》全書，以聖

人為極境，而莊子則在聖人之上，還有所謂至人、真人、神人、天人。通觀《莊子》全書，至人、真人、神人、天人才是莊子真正的理想境界。

二、莊子的生平及其著作

㈠生平

莊子的生平，可說非常平淡，史書上的記載，也是非常簡略，《史記‧老子韓非列傳》僅說他：

> 莊子者，蒙人也，名周。周嘗為蒙漆園吏，與梁惠王、齊宣王同時。

蒙，即今河南商丘的蒙澤，莊子在那裏曾做過漆園吏。雖然我們至今尚不大清楚漆園是什麼，但莊子的這個官一定做得不大。因為司馬遷接著描寫他的一段故事：

> 楚威王聞莊周賢，使使厚幣迎之，許以為相。莊周笑謂楚使者曰：「千金，重利；卿相，尊位也。子獨不見郊祭之犧牛乎？養食之數歲，衣以文繡，以入大廟。當是之時，雖欲為孤豚，豈可得乎？子亟去，無污我。我寧遊戲污瀆之中自快，無為有國者所羈，終身不仕，以快吾志焉。」（《史記‧老子韓非列傳》）

由這段話中，可以看出莊子根本無意於仕途，他所做的漆園吏，大概只是管管園林之類的閒差事，生活很窮（否則他也不必向監河侯借錢），無案牘的勞形，仍然可以與大自然為伍，過著無拘無束的生活。

如果只就《史記》的敘述來看，莊子的生平的確很平淡，其實，這也正是隱士的本色。但就莊子來說，外在的平淡，卻掩不住內在的光輝。老子所謂：「淡兮其若海。」就像大海一樣，外表是那麼的平淡，一片廣漠，可是內部卻非常的豐富，不知含蘊了多少秘密的寶藏，多少神奇的故事！

莊子內在的世界，就展現在他那部偉大的著作中。在那裏，我們不僅可以找到許多故事，如莊子和惠施的交往、莊子的釣於濮水、莊子和學生的旅遊、莊子

的鼓盆而歌等等，都是莊子生活最真實的描寫，而且像大鵬之喻、蝴蝶之夢、庖丁之解牛以及許多莊子所杜撰的寓言等，也都是莊子生命情調的流露。

因此，今天，我們要了解莊子，不能限於史書上簡短的記載，而應深入到他的著作中，去看看他深睿的智慧，和活潑的生命。

(二)著作

提到莊子的著作問題，不僅比老子的《道德經》更為複雜，而且更亂，因為《老子》一書的問題，只是作者為誰、成書年代的前後而已，其全書的體系卻是非常完整，而成分也是非常純粹。可是《莊子》一書卻不然。其中不僅摻有多人的作品，而且有些見解較為膚淺，甚至還有矛盾。後人如果不加以慎擇，則往往產生很大的差距；譬如司馬遷說他：

> 其學無所不闚，然其要本歸於老子之言，故其著書十餘萬言，大抵率寓言也。作〈漁父〉、〈盜跖〉、〈胠篋〉以詆訿孔子之徒，以明老子之術。畏累虛、亢桑子之屬，皆空語無事實。然善屬書離辭，指事類情，用剽剝儒墨，雖當世宿學不能自解免也。其言洸洋自恣以適己，故自王公大人不能器之。
>
> （《史記・老子韓非列傳》）

就拿這段話來說，至少有三個疑點：

①莊子「其要本歸於老子之言」，這話大致講得通。深究起來，便有問題。前面我們已分析老莊的不同，如果老子貴柔弱的話，而莊子根本不貴柔，也不貴弱，怎能說他「歸於老子之言」？

②司馬遷敘述莊子思想，應該提到〈內〉七篇，至少也須談談代表莊子思想精神的〈逍遙遊〉和〈齊物論〉。可是司馬遷卻只舉內容最有問題的〈漁父〉、〈盜跖〉、〈胠篋〉等篇。

③司馬遷為什麼特別強調莊子「詆訿孔子之徒，以明老子之術」？究竟莊子是否有意破壞孔子思想，而莊子的批評孔子是否就是為了宣揚老子之術？

這三點疑問之構成，除了司馬遷本人偏愛儒家，而對莊子思想缺乏同情，和深入的體驗之外。主要的原因，就是他對《莊子》全書的內容沒有選擇，誤把〈外〉、

〈雜篇〉中許多引證老子的話，當作莊子「本歸於老子之言」。把〈外〉、〈雜篇〉許多批評孔子的話，當作《莊子》的中心旨趣。

因此今天，我們要真正了解莊子的思想，必須對他的著作有一個較為深度的分析。《莊子》一書據《漢書・藝文志》的記載，有五十二篇，今天所流傳下來的唯一最早的版本是向秀郭象的《莊子注》，只有三十三篇，包括〈內篇〉七，〈外篇〉十五，〈雜篇〉十一。

〈內〉七篇，自古以來都認為出於莊子的手筆，近人雖有懷疑，也只是舉司馬遷不提〈內篇〉，及每篇標題都是預先訂好的等等。其實〈內〉七篇的每個標題，都有其一貫的系統，顯然是出於一人之手筆。而且〈內〉七篇的文義，首尾一貫，極為精純，顯然是出於大手筆。所以非莊子莫屬（意指不是偉大的哲學家是寫不出來的）。

在〈內篇〉中，沒有引證《老子》的文字，更沒有曲解之處，只是提到《老子》的幾個故事而已。至於孔子，有時變成了莊子的代言人，如〈人間世〉上有關孔子和顏回的對答；有時雖稍有貶語，也只是指孔子偏於入世而已。由此可見〈內篇〉思想的醇厚和氣度的寬大。

〈外〉、〈雜〉諸篇，顯然非出於一人之手筆，也不可能為莊子的親筆。其中較為精純者，〈外篇〉中有〈秋水〉，〈雜篇〉中有〈天下〉，可說是莊子後學中，能把握莊子思想者所寫的。其他各篇，成分較雜，其中偶然保留了某些莊子的思想，但許多發揮的地方，往往走了樣，甚至還走入了與莊子本意相反的路子，這些文字只能視作後期道家的作品，而被編入了《莊子》一書。縱然他們在文中提到莊子，也只是高推聖境，借重莊子的名氣而已。

不過〈外篇〉和〈雜篇〉有個主要的不同，就是凡寫明徵引《老子》原文（〈天下篇〉論老子除外），或間接引用《老子》的語句，全部都在〈外篇〉中，如〈胠篋〉、〈在宥〉、〈天道〉、〈繕性〉、〈至樂〉、〈達生〉、〈山木〉、〈田子方〉、〈知北遊〉、〈天地〉等篇中。也就是說真正受《老子》影響的是〈外篇〉。而把《老子》加以曲解的，也是〈外篇〉中的〈胠篋〉、〈馬蹄〉、〈在宥〉等篇。

因此今天我們研究莊子思想，應以〈內篇〉為主，〈外〉、〈雜篇〉中和〈內篇〉一致的地方，可以作旁證。至於〈外篇〉中借題發揮老子思想的文字，絕不可拿

來當作《老子》的注解，更不可當作莊子對老子思想的闡揚，而〈雜篇〉中許多假託莊子之名，而無深度的作品，最好放在一邊，當作後代道家之流的一種附會。

三、莊子思想的精神

談到莊子思想的精神，我們要借用《孟子‧盡心下篇》的一句話：

大而化之之謂聖，聖而不可知之之謂神。

這句話中有三個字：大、化、神。拿這三個字，正可以刻劃出莊子思想的精神。

㈠大

孟子說：「充實而有光輝之謂大。」孟子這句話正可作為莊子「大」的注腳，因為莊子的大，並非在形體上、財物上、勢位上比別人多的大；在這些方面，莊子一項也沒有。前面我們也說過莊子外在的生平很平淡，而內在的世界卻極豐富。莊子的大，就大在他內在的充實而有光輝。

在這裏，我們寫莊子的大，是從知見上，說明莊子如何提出一個大的境界，要我們認清小，而能趨向於大。

1. 小大之辨

首先，莊子用寓言的方法，強調小大的對比，如〈逍遙遊〉中，大鵬和小鳩之間的差別，〈秋水篇〉中河伯與北海若之間的不同。其他，像惠施的不能用大等，都在運用小大的對比，告訴我們小之所以形成。

關於小之形成，約歸來說不出兩端：

①受拘於經驗

莊子在〈秋水篇〉中說：

井蛙不可以語於海者，拘於虛也；夏蟲不可以語於冰者，篤於時也；曲士不可以語於道者，束於教也。

虛，指空間；時，指時間。空間是我們生存的環境，時間是我們佔有生存環境的

長短。時空，在表面上好像是客觀存在的兩個因素，很難突破。莊子井蛙、夏蟲之喻，也只是借物性來作譬而已，切勿膠著在物性上。因為就物性來說這隻井蛙，永遠也無法跳出井口，去欣賞大海的茫茫，而人卻不然，他可以憑智慧，造梯子，走出井口。同樣夏蟲，受制於年命，只能了解有限的歲月，但人卻不然，他可以憑經驗，了解過去，預測未來。所以莊子這段譬喻，重點不在時空，而在曲士之束於教。也就是受制於固陋的經驗，而不能加以拓廣。於是目光短淺，心胸狹窄，自然便局限於小了。

②執著於偏見

莊子在〈齊物論〉一開端便揭出大氣吹過山林，產生萬籟。這些聲音之形成，完全由洞穴本身的不同。所謂：

> 夫吹萬不同，而使其自己也，咸其自取。（〈齊物論〉）

自取就是取決於自己。就人來說，這一切的是非爭執，也都是造端於自己的偏見。〈齊物論〉上說：

> 道惡乎隱而有真偽？言惡乎隱而有是非？道惡乎往而不存？言惡乎存而不可？道隱於小成，言隱於榮華。故有儒墨之是非，以是其所非，而非其所是。

小成，就是小有成就。小有成就如果不能打破，便自以為是，變成了偏見。執著偏見，就使自己永遠拘限於小。

2. 由小返大

以上我們分析了小之所以形成，就是在於陷入了相對性——局限於淺陋的經驗；執著於一己的偏見。因此要由小返大，便必須跳脫這種相對性的羈絆。路子有二：

①打破相對

這裏所謂「打破相對」，就是從認知上，了解「相對」只是站在某一個立場的一種偏執。莊子在〈齊物論〉中一再提出像生死、是非、成毀等都是一種偏執。如：

> 予惡乎知說生之非惑邪！予惡乎知惡死之非弱喪而不知歸者邪！

這是打破生死的相對性。

> 物無非彼，物無非是。自彼則不見，自知則知之。故曰彼出於是，是亦因彼。彼是，方生之說也。

這是打破是非的相對性。

> 其分也，成也；其成也，毀也。

這是打破成毀的相對性。

這種相對性的打破，乃是透過一種高度智慧的鑑照，以洞察執偏之病。如對於生死的打破：

> 覺而後知其夢也，且有大覺而後知此其大夢也。

對是非的打破：

> 欲是其所非，而非其所是，則莫若以明。

對成毀的打破：

> 凡物無成與毀，復通為一。

這裏所謂「覺」、「明」、和「一」，都是通過了「道」的一種認識作用，以照破相對性的迷妄。

②還歸自體

打破了相對之後，並非使自己獨樹一幟，這樣又產生了另一種相對。真正的絕對存之於相對中；真正的打破相對，乃是還他一個相對。不過這個「還」字大有文章，不是放任，不是執著。而是透過了智慧的鑑照，識破了相對的執著之後，又進一步能還萬物一個本來的面目。莊子說：

> 方生方死，方死方生；方可方不可，方不可方可；因是因非，因非因是；是以聖人不由而照之於天，亦因是也。（〈齊物論〉）

聖人不由的「因是因非」，乃是相對性的執著；而照之於天的「亦因是也」，乃是透過了天道的觀照，而明萬物的真是。所以前者的「因是因非」，有是非的相對；而後者的「因是」，乃無是非相對的真是。

〈齊物論〉中除此處之「亦因是也」之外，尚有三處。即：

> 唯達者知通為一，為是不用而寓諸庸。庸也者，用也；用也者，通也；通也者，得也，適得而幾矣，因是已。
>
> 勞神明為一，而不知其同也，謂之朝三。何謂朝三？狙公賦芧，曰：「朝三而暮四。」眾狙皆怒，曰：「然則朝四而暮三。」眾狙皆悅。名實未虧，而喜怒為用，亦因是也。
>
> 天地與我並生，而萬物與我為一。既已為一矣，且得有言乎？既已謂之一矣，且得無言乎！一與言為二，二與一為三。自此以往，巧歷不能得，而況其凡乎！故自無適有，以至於三，而況自有適有乎？無適焉，因是已。

分析這三段話裏的「因是已」。第一段的「因是」著重一個庸字。庸就是有實用性、普遍性、自得性的最平凡的東西。每種東西都有其存在的價值，所以「因是已」，也就是認定每物自身的價值，而不必妄別高低。

第二段的「因是」著重在一個「同」字。朝三也好，暮四也好，總數卻是相同的。所以這裏的「因是」，也就是認清萬化的本源相同，而不要妄立差別。

第三段的「因是」著重在「無適」兩字，因為「天地與我並生，萬物與我為一」，這就是說我可以和天地同存，可以和萬物相通。天人物三者本一，不要刻意去求一。

從以上的「因是」來看，莊子乃是認為萬物的本身都是真實的存在，所謂「天地一馬也，萬物一指也」（〈齊物論〉），我們要還萬物一個本來的面目，這樣「山自高兮水自深」（洞山良价詩偈），萬物不齊而自齊了。

㈡化

前面我們已從認知上說明如何由小返大，現在我們再從德性上談談如何提昇性靈。

在這方面，莊子提出一個化字，而其工夫，在一個忘字。

1. 什麼是莊子的化

①化與自然變化的關係

莊子的化是從自然變化引申過來的。在《莊子》書中，談到萬物變化的地方很多。如：

> 天不產而萬物化，地不長而萬物育。(〈天道〉)

> 萬物皆化。(〈至樂〉)

而萬物的變化，就整個自然的觀點來看，是循環不息的。他說：

> 萬物皆種也，以不同形相禪。始卒若環，莫得其倫，是謂天均。(〈寓言〉)

所謂「皆種也」，就是指萬物中的任何一物，在宇宙中都是產生其他變化的種子。所以物與物之間，可以遞變，只是形狀的不同而已。因此整個萬物的變化，是一大循環。根本不知那裏是開端，那裏是結尾，也就無所謂生，無所謂死。

自然變化如此，人卻不然。因為人的肉體在自然界中只能生長一段時間，有生必有死。正如〈齊物論〉上所謂：

> 一受其成形，不亡以待盡。與物相刃相靡，其行盡如馳，而莫之能止，不亦悲乎！終身役役，而不見其成功；苶然疲役，而不知其所歸，可不哀邪！人謂之不死奚益？其形化，其心與之然，可不謂大哀乎！

這段話說明了人的形體有生就有死，這是必然的現象。但我們的心，卻不能與形體同化，而可以改變對生死的看法。只要我們能修心，使它不執著於形體之短暫，這樣我們的精神便能超脫形體，而與自然同化了。

所以《莊子》書中的化字，一面是指自然的變化；一面是指通過了心的修養工夫，而成就的一種化。如：

> 審乎無假，而不與物遷；命物之化，而守其宗也。(〈德充符〉)

無假即真實，也即是道，能通乎道。不為物變所遷，才能主動的支配物化。唯有

這種「化」，才是莊子所推重的。

　　②化與應變之術的關係

　　前面既然說莊子的化是通過了内心的修養工夫，那麼是否像《易經》一樣要知位識時，像老子一樣要守柔處弱呢？其實不然。《易經》和老子雖然也要我們順時而變，做得恰到好處，但畢竟屬於知性的運用，莊子的化卻不屬於知性的運用。在〈山木篇〉中有一段故事描寫得很好：

> 莊子行於山中，見大木枝葉盛茂，伐木者止其旁而不取也。問其故，曰：「無所可用。」莊子曰：「此木以不材得終其天年。」夫子出於山，舍於故人之家。故人喜，命豎子殺雁而烹之，豎子請曰：「其一能鳴，其一不能鳴，請奚殺？」主人曰：「殺不能鳴者。」明日弟子問於莊子曰：「昨日山中之木，以不材得終其天年。今主人之雁，以不材死。先生將何處？」莊子笑曰：「周將處夫材與不材之間。材與不材之間，似之而非也，故未免乎累。若夫乘道德而浮游則不然，無譽無訾，一龍一蛇，與時俱化，而無肯專為。一上一下，以和為量，浮游乎萬物之祖，物物而不物於物，則胡可得而累邪？」

這段話指出了材與不材，都是一種執著，只有乘道德而浮游，才是真正的逍遙。在這裏我們可以看出莊子的化不是屬於知性的應變，而是屬於德性的修養。而這種德性的修養，不是儒家的仁義，而是另有一套工夫。這套工夫的特色，就在一個忘字。

2. 化的工夫

　　《莊子》書中的「忘」字，並非我們普通所謂的忘記，而是有它特殊的含義。試舉〈大宗師〉的一段話來看：

> 泉涸，魚相與處於陸，相呴以濕，相濡以沫，不如相忘於江湖。與其譽堯而非桀也，不如兩忘而化其道。夫大塊載我以形，勞我以生，佚我以老，息我以死。故善吾生者，乃所以善吾死也。夫藏舟於壑，藏山於澤，謂之固矣！然而夜半有力者，負之而走，昧者不知也。藏小大有宜，猶有所遯。若夫藏天下於天下，而不得所遯，是恆物之大情也。

這段話裏把忘的精神說得極為明白，它具有兩義：一是兩忘，即超脫是非、生死、成毀等相對性；一是藏天下於天下，也就是還天下於天下，還萬物以自體的意思。所以這個忘也正是由小返大的一種工夫。

關於這個忘的工夫，有三種境界。

①忘己而後能自化

忘己，並不是否定自己的存在，相反的卻是掙脫形骸的束縛，打消自我的執著。使自己活得更為真實；使自己生命的天地更為遼闊。莊子在〈大宗師〉裏曾假託孔子和顏回的對答，來說明這點。

> 顏回曰：「回益矣！」仲尼曰：「何謂也？」曰：「回忘仁義矣」。曰：「可矣，猶未也。」他日復見，曰：「回益矣！」曰：「何謂也？」曰：「回忘禮樂矣！」曰：「可矣，猶未也。」他日復見，曰：「回益矣！」曰：「何謂也？」曰：「回坐忘矣。」仲尼蹴然曰：「何謂坐忘？」顏回曰：「墮肢體，黜聰明，離形去知，同於大通，此謂坐忘。」仲尼曰：「同則無好也，化則無常也。」

在這段話裏我們要注意「坐忘」，是先透過了忘仁義，忘禮樂的。所謂忘仁義，禮樂，並非否定仁義禮樂，而是他的行為完全出乎自然，就像魚相忘於江湖一樣，根本無需有仁義禮樂的制度。但仁義禮樂的制度只是外在的規範，這一切完全繫之於自我，所以再進一步要忘己。而自我有兩方面，一是形骸，一是意識。「墮肢體」，即是外形骸，「黜聰明」，即是破我執。不過單單忘己，恐怕易走入頑空，因此接下去必須能「同於大通」，大通即道的無所不通。也就是說在忘己之後，要能使自我上升，進入大通的境界。

②忘物而後能物化

忘物，並不是否定物的存在，因為物的存在，是客觀的事實，不容否定的。忘物的真正意思，乃是超脫物相，拆除了物與我之間的那座障壁。這座障壁拆除之後，我和物，便可以共遊。

至於如何忘物，並非閉眼不看，便能忘了物。相反的，要看，要真真實實的看。〈養生主〉中曾描寫庖丁解牛之理說：

> 臣之所好者，道也，進乎技矣。始臣之解牛之時，所見無非牛者。三年之
> 後，未嘗見全牛也。方今之時，臣以神遇而不以目視，官知止而神欲行。
> 依乎天理，批大郤，道大窾，因其固然，技經肯綮之未嘗，而況大軱乎？

這段話說明了所謂真真實實的看，就是不以目視，而以神遇。以目視的話，便有
人和物的差別，便落入了相對的觀念中。而以神遇的話，乃是透過了天道來看萬
物，把萬物提昇上來，點化成有生命的個體。因此我和萬物是平等共存，而且可
以互相流轉的。這境界，莊子稱之為物化，〈齊物論〉曾以蝴蝶夢來描寫這種境界：

> 昔者，莊周夢為胡蝶，栩栩然，胡蝶也，自喻適志與，不知周也。俄然覺，
> 則遽遽然周也，不知周之夢為胡蝶與？胡蝶之夢為周與？周與胡蝶則必有
> 分矣，此之謂物化。

物化，一般的意義，是死了之後，化於物，這是把活的人，變成了死的物。而莊
子此一境界上的物化，卻是化物，使板滯的物，化成活的生命。這樣的話，整個
宇宙便點化成一片充滿了生機的樂園。

　　③忘適而後能神化

　　前面忘己、忘物，都是為了求適，適就是逍遙。然而如果刻意去求適，非但
不能得適，相反的，卻變成一種壓力，使我們時時想到我，想到物，反而忘不了。
〈達生篇〉上曾說：

> 忘足，屨之適也；忘要，帶之適也；知忘是非，心之適也；不內變，不外
> 從，事會之適也。始乎適而未嘗不適者，忘適之適也。

忘適就是要我們從根本上，連這點求適的意念也沒有，這樣的話，才能無所不適。
　　這種境界，就像禪宗一樣，連成佛的念頭也要打掉，根本無佛可成，才能證
煩惱為菩提。所以忘適的消極意義，固然要使我們心中不留一點欲念，而積極意
義，卻是在任何環境，都能所遇而適。這樣一來，物我雙忘，天人合一，已進入
了神化的境界。

㈢神

　　莊子的思想，就是這種神化的境界。現在我們再進一步來看看這一境界。

1. 什麼是莊子所謂的神

　　①從一般的神來看莊子的神

　　在中國哲學裏，這個神字的意義相當含糊，就拿《易經》一書來說，有時指神祇。如：

　　　　鬼神害盈而福謙。（謙卦〈彖〉）

有時指造物的作用：

　　　　神也者，妙萬物而為言者也。（說卦）

有時指不可測的神秘境界。如：

　　　　陰陽不測之謂神。（〈繫辭上傳〉第五章）

有時指預測未來的智慧。如：

　　　　神以知來，知以藏往。（〈繫辭上傳〉第十一章）

有時指精神作用。如：

　　　　神武而不殺者夫。（〈繫辭上傳〉第十一章）

有時指德性之靈明。如：

　　　　聖人以此齋戒，以神明其德夫。（〈繫辭上傳〉第十一章）

　　至於每位哲學家對神的看法，都各有不同，如《論語》中提到神字只有六次，都是當作祖先，和一般的神祇來看。如：

　　　　敬鬼神而遠之。（〈雍也〉）

> 子不語：怪、力、亂、神。（〈述而〉）
>
> 祭神，如神在。（〈八佾〉）

《孟子》書中也只提到三次，除了一次是指神祇外，其餘二次都是指德性的靈明。如：

> 夫君子所過者化，所存者神，上下與天地同流。（〈盡心上〉）
>
> 聖而不可知之之謂神。（〈盡心下〉）

由孔孟對神的態度來看，孔子所指的神是外面的一種存在，孔子避而不談。孟子卻把這個神字，轉向內在的性靈。

老莊對神的看法也有不同，老子近於孔子，全書中提到神字僅有四處。即：

> 谷神不死。（六章）
>
> 天下神器，不可為也。（二十九章）
>
> 神得一以靈。（三十九章）
>
> 以道蒞天下，其鬼不神。（六十章）

從這些神字看來，也都是指一般鬼神的作用，並無特殊的深意。可是到了莊子手中卻不然，他和孟子相似，把這個神字轉向內在。而他在這方面比孟子發揮得更為積極，更為淋漓盡致。

《莊子》書中，有單獨的神字約六十八個（像神人等除外）。其中除了鬼神合言，代表神祇之意的六個外，其餘的，幾乎都是指的精神作用。如：

> 其神凝，使物不疵癘。（〈逍遙遊〉）
>
> 官知止，而神欲行。（〈養生主〉）
>
> 抱神以靜。（〈在宥〉）
>
> 德全而神不虧。（〈刻意〉）

由此，可以看出莊子所謂的神，是指內在的精神，是指通過了心性修養，而成就的一種最高的境界。

②莊子的神的特殊意義

莊子的這個神字，如果說穿了，就是真我的體現。

前面，我們講大，「充實而有光輝之謂大」，充實是真我的充實，光輝是真我的光輝。前面，我們又講化的工夫在忘，沒有真我，就不能忘；沒有真我，就忘了而不能化。

在《莊子‧大宗師》裏有一段話：

> 吾猶守而告之，參日而後能外天下。已外天下矣，吾又守之，七日而後能外物。已外物矣，吾又守之，九日而後能外生。已外生矣，而後能朝徹；朝徹而後能見獨；見獨而後能無古今；無古今而後能入於不死不生。殺生者不死，生生者不生，其為物，無不將也，無不迎也，無不毀也，無不成也，其名為攖寧。攖寧也者，攖而後成者也。

在這段話裏，「見獨」兩字是一個關鍵，見獨以前的外天下、外物、外生，只是忘的工夫；而見獨之後的無古今、不死不生，卻是進入了化境。

見獨的「獨」，是指的什麼，是指的絕對，也就是指的真我，如：

> 似遺物離人而立於獨也。（〈田子方〉）
>
> 獨往獨來，是謂獨有。（〈在宥〉）
>
> 而獨與道遊於大莫之國。（〈山木〉）
>
> 獨與天地精神往來。（〈天下〉）

莊子在此處不用「我」字，因為一著「我」字，便有人我之分，人和物的對立。而莊子的見獨，不僅是見自己的「真我」，也能見萬物的「真我」。於是物物而莫不真，這才是至德至性的神化境域。

2. 神化的理想人物及其境界

①理想的人物

達到神化境域的理想人物，《莊子》書中提到的很多，如神人、天人、真人和至人，有時甚至包括了聖人。

如果依照〈內〉七篇來分析，聖人和神人、真人、至人是同樣的境界，而且

論聖人之處還比其他三種人物為多。如果就〈天下篇〉來分析，聖人似比其他天人、真人、神人為低，但卻是關鍵人物，因為此處是談內聖外王之道。至於天人，除了〈天下篇〉中提到之外，在〈庚桑楚〉中只提到一次，並無深意。所以歸納起來，在《莊子》書中，真正重視的理想人物乃是聖人、至人、真人和神人。

聖人多就事功的運用上，超越一般的名利、知識和德目來說。如：

> 故聖人有所遊，而知為孽，約為膠，德為接，工為商。聖人不謀，惡用知；不斲，惡用膠；無喪，惡用德；不貨，惡用商？四者，天鬻也。天鬻也者，天食也。即受食於天，又惡用人？（〈德充符〉）

真人多就真知上來說他處世的高明。如：

> 且有真人而後有真知。何謂真人？古之真人，不逆寡，不雄成，不謨士。若然者，過而勿悔，當而不自得也。（〈大宗師〉）

〈天下篇〉裏，稱老子為博大真人，也是就他的真知來稱頌的。

至人多就至德上來說他心性修養的虛靈。如：

> 無為名尸、無為謀府、無為事任、無為知主。體盡無窮、而遊無朕。盡其所受乎天、而無見得，亦虛而已。至人之用心若鏡，不將不迎，應而不藏，故能勝物而不傷。（〈應帝王〉）

神人多就知，德造乎極境的大功來說。如：

> 藐姑射之山，有神人居焉。肌膚若冰雪，淖約若處子。不食五穀，吸風飲露，乘雲氣，御飛龍，而游乎四海之外。其神凝，使物不疵癘，而年穀熟。……之人也，之德也，將旁礴萬物，以為一世蘄乎亂，孰弊弊焉以天下為事。之人也，物莫之傷，大浸稽天而不溺，大旱金石流、土山焦而不熱，是其塵垢粃糠，將猶陶鑄堯舜者也，孰肯以物為事。（〈逍遙遊〉）

如果，我們把這四種理想人物，各就莊子行文上的偏重，可以畫出他們的關係如下：

$$\text{神人}\begin{pmatrix}無功\\而有大功\end{pmatrix}\begin{cases}\text{真人}\begin{pmatrix}不用知\\而有真知\end{pmatrix}\\[2ex]\text{至人}\begin{pmatrix}不用德\\而有至德\end{pmatrix}\end{cases}\text{聖人}\begin{pmatrix}不用術\\而有事功\end{pmatrix}$$

這個表格，並不只是表示這四種人在層次上的高低，而是說明了他們在知和德上的如何運用，如何超越，以達乎至極的理想。

②理想的境界

最後，我們再來看看這種理想人物的境界，歸納起來，約可分為兩點：

a.天人合一

所謂天人合一至少有兩種意義：一種是由下而上，把人往上提昇；一種由內而外，使人和萬物相通。莊子的思想中，這兩方面可以說都兼顧到了。

一般人提到天人合一，往往把它看成了一種非常玄妙，非常虛幻的境界。其實我們如果真正了解莊子的寓意，卻又是非常切實的。因為天人合一之處，正在人的德性之中。在〈德充符〉裏，莊子舉了許多形貌極醜陋的人，這些人照一般的看法，可以說是最平凡的了。但是由於他們德性之美，卻使他們的人格極為動人。莊子曾假託哀公和孔子的一段話說：

> 哀公曰：「何謂才全?」仲尼曰：「死生存亡，窮達貧富，賢與不肖，毀譽飢渴寒暑，是事之變，命之行也。日夜相代手前，而知不能規乎其始者也。故不足以滑和，不可入於靈府。使之和豫通而不失於兌，使日夜無郤；而與物為春，是接而生，時乎心者也，是之謂才全。」「何謂德不形?」曰：「平者，水停之盛也，其可以為法也，內保之而外不蕩也。德者，成和之修也，德不形者，物不能離也。」(〈德充符〉)

所謂「才全」，就是德性的修養工夫，臻於化境。能超脫一切死生窮達的命運的束縛，使自己的心靈和天地相通，保持和悅快樂，一片春意。所謂「德不形」，就是真正著重德的內在修養，而不形諸於外；沒有人我之分，高低之別，這樣的話，便能和萬物自然相合。

所以莊子的天人合一，就是要在心性上，做到內外相通的境界。

b.內聖外王

「內聖外王」一語雖然常為儒家所用，但最早提出的卻是莊子。就莊子的思想來說，「內聖外王」也有兩種意義：一是從上而下，去兼顧治民之理；一是從內而外，使德性外被，與萬物共臻化境。

先從第一種意義來看。在〈天下篇〉中曾說：

> 「聖有所生，王有所成，皆原於一。」不離於宗，謂之天人；不離於精，謂之神人；不離於真，謂之至人。以天為宗，以德為本，以道為門，兆於變化，謂之聖人。以仁為恩，以義為理，以禮為行，以樂為和，薰然慈仁，謂之君子。以法為分，以名為表，以參為驗，以稽為決，其數一二三四是也。百官以此相齒，以事為常，以衣食為主，蕃息蓄藏，老弱孤寡為意，皆有以養，民之理也。古之人其備乎！醇天地，育萬物，和天下，澤及百姓，明於本數，係於末度。

這段話似乎把聖人以上的修養當作本，把君子以下的事功當作末，但此處的本末並非有好壞之分，而是說明本末必須兼顧。

這種兼顧法和名的思想，在《莊子》全書中卻極為罕見，所以按照莊子思想來論，所謂「內聖外王」，多偏重於第二種意義。

在《莊子》〈內〉七篇中，顧名思義，〈應帝王〉一文，總該是屬於外王方面的；但通觀全文，卻沒有一語提及實際的政治理論。凡是提到聖王之治，都是歸之於內心的修養。如：

> 汝遊心於淡，合氣於漠，順物自然而無容私焉，而天下治矣。（〈應帝王〉）
> 明王之治，功蓋天下而似不自己，化貸萬物而民弗恃。有莫舉名，使物自喜，立乎不測而遊於無有者也。（〈應帝王〉）

這說明了莊子的內聖外王，乃是指真正造道於神化之境後，便能見自己的真我，也能見萬物的真我。這樣的話，我無心而應物，物也自然而不離我。物我都能以本來面目相見，卻能和諧相處，這便是理想的世界。

四、莊子思想的檢討

歷來學者對莊子誤解的很多，有曲意的批評，有錯誤的推崇。這種誤解，不始於司馬遷，就在《莊子》書中，如〈外〉、〈雜篇〉裏的許多附會之言，可說都是莊子思想的曲意發揮；而自司馬遷之後，魏晉的玄學家、宋明的理學家，以及近代的學者，幾乎對莊子思想都有許多誤解和不甚公允的批評。歸納這些誤解與批評，大約有下面兩點：

㈠虛無頹廢，玩世不恭

歷來許多學者都認為莊子否定生死，把人生導入了虛無；不講禮法，是滑稽亂世。如程子說他：

> 其學無禮，無本。（《學統》卷五十一）

朱子說他：

> 莊周書都讀來，所以他說話都說得也是，但不合沒拘檢，便凡百了。（《學統》卷五十一）

熊十力說他：

> 胡適之以莊周為出世主義，其實，莊子頗有厭世意味，尚非出世也。莊氏最無氣力，吾國歷來名士，亦頗中其毒，魏晉人之流風，迄今未絕也。（《讀經示要》卷二）

的確，在表面上，莊子好像是有這種色彩。但這種色彩之所以形成有三種原因：一種是把〈外〉、〈雜篇〉中許多不可靠的成分，和後人渲染的材料，都算到了莊子的帳上，使他扮演了滑稽亂世的大主角。第二種是莊子喜歡作文學的描寫，正如〈天下篇〉中所謂：「以謬悠之說，荒唐之言，無端崖之辭，時恣縱而不儻，不以觭見之也。」結果由文辭的荒唐，而變成莊子思想的荒唐。第三種是他在心性修

養上另有所立，以一般世俗的眼光看起來，自然就覺得他沒有拘檢了。

關於第一點，我們在分析莊子的著作中已討論過。第二點是屬於文學的欣賞，不是思想本身的問題。所以真正的關鍵在第三點。

莊子整個思想的重點，在於生命的上揚。他的逍遙，不是隨俗浮沉的逍遙，而是向上提昇之後，掙脫了名韁、利鎖的逍遙。誤解莊子的逍遙，最早始於向秀郭象的《莊子注》。在〈逍遙遊〉中，對大鵬和雕鳩的對比，他們注說：

> 苟足於其性，則雖大鵬，無以自貴於小鳥。小鳥無羨於天池，而榮願有餘矣！故小大雖殊，逍遙一也。

其實，莊子大鵬雕鳩之喻，乃是指雕鳩等小鳥陶醉在固陋的生活圈子，而不知大鵬的境界。可是經向郭這樣一注，便變成了大鵬奔向天池固然逍遙，雕鳩自滿於跳躍樹枝之間，也是一種逍遙。那麼，至人神遊太虛，固然逍遙，而凡夫走卒滿足於繩繩之利，也自以為逍遙。這樣一來，豈不是轉逍遙為頹廢了嗎？向郭雖然明言「苟足於其性」，問題就出在性上，因為性有物性、人性。對於物性部分，如形體的大小、容貌的美醜等，這是受之於天，無法更易的，只有「安之若命」。但人性部分，如智慧的深淺、德行的高低，這是人力所可以下工夫的，便應該積極向上發展。可惜向郭的注，把人性當作物性來論，截斷了向上一路，於是人性便受拘於物性，逍遙也就變成了頹廢。

明瞭這一層，我們便能把握莊子的立言的真意。

他要我們忘生死，並不是勸人去輕死，相反的，卻是要我們超脫了生死之執，好好的去生。正如他所說：

> 夫大塊載我以形，勞我以生，佚我以老，息我以死。故善吾生者，乃所以善吾死也。（〈大宗師〉）

他有時批評到仁義禮法，但並不是要我們去做不仁不義、不禮不法的勾當；相反的，乃是要我們去行大仁大義。如他所說：

> 夫大道不稱，大辯不言，大仁不仁，大廉不嗛，大勇不忮。道昭而不道，

言辯而不及，仁常而不成，廉清而不信，勇忮而不成。五者圓而幾向方矣。（〈齊物論〉）

如果把握住莊子的這一向上的精神，我們便發覺莊子在嬉笑怒罵的背後，正有他極為嚴肅的意義。使我們了解莊子非但不虛無，卻正是反對虛無；非但不頹廢，卻正是為了要針砭頹廢。

㈡破壞知識，不求進取

由於莊子要我們「是非兩忘」，告訴我們：「吾生也有涯，知也無涯。」（〈養生主〉）因此使許多學者，誤以為莊子具有懷疑論的看法，否定了真理，不要我們求進取。如胡適說他：

> 莊子這種學說，初聽了似乎極有道理，卻不知世界上學識的進步只是爭這半寸的同異；世界上社會的維新，政治的革命，也只是爭這半寸的同異。若依莊子的話，把一切是非同異的區別都看破了，說太山不算大，秋毫之末不算小，堯未必是，桀未必非，這種思想，見地固然「高超」，其實可使社會國家世界的制度習慣思想永遠沒有進步，永遠沒有革新改良的希望。（《中國古代哲學史》）

這種誤解，乃是把莊子的思想，從理性的智慧，拉入了事物的知識上來批評。

在事物的知識上，只有正誤之分。誤的便是壞，正的便是好。其間不容一點混淆，它們所屬的層次是平面的，它們的發展是向前推進。但在理性的智慧上，卻只有高低之別，低的是粗淺，高的是精妙。其間的分別不是那麼容易測量的，它們所屬的層次是立體的，它們的發展是向上提昇的。由於事物的知識，是講的正誤，這是可以用肉眼和器械來測量的。泰山是大，毫末是小，莊子並不是不知道，否則他也不會拿泰山和毫末來作對比。但莊子之所以否定了泰山為大，毫末為小，而說：

> 天下莫大於秋毫之末，而太山為小；莫壽乎殤子，而彭祖為夭。（〈齊物論〉）

是把眼光放大來看，把心境提高來想。所以他緊接著又說：

　　天地與我並生，而萬物與我為一。（〈齊物論〉）

這兩句話在整個〈齊物論〉中是畫龍點睛之筆，第一句說明天地雖長，我雖短，但我在宇宙中的這段存在卻是永恆的，這是從無窮的時間來打破長與短之分；第二句說明萬物雖眾，我雖少，但我在宇宙中的這個存在的本質卻是唯一無二的，這是從無限的空間來打破多與少之別。所以莊子否定是非、同異、大小等，並不是糊裏糊塗的一筆抹煞，相反的，卻是透過了理性的智慧之光來看得更清楚，更真切。

　　由此看來，莊子非但沒有破壞知識，相反的，卻是為知識開路，開出了向上求真知一路。尤其，透過了這種理性之知，非但不會「使社會國家世界的制度習慣思想永遠沒有進步」，相反的，更促使它們走上光明之路。因為制度、習慣、思想之改革，不只是以楔去楔，不只是去掉舊的、換個新的，而是要改得更好、更善、更能使人類得到心身兩方面的幸福。因此在知識的發展上，時時需要理性的智慧之光的鑑照。否則，工業革命固然促成近代的物質文明，但也製造了不少邪惡的暴亂和戰爭；今日的科技，雖然給予我們高度的生活享受，但也使我們憑添了不少精神的苦悶和恐懼。而這種種知識發展上所造成的問題，卻時時需要理性的智慧來調整，來指導。

　　我們必須深入這一層，才能了解莊子的真面目，才能了解莊子思想的無用的大用。

第十章 儒學的新局面與荀子

一、儒學的新局面

儒學經孟子的發揚，已奠定了哲學上的理論基礎，可是到了荀子手中，卻有了新的轉變。

要了解這一新轉變的形成，可以從下面三個事實中去探索：

㈠儒學的分裂

儒學自孔子之後，由於弟子們稟性的相異，及發展方面的不同，到了戰國後期，便有各種不同的派別，正如《韓非子‧顯學篇》中所謂：

> 自孔子之死也，有子張之儒，有子思之儒，有顏氏之儒，有孟氏之儒，有漆雕氏之儒，有仲良氏之儒，有孫氏之儒，有樂正氏之儒。

這八派儒學，像子張、子思，在《荀子》書中都曾提到，可見在當時聲勢很大。至於顏氏、漆雕氏、仲良氏、樂正氏，他們的發展，在歷史文獻中，便缺乏線索。尤其孔門中姓顏的有八人，此處顏氏是否指顏回，尚不能論斷。再說孟氏自然是指孟子。而孫氏，有的認為即孫卿，也就是荀子；有的卻以為是公孫尼子。

在這裏，我們不必為這八派的人物作詳細的考證，但有三點是值得我們注意的：

①這八派之分，雖非定論；但至少報導了儒學在戰國時期的發展，已有了許多歧異。

②這八派雖然指定某氏，但未必限定某氏個人。如顏氏之儒，假定是顏回的話，可是顏回及身並未傳授子弟，所以顏氏之儒是指與顏回有共同思想路線的人物。

③在這八派中，其他六派的思想發展不夠明顯，只有孟子和荀子的思想有共同的學說依歸，卻有不同的理論方法。正代表了孔子之後儒學的兩大流派。

④這八派的分裂，尤其孟荀的對立，在某種保守觀點上來說，也許是儒學的一種分歧，多多少少是指孔子思想的支離或失落。但在另一種進步的觀點來看，未嘗不是一種好現象，因為這樣才能使儒學的研究更為詳盡，更為多彩多姿。

㈡孟荀的不同

要了解孟荀的不同，請先看荀子在〈非十二子篇〉中對孟子的一段批評：

> 略法先王而不知其統，猶然而材劇志大，聞見雜博，案往舊造說，謂之五行。甚僻違而無類，幽隱而無說，閉約而無解。案飾其辭，而祇敬之，曰：「此真先君子之言也，子思唱之，孟軻和之。」

由這段話中可以看出荀子對子思和孟子一派的不滿約有三點：
①材劇志大：意指好高騖遠，而失儒家的平實面目。
②聞見雜博：意指摭拾舊解，而失儒家的純粹本色。
③幽隱無說：意指耽於玄虛，而失儒家的實踐精神。

雖然以上的一段話，是子思和孟子合言的，而且是站在荀子思想的立場，所以就對孟子的批評來論，未必公允。但從字裏行間，至少可以看出孟荀的不同，也有三點：

①就個性氣質來看：孟子才華洋溢，情感豐富；荀子卻是樸素平實，頭腦冷靜。用現在的話來說，孟子是外向的人物，口才好，周旋於王侯公卿，諸子百家之間，聲勢極大。而荀子卻是內向的人物，不尚口談，只是在默默中著作。

②就理論方法來看：孟子主張知性、養性、順性，而歸本於自得之樂，是強調動機和直覺的；而荀子注重為學、講求經驗，而歸本於克慾的修養，是強調功利和效果的。

③就儒學傳承來看：孟荀雖然都是直承孔子的思想，但孟子努力於儒家學說的發揚，因此對孔子心性修養的思想多所體驗；而荀子努力於儒學的統一，因此頗能把握時代性，使儒學和政治思潮結合。

(三)荀子所開展的新局面

這個新局面的新字，可以從兩方面來看：

1.確立了新儒家的理想

荀子在〈儒效篇〉中曾把儒生分成三等，即俗儒、雅儒和大儒。所謂俗儒是：

> 略法先王而足亂世術，繆學雜舉。不知法後王而一制度，不知隆禮義而殺
> 《詩》《書》。

這是指一般掛著儒生招牌的俗人而已。所謂雅儒是：

> 法後王，一制度，隆禮義而殺《詩》《書》；其言行已有大法矣！然而明不
> 能齊法教之所不及，聞見之所未至，則知不能類也。

這是指他們雖然能一制度，隆禮義，但只限於學術，而未能施於政教，所以只是博雅君子而已。至於大儒卻是：

> 法先王，統禮義，一制度，以淺持博，以古持今，以一持萬；苟仁義之類
> 也，雖在鳥獸之中，若別白黑；倚物怪變所未嘗聞也，所未嘗見也。卒然
> 起一方，則舉統類而應之，無所儗悆；張法而度之，則晻然若合符節，是
> 大儒者也。

這段話裏的「法先王」，楊倞的注認為是「法後王」的誤寫，「以古持今」是「以今持古」的誤寫。這是根據荀子整個思想立論的。因為荀子雖然不反對先王，在書中也屢言：「凡言不合先王，不順禮義，謂之姦言。」（〈非相〉）「儒者法先王，隆禮義。」（〈儒效〉）但他認為先王悠遠，事不可徵；而先王的一切美意良法，乃完全為後王所採取，因此只要法後王，自然就符合先王的旨意。正如他說：

> 百王之道，後王是也。君子審後王之道，而論於百王之前，若端拜而議，
> 推禮義之統，分是非之分，總天下之要，治海內之眾，若使一人。(〈不苟〉)

否則不法後王，而徒稱先王，便易流於游談無根，不切實際。所以荀子屢以「略
法先王而不知其統」(〈非十二子〉)、「略法先王而足亂世術」(〈儒效〉) 來批評一
般儒生。

在這裏，我們不必在先王、後王上強作分別，我們要認清的是荀子所謂後王，
乃是指把先王的理想現實化了的一種政治制度。荀子所注重的是具體，是統一。
所以荀子眼中的新儒家，乃是把古代的良法美意加以制度化，配合時代的需要，
而謀政治的統一。

2. 把學術推向了實際政治

由於荀子理想的新儒家，是要完成政治的統一，所以他在學術上的研究，都
是以實際的政治為目標。

本來儒家的學術是不離政治的，孔孟的思想都是要從政治上以改善人生。但
孔孟周遊列國，及身並未能施展抱負，而他們的學說也都是要君王重視德行的一
種建議，一種勸說。對中國的政治思想，縱有不磨的貢獻，可是對列國紛爭的當
時，卻沒有達到預期的效果。

荀子卻不然，他的整個理論，是以政治為中心。譬如他對道的看法，不談天
道、地道，只談人道：

> 道者，非天之道，非地之道，人之所以道也，君子之所道也。(〈儒效〉)

而他所謂人之道，並非純粹講心性修養之學，而是講政治之道。如：

> 道者，何也? 曰: 君之所道也。(〈君道〉)
> 道也者，治之經理也。(〈正名〉)

由此可見荀子整個理論是通向政治的。他雖然及身並未在政治上施展抱負，但他
卻把學術調整得更適合於在實際政治上運用。

由於以上的兩點努力，荀子的思想終於在中國歷史上，為學術及政治開展出

兩個新的局面：

　　①在政治上：荀子由禮而重視法的思想，為他的兩大弟子韓非和李斯所承傳，所運用。前者形成了法家思想，而後者則造成了秦代的統一。雖然韓非的學說越出了荀子儒學的正統；而李斯的作法，更為荀子所不齒，但就學術的努力，形成了政治的統一來說，卻是荀子的理想，歷史上的大事。

　　今天，我們對秦始皇統一天下之後的許多暴政，固然嚴厲的批評；但他的統一事業，平息了六國的紛爭，造成了版圖完整的大帝國，使「車同軌、書同文」，未嘗沒有很大的貢獻。而這種貢獻，卻是間接得力於荀子在思想上的前導。

　　②在學術上：荀子努力於儒家統一其他學說的理想，雖然在他本身並沒有看到，後來韓非又轉向法家，造成政治的統一，卻不是儒家來領導的。直到漢代的董仲舒，才真正完成了這一理想。雖然董仲舒有孟子之風，但自漢武「獨尊儒學」之後，國家設立五經博士，卻都是沿襲了荀子思想的系統。正如梁啟超所說：

> 孟子既沒，公孫丑萬章之徒，不克負荷，其道無傳。荀子身雖不見用，而其弟子韓非李斯等大顯於秦，秦人之政壹宗非斯，漢世六經家法強半為荀子所傳，而傳經諸老師又多故秦博士，故自漢以後，名雖為昌明孔學，實則所傳者，僅荀學一支派而已。（《論中國學術思想變遷之大勢》）

這話是就師承上來說，其實還有政治上的原因；因為漢武以儒學治天下，其所用的儒學，必然是經過了設計，適合於政治上的操作。因為在政治上運用，不是空談德行，而是要把德行制度化變成規範行為的禮制。荀子重禮法，正適合了這種需要。試看《禮記》一書，雖然是記載前代的典章，但為戰國末年及漢代的儒生所編，其理論系統，也都是走荀子的路線。

二、荀子的生平和著作

(一)生平

　　荀子的生平，依據《史記》所載，是非常簡略而平淡的：

荀卿，趙人。年五十始來遊學於齊，騶衍……田駢之屬皆已死齊襄王時，而荀卿最為老師。齊尚修列大夫之缺，而荀卿三為祭酒焉。齊人或讒荀卿，荀卿乃適楚，而春申君以為蘭陵令。春申君死，而荀卿廢，因家蘭陵。李斯嘗為弟子，已而相秦。荀卿嫉濁世之政，亡國亂君相屬，不遂大道而營於巫祝，信禨祥，鄙儒小拘，如莊周等又滑稽亂俗，於是推儒墨道德之行事興壞，序列著數萬言而卒。因葬蘭陵。

這段記載中，有兩個要點：

①荀子五十始來遊學於齊，關於這點，應劭《風俗通義‧窮通篇》說是十五，前人多有不同考證。不過依常情來論，以五十為是。因為十五歲年紀尚小，談不上遊學，也不值得司馬遷為他大書特書。然而即使十五就遊齊，但直到他被尊為「最為老師」時，至少也已渡過三四十年，在這段漫長的時日中，史傳對他的記載卻是缺如的，所以什麼時候遊齊，對他的生平來說，並不重要；重要的是在這段時間，他默默耕耘，努力的苦讀，使他的思想得以臻於成熟。無論是在趙，在齊，這都表現出荀子壯年前的一段求學過程是非常穩定的，切實的，這和他的個性及思想風格也都是非常吻合的。

②荀子遊齊時，雖然騶衍、田駢之屬等稷下先生都已經凋零，但齊宣王、威王時，對這些辯者都非常尊敬，封他們為列大夫。這一職位是專門議論，而沒有實際政務的。後來，荀子也被封為列大夫，甚至有三次被推為總代表，做了祭酒。不幸後來連這一點尊榮也受人忌妒，使他被讒而到了楚國，在春申君手下，做過蘭陵的縣令，這已是他在政治生涯上的最高峰了。關於荀子的這段事跡，我們有兩種不同的看法，就政治方面來說，荀子沒有及身施展他的抱負，劉向《孫卿新書敘錄》，說他曾和秦昭王論三王之法，曾在趙孝王面前，與孫臏議兵，但都不能見用。而就學術方面來說，他在齊國列大夫的陣營中，被推為「老師」。這足見他的學說擊倒了後起的許多稷下先生之流，而受到了重視。

(二)著作

荀子的著作，今本有三十二篇，前人曾懷疑其中有許多篇都是後人雜湊的。

如胡適曾說：

> 如〈大略〉、〈宥坐〉、〈子道〉、〈法行〉等，全是東拉西扯拿來湊數的，還
> 有許多篇的分段全無道理，如〈非相篇〉的後兩章，全與「非相」無干；
> 又如〈天論篇〉的末段，也和「天論」無干。又有許多篇，如今都在大戴、
> 小戴的書中（如〈禮論〉、〈樂論〉、〈勸學〉諸篇），或在《韓詩外傳》之中，
> 究竟不知是誰鈔誰。大概〈天論〉、〈解蔽〉、〈正名〉、〈性惡〉四篇全是荀
> 卿的精華所在，其餘的二十餘篇，即使真不是他的，也無關緊要了。（《中
> 國古代哲學史》）

其實在先秦諸子中，《荀子》一書的問題是比較小的，縱有後人雜纂的地方，這也是不可避免的，但對荀子整個中心思想來說，卻並沒有很大的牴觸。

今天我們研究荀子的著作，不必在枝節上去考證那一段是後人加入的，如〈天論篇〉，即使末段與全篇旨趣無關，但這既不影響〈天論篇〉的重要性，而末段本身也是極具價值的。所以我們應就文章內容去辨別思想的深度和意義。再如〈宥坐篇〉，固然全文無一貫的系統，不像〈性惡〉等篇那麼完整，但該篇第一段寫「挹而損之之道」，有道家色彩，第二段寫孔子殺少正卯，有法家精神，第三段寫「刑錯而不用之道」，有儒家特色。這三方面的摻雜互用，正是荀子思想的內涵，所以本篇雖然為雜湊之作，卻提供我們研究荀子思想的線索。

的確，荀子思想中，兼有儒家、法家、道家三方面的成分。他本身是儒家，而他的弟子韓非和李斯，卻轉變為法家，所以我們要把握住他文字中儒法相融的地方。同時，他在楚國住了至少二三十年，毫無疑問的受到南方道家思想的影響，在他的字裏行間，時常跳動著道家的智慧。譬如〈性惡篇〉中，提倡人之性惡，這是偏於法家思想；但他強調化性起偽，重視師法禮義，這又是以儒家思想來補救。再如〈解蔽篇〉中，講治心之道，這是儒家的問題，但是在功夫上講虛、講靜，顯然也富有道家的色彩。總之，我們研究荀子的著作，要了解他身處戰國之末，面臨諸子百家思想的雜陳，他一方面很自然的受到各家的影響，而另一方面又以儒家為主，希望能調和而統一之。這就是《荀子》書中所表現出的特色。

三、荀子思想的新貢獻

荀子的思想非常博大，歸納起來可分為四大主題，就是：天論、性惡、禮論和正名。而這四大主題，正是他最可靠的四篇文章。就內容來說，可以包括了其他主要的各篇。如：

就中心旨趣來說，表現了荀子一貫強調人為的力：

就思想的發展來說，說明了他立論的層次：

現在我們來看看荀子這四方面的思想精神。

㈠天論

在中國哲學史上，荀子對天的看法，可說是非常獨出的，他首先揭出天人之分。

1. 天人之分

傳統的觀念，或以天為權威的代表（如一般天帝的信念），或以天為有意志的（如墨子的天志），或以天為有靈性的（如孔孟的天命，老莊的天道），而荀子卻不然，他認為天對人沒有這種直接作用。他在〈天論〉中說：

> 天行有常，不為堯存，不為桀亡。應之以治則吉，應之以亂則凶。彊本而節用，則天不能貧。養備而動時，則天不能病。修道而不貳，則天不能禍，故水旱不能使之饑，寒暑不能使之疾，祅怪不能使之凶。本荒而用侈，則天不能使之富。養略而動罕，則天不能使之全。倍道而妄行，則天不能使之吉。故水旱未至而饑、寒暑未薄而疾、祅怪未至而凶。受時與治世同，而殃禍與治世異，不可以怨天，其道然也。故明於天人之分，則可謂至人。

這段話說明了天有它自己的規則，不因為人的好惡，而改變了它的規則。很顯然的，荀子的用意，是要打破天人感應說的誤謬。他所謂天人之分，並非重人抑天，而是要我們分清天人之間的不同，要我們了解天人之間各有其道。

2. 不求知天

荀子天人之分的第一層意思，就是要我們對「天」的神秘性能，存而不論。他接著說：

> 不為而成，不求而得，夫是之謂天職。如是者，雖深，其人不加慮焉；雖大，不加能焉；雖精，不加察焉。夫是之謂不與天爭職。天有其時，地有其財，人有其治，夫是之謂能參。舍其所以參，而願其所參，則惑矣。列星隨旋，日月遞炤，四時代御，陰陽大化，風雨博施，萬物各得其和以生。各得其養以成，不見其事而見其功，夫是之謂神；皆知其所以成，莫知其無形，夫是之謂天；唯聖人為不求知天。（〈天論〉）

這段話中，提到天職，提到神，都表明了荀子所謂天，不是一堆毫無生機的石塊，而是具有生物、養物的偉大作用。只是這種作用，是「不為而成，不求而得」，是順乎自然的，因此不必我們刻意去知天。這裏用了刻意兩字，乃是指人們透過了自己的意識、成見，去看天。這樣的知天，永遠也見不到天。

3. 知天

刻意的知天，卻見不到天；相反的，不求知天，卻能真正的知天，這是荀子天人之分的第二層意思。他說：

> 聖人清其天君，正其天官，備其天養，順其天政，養其天情，以全其天功，如是則知其所為，知其所不為矣，則天地官而萬物役矣！其行曲治，其養曲適，其生不傷，夫是之謂知天。（〈天論〉）

這段話裏的天君、天官、天情，是指的心、五官及好惡喜怒哀樂的情感。所謂天養，是養得其宜；天政是一切順乎自然。在這裏，荀子認為人在宇宙中，也為天的一部分，只要我們能心身調適，使生命不受損傷，也就是一種知天。

4. 制天

知天之後，便能發揮萬物的功能以制天，這是天人之分的第三層意義。他說：

> 大天而思之，孰與物畜而制之？從天而頌之，孰與制天命而用之？望時而待之，孰與應時而使之？因物而多之，孰與騁能而化之？思物而物之，孰與理物而勿失之也？願於物之所以生，孰與有物之所以成？故錯人而思天，則失萬物之情。（〈天論〉）

制天的制字，常有人把它解作制服的制，含有征服的意思，認為這是荀子的戡天主義。其實人不可能征服自然，此處的制乃是裁制，也就是順物的條理、性能，加以制用的意思。

5. 從天人之分到天人相參

中國哲學重天人合一，而荀子講天人之分，在表面上看起來，好像彼此衝突，其實在基本精神上是相通的。就拿天人合一來說，孔孟和老莊雖然都有天人合一的思想，但孔孟和老莊的功夫不同，甚至孔子和孟子、老子和莊子也各有相異的地方。荀子雖然講天人之分，他的用意乃是要我們發揮人的功能，以助成天地之化，所以就這一基本精神來看，他是繼承了《易經》的思想，從「開物成務」，去與天地之道相參，而且也和孔子的思想相似，從人生的實踐中，去完成天命。荀子在〈天論〉中也一再的強調：

> 天有其時，地有其財，人有其治，夫是之謂能參。舍其所以參，而願其所
> 參，則惑矣。

「舍其所以參」，就是拋棄了人本身的功能；「願其所參」，就是只在空想上求天人
合一。所以荀子的真意乃是從天人之分中，知道人自身的功能，然後發揮這種功
能，以助成天地之化，這才是真正的知天，真正的參天地之化育。

(二)性惡

由於荀子把天挪到一邊，存而不論；很自然的，使人的地位，人的重要性提
高了。照理說，他應該走孟子的路子，強調性善，來說明人的可愛。但事實不然，
如果強調性善的話，必然會觸及善從何而來的問題，這裏就很難擺脫天命、天道、
天性的觀念，豈不是與荀子不談天的旨趣違背了嗎？為了這個原因，荀子便走了
一條前人沒有走過的路子，從人類本能上著手，認定人之性惡，然後再從除惡中
去表現人為之力，以發揮人的偉大。所以性惡思想是荀子承接了天論思想的一個
重要理論結構。現在我們接著看看荀子性惡論的真意。

1.性的定義

荀子做學問，非常切實，他論性，特別下好定義。如他在〈正名〉中說：

> 生之所以然者謂之性。性之和所生，精合感應，不事而自然謂之性。

這裏替性舉出兩個重點：一是生之所以然，也就是與生俱來，不著人為的意思。
但單憑這一個特點是不夠的，因為孟子的性善也是與生俱來的。所以接著荀子又
更具體的指出第二個特點是「精合感應，不事而自然」。所謂精合感應，依楊倞的
注是：

> 精合，謂若耳目之精靈與見聞之物合也；感應，謂外物感心而來應也。(《荀
> 子注》)

如果用心理學上的話來說，就是刺激反應的本能。所以荀子對性字下的定義就是
與生俱來的本能。

2. 性是惡的

前面荀子替性下的定義，只是一種本能之欲。但這種欲卻是往下流的，所以發展下去，便成為惡。他說：

> 今人之性，生而有好利焉，順是，故爭奪生而辭讓亡焉；生而有疾惡焉，順是，故殘賊生而忠信亡焉；生而有耳目之欲，有好聲色焉，順是，故淫亂生而禮義文理亡焉。然則從人之性，順人之情，必出於爭奪，合於犯分亂理而歸於暴。(〈性惡〉)

所謂「生而有」，就是本性，而本性具有的，乃是好利、疾惡及聲色等耳目之欲。顯然這些也都屬於本能，談不上惡。荀子是就發展上來說的，因為這些本能之欲，如果聽任其發展，自然的會走上「爭奪」、「殘賊」和「淫亂」的路子。

3. 善是偽的

隨著本能之欲的發展，就像在沒有指標的道路上開車，任意而為，必然會相撞的，因此要使本能之欲不致流於惡，便須加以人為的規範。他說：

> 枸木必將待檃栝烝矯然後直；鈍金必將待礱厲然後利。今人之性惡，必將待師法然後正，得禮義然後治。今人無師法，則偏險而不正；無禮義，則悖亂而不治。古者聖王以人之性惡，以為偏險而不正，悖亂而不治，是以為之起禮義，制法度，以矯飾人之情性而正之，以擾化人之情性而導之也，始皆出於治，合於道者也。(〈性惡〉)

這禮義、師法，並非從人性中自然流出的，而是聖人拿來規範人性所用的一種制度。所以荀子一再強調說：

> 凡禮義者，是生於聖人之偽，非故生於人之性也。故陶人埏埴而為器，然則器生於工人之偽，非故生於人之性也。故工人斲木而成器，然則器生於工人之偽，非故生於人之性也。聖人積思慮，習偽故，以生禮義而起法度，然則禮義法度者，是生於聖人之偽，非故生於人之性也。(〈性惡〉)

由此可見一切的善德，都是生於偽，這個偽並非虛偽的偽，而是人為的偽。

4. 化性起偽

荀子講性惡，只是為理論的需要，他的真正目的，乃是在於化性起偽。這是他挪開了天的壓力之後，而要在人本身，建立起一套向上的工夫。

這套工夫的關鍵在於一個心字。化性起偽，就是要在心上做工夫。現在，我們就看看荀子所謂的心。

① 心的作用

荀子敘述由性通向偽時，曾有這樣的一段歷程：

> 生之所以然者謂之性。性之和所生，精合感應，不事而自然謂之性。性之好惡喜怒哀樂謂之情。情然而心為之擇謂之慮。心慮而能為之動謂之偽。慮積焉，能習焉，而後成謂之偽。（〈正名〉）

從這段話中，我們可以看出由性到情，這是本能之欲的自然發展，再下去就有流於惡的危險，可是「情然而心為之擇謂之慮」，卻使這個發展作了一百八十度的改變，由向下而向上，接著由慮積，能動，而起偽，而生禮義。可見這個改變，就決定在「心為之擇」。心為之擇稱為慮，慮是思慮，也就是理智的思考，和反省作用。

中國許多哲學家，都把心和性合在一起，心是一般感覺作用，而性卻是心的主體。可是荀子在此處顯然把心和性分開來了，性是代表情的作用，而心是代表知的作用。如：

> 縱性情而不足問學。（〈儒效〉）
> 好利而欲得者，此人之情性也。（〈性惡〉）

這都是把性和情合在一起而言的。

> 心生而有知。（〈解蔽〉）
> 心有徵知。（〈正名〉）

這都是說明了心有知的作用。

當然性主情，心主知，這是就心性對立來看；在《荀子》書中有時提到的心

也有泛指一切心性作用的。所以其間的關係，我們可以從下面的圖表中看出：

$$
心\begin{cases} 性——欲——情 \\ 心——慮——知 \end{cases}
$$

②治心的工夫

從上面這個圖表中，可以看出這個與性對立的心，其地位非常重要，它是化性起偽的主角，它像法官一樣，具有公正不阿的精神。荀子曾描寫說：

> 心者，形之君也，而神明之主也。出令而無所受令。自禁也、自使也、自奪也、自取也、自行也、自止也。故口可劫而使墨云，形可劫而使詘申，心不可劫而使易意，是之則受，非之則辭。（〈解蔽〉）

從這段話中，可見心是一切的主宰，不受外物的干擾，而能很清明的辨別是非。

可是心既然有這種作用，我們的情為什麼還會流於惡呢？這就是因為心有所蔽，而不能發揮它的作用。正如荀子所說：

> 凡人之患，蔽於一曲，而闇於大理。（〈解蔽〉）

荀子更進一步指出各種蔽：

> 故為蔽：欲為蔽、惡為蔽、始為蔽、終為蔽、遠為蔽、近為蔽、博為蔽、淺為蔽、古為蔽、今為蔽。凡萬物異則莫不相為蔽，此心術之公患也。（〈解蔽〉）

這裏所舉出的十種蔽都是偏於一端，使心受到了蒙蔽。解蔽之道有二：

a.虛壹而靜

這是消極的方法，使心澄清，「足以見鬚眉而察理」。他說：

> 故治之要在於知道，人何以知道？曰：心。心何以知？曰：虛壹而靜。心未嘗不臧也，然而有所謂虛；心未嘗不滿也，然而有所謂一；心未嘗不動也，然而有所謂靜。（〈解蔽〉）

什麼叫虛壹而靜？他解釋說：

> 不以所已藏害所將受，謂之虛。(〈解蔽〉)
>
> 不以夫一害此一，謂之壹。(〈解蔽〉)
>
> 不以夢劇亂知，謂之靜。(〈解蔽〉)

所謂虛，就是使心能永遠吸收萬事萬物之理；所謂壹，就是使心能兼容各種不同的理；所謂靜，就是使心中沒有雜念亂想。能達到這種境界，叫做「大清明」。正是所謂：

> 萬物莫形而不見，莫見而不論，莫論而失位。坐於室而見四海，處於今而論久遠，疏觀萬物而知其情，參稽治亂而通其度，經緯天地，而材官萬物，制割大理，而宇宙裏（理）矣。(〈解蔽〉)

b.學法聖王

以上虛壹而靜，只是使心達到清明的境界。在這方面，荀子的工夫和道家有相通處；但荀子畢竟是儒家的，所以他在心境達到清明之後，又提出一個「學」字，把我們的心積極的加以充實，而且是向上的提昇。他說：

> 故學也者，固學止之也。惡乎止之？曰：止諸至足。曷謂至足？曰：聖王。聖也者，盡倫者也；王也者，盡制者也。兩盡者，足以為天下極矣！(〈解蔽〉)

聖是道德的最高境界，王是政制的最高境界，而且都是前人經驗的累積。我們能以聖王為心所取法的理想，這樣的話，我們心自然能解蔽，能化性而起偽。

(三)禮論

荀子是講求實際的，因此他所謂學法聖王，並不是只在口頭上說說而已。聖和王的具體表現就在禮制上，所以他在化性起偽的工夫後，便提出禮制的重要，作為依據。

1. 禮的重要

①德目的總綱

在荀子眼中的禮，其重要性，猶如孔子的仁，為一切德目的總綱。如他說：

> 禮者，人道之極也。（〈禮論〉）
>
> 禮者，治辨之極也，強國之本也，威行之道也，功名之總也。（〈議兵〉）

②治氣養心之道

荀子化性重在約束，而荀子眼中的禮正具備了這種作用。所以他說：

> 凡治氣養心之術，莫徑由禮。（〈修身〉）
>
> 凡用血氣志意知慮，由禮則治通，不由禮則勃亂提僈。（〈修身〉）

③經國治民之法

荀子把禮和法合在一起，使禮成為政治上實際運用的制度。他說：

> 禮者，法之大分，類之綱紀也。（〈勸學〉）
>
> 上不隆禮則兵弱。（〈富國〉）
>
> 取人之道，參之以禮。（〈君道〉）

由此可見禮在荀子手中，簡直是一劑萬靈丹了。

2. 禮的作用

對於禮的作用，荀子有一段詳細的描述：

> 禮起於何也？曰：人生而有欲，欲而不得，則不能無求；求而無度量分界，則不能不爭。爭則亂，亂則窮。先王惡其亂也，故制禮義以分之，以養人之欲，給人之求。使欲必不窮乎物，物必不屈於欲，兩者相持而長，是禮之所起也。（〈禮論〉）

在這段禮的起源中，揭出了禮的兩大作用：一是分，一是養。

①分

荀子的哲學方法，特別重視分。他講天人之分，講性偽之分。而在〈禮論〉

中，他強調人我之分。因為有了分，才有界限，才知道我自己應盡的職責。這個分，也就是人與禽獸不同的地方。他說：

> 人之所以為人者，何已也？曰：以其有辨也。……夫禽獸有父子，而無父子之親；有牝牡，而無男女之別，故人道莫不有辨。辨莫大於分。分莫大於禮。（〈非相〉）

人與人之所以能和諧相處，就在於能分。

> 人之生不能無群，群而無分則爭，爭則亂，亂則窮矣！故無分者，人之大害也。（〈富國〉）

禮的作用就是在於一個分字。

②養

對於欲，荀子認為這是與生俱來的，不可能完全消除，也不可能加以減除。他說：

> 凡語治而待去欲者，無以道欲而困於有欲者也；凡語治而待寡欲者，無以節欲而困於多欲者也。（〈正名〉）

因此我們要正視欲，讓它循著好的路子發展。所以荀子對欲的方法，著重在疏導，著重在滿足，而禮就有這種作用。他說：

> 故禮者，養也。芻豢稻粱，五味調香，所以養口也。椒蘭芬苾，所以養鼻也。雕琢刻鏤，黼黻文章，所以養目也。鐘鼓管磬，琴瑟竽笙，所以養耳也。疏房檖貌，越席床第几筵，所以養體也。故禮者，養也。（〈禮論〉）

這無異強調一切物質的發明，都是為了養欲。反過來，為了養欲，也推進了一切物質之發明，正是所謂「兩者相持而長，是禮之所起也」。所以禮就是使物和欲配合得宜，能夠相互的發展。

3. 禮與治道

禮既然要養人之欲，而人類之欲，主要有兩方面：一是精神上的；一是物質

上的。為了養精神上的欲，荀子強調樂教；為了養物質上的欲，荀子主張富國。

①樂教

在〈樂論〉文中，荀子批評墨子的非樂，而強調：

> 夫樂者，樂也，人情之所必不免也。故人不能無樂；樂則必發於聲音，形於動靜；而人之道，聲音動靜，性術之變盡是矣。故人不能不樂；樂則不能無形；形而不為道，則不能無亂。先王惡其亂也，故制雅頌之聲以道之，使其聲足以樂而不流，使其文足以辨而不諰；使其曲直繁省廉肉節奏足以感動人之善心，使夫邪汙之氣無由得接焉；是先王立樂之方也，而墨子非之，奈何！

這段話說明了樂教的目的，是導人之欲，使它往上發展，所以樂和禮是相輔而為用的。正如荀子所說：

> 故樂在宗廟之中，君臣上下同聽之，則莫不和敬；閨門之內，父子兄弟同聽之，則莫不和親；鄉里族長之中，長少同聽之，則莫不和順。故樂者，審一以定和者也；比物以飾節者也，合奏以成文者也；足以率一道，足以治萬變，是先王立樂之術也。（〈樂論〉）

②富國

荀子主張「養人之欲，給人之求」，所以對民生問題非常重視。他強調說：

> 觀國之治亂臧否，至於疆易而端已見矣！其候徼支繚，其竟關之政盡察，是亂國已。入其境，其田疇穢，都邑露，是貪主已。觀其朝廷，則其貴者不賢；觀其官職，則其治者不能；觀其便嬖，則其信者不愨，是闇主已。凡主相臣下百吏之俗，其於貨財取與計數也，須孰盡察，其禮義節奏也，芒軔僈楛，是辱國已。（〈富國〉）

這段話說明了禮和富國的關係，一個國家如果弄得民生窮困不堪的話，一定表示這個國家的君主、官吏不守禮法，貪污暴虐。所以真能重禮，自然其國必富。

㈣正名

禮重分別，而分別得適當與否，卻有賴於用名。今天我們談到「名」字，往往偏於名詞，把荀子這方面的研究限於名學，其實，荀子「正名」，固然多談名詞問題，但他卻有更深更遠的意義。正如他說：

> 故王者之制名，名定而實辨，道行而志通，則慎率民而一焉。故析辭擅作名以亂正名，使民疑惑，人多辨訟，則謂之大姦；其罪猶為符節度量之罪也。故其民莫敢託為奇辭以亂正名；故其民慤；慤則易使，易使則公。其民莫敢託為奇辭以亂正名；故壹於道法而謹於循令矣，如是則其迹長矣。迹長功成，治之極也，是謹於守名約之功也。（〈正名〉）

在這裏可以看出荀子論名有兩種意義：一是就名學上來批評各家思想，一是就名位上來建立政治制度。現在我們先談談學術上的正名。

1. 學術方面

①名學上的討論

a.名詞的成立

我們用的名詞，都是拿來稱呼實物的。雖然名詞本身並沒有固定的所指，但經過大家約定俗成之後，便不能隨便更改，以混淆名實。他說：

> 名無固宜，約之以命，約定俗成謂之宜，異於約則謂之不宜。名無固實，約之以命實，約定俗成謂之實名。（〈正名〉）

b.名學上的三惑

接著荀子批評當時名學上的三種錯誤。一是：

> 「見侮不辱」、「聖人不愛己」、「殺盜非殺人也」，此惑於用名以亂名者也。（〈正名〉）

這是指把意義相同的兩個名詞，加以混淆使用，所產生的迷惑。譬如侮和辱本是同義的，有的人卻把侮當作外來的，辱當作內心的，而說「見侮不辱」。又如聖人

兩字的意義，就是愛人。愛人包括了人與己，但有的人卻說「聖人不愛己」。再如盜本是人的一種，殺盜就本質來說，當然是殺人（法律上或道德上的意義，那是另一回事），可是有的人卻故意說「殺盜非殺人」。

二是：

> 「山淵平」、「情欲寡」、「芻豢不加甘，大鍾不加樂」，此惑於用實以亂名者也。（〈正名〉）

這是指用實質的另有所指而破壞了該名詞的原義。譬如在造名時，山是指高出的，淵是指低下的，因此不能從另一個觀點說「山淵平」，而破壞了山和淵本身的所指。同樣，提到「情」字，已含有求多的意思，又怎麼可能欲寡呢？芻豢兩字代表好吃的，大鍾兩字代表好聽的，又如何能不增加我們口之甘，耳之樂？

三是：

> 「非而謁」、「楹有牛」、「馬非馬也」，此惑於用名以亂實也。（〈正名〉）

「非而謁」、「楹有牛」，意義不明，可能有脫誤。至於「馬非馬」，是指公孫龍的「白馬非馬」。這是指白馬就實質上來說，本是馬，但惑於白馬和馬的名詞概念的不同，而混亂了實質上的本同。

②各家思想的批評

以上荀子從名學上的討論，其目的不在建立名學的體系，而在於批評當時各家學派都故意亂用名詞，以標新立異。所以荀子從正名詞，而進一步批評各家思想。如在〈非十二子篇〉中批評它囂、魏牟；陳仲、史鰌；墨翟、宋鈃；慎到、田駢；惠施、鄧析；子思、孟軻。他們的毛病就在「飾邪說、文姦言」，就在「其恃之有故、其言之成理」。

2. 政治方面

①名為禮法的根據

禮和法的推行都在於分，而分卻必須名實正，所以正名在政治上的作用，就是使禮法的實行有切實的依據。正如荀子所說：

今聖王沒，名守慢，奇辭起，名實亂；是非之形不明，則雖守法之吏，誦數之儒，亦皆亂也。（〈正名〉）

②正名是儒法思想的相融

在政治上所講的名，有法家刑名，也有儒家的正名。而且就孔子所講的正名來看，也是有關於法家的刑名。如《論語》中所記載的：

子路曰：「衛君待子而為政，子將奚先?」子曰：「必也正名乎!」子路曰：「有是哉! 子之迂也。奚其正?」子曰：「野哉，由也! 君子於其所不知，蓋闕如也。名不正，則言不順；言不順，則事不成；事不成，則禮樂不興；禮樂不興，則刑罰不中；刑罰不中，則民無所措其手足。故君子名之必可言也，言之必可行也。君子於其言，無所苟而已矣!」（〈子路〉）

荀子正名在政治上的意義便是承接了孔子這段話而來的。不過荀子的重點卻置放在刑罰不中上，而偏於制名指實，這到了韓非手中，便轉變成循名責實的考核制度了。

四、荀子思想的檢討

荀子強調正名，希望澄清名詞觀念，替學術思想分個真是真非。但出乎意料之外，他自己的思想，卻被後人誤解，不僅淹沒不彰；而且還被誤用，產生了極大的流弊。

荀子的哲學徹頭徹尾是人道主義，他一方面以性惡為跳板，一方面把神權性的天挪在一邊，希望人性能由下而上；但事實卻不然，由於後人未能真正洞悉他的天論和性惡的本意，反而使得人性由上而下的墜落，以致不可收拾。現在我把荀子哲學被扭曲了的原因，分析如下：

(一)向上一路的空洞

對於天的看法，當然世俗那種奉天為神明，而自己不努力的作法，是錯誤的。

但孔孟講天命，老莊講天道，卻不是如此，他們是建立了向上一路，把我們的人性，往上提撕。荀子對世俗的看法，是強烈批評的；至於對孔孟老莊的看法，非但沒有正面的反對，而且在字裏行間，仍有相當的推崇。如：

> 不為而成，不求而得，夫是之謂天職。(〈天論〉)
>
> 不見其事，而見其功，夫是之謂神。(〈天論〉)

但荀子為了他所主張人為的力量，所以不在這方面強調，而把用力點轉向於人。他說得很明白：

> 君子敬其在己者，而不慕其在天者；小人錯其在己者，而慕其在天者。君子敬其在己者，而不慕其在天者，是以日進也；小人錯其在己者，而慕其在天者，是以日退也。(〈天論〉)

這是荀子的本意。但在這裏荀子思想的困難有二：一是他的本意受到誤解，後人誇大了他對世俗的批評，認為這是荀子推翻了儒道的形上思想，是一種戡天主義。二是他掃清了向上一路的許多障礙後，而沒有強調天命和天道，因此使把人性向上提撕的形而上思想失去作用，於是便完全要靠人力。如果在人力方面沒有適當的加強，使其有足夠的力量向上衝的話，那麼人便只有下墜，而無法向上了。

(二)人性基礎的偏差

荀子對人性的看法，只強調人性中有欲，而且根據他的性惡理論，人性就是欲。事實上，在這裏荀子也有他的苦心，因為欲是發乎本能，是不可遏止的一種需求，雖然欲可以向惡，也可以向善，但只要能以人為的力量把它轉向善，那麼奠基於這種本能上所產生的力量一定很大，自然的能把人性向上發展，和天地相參。但可惜的是，荀子在性惡的理論上，又把這個欲和性惡連結在一起，使人性的基礎上沒有善的因子，沒有向上的動力（因為向上即是從善），因此要使人性向上，只有寄託在外力的「偽」，寄託在外在的師法禮義。這樣一來，人性向上的動力，不屬於人性所本具，所以要使人類向上發展，不易決定於本性，那麼向上的衝力，便非必然了。

　　由於人性基礎的偏差，沒有向上的動力，而在上又沒有點化人性，提撕人性的天道作用。所以儘管荀子強調化性起偽，仍然只是理論上的安排，在實際修為上無所著力。打個譬喻，科學上講地心吸力，這個地心吸力可比作欲望的下墜，一直把我們向下吸；而天道的作用，有如天心吸力，藉理性良知，把我們向上提。由於上提的力量大，才能使我們非但不下墜而流為禽獸，反而上升為至人、神人和聖人。現在荀子的理論，挪走了天心吸力，因此使人性只有單方面的向下吸力，而向下墜落了。（按：這只是借譬，與自然科學中之地心吸力理論無關。）

　　在這裏，我們已很清楚的可以看出荀子的儒家思想轉變法家思想的關鍵所在，因為在向下墜落的情況中，要使它逆轉而向上發展，由於荀子不強調天道，不強調性善，因此無法訴諸天性的自覺。所以最後，只有寄託於外在的禮法來制衡了。而荀子的儒家思想也就很自然的走上了法家的路子。

第十一章　法家及韓非的思想

一、法家思想的先驅

　　提到法家，我們就會想到集法家思想大成的韓非。既然韓非是集大成者，可見在韓非之前，已有法家思想的發展。一般來說，韓非是集法、術、勢三派的大成。商鞅言法，申不害言術，慎到言勢，這在韓非的書中都有所指明。如在〈定法篇〉中說：「申不害言術，而公孫鞅為法。」在〈難勢篇〉中更針對慎到言勢大加檢討。除了這三派之外，還有一位被大家公推為法家鼻祖的管子。唯可惜的是，他們的著作不是散佚，便是偽託。譬如：申不害的書已失傳，商鞅的著作不可靠。慎到的作品，都是由佚言編纂成的，當然不無偽託之作。至於《管子》一書，更被公認為偽書。總之他們的作品，不能當作原始法家思想的主要資料。因此今天我們要談法家思想，自應以《韓非子》一書為對象。

　　雖然我們以《韓非子》一書為研究法家思想主要資料，但在韓非之前的這些先驅者，對法家思想的形成，卻不能一筆抹煞。現在我們根據史書上的記載，以及他們的言論可以和韓非思想印證者，來說明法家思想形成的特色，及與其他各家思想的關係。

㈠法家思想形成的四個特色

1.富國強兵的任務

　　法家的最主要任務，就是富國強兵，《史記》上描寫管仲說：

> 管仲既任政相齊，以區區之齊在海濱，通貨積財，富國強兵，與俗同好惡。故其稱曰：「倉廩實而知禮節，衣食足而知榮辱，上服度則六親固。四維不張，國乃滅亡。」(〈管晏列傳〉)

雖然孔子也講「足食，足兵」，孟子也講「制民之產」，但儒家只是以此為階梯，最終的目的乃是在於建立以禮樂為主的精神文化。而法家所努力的目標，卻只及於富國強兵。當時的法家，如李悝、商鞅等，無不是如此。試觀孟子以只講「富國強兵」之不當來批評法家的人物，便可以看出到了戰國時期，儒法兩家的路子便截然不同了。

2. 抑制貴族的政策

儒家對貴族的態度是妥協的，他們希望能維持宗法社會的體制，大家各守本分，和諧以處。可是法家卻只為了君主的利益，而欲削弱貴族的勢力。如《韓非子》曾引吳起的事說：

> 昔者吳起教楚悼王以楚國之俗曰：「大臣太重，封君太眾，若則上偪主而下虐民，此貧國弱民之道也。不如使封君之子孫三世而收爵祿，絕滅百吏之祿秩，捐不急之枝官，以奉選練之士。」(《韓非子·和氏》)

顯然這種態度正是當時的法家如商鞅等人所共持的。因為法家所走的路線是君主的獨裁，對於古代的封建宗法制度自然是對立的，破壞的。

3. 變法維新的理想

法家重視實際的事功，因此他們都極力的要擺脫傳統，而唱言改革、創新。《史記》曾描寫商鞅的變法說：

> 鞅欲變法，恐天下議己。衛鞅曰：「疑行無名，疑事無功，且夫有高人之行者，固見非於世；有獨知之慮者，必見敖於民。愚者闇於成事，知者見於未萌，民不可與慮始，而可與樂成。論至德者不和於俗，成大功者不謀於眾。是以聖人苟可以強國，不法其故；苟可以利民，不循其禮。」(〈商君列傳〉)

很顯然的所謂變法，就是不法古人。商鞅說得極為明白：

> 治世不一道，便國不法古，故湯武不循古而王，夏殷不易禮而亡。反古者
> 不可非，而循禮者不足多。（《史記・商君列傳》）

所以法家的理想不是禮樂為治的周代文化，而是重視功利的新帝國。

4. 唯法是尚的精神

法家認為法是最高的標準，雖然他們也知道法本身並非十全十美，但法畢竟是最客觀的，只有以它來判斷，才能使人民信服。慎到曾說：

> 法雖不善，猶愈於無法，所以一人心也。夫投鉤以分財，投策以分馬，非
> 鉤策為均也，使得美者，不知所以德；使得惡者，不知所以怨，此所以塞
> 願望也。（《慎子・威德》）

法不像道一樣具有靈明，或神性。法像鉤策一樣本身是木然無知的，也正因為它的無知，所以它也無任何的主觀意識，感情作用，所以拿法來衡量一切，自然是最客觀，最無私的了。

由於法是最客觀，最無私的，所以必須唯法是尚。《管子》書上說：

> 不為愛人枉其法，故曰：「法愛於人。」（《管子・七法》）

這是指尚法重於愛人，以法的無私來取代人情。這也正是法家務法而不務德的一貫精神。

(二)法家與其他各家的關係

1. 法家與儒家的關係

在源頭上來看，法家和儒家的對立並不那麼顯明。在謀求國家的富強，人民的安樂上，他們的心情是相同的。管仲也提倡禮義廉恥的四維，孔子也讚美管仲說：

> 管仲相桓公，霸諸侯，一匡天下，民到於今受其賜。微管仲，吾其被髮左

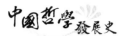

袿矣！(《論語‧憲問》)

事實上，周代的文化，有優美的禮樂，也有嚴明的刑法（見《禮記‧王制篇》），孔子崇拜周代文化，自然這兩方面多注意到。他做魯司寇，七日便斬少正卯，雖然這段故事，在歷史上疑信不決，但最早見之於《荀子‧宥坐篇》。其理由是：

> 人有惡者五，而盜竊不與焉：一曰心達而險，二曰行辟而堅，三曰言偽而辯，四曰記醜而博，五曰順非而澤。此五者，有一於人，則不得免於君子之誅，而少正卯兼有之；故居處足以聚徒成群，言談足以飾邪營眾，強足以反是獨立，此小人之桀雄也，不可不誅也。是以湯誅尹諧、文王誅潘止，周公誅管叔，太公（按：太公乃文王之誤）誅華仕，管仲誅付里乙，子產誅鄧析、史付，此七子者，皆異世同心，不可不誅也。

這段話的可靠性，雖然後人曾懷疑，因為這事件，不見於《論》《孟》，不見於《左傳》，而且和孔子為政「焉用殺」的思想不符。不過話又說回來，孔子這時做的是司寇，所掌的就是刑法，而且他所殺的也只是少正卯一人，並未用嚴刑酷法濫殺，所以即使有其事，也不必避諱。現在我們撇開這段事實不談，就拿《荀子‧宥坐篇》的這段理由來看，顯然是上承《禮記‧王制篇》中的思想；而且把文王、周公，和管仲、子產並言，也表現了儒法在源頭上相融的特色。尤其本段出於《荀子》書中，更可看出在荀子手中儒家思想轉折到法家思想的脈絡所在。

在這裏，我們談儒家和法家的關係，主要目的有二：

①我們要沖淡儒法兩家的對立；儒法兩家的互不相容，是春秋以後，講究學派的一種偏差心理。他們認為孔子講仁政，就連一點刑法也不敢沾；而法家講刑罰，好像只是刻薄寡恩，而沒有更高的法理精神。雖然後代的儒法兩家正由於這種偏差心理的作祟，而走入了儒法偏鋒的發展。但這不能代表儒法的真精神，所以我們要從源頭上了解其密切的關係，以求相互為用。

②我們要說明荀子的儒法相融，並沒有離開孔子思想的正路；而韓非的學於儒，而轉向於法，也不是偶然的。今天，我們站在儒學的立場，固然認為韓非思想是一種失落，但在儒法相融的立場，在戰國末期的惡劣環境中，韓非思想仍不

失為一種很好的運用。只可惜的是，他沒有更高的理想，只限於富國強兵，而不能歸本於儒家的仁政。

2. 法家與道家的關係

道家中的老子思想，主要就是君人用世之術，在這一意義上，道法兩家思想先天便具有可以溝通的地方。不過這裏所謂溝通，乃是指單方面的運用。也就是說：道家並不用法，而法家卻可用道家之術。

在法家中運用老子之術的，並不始於韓非。拿《管子》一書來說：《漢書・藝文志》在法家著作中不列《管子》，而在道家著作中卻有《筦子》一書，舊注並謂筦子「名夷吾，相齊桓公」，可見這本《筦子》與道家思想關係甚深。就拿今天流傳為偽託的《管子》一書來看，也多有道家之言。如：

> 正人無求之也，故能虛無，虛無無形謂之道，化育萬物謂之德。(〈心術〉)
> 故必知不言無為之事，然後知道之紀。(〈心術〉)

雖然這本書是偽託的，我們不能拿這些資料，來證明管仲和道家的關係。但據《史記》上所載，也有不少法家人物是學黃老之術。如：

> 申子之學，本於黃老，而主刑名。(《史記・老子韓非列傳》)
> 慎到，趙人；田駢，齊人；環淵，楚人；皆學黃老道德之術。(《史記・孟子荀卿列傳》)

雖然也有人認為這是漢人誇大了道家思想的範圍，但慎到的思想據《莊子・天下篇》所描寫的，已完全是道家的路子了。

由於法家學黃老之術已有歷史淵源，所以韓非和道家思想的親密關係，更不足為奇，不僅《史記》上說他：

> 喜刑名法術之學，而其歸本於黃老。(〈老子韓非列傳〉)

而且《韓非子》書中，也有〈解老〉、〈喻老〉兩文。即使這些還不足據的話，那麼《韓非子》書中，尚有不少篇文字如〈有度〉、〈主道〉、〈二柄〉等，都充滿了運用老子之術的思想。如果這些文字還不可靠的話，那麼就拿公認最可靠的〈顯

學篇〉來說,公開批評儒墨,而不列道家,這也足以反證韓非和道家思想,有著相當密切的關係。

二、韓非的生平及其著作

㈠生平

韓非(約西元前 280—前 233 年)的生平,據《史記》所載:

> 韓非者,韓之諸公子也;喜刑名法術之學,而其歸本於黃老。非為人口吃,不能道說,而善著書,與李斯俱事荀卿。斯自以為不如非。非見韓之削弱,數以書諫韓王,韓王不能用。於是韓非疾治國不務修明其法制,執勢以御其臣下,……悲廉直不容於邪枉之臣;觀往者得失之變,故作〈孤憤〉、〈五蠹〉、〈內〉、〈外儲〉、〈說林〉、〈說難〉十餘萬言。然韓非知說之難,為〈說難〉書甚具。終死於秦,不能自脫。……人或傳其書至秦,秦王見〈孤憤〉、〈五蠹〉之書,曰:「嗟乎!寡人得見此人,與之游,死不恨矣!」李斯曰:「此韓非之所著書也。」秦因急攻韓。韓王始不用非,及急,乃遣非使秦。秦王悅之,未信用。李斯、姚賈害之,毀之曰:「韓非,韓之諸公子也。今王欲并諸侯,非終為韓,不為秦,此人之情也。今王不用,久留而歸之,此自遺患也。不如以過法誅之。」秦王以為然,下吏治非。李斯使人遺非藥,使自殺。韓非欲自陳,不得見。秦王後悔之,使人赦之,非已死矣。(〈老子韓非列傳〉)

從這段敘述中,可見韓非一生未能施展他的抱負,而又死於非命,真有訴不完的孤憤。但真使韓非感覺孤憤的不只是生前,而且是死後。因為自李斯害死了韓非之後,完全把韓非的思想拿去運用,而李斯在荀子門下做學生時學問已不如韓非,而人品尤差。韓非在〈孤憤篇〉中所強調的是剛毅。如他說:

> 智術之士,必遠見而明察,不明察,不能燭私;能法之士,必強毅而勁直,

不勁直，不能矯姦。

可是李斯辭別荀子去遊說秦王時卻說：

> 詬莫大於卑賤，而卑莫甚於窮困，久處卑賤之位，困苦之地，非世而惡利，
> 自託於無為，此非士之情也。（《史記・李斯列傳》）

由此已可看出韓非為政治家，而李斯則為十足的政客之流。難怪據《鹽鐵論》記載：「李斯相秦，荀子為之不食。」所以李斯運用韓非之學來相秦，一方面由於他才智有限，誤用了韓非思想；一方面由於他別具機心，故意歪曲了韓非的見解。因此才演變成秦始皇的暴政，十五年而亡。如果說這是韓非理想政術的運用失敗，這豈不是要使韓非死後也滿懷遺憾，死不瞑目。

㈡著作

韓非的著作，《漢書・藝文志》載有五十五篇，而如今流行的版本正好也是五十五篇。關於這五十五篇作品，後人多有懷疑，認為其中有許多篇不是韓非所作，尤其胡適先生以為《韓非子》書僅十分之一二可靠，如〈顯學〉、〈五蠹〉、〈定法〉、〈難勢〉、〈詭使〉、〈六反〉、〈問辯〉等篇之外，都是後人加入的。這種說法又未免過分小心，小心得反而漏失了許多寶貴的資料。本來先秦的子書幾乎都經過後人的增補和編纂，絕非完全出於一人之手。我們不能因某篇有幾句話有問題，就懷疑全篇的可靠性，而加以排除不用，如果這樣的話，那麼〈齊物論〉中提到「指」、「馬」之喻，及「堅白」之論，顯然是在公孫龍〈指物論〉、〈白馬論〉及〈堅白論〉之後，而莊子卻在公孫龍之前，因此就由這些語句而懷疑〈齊物論〉不出於莊子手筆，而加以剔除的話，非但漏失了莊子最重要的思想資料，而且對莊子思想的研究也無從著手。所以我們對先秦的子書，應該稍為放寬尺度，我們研究《老子》，並非老子一人的思想，而是以老子為代表的老學一系的思想，同樣研究《韓非子》，也無需斤斤計較韓非一人的思想，而是從韓非思想中所顯示出的整個法家思想。

在這樣一個原則下，我們先從韓非主要的幾篇文字中把握他的思想精神，然

後再從次要的文字中去吸取精粹，這樣才能使我們研究的韓非，是名副其實的集法家大成的韓非。

三、韓非的思想精神

一般都說韓非是集法、術、勢三派的大成，這樣把法、術、勢三足鼎立，好像術和勢的地位，與法一樣重要，而且性質不同。其實法家是以法為中心，術和勢只是用法的一種手段，離了法，術和勢便毫無意義。所以在這裏僅以法的原則與法的運用，來說明韓非的思想。

㈠法的原則

1. 法的定義

《韓非子·定法篇》：

> 法者，憲令著於官府，刑罰必於民心；賞存乎慎法，而罰加乎姦令者也。

又〈難三篇〉：

> 法者，編著之圖籍，設之於官府，而布之於百姓者也。

這兩段話說得很明白，法是政府所制定公布於外，讓百姓都知道的成文的法律。所以法是客觀的，是君臣百姓所共守的。

在這一個定義上，韓非所講法的內容，並沒有什麼新的意義。它和鄭子產、范宣子所作的刑書，以及儒家、墨家所講的刑法也沒有什麼差別，最多只是條目上的繁簡，運用上的寬嚴而已。

使韓非的法具有特別意義的，還是他對法與人性的關係、法的功用及法的特性的看法。

2. 法的人性根據

韓非認為法既然是治人的，它便必須因順人情。他說：

> 凡治天下必因人情。人情者有好惡，故賞罰可用。賞罰可用，則禁令可立，而治道具矣。（〈八經〉）

此處所謂人情，並不是指人與人之間友愛的情感，相反的，卻是指好利惡害的欲望。在這裏韓非承接了荀子的性惡思想。他更舉了一個極端偏激的例子說：

> 且父母之於子也，產男則相賀，產女則殺之。此俱出父母之懷衽，然男子受賀，女子殺之者，慮其後便，計之長利也。故父母之於子也，猶用計算之心以相待也，而況無父子之澤乎。（〈六反〉）

韓非認為父母和子女之間，本屬人倫至親，猶存利害之心，更何況君臣百姓。

韓非對於人性本身並沒有作理論性的探討，他只是就經驗上的好利之心，來構搭他的法的根據。然而人心好利，如果都虧人以自利的話，又如何能建立公正無私的法？在這裏，韓非的看法是：

①君臣可以因利而互相盡力

《韓非子‧六反篇》上說：

> 霸王者，人主之大利也。人主挾大利以聽治，故其任官者當能，其賞罰無私，使士民明焉；盡力致死，則功伐可立而爵祿可致。爵祿致，而富貴之業成矣。富貴者，人臣之大利也。人臣挾大利以從事，故其行危至死，其力盡而不望（按：不望即不怨）。此謂君不仁，臣不忠，則可以霸王矣！

這是說儘管君臣各懷利己之心，君為了利己，必然好好的聽治；臣為了利己，必然好好的做事。這樣便在上下交征「利」的情況下，反而使得上下各盡其力。

②百姓可以因利而互相滿足

《韓非子‧外儲說左上篇》說：

> 夫賣庸而播耕者，主人費家而美食，調布而求易錢者，非愛庸客也，曰：如是，耕者且深，耨者熟耘也。庸客致力而疾耘耕者，盡巧而正畦陌畦畤者，非愛主人也，曰：如是，羹且美，錢布且易云也。此其養功力，有父子之澤矣！而心調於用者，皆挾自為心也。故人行事施予，以利之為心，

則越人易和；以害之為心，則父子離且怨。

這是說人與人之間雖然各懷利己之心，但正由於利己，所以首先要待別人好一點，這樣別人才能盡心替你做事。所以由於為己，才能分工，才能各自滿足所需。

3. 法的功效

韓非不僅強調人心好利，同時更進一步否定了心治、教育和德化的重要性。他認為以心治、教育和德化來治理國家，反不如法治可靠。他的看法是：

①法治比心治切實

他說：

> 釋法術而任心治，堯不能正一國；去規矩而妄意度，奚仲不能成一輪；廢尺寸而差短長，王爾不能半中。使中主守法術，拙匠執規矩尺寸，則萬不失矣。君人者，能去賢巧之所不能，守中拙之所萬不失，則人力盡，而功名立。（〈用人〉）

這是說用個人的才智心思來治國，總會囿於主觀，有所偏差。反不如法來得公正、客觀。

②法治比教育來得徹底

他說：

> 今有不才之子，父母怒之弗為改，鄉人譙之弗為動，師長教之弗為變。夫以父母之愛、鄉人之行、師長之智，三美加焉，而終不動其脛毛。州部之吏，操官兵，推公法，而求索姦人，然後恐懼，變其節，易其行矣！故父母之愛不足以教子，必待州部之嚴刑者，民固驕於愛，聽於威矣。（〈五蠹〉）

這是說父母、鄉人和師長用感情的教育，不能使頑子改過向善，反不如州部的官吏，雖然和他疏遠無親，但只要一聲令下，便使他不敢為非。所以法治比情感的教育還要徹底有效。

③法治比德化快速

他說：

> 夫嚴家無悍虜，而慈母有敗子。吾以此知威勢之可以禁暴，而德厚之不足以止亂也。夫聖人之治國，不恃人之為吾善也，而用其不得為非也。恃人之為吾善也，境內不什數，用人不得為非，一國可使齊。為治者，用眾而舍寡，故不務德而務法。（〈顯學〉）

這段話說明如果用德治的話，必須等待國內每個人都懂得禮義，而行道德，這樣非但迂慢，而且不可能，反不如法治，只要刑罰一公布，國內所有的人都不敢為非作歹。所以法治比德化來得快速有效。

4. 法的特性

①平等性

法有一種準平的作用，可是周代的制度有所謂「禮不下庶人，刑不上大夫」，這完全失去了法的精神。所以韓非一再強調說：

> 法不阿貴，繩不撓曲。法之所加，智者弗能辭，勇者弗敢爭。刑過不避大臣，賞善不遺匹夫。故矯上之失，詰下之邪，治亂決繆，絀羨齊非，一民之軌，莫如法。（〈有度〉）

這點，就今天民主的法治社會看起來，是理所當然；可是在古代，法家們為了堅持這一原則，不知犧牲了多少生命，如商鞅、吳起之死，都是由於生前為了執法，得罪了貴戚。

②不變性

法既然是設於公府，布於百姓，因此它必須具有固定不變性，韓非說：

> 賞莫如厚而信，使民利之；罰莫如重而必，使民畏之；法莫如一而固，使民知之。故主施賞不遷，行誅無赦，譽輔其賞，毀隨其罰，則賢不肖俱盡其力矣。（〈五蠹〉）

所謂不變性有兩種意思，一是法不能隨便更易，使人民無所適從，二是執法必須說到做到，使人民相信。在古代，往往隨君主的好惡而施賞罰，法家的這種法的不變性，無異對君主也有其規範作用。

③警誡性

有許多站在儒家立場的學者，往往崇禮貶法而說：「禮治於未然之前，法治於已然之後。」言下之意，好像禮比法具有防範性，較為徹底，可是韓非的看法卻不然。他說：

> 且夫重刑者，非為罪人也。明主之法揆也，治賊非治所揆也，治所揆也者，是治死人也。刑盜，非治所刑也，治所刑也者，是治胥靡也。故曰：重一姦之罪，而止境內之邪，此所以為治也。（〈六反〉）

這是說法不是替死人報仇，也不是只對犯法者的一種懲罰。其真正的作用，乃是殺一儆百。試想，如果能對一個犯罪者，課以重刑，使得全國之中，沒有一個人再敢犯法，這不正是防患於未然嗎？所以在韓非眼中，法不是消極的一種刑罰而已，而是積極的，具有警誡性。

㈡法的運用

法本身只是靜態的條文，其是否能產生作用，或產生如何的作用，完全要看執法者如何的運用。法的運用有二：一是術，一是勢。

1.術

術在韓非的思想中，地位非常重要，司馬遷寫〈老子韓非列傳〉，把老韓合在一起，是因為韓非學黃老之術；而把申韓合在一起，也就是因為他們都是用術的能手。

韓非認為法雖重要，但離不了術；因為沒有術，君主便無法站在超然的地位以執法。他說：

> 公孫鞅之治秦也，設告相坐而責其實，連什伍而同其罪。賞厚而信，刑重而必，是以其民用力勞而不休，逐敵危而不卻，故其國富而兵強。然而無術以知姦，則以其富強也，資人臣而已矣。……商君雖十飾其法，人臣反用其資，故乘強秦之資，數十年而不至於帝王者，法不勤飾於官，主無術於上之患也。（〈定法〉）

如果用一個譬喻來說明韓非的看法，整個馬車是國家，君主是車夫，臣民是馬，鞭子是法，如何使用鞭子以驅馬就是術。如果君主不會使用鞭子，該打的時候不打，不該打的時候打，或該輕的時候不輕，該重的時候不重，這樣的話，非但不能控制馬，反而為馬所左右了。

關於韓非談到君主的用術，全書中到處都有，在這裏僅歸納為兩方面，舉其要點說明如下：

①君主對法的操作

　a.賞罰二柄

韓非說：

> 明主之所導制其臣者，二柄而已矣。二柄者，刑德也。何謂刑德？曰：殺戮之謂刑，慶賞之謂德。為人臣者，畏誅罰而利慶賞，故人主自用其刑德，則群臣畏其威而歸其利矣。（〈二柄〉）

所謂刑德，就是指的賞罰。這是君主治國的二柄。究竟要如何使用，才能使這二柄發揮功能，據韓非的看法，有兩個要點：

㈠刑要重

刑是制人為惡的，但刑必須重才能達到制惡的目的，否則輕刑，反而有鼓勵的作用。韓非說：

> 公孫鞅之法也，重輕罪。重罪者，人之所難犯也。而小過者，人之所易去也。使人去其所易，無離其所難，此治之道。夫小過不生，大罪不至，是人無罪而亂不生也。一曰：公孫鞅曰：「行刑重其輕者，輕者不至，重者不來，是謂以刑去刑。」（〈內儲說上——七術〉）

㈡賞要慎

賞雖然是一種獎勵，但千萬不要以為是獎勵，就可以愈多愈好，而失之於輕率，這樣就失去了賞的作用。韓非說：

> 韓昭侯使人藏弊袴，侍者曰：「君亦不仁矣，弊袴不以賜左右而藏之。」昭

侯曰：「非子之所知也。吾聞明主之愛，一嚬一笑，嚬有為嚬，而笑有為笑。
今夫袴，豈特嚬笑哉？袴之與嚬笑相去遠矣，吾必待有功者，故藏之未有
予也。」（〈內儲說上——七術〉）

這是說即使一條舊袴子，也需有相等的功勞才能賞，否則稍一輕率，整個賞罰制
度便會破壞了。

　　b.循名責實

　　荀子制名指實，到了韓非手中，已完全落實到政治上，成為一種循名責實的
考核制度。賞罰二柄之可行，就要依據這種考核制度之是否嚴明。韓非說：

人主將欲禁姦，則審合刑名者，言與事也。為人臣者，陳而言。君以其言
授之事，專以其事責其功。功當其事，事當其言，則賞；功不當其事，事
不當其言，則罰。故群臣其言大而功小者，則罰；非罰小功也，罰功不當
名也。群臣其言小而功大者，亦罰；非不說於大功也，以為不當名也。（〈二
柄〉）

言指言論，事指職位，功指成效。君主的循名責實，就是根據言論授以職位，再
依據職位，考核其成效，最後再施以賞罰。這種制度必須嚴明，像天平一樣，不
容有一點錯亂。韓非在〈二柄〉中曾舉了一個例子說：

昔者韓昭侯醉而寢，典冠者見君之寒也，故加衣於君之上。覺寢而說，問
左右曰：「誰加衣者？」左右對曰：「典冠。」君因兼罪典衣，殺典冠。其罪
典衣，以為失其事也。其罪典冠，以為越其職也。非不惡寒也，以為侵官
之害甚於寒。故明主之畜臣，臣不得越官而有功，不得陳言而不當。越官
則死，不當則罪，守業其官，所言者貞也，則群臣不得朋黨相為矣。

這是一個相當偏激的例子，殺典冠，這是故意的課以重刑，來強調越職的不當。
因為一寬容越職，大家不注重自己的職位，而邀功求賞，這樣整個賞罰制度便不
能推行。不僅如此，國君最重要的二柄，反而落在臣子手中，君主反為臣子所控
制了。

②君主個人的修練

君主真正要做到運法嚴明，他本身還必須有超然的工夫。否則往往因主觀意識的滲入，影響了執法。這套超然的工夫，韓非就是從老子的智慧中吸取過來的，約有二點：

　a.無好惡

韓非說：

> 人主有二患：任賢，則臣將乘於賢以劫其君；妄舉，則事沮不勝。故人主好賢，則群臣飾行以要君欲，則是群臣之情不效；群臣之情不效，則人主無以異其臣矣。故越王好勇，而民多輕死；楚靈王好細腰，而國中多餓人；齊桓公妒而好內，故豎刁自宮以治內；桓公好味，易牙蒸其子首而進之；燕子噲好賢，故子之明不受國。故君見惡則群臣匿端，君見好則群臣誣能，人主欲見，則群臣之情態得其資矣。（〈二柄〉）

老子曾說：

> 道尚無名樸，雖小，天下莫能臣也。（三十二章）

韓非這種要求君主不現好惡的主張，正是接受老子「無名樸」的思想。唯有這樣，君主才能毫無主觀意識，毫無感情因素的去用法，不僅對「審合刑名」上看得清楚，而且也不會因自己的欲望，而受制於臣子。

　b.無逞能

韓非說：

> 夫為人主，而身察百官，則日不足，力不給；且上用目，則下飾觀；上用耳，則下飾聲；上用慮，則下繁辭。先王以三者為不足，故舍己能，而因法數，審賞罰。（〈有度〉）

在此處，韓非接受了老子「絕聖棄智」的思想，認為君主不要自以為聰明，自以為有才幹，什麼事都要管，什麼都要做。即使你有這個才力，也沒有這個精力。所以不如「絕聖棄智」，一切依循法術，臣民自然會走上軌道。韓非在這方面也是

「歸本於黃老」的，他曾說：

> 故去甚去泰，身乃無害。權不欲見，素無為也。事在四方，要在中央。聖
> 人執要，四方來效。虛而待之，彼自以之。（〈揚權〉）

這不正是老子無為政術的翻版嗎？

由以上韓非對術的理論來看，前面兩點是法家的精神，後面兩點是道家的工夫。韓非很巧妙的把這兩者摻合在一起，可惜李斯見不及此，始皇也未能用韓非。否則秦朝的歷史可能要改寫了。

2.勢

如果用前面駕車的譬喻的話，鞭子是法，用鞭的方法是術，而鞭子所產生的力量，就是勢。

①什麼是勢

勢，主要有兩種：一是自然之勢，一是人為之勢。韓非說：

> 夫勢者，名一而變無數者也，勢必於自然，則無為言於勢矣！吾所為言勢
> 者，言人之所設也。今日堯舜得勢而治，桀紂得勢而亂，吾非以堯舜為不
> 然也。雖然，非一（一字衍）人之所得設也。夫堯舜生而在上位，雖有十
> 桀紂不能亂者，則勢治也。桀紂也生而在上位，雖有十堯舜而亦不能治者，
> 則勢亂也。故曰：勢治者，則不可亂；而勢亂者，則不可治也，此自然之
> 勢也，非人之所得設也，若吾所言，謂人之所得設也而已矣。（〈難勢〉）

所謂自然之勢，就是指天生自然的，譬如遇到堯舜或桀紂，一治一亂，這是人力所無法干預的。相反的，人為之勢，乃是指可以憑人為的力量而產生威勢，譬如樹立了法的權威性，只要任何人執法的話，都可以由法的權威而產生威勢，所以韓非指的勢，乃是法勢。

②法勢的作用

a.確立法的權威性

古代的政治中，君主之所以有權威性，其來源有三：一是君主由天所降命，因此是神聖的。關於這點，在神權思想逐漸消退下，自然其信仰也逐漸降低，最

多保留在一般百姓的愚信中，為學術所不重視。二是君主代表有智德的人物，他本身不僅是聖明的，而且是愛民的，所以很自然贏得百姓的尊崇，這是儒家思想的看法。三是君主是執法者，由於法的權威，因此使君主也成為權威。在韓非的眼中，神權的思想當然不為法家所取，至於君主聖明的思想，可能導致了君主誇張自己的聰明才智，這正犯了「逞能」之病。所以最可靠的是第三者，完全以法為最高的領導者。這樣不僅使百姓畏法，也使君主愛法。這就是由於「勢」促成了「法」的權威性。

b.不待賢人而治

法的權威性確立了以後，就不必等待賢人，只要是中等之君，也能使政治走上軌道。韓非說：

> 且夫堯舜桀紂千世而一出，是比肩隨踵而生也。世之治者，不絕於中，吾所以為言勢者，中也。中者，上不及堯舜，而下亦不為桀紂。抱法處勢則治，背法去勢則亂。今廢勢背法而待堯舜，堯舜至乃治，是千世亂而一治也；抱法處勢而待桀紂，桀紂至乃亂，是千世治而一亂也。且夫治千而亂一，與治一而亂千也，是猶乘驥駬而分馳也，相去亦遠矣！（〈難勢〉）

韓非這段話並非反對賢人，只是說一個國家的治平，不能只靠一兩位賢人來旋乾轉坤，那種「五百年而有王者興」的想法是不切實際的。最要緊的是修明法治。法嚴而後勢盛，只要普通智慧的君主就能運用自如了。

四、韓非對各家的批評

韓非處戰國之末，他了解要統一政權，必先統一思想。所以他說：

> 自愚誣之學，雜反之辭爭，而人主俱聽之；故海內之士，言無定術，行無常議。夫冰炭不同器而久，寒暑不兼時而至，雜反之學不兩立而治，今兼聽雜學繆行同異之辭，安得無亂乎？聽行如此，其於治人又必然矣。（〈顯學〉）

所謂雜反之學，根據韓非批評各家的兩篇主要文章〈五蠹〉、〈顯學〉中，是指的五種人物，一是儒家，二是道家，三是墨家，四是縱橫家，五是工商者。其中第五者，和學術無關，我們略而不論，現在看看韓非是如何批評儒家的：

㈠仁政鼓勵怠惰

韓非說：

> 今世之學士，語治者，多曰：「與貧窮地以實無資。」今夫與人相若也，無豐年旁入之利，而獨以完給者，非力則儉也。與人相若也，無饑饉疾疚禍罪之殃，獨以貧窮者，非侈則惰也。侈而惰者貧，而力而儉者富。今上徵斂於富人，以布施於貧家，是奪力儉而與侈惰也。（〈顯學〉）

㈡孝道有害法治

韓非說：

> 楚之有直躬，其父竊羊，而謁之吏，令尹曰：「殺之！」以為直以君而曲於父，報而罪之。以是觀之，夫君之直臣，父之暴子也。魯人從君戰，三戰三北，仲尼問其故，對曰：「吾有老父，身死莫之養也。」仲尼以為孝，舉而上之。以是觀之，夫父之孝子，君之背臣也，故令尹誅而楚姦不上聞，仲尼賞而魯民易降北，上下之利，若是其異也。（〈五蠹〉）

㈢仁義寬緩難行

韓非說：

> 夫古今異俗，新故異備，如欲以寬緩之政，治急世之民，猶無轡策而御駻馬，此不知之患也。……仲尼，天下聖人也，修行明道以遊海內，海內說其仁，美其義，而為服役者七十人，蓋貴仁者寡，能義者難也。故以天下之大，而為服役者七十人，而仁義者一人。魯哀公，下主也，南面君國，境內之民，莫敢不臣，民者固服於勢，勢誠易以服人，故仲尼反為臣，而

哀公顧為君。(〈五蠹〉)

在這裏我們僅以儒家為例，因為一方面韓非是荀子的學生，本屬於儒學系統，因此要看看他何以由儒而轉向法家；另一方面，韓非批評其他各家都甚為簡略，如對道家，不及老莊，僅舉楊朱派思想為例；對墨家，只舉其遊俠好私鬥，害公法。所以此處以儒家為代表。

就韓非對儒家的批評中，值得我們注意的有四點：

①韓非對孔子思想本身並無任何批評，他只是指出後代環境不同，仁政寬緩，不能救急。

②韓非對儒家的指責，完全以政治為觀點，而且只限於為了維護法治，而不用儒家。

③韓非所舉例證，都屬膚淺的經驗，而無深度。

④韓非雖批評各家，目的只是要求君主不必兼聽；並沒有暗示要用激烈的手段加以鏟除。

五、韓非思想的檢討

㈠由荀韓的比較看韓非思想的失落

韓非是荀子的學生，許多理論都承襲自荀子。唯荀子正處於新舊觀念交替的時代，他的思想中已有這種衝突的現象，因此他的理論便帶有這種因衝突而可能發生的弱點，而韓非思想中值得批評的地方，也都是由這弱點所引起的。

1. 人性論的偏差運用

荀子雖然唱性惡論，但其真正的目的卻在化性起偽，維護仁義禮智。可是韓非引用荀子的性惡論，卻沒有這樣正大的目標。因為他只是利用人性好利的弱點，認為這樣才能賞罰可用，君主才可以統治百姓。否則人性如果不好利的話，便不會受賞罰二柄所制了。韓非批評道家為我派的思想說：

夫上所以陳良田大宅，設爵祿，所以易民死命也。今上尊貴輕物重生之士，

　　而索民之出死而重殉上事，不可得也。(〈顯學〉)

觀此可見韓非以荀子性惡論，作為法治的根據，是出於利用的手段，而失去儒家頌揚道德的精神。

2. 批評各家的偏狹觀點

　　荀子雖然批評各家思想，不免有錯誤的地方，但他畢竟是本著學術理論的觀點來批評的。如他說：

　　慎子有見於後，無見於先。老子有見於詘，無見於信。墨子有見於齊，無見於畸。宋子有見於少，無見於多。(《荀子·天論》)

可是韓非對各家的批評，根本不以理論批評理論，而是以片面的法治觀點來批評各家思想的無用。本來像這樣的批評就學術思想來說，是不值得研究的；但在這裏，我們須注意的是，這種以政治的立場而干涉學術的思想，自然會導致了以政權控制學術的手段，這是韓非的失落，間接演變成暴政的焚書坑儒。

㈡從韓非對理論的設計看韓非思想的困境

1. 德和智的揚棄

　　韓非雖然沒有公開的破壞道德和智慧，但他一再強調人性好利，只要以利就可以治國，卻間接的否定了道德和智慧。現在我們不從維護人性的觀點來批評他，僅就他所設計的理論來說明他所遇到的困難。

　　韓非認為人們都是好利的，只要大家都好利，互取所需，就會彼此滿足。其實不然，人類雖然有好利之心，但在人類的發展中，卻時時伴以同情心才能互助合作。單以好利的結合，只是暫時的。譬如君主固然可以用厚賞鼓勵士兵賣命，這種以利求忠是片面的，因為如果敵人以更大的利益相誘的話，士兵的刀口可能又會掉轉頭來對付他。

　　再說韓非一再強調不待賢，君主只要中等才智能抱法處勢就可以致治，其實孟子曾說：「徒法不能以自行。」(《孟子·離婁上》)必須要第一流的人士才能把法運用得好，尤其過去君主專政，像韓非要求君主用術，做到無逞能，無好惡的境

地，這又豈是中等之君所能做得到的？

　　由此可見韓非不重視德和智，即使從理論結構來說，也是不可能的。

2. 法術勢的連鎖落空

　　按照韓非的看法，法術勢三者互相補足，形成牽制作用。但事實上，整個重心卻在於法，由於法本身健全，君主才能用術，才能乘勢。可是要如何健全法，韓非卻沒有觸及這個問題。儘管韓非強調法治，但在古代君主專政的體制中，法完全由君主所立。即使立法之後，設於公府，布於民間，但掌握法的興廢大權的仍然在君主一人。所以按照韓非的理論，表面上是法、術、勢三者產生均衡作用，而事實上，這三者的基礎仍然建立在君主的道德和智慧上。如果君主本身一有問題，整個法、術、勢便同時都落了空。這也正是韓非的理論雖然設計得好，可是到了秦始皇、李斯手中，卻完全走了樣。

第十二章　戰國以來各家思想的流變

一、百家之學的興盛

　　以上我們介紹過春秋戰國時期的幾位重要哲學家，也是一般所稱的「諸子」。但在他們之外，尚有許多次要的哲學家，雖然他們的聲名沒有諸子那樣的喧赫；理論沒有諸子那樣的嚴整；影響沒有諸子那樣的深廣，但他們穿插在諸子之間，就像綠葉扶持紅花，使得當時哲學思辨自由開放的場面，更為壯觀。他們就是一般所稱的「百家」。

　　百家的產生，嚴格的說，是在孔子之後，也是在戰國時期。正如《孟子》所描寫的：

> 聖王不作，諸侯放恣，處士橫議。（〈滕文公下〉）

依據《史記》上的記載：

> 自騶衍與齊之稷下先生，如淳于髡、慎到、環淵、接子、田駢、騶奭之徒，各著書，言治亂之事……自如淳于髡以下，皆命曰列大夫，為開第康莊之衢，高門大屋，尊寵之，覽天下諸侯賓客，言齊能致天下賢士也。（〈孟子荀卿列傳〉）

又：

> 宣王喜文學遊說之士，自如騶衍、淳于髡、田駢、接子、慎到、環淵之徒
> 七十六人，皆賜列第，為上大夫，不治而議論，是以齊稷下學士復盛，且
> 數百千人。（〈田敬仲完世家〉）

由這段話可以看出當時齊國學術風氣之盛，事實上，孟子曾和宣王議論，荀子做
過列大夫，可以說也都參與「稷下先生」的行列。

此處我們所謂「百家之學」，並不限於「稷下先生」；而是把戰國時期中，除
了前面已經介紹過的重要哲人外的一些哲學家和作品提出來，作一檢討。儘管他
們有的沒有生平，有的沒有著作。有的雖有著作，但是否為他所作，議論未定，
但從其他哲學家的介紹及批評中，卻可以看出他們也有自己的一套看法，而且在
當時曾產生過影響。尤其拿他們和以上諸子思想對照，更可以看出各派哲學的衝
擊和流變。

二、儒家的後學者

孔子的弟子號稱三千，知名者，有七十二人。但在七十二人中，和孔子關係
較多，見之於《論語》的，有顏淵、季路、子貢、子游、子夏、冉有、曾子、子
張、宰我、南容、樊遲、原憲、司馬牛、漆雕開、公冶長、公西子華、閔子騫等
人。其中和孔子論道最多的，只有顏淵、子路、子貢、曾子、子張、樊遲、冉有、
子夏等人。顏淵雖然為孔子所欣賞，但不幸早死，自然沒有立說，也無門人可傳。
值得我們注意是像子張、子夏、子游、曾子、冉有等人，在《論語》中都記載了
他們自己的話，足見他們的分量相當重，可以和孔子的話並列入《論語》一書中，
尤其《論語・子張篇》中，明言「子夏之門人」，同時還有互相批評的話。如：

> 子游曰：「吾友張也，為難能也，然而未仁。」（《論語・子張》）
> 曾子曰：「堂堂乎張也，難與並為仁矣。」（《論語・子張》）
> 子游曰：「子夏之門人小子，當洒掃應對進退則可矣，抑末也；本之則無，
> 如之何！」（《論語・子張》）

由這些蛛絲馬跡可以看出孔門弟子到了戰國時期，仍然在默默的耕耘著，只可惜他們都沒有單獨的著作。這是因為他們有些作品都附入了儒家的經傳中，沒有標出自己的姓名。

雖然如此，但有兩本儒家的經典是與他們的思想有關的，一本就是〈易傳〉，一本就是《禮記》。

㈠〈易傳〉的思想

〈易傳〉雖然有孔子的思想，但並非孔子所親著，其中有許多是承接孔子《易》學思想的弟子所記載。關於孔子傳《易》，《史記》中言之鑿鑿：

> 商瞿，魯人，字子木。少孔子二十九歲。孔子傳《易》於瞿，瞿傳楚人馯、臂子弘，弘傳江東人矯子庸疵，疵傳燕人周子家豎，豎傳淳于光子乘羽，羽傳齊人田子莊何，何傳東武人王子中同，同傳菑川人楊何，何元朔中以治《易》為漢中大夫。（〈仲尼弟子列傳〉）

這段話中的人名，除了商瞿和楊何外，都不可考。但有一點卻是事實，就是孔門弟子中有傳《易》一支，而十翼，正可以代表他們對儒門《易》的發揮。

在前面介紹《易經》思想時，我們曾引證〈繫辭傳〉中的許多話，那只是為了說明《易經》的應變作用，而此處我們再度討論到〈易傳〉中的思想，那是因為這部分思想是後來發展的，為《易經》本身所未曾接觸到，所以我們把它放在戰國時期，看作孔子後學者的思想。

這部分的思想，有三點貢獻：

1. 陰陽合德

在六十四卦中雖有陰陽兩爻，但卻沒有陰陽的概念，在卦爻辭中所提到的只有一個陰字，即：

> 鳴鶴在陰，其子和之；我有好爵，吾與爾靡之。（中孚卦九二）

這裏的陰乃是樹蔭，而無哲學的意味。我們再檢視其他春秋以前的作品，其中陰陽都是指物之明暗面，直到戰國時期才有陰陽概念。如《莊子》：

> 父母於子女，東西南北惟命之從；陰陽於人，不翅於父母，彼近我死，而
> 我不聽，我則悍矣！（〈大宗師〉）

由此可見〈易傳〉中的陰陽概念是後來發展的。不過〈易傳〉作者不只是僅以陰
陽兩字去代表卦中的剛柔兩爻而已，而是用陰陽去解釋宇宙的變化。如：

> 一陰一陽之謂道，繼之者善也，成之者性也。（〈繫辭上傳〉第五章）
> 子曰：「乾、坤，其《易》之門邪！」乾，陽物也，坤，陰物也。陰陽合德
> 而剛柔有體，以體天地之撰，以通神明之德。（〈繫辭下傳〉第六章）

這是把陰陽當作宇宙變化的兩大作用，而強調陰陽的相合，才構成宇宙的和諧，
萬物的生長。

2. 天人感通

天人相感，這本是上古一種樸素的宗教信仰。但那只是把天看作神明，人由
虔敬才能得到天的關注。至於〈易傳〉上所謂的感通，乃是事理的必然性。如：

> 《易》曰：「憧憧往來，朋從爾思。」子曰：「天下何思何慮？天下同歸而殊
> 塗，一致而百慮，天下何思何慮？日往則月來，月往則日來，日月相推而
> 明生焉；寒往則暑來，暑往則寒來，寒暑相推而歲成焉。往者屈也，來者
> 信也，屈信相感而利生焉。尺蠖之屈，以求信也。龍蛇之蟄，以存身也。
> 精義入神，以致用也。利用安身，以崇德也。」（〈繫辭下傳〉第五章）

這是把天人感通之理，寄託於陰陽的變化。不過在這變化中，並非機械的、宿命
的，而是人可以通過了「精義」、「崇德」的工夫，以參與感通，而安身立命。

3. 憂患精神

六十四卦的卦爻辭，雖然是明吉凶的，但那只是占卜者對個人問題的預測，
並無深刻的憂患精神。所謂憂患精神乃是對外憂大道之能否實行，對內憂個人德
性之能否完美。〈易傳〉作者曾說：

> 《易》之興也，其於中古乎？作《易》者，其有憂患乎？是故履，德之基
> 也；謙，德之柄也；復，德之本也；恆，德之固也；損，德之修也；益，

德之裕也；困，德之辨也；井，德之地也；巽，德之制也。（〈繫辭下傳〉第七章）

這裏雖寫明了「作《易》者，其有憂患乎」，乃是〈易傳〉作者，特別加以強調的。下面接著所提出的九個卦，都以德為言，這正顯示出〈易傳〉作者認為要克服一切的困難，必須立德。所以如果說六十四卦的明吉凶是小乘思想，那末〈易傳〉的憂患精神，乃是大乘的思想。這是〈易傳〉作者，根據孔子思想把以前占卜的筮術《易》，轉變為崇德的儒門《易》的一大貢獻。

(二)《禮記》的思想

《禮記》一書，成分複雜，是漢代儒者編纂成的。但漢儒的編纂，並不意味都是漢儒的思想和作品，他們所運用的資料，仍然是來自先秦流傳的。所以就思想來說，《禮記》一書大部分可代表戰國至秦漢之間的儒家。

為了謹慎起見，我們只選擇《禮記》中的三篇文字，來說明這一時期儒家的思想。

1. 追求心性和諧的〈樂記〉

儒家主張禮樂為教，而樂又為六藝之一，墨子反儒，有非樂之論，可見樂在儒家中的地位。唯可惜的是《樂經》早佚，《論語》《孟子》書中只有對樂的片斷記載，而未及根本的理論。荀子雖有〈樂論〉一文，但主要在闢墨子的「非樂」，多就功利處辨正，也未能深入。今天幸有〈樂記〉一文，尚可以看出孔子以來的儒家後學者，對於樂的見解。

歸納〈樂記〉所論，約有兩點。

①樂可以助道制欲

〈樂記〉中首言天理人欲之辨，如：

人生而靜，天之性也；感於物而動，性之欲也。物至知知，然後好惡形焉。好惡無節於內，知誘於外，不能反躬，天理滅矣。夫物之感人無窮，而人之好惡無節，則是物至而人化物也。人化物也者，滅天理而窮人欲者也。（《禮記·樂記》）

因此為了化人欲而歸天理，必須導之以樂，如：

> 樂者樂也。君子樂得其道，小人樂得其欲。以道制欲，則樂而不亂；以欲忘道，則惑而不樂。是故，君子反情以和其志，廣樂以成其教。樂行，而民鄉方，可以觀德矣。（〈樂記〉）

②樂可以為禮之本

儒家常禮樂為言，但禮樂之間的關係卻未有詳論。〈樂記〉一文在這方面卻作了詳盡的分析，如：

> 樂也者，動於內者也；禮也者，動於外者也。（〈樂記〉）

這是說樂治心，而禮治行為。

> 樂也者，情之不可變者也；禮也者，理之不可易者也。（〈樂記〉）

這是說樂重情，禮重理。

> 樂者為同，禮者為異。同則相親，異則相敬。（〈樂記〉）

這是說樂在溝通彼此，禮在辨別貴賤。

> 樂也者施也，禮也者報也。樂，樂其所自生；而禮，反其所自始。（〈樂記〉）

這是說樂在於感情之施與，而禮在於報恩。

> 樂者，天地之和也；禮者，天地之序也。和故百物皆化；序故群物皆別。（〈樂記〉）

這是說樂促進天地人物的和諧，而禮卻在維繫天地人物的次序。

從以上的幾段分析看來，樂不僅可以補禮的不足，而且還是禮的根本。沒有樂，禮便成為形式虛文了。

2.強調以德性為政治之本的〈大學〉

〈大學〉一篇，依朱子的看法，經的部分是曾子所記，傳的部分是曾子學生

所記。雖然這種說法沒有確切的證據，但我們把它當作戰國時期孔門後學者所撰，卻是不會遠離事實的。

〈大學〉一篇的中心思想在第一章，而第一章中有兩個重點：即是後儒所謂的三綱、八目。

①三綱

〈大學〉一開始即說：

> 大學之道：在明明德，在親民，在止於至善。知止而後有定，定而後能靜，靜而後能安，安而後能慮，慮而後能得。物有本末，事有終始，知所先後，則近道矣。

「明明德」是指光大自己本具的德性，「親民」或作「新民」是指把這種德性向外推擴，而能兼善天下。「止於至善」是指實踐的目標必須歸於至善。如圖：

「止於至善」，有兩層深意：第一層，雖然這個止有「停止於」的意思，但由於至善不是固定的，所以「止於至善」，正是無窮追求的意思。第二層，是指這種無窮的追求，並不是漫天的亂追求，也不是毫無著落的空追求。因為至善是代表最高的境界，所以「止於至善」又是向上的追求。只要一念向上，就能止於至善。

從「止於至善」去強調「明明德」與「親民」，乃是使這種德行不僅由內而外，而且是由下而上。在此處充分顯示出〈大學〉作者的重視全民的德性生活。

②八目

〈大學篇〉接著又說：

> 古之欲明明德於天下者，先治其國；欲治其國者，先齊其家；欲齊其家者，先修其身；欲修其身者，先正其心；欲正其心者，先誠其意；欲誠其意者，先致其知。致知在格物。物格而後知至，知至而後意誠，意誠而後心正，心正而後身修，身修而後家齊，家齊而後國治，國治而後天下平。

這段話裏一開頭即提出欲明明德於天下，顯然已標明了所謂平天下，是在於提高全人類的德性生活。因此它從格物、致知、誠意、正心、修身、齊家、治國，到平天下的一貫系統，完全是貫串在德性上。這一點我們可以從解釋這一章經傳中得到證明。在傳中，除了格物致知一項有了闕文，只剩結尾外，其餘誠意、正心、修身、齊家、治國、平天下，無不重視德性。所謂：

> 一家仁，一國興仁；一家讓，一國興讓。（〈大學〉）
>
> 上老老而民興孝；上長長而民興弟。（〈大學〉）
>
> 道得眾則得國，失眾則失國。是故君子先慎乎德。（〈大學〉）
>
> 未有上好仁，而下不好義者也；未有好義，其事不終者也。（〈大學〉）

這種種的言論，都是以宣揚德性為中心。所以這八目的結構是：

$$
\left.\begin{array}{l}齊\quad家\\治\quad國\\平天下\end{array}\right\}修身\left\{\begin{array}{l}\left.\begin{array}{l}格物\\致知\end{array}\right\}從事上下工夫\\[1em]\left.\begin{array}{l}誠意\\正心\end{array}\right\}從心中下工夫\end{array}\right.
$$

這八條目以修身為本，修身的工夫，在於格物、致知、誠意、正心。而修身的向外推擴，在齊家、治國、平天下。至於這八條目的連貫，只是一種理想的結構。今人常以其與事實不符，而懷疑它的理論有問題。譬如致知之後，是否就能意誠；家齊之後，是否就能國治。其實這八條目本是貫串在德性上。整個〈大學篇〉所強調的，也就是政治必須以德性為依歸。在德性的要求上，有真知之後，必然能意誠；家齊之後，才能求國治。

　　總之，從〈大學〉一文中可以看出孔門的後學者，如何去構搭以德性為主的政治體系，以及如何去建立一套由德行到政治的基本訓練。

3.建立以誠溝通天人之學的〈中庸〉

　　〈中庸〉一文向來都認為是子思所作，如《孔叢子‧居衛篇》、《史記‧孔子世家》，都有明言。直到清代以來，才有人懷疑它的可靠，有的認為是孟子以後的儒者所作，有的認為是漢儒所編。

在這裏，我們不是拿〈中庸〉來談子思的思想，而是以〈中庸〉代表戰國到秦漢之間的儒家思想，所以不致牽涉到〈中庸〉是否為子思所作的考證問題。

〈中庸〉一文在論倫理，論政治方面都承襲了孔子的思想，並無什麼特出。而它最大的貢獻，還是在於有系統的建立了儒家的天人之學。

①天命與人性的相通

孔子對於天命，心存畏敬，顯然有一層之隔，但〈中庸〉作者卻把天命和人性打成一片說：

> 天命之謂性，率性之謂道，修道之謂教。

人性既為天所命，自然純粹至善。所以人性和天命的貫通處，在於純粹至善。只要能發揮純粹至善，便可上達天命。所以〈中庸〉作者接著又說：

> 喜怒哀樂之未發，謂之中；發而皆中節，謂之和。中也者，天下之大本也；和也者，天下之達道也。致中和，天地位焉，萬物育焉。

這是由心性之中和，以助成天地之化，顯然是和孟子的思想同一路線；難怪荀子要把子思、孟子連在一起批評了。

②誠溝通了天人之道

〈中庸〉作者進一步使天命和人性的相貫不只是一種理論構想，而有下學的修養工夫，所以特別提出一個誠字，以溝通天人。現在我們就看一看〈中庸〉誠字的作用。

a.使形而上道德化

一般的形而上思想，不是偏於抽象的概念，便是偏於虛靈的玄妙，使得形上離人生而超脫，〈中庸〉作者卻以一個誠字去道德化了天道。他說：

> 誠者，天之道也。

又說：

> 故至誠無息。不息則久，久則徵，徵則悠遠，悠遠則博厚，博厚則高明。

博厚所以載物也；高明所以覆物也；悠久所以成物也。博厚配地，高明配
天，悠久無疆。如此者，不見而章，不動而變，無為而成。天地之道，可
一言而盡也。其為物不貳，則其生物不測。天地之道：博也、厚也、高也、
明也、悠也、久也。

所謂「為物不貳」，是指天道的真誠不妄；所謂「生物不測」，是指天道的生生不
已。唯其真誠不妄，才能生生不已。這個誠本是人與人之間常講的誠信，是一個
很普遍的德行，而〈中庸〉作者用這個誠字去描寫天道的真實，無異使天道抹去
了抽象的、玄妙的色彩，活潑潑的充滿了真誠，所以〈中庸〉作者，是用這個誠
字，使形而上道德化。

　　b.使道德形而上化

　　儒家所講的道德本是解決人與人的關係。但如果道德只限於這些關係，而沒
有形上的依據，那麼便會失去了普遍性，而流於偏私。譬如孝本是生於子女對父
母的愛，但如果孝只限於這點關係，而不能推擴為「老吾老以及人之老」，那麼便
成了一種私心。但儒家的孝由己之父母推到人之父母，在表面上我們只感覺到它
只是關係上的推廣，好像只是平面上的發展，而忽略了它之所以能推，乃是孝本
身有形而上的依據，是孝心中的至誠，可以盡人盡物之心。關於這一點，〈中庸〉
作者，作了很大的貢獻，他說：

　　誠者，天之道也；誠之者，人之道也。

這是把天人之間，用一個誠字鋪了路。使道德上的誠，可以上達，而成為天道的
至誠。接著又說：

　　唯天下至誠，為能盡其性；能盡其性，則能盡人之性；能盡人之性，則能
　　盡物之性；能盡物之性，則可以贊天地之化育；可以贊天地之化育，則可
　　以與天地參矣。

這是說至誠可以通人我，通人物，與天地合流。因此只要我們發揮自心中這點至
誠，便可以上達於天，而參贊天地的造化。顯然這是〈中庸〉作者藉道德的形上

化，把人提昇入天道的境界。

以上我們從〈易傳〉和《禮記》二書中，大略的窺測了一下由戰國到秦漢之間，儒家後學者的思想和貢獻。他們所走的路子大致上仍然是遵循孔子的思想。只是他們所注重的問題，已偏於孔子罕談的「性與天道」，希望在天人之間建立一條通道。

三、其他百家之學

(一)楊朱

楊朱的生平和思想，流傳的資料很少，只是由於孟子的一闢，反而使他在哲學史上大大的有了名。

關於楊朱的生平，據《莊子・寓言篇》中記載：

> 陽子居南之沛，老聃西遊於秦，邀於郊，至於梁而遇老子。老子中道仰天而嘆曰：「始以汝為可教，今不可也。」陽子居不答。至舍，進盥，漱巾櫛，脫屨戶外，膝行而前曰：「向者弟子欲請夫子，夫子行不間，是以不敢。」

此處陽子居，即楊朱。《列子・黃帝篇》即作楊朱。但《莊子》多寓言，這段話不能當作史實來看。不過儘管如此，這也足以證明楊朱是老學系統的人物。

楊朱沒有著作流傳於世，《列子・楊朱篇》乃後人的偽記，已成公論。今天我們對於楊朱思想的認識，只能從各家的批評中，得知一個大概。如：

> 楊子取為我，拔一毛而利天下，不為也。（《孟子・盡心上》）
> 楊朱、墨翟之言盈天下，天下之言不歸楊則歸墨。楊氏為我，是無君也。（《孟子・滕文公下》）
> 陽生貴己。（《呂氏春秋・審分覽・不二》）
> 兼愛、尚賢、右鬼、非命，墨子之所立也，而楊子非之。全性保真，不以物累形，楊子之所立也，而孟子非之。（《淮南子・氾論訓》）

楊朱哭衢涂曰：「此夫過舉，蹞步而覺，跌千里者夫，哀哭之。」此亦榮辱
安危存亡之衢已。（《荀子・王霸》）

根據以上所載，可以得到兩點認識：

①按照《淮南子》所說，楊子和墨子同時，而且思想的對立非常顯明。

②從這些記載可以看出楊朱的思想特色，乃是「貴己」。其精神正是《淮南子》
所謂的：「全生保真，不以物累形。」

在這裏值得我們注意的是，楊朱在孟子當時，似乎聲勢頗大，足可與儒墨鼎
足而三，可是荀子在〈解蔽〉、〈天論〉、〈非十二子〉等篇批評各家思想時，沒有
提到他；《莊子・天下篇》及司馬談〈論六家要旨〉中也沒有把他看成一派。這是
什麼原因？

依照楊朱「貴己」的思想看來，顯然是屬於隱士派和「貴生」一派的思想。
也許他在當時只以行動來實踐「貴己」、「貴生」的思想；既沒有長篇的著書立說，
也沒有公開的傳授門徒。孟子所謂「楊墨之言盈天下」，只是指出當時有很多人支
持楊朱的論調，所以他的聲名很大。但由於沒有著作和門徒，所以自然無法構成
學派，傳之永恆。

(二)慎到

慎到是位兩棲性的哲人，他兼有法家和道家的兩重身分。《荀子・非十二子篇》
中是把他當作法家來批評；可是《莊子・天下篇》中對他的描寫，卻十足具有道
家的色彩。至於就哲學精神來說慎到注重棄智去己的修煉工夫，遠比強調「勢」
來得重要。

慎到的生平，司馬遷是把他放在〈孟子荀卿列傳〉中：

慎到，趙人。田駢、接子，齊人。環淵，楚人。皆學黃老道德之術，因發
明序其指意，故慎到著《十二論》，環淵著《上下篇》，而田駢接子皆有所
論焉。

司馬遷之所以把慎子等和孟荀放在一個列傳，是因為他們都做過「稷下先生」。至

於把慎子和田駢、環淵、接子放在一起，是因為他們都學黃老之術。因此《莊子‧天下篇》中把慎到和彭蒙、田駢排在一起，也就是從他們和道家的關係來看的。

今天慎到的十二篇已失佚，只有清代錢熙祚把殘篇輯成《慎子》七篇，都是法家之言，沒有哲學上的意義。另外附〈逸文〉一篇，偶有道家的語句。如：

> 任自然者久，得其常者濟。
>
> 夫德精微而不見，聰明而不發，是故外物不累其內。
>
> 諺云：「不聰不明，不能為王；不瞽不聾，不能為公；海與山爭水，海必得之。」

至於慎子學黃老之術的真正心得，只有見之於《莊子‧天下篇》中：

> 公而不黨，易而無私，決然無主，趣物而不兩。不顧於慮，不謀於知，於物無擇，與之俱往，古之道術有在於是者，彭蒙、田駢、慎到，聞其風而說之。齊萬物以為首，曰：「天能覆之，而不能載之；地能載之，而不能覆之；大道能包之，而不能辯之。」知萬物皆有所可，有所不可。故曰：「選則不徧，教則不至，道則無遺者矣！」是故慎到棄知去己，而緣不得已。泠汰於物，以為道理，曰：「知不知，將薄知而後鄰傷之者也。」謑髁無任，而笑天下之尚賢也；縱脫無行，而非天下之大聖。椎拍輐斷，與物宛轉；舍是與非，苟可以免。不師知慮，不知前後，魏然而已矣。推而後行，曳而後往。若飄風之還，若羽之旋，若磨石之隧，全而無非，動靜無過，未嘗有罪。是何故？夫無知之物，無建己之患，無用知之累。動靜不離於理，是以終身無譽。故曰：「至於若無知之物而已！無用賢聖，夫塊不失道。」豪傑相與笑之，曰：「慎到之道，非生人之行，而至死人之理，適得怪焉！」田駢亦然。學於彭蒙，得不教焉。彭蒙之師曰：「古之道人，至於莫之是莫之非而已矣。其風窢然，惡可而言？」常反人，不見觀，而不免於魭斷。其所謂道非道，而所言之韙，不免於非，彭蒙、田駢、慎到不知道，雖然，概乎皆嘗有聞者也。

從莊子的這段評論中，可以看出慎到等所推崇的道，和老莊的道並沒有什麼差別。

老子要「絕聖棄知」，他們也要「無用賢聖」；莊子講「萬物與我並生」，他們也以「齊萬物以為首」。但他們的方法卻走偏了，尤其慎到從「棄知去己，而緣不得已」，到「舍是與非，苟可以免。不師知慮，不知前後，魏然而已矣」！這樣無異杜塞了智慧，窒息了性靈，使活潑潑、充滿生命力的人，變成了槁木死灰。這和道家的旨趣，正好背道而馳。

不錯，老子曾說過「絕聖棄知」，但老子的本意是勸君主不要以聖自居，不要以自己的聰明去蠻幹。所以老子所要揚棄的是那種外在的矯飾，而非真正的智性。可是慎子在這裏卻沒有抓住精神，而流為莊子所批評的：「非生人之行，而至死人之理。」

(三)告子

孟子雖然闢楊墨，但在全書中，真正和他針鋒相對，爭辯激烈的，卻是告子。

告子的生平已不可考，他的事跡只見之於《孟子》書中。從孟子以「子」來稱呼他，可見他和孟子年齡相差不大，因為孟子對年長者都稱以「先生」。從他直言和孟子爭辯，可見他不是孟子的學生。從他說「食色性也」，可見他論性的路子和荀子相似。但從他「不動心」的工夫來看，又有道家的色彩。把這些因素歸結起來，我們可以獲得一個簡單的輪廓，就是告子和孟子同時，兼有道家和荀子一派儒家思想的色彩。

告子的思想依據《孟子》書中所載，至少有三個重點：

1. 性論

告子對性的看法有三個步驟，首先他強調性是自然的。他說：

> 生之謂性。(《孟子‧告子上》)

這和荀子的「生而自然謂之性」是一致的。接著他又指出性是本能的。他說：

> 食色，性也。(《孟子‧告子上》)

這也和荀子的「精合感應，不事而自然謂之性」相似。由於告子所談的性是就生理本能來說的，所以很自然的沒有先天道德的意義。他進一步強調說：

性無善無不善也。(《孟子・告子上》)

性，猶湍水也，決諸東方則東流，決諸西方則西流。人性之無分於善不善也，猶水之無分於東西也。(《孟子・告子上》)

所謂「無善無不善」，就是指性不屬於善惡的價值範圍，是一種自然的現象。在這裏可以看出告子的這三層步驟，都是把性下降到本能上來說的。

2. 仁內義外

告子的另一大主張，就是仁內義外之說，《孟子》書中曾記載了一段他和孟子的論辯：

告子曰：「食色，性也。仁，內也，非外也；義，外也，非內也。」孟子曰：「何以謂仁內義外也?」曰：「彼長而我長之，非有長於我也；猶彼白而我白之，從其白於外也，故謂之外也。」曰：「異於白馬之白也，無以異於白人之白也。不識長馬之長也，無以異於長人之長與? 且謂長者義乎? 長之者義乎?」曰：「吾弟，則愛之；秦人之弟，則不愛也，是以我為悅者也，故謂之內。長楚人之長，亦長吾之長，是以長為悅者也，故謂之外也。」曰：「耆秦人之炙，無以異於耆吾炙。夫物則亦有然者也。然則耆炙亦有外與?」(《孟子・告子上》)

在這段辯論中，有兩點值得我們注意。第一點是：告子把義排拒在外，這是他性論的必然歸趨，因為義代表道德標準和價值判斷，告子認為性是本能，當然要把義排拒於外。可是告子又承認仁是內發的，這豈非與他的性論矛盾了嗎? 其實不然，以告子把仁當作「愛」，當作「以我為悅」來解說，可見他所指的仁只是一種「愛己」的本能，這和他的性論也是一致的。第二點，他這種仁內義外之說，正和孟子的仁義合言相衝突，也就是說他正打斷了孟子由仁到義的路子，所以才引起孟子強烈的反駁。

3. 不動心的工夫

告子在劃清仁內義外之後，緊接著他的修養工夫，便是治心。使心不受外物的牽制，而達到不動心的境界。

在《孟子》書中提到告子的不動心有兩處：

> 公孫丑問曰：「夫子加齊之卿相，得行道焉，雖由此霸王不異矣。如此則動心否乎？」孟子曰：「否，我四十不動心。」曰：「若是則夫子過孟賁遠矣！」曰：「是不難，告子先我不動心。」（〈公孫丑上〉）
>
> 曰：「敢問夫子之不動心，與告子之不動心，可得聞與？」「告子曰：『不得於言，勿求於心；不得於心，勿求於氣。』不得於心，勿求於氣，可；不得於言，勿求於心，不可。夫志，氣之帥也；氣，體之充也，夫志至焉，氣次焉，故曰：『持其志，無暴其氣。』」（〈公孫丑上〉）

在第一段話中，孟子認為告子先他不動心，是指告子的方法雖然快速，但卻不夠究竟。因為告子只重在制心，使內外隔絕。如「不得於言，勿求於心」，就是不因言有未得其理，而反求其心，而影響到心的安寧；「不得於心，勿求於氣」，就是在心上如未能控制得住，不應在氣上徒壯聲勢。所以告子所謂言與氣都是外在的，只有心是內在的。不使外在影響內在；不藉外在以支持內在。告子的這種不動心，就強調意志的約束力這點上，似荀子；在無視於外在的影響這點上，卻偏向道家的路線。

㈣宋鈃

宋鈃在《荀子·非十二子篇》中是和墨子一派，在《莊子·天下篇》中是和尹文一派。尹文在《漢書·藝文志》中雖屬名家，但墨子的後學演變為別墨，顯然成為一種名家。所以宋鈃和墨家的關係是相當密切的。另外宋鈃據後人考證即《孟子》書中的宋牼或《莊子》書中的宋榮子。按宋榮子的思想完全和宋鈃相同，看不出派別的特色，而宋牼是以「利」來勸君主禁攻，顯然又是墨家的路線。

宋鈃和尹文都是稷下先生。在《莊子·天下篇》中，對他們的思想作法有很清楚的介紹：

> 不累於俗，不飾於物，不苟於人，不忮於眾。願天下之安寧，以活民命。人我之養，畢足而止，以此白心。古之道術，有在於是者，宋鈃尹文聞其

風而說之。作為華山之冠以自表，接萬物以別宥為始。語心之容，命之曰心之行。以聏合驩，以調海內，請欲置之以為主。見侮不辱，救民之鬥。禁攻寢兵，救世之戰。以此周行天下，上說下教。雖天下不取，強聒而不舍者也。故曰上下見厭而強見也。雖然，其為人太多，其自為太少。曰：「請欲固置，五升之飯足矣。」先生恐不得飽，弟子雖飢，不忘天下。日夜不休，曰：「我必得活哉！」圖傲乎救世之士哉！曰：「君子不為苛察，不以身假物。」以為無益於天下者，明之不如己也。以禁攻寢兵為外，以情欲寡淺為內，其小大精粗，其行適至是而止。

墨家思想發展到「別墨」，只講究堅白異同之辯，而失去了墨子維護和平的熱情。可是《莊子‧天下篇》描寫宋鈃尹文的這一段話，卻使我們感覺到他們才真是繼承了墨子救世的精神。因為他們對外講「禁攻寢兵」，正是墨子的非攻思想；對內講「情欲寡淺」，正是墨子「自苦為極」的態度。

(五)騶衍

在各學派中，有陰陽家一派。這派的思想大盛於漢代；而在先秦時期，要遲至戰國末年才發端，其代表人物，就是「稷下先生」中的騶衍。

騶衍的詳細生平已不可考，只知道他比孟子稍後。他以怪誕之說，聞名於世。據《史記》所載：

騶子重於齊。適梁，惠王郊迎，執賓主之禮。適趙，平原君側行撇席。如燕，昭王擁彗先驅，請列子弟之座而受業，築碣石宮，身親往師之。作〈主運〉。其遊諸侯見尊禮如此。（〈孟子荀卿列傳〉）

從這段描寫中，可以看出騶衍在當時受君主的禮重，無異超過了孔孟。

然而騶衍究竟憑著那一套學說，而馳名於當時。他所著〈主運〉一書如今已散佚，他的思想，只有靠《史記》的一段記載：

騶衍睹有國者益淫侈，不能尚德，若〈大雅〉整之於身，施及黎庶矣。乃深觀陰陽消息，而作怪迂之變，〈終始〉〈大聖〉之篇，十萬餘言。其語閎

大不經，必先驗小物，推而大之，至於無垠。先序今以上至黃帝，學者所
共術，大並世盛衰，因載其禨祥度制，推而遠之，至天地未生，窈冥不可
考而原也。先列中國名山、大川、通谷、禽獸、水土所殖，物類所珍，因
而推之，及海外人之所不能睹，稱引天地剖判以來，五德轉移，治各有宜，
而符應若茲，以為儒者所謂中國者，於天下乃八十一分居其一分耳。中國
名曰赤縣神州，赤縣神州內，自有九州，禹之序九州是也，不得為州數。
中國外如赤縣神州者九，乃所謂九州也。於是有裨海環之，人民禽獸莫能
相通者；如一區中者，乃為一州。如此者九，乃有大瀛海環其外，天地之
際焉，其術皆此類也。然要其歸必止乎仁義節儉，君臣上下六親之施，始
也濫耳。王公大人初見其術，懼然顧化，其後不能行之。（〈孟子荀卿列傳〉）

從這段介紹中，我們對於騶衍思想有三點認識：

①司馬遷在一開首即說騶衍：「睹有國者益淫侈，不能尚德。」末尾又說：「然
要其歸必止乎仁義節儉，君臣上下六親之施。」可見騶衍學說的真正旨趣，不在怪
迂之談，而在勸君主行仁義。所以在這一面他也有儒家的思想。

②接著司馬遷寫他：「深觀陰陽消息，而作怪迂之變。」「稱引天地剖判以來，
五德轉移，治各有宜。」關於陰陽兩字我們前面已說過，最早見之於〈繫辭傳〉及
《莊子》書中，可見陰陽學說的流行，應是戰國末年的事，騶衍談陰陽，正可視
為陰陽學說的創始者。至於「五德轉移」，即是「五行轉移」。五行的學說，最早
見之於《尚書》中的〈洪範〉，雖然這篇文字有人懷疑它不是西周之作，但荀子在
〈天論篇〉曾引用本篇文字，且標明「《書》曰」，同時荀子在〈非十二子篇〉中
曾批評子思孟軻為：「案往舊造說，謂之五行。」而《禮記・月令篇》中，也說明
五行與四時的關係。可見五行的思想在騶衍之前已流行，而且也是某些儒家談過
的，並非騶衍所獨創。

③騶衍思想的真正貢獻，乃是在於他提出的一套歷史和地理的哲學。儘管五
行是舊說，但他用五行去解釋歷史的盛衰，卻是一種歷史哲學。儘管齊地靠海，
常有海外仙山之說，但他由「必先驗小物，推而大之」，卻是一種建基於推理上的
地理哲學。我們稱之為哲學，乃是因為它不憑藉神話，而寄託於學理；它不使人

慴服，反而拓廣我們的眼界，提昇我們的德性。

以上是我們對騶衍正面的了解，因為他的動機和論點，據司馬遷的描寫，仍然帶有幾分儒學的色彩。也許這正是戰國末年儒者應變求通的一種特色。想起了董仲舒的大談天人之際，我們更可看出，司馬遷把騶衍放在〈孟子荀卿列傳〉中，實有其特殊意義。

不過騶衍畢竟越出了儒家「不語怪力亂神」的本色，因此他這套學說，逐漸的走了樣，而為方士神仙所附會。正如《史記・封禪書》中所載：

> 自齊威、宣之時，騶子之徒，論著終始五德之運，及秦帝而齊人奏之，故始皇采用之；而宋毋忌、正伯僑、充尚、羨門高，最後皆燕人，為方僊道，形解銷化，依於鬼神之事。騶衍以陰陽主運，顯於諸侯，而燕齊海上之方士傳其術，不能通，然則怪迂阿諛苟合之徒自此興，不可勝數也。

這種負面的影響，也許不是騶衍所能逆料的。但他的思想本身富有「怪迂之變」，而當時的君主們熱衷於怪迂之談，卻正足以說明學術思想的主脈已被扭彎，不再是向上，而是向下的奔流了。

第十三章　漢代思想的一波四折

一、由戰國到秦的統一

戰國時期，各家爭鳴。《漢書・藝文志》中曾把先秦的學術思想歸納為十家。其中除了小說家外，只有九流。如果我們把兵家也列入這九流之中，仍然可稱為十家。這十家自戰國到秦的統一之間，其發展的趨勢，不是有的學派本身逐漸的衰微，而致沒沒無聞；便是互相的含攝，較小的學派混合入較大的學派之中。

儒家自荀子之後，除了荀學一派轉折到了法家的韓非，尚有痕跡可尋。其他各儒者，都分崩離析，不成氣候。墨家和名家衰微於戰國末年，其後便一蹶不振，無法再成宗派。兵家、縱橫家和法家混不可分。而陰陽家、農家、雜家又和後期的道家有密切的關係。同時韓非等法家又兼採道家之術。這種混同的現象，是戰國末年學術發展的趨勢。而這一趨勢，正好遇到秦的統一，於是學術因政治的要求，便更加速的走上了統一的路線。

秦的統一，雖然成於秦始皇。但中國文化的能趨於一統，並非始皇一人的智力，秦朝一國的武力；而實在是由於諸子思想的發展，促成了學術的普及，文物的進步，才奠定了統一的基礎。

如果始皇在勝利之後，洋洋自得之際，能把握運用這長期以來學術思想發展的成果，恐怕他的功業要超過文武周公，又何止於曇花一現，十五年而亡？他的失敗就在於不能起用深通黃老之術的韓非，而聽信了曲學用世的李斯。試看李斯那篇自毀了長城的大作：

丞相臣斯昧死言：「古者天下散亂，莫之能一，是以諸侯（當作儒）並作，語皆道古以害今，飾虛言以亂實，人善其所私學，以非上之所建立。今皇帝並有天下，別黑白而定一尊。私學而相與非法教，人聞令下則各以其學議之；入則心非，出則巷議；夸主以為名，異趣以為高，率群下以造謗。如此弗禁，則主勢降乎上，黨與成乎下。禁之便。臣請史官非秦記皆燒之。非博士官所職，天下敢有藏《詩》、《書》、百家語者，悉詣守、尉雜燒之，有敢偶語《詩》、《書》，棄市。以古非今者，族。吏見知不舉者，與同罪。今下三十日不燒，黥為城旦。所不去者，醫藥卜筮種樹之書，若有欲學法令，以吏為師。」（《史記‧秦始皇本紀》）

胡適先生在他的遺著《中國中古思想史長編》裏，曾為李斯的這篇文字辯解，認為中國「古來的思想家，無論是（那）一派，都有壓迫異己思想的傾向」（第三章〈秦漢之間的思想狀態‧李斯〉），他認為孟、荀都有過這種表示。其實，思想上的論是非，學派上的辨同異，這是學術發展的正常現象。也正由於各哲學家能互相批評，才顯得思想風氣的自由。李斯如果是站在學術的立場，批評各家思想；或站在政治家的立場，提出一套統一各家思想的正確方法，也是無可非議的。但他卻不如此，而是藉政治上的殘酷手段來壓迫思想家、來阻止學術的發展。至於因李斯的建議，燒掉多少詩書、活埋了多少的儒生，這猶是小事；最重要的是政治上公開的壓迫學術，為後世君主殘殺知識分子，開了一個不可原諒的先例。

秦朝在政治上的統一，對學術思想來說，卻是一個悲劇。它結束了各家爭鳴，百花齊放的先秦思想，而走進了極度板滯而貧乏的中古時期。

二、漢代思想的一波四折

秦朝得到了政治上暫時的統一，可是卻沒有一套正確的方法來維繫學術的統一，所以它的命運不旋踵而亡。但這種追求統一的要求，卻是時代思潮的所趨，因此承接了秦朝的漢代思想，無意有意之間，都是走在這一條路線上。

漢代思想的發展，大致說來可分為四個時期：

㈠漢初的黃老之治

這段時期自漢高祖（西元前206年）經惠帝、呂后、文帝，到景帝（西元前143年），約六十餘年，也就是歷史上所謂的文景之治。

1. 漢初為什麼要用黃老之學

秦朝是用法家思想，可是到了漢初，為什麼突然轉變而用黃老之學，而且用得那麼成功？檢討原因，大約有以下三點：

①學術發展的趨勢

上面我們已經談過，戰國思想發展到末期只有三家，即：儒家、道家和法家。

秦朝用的是法家，但秦朝的不旋踵而亡，正說明了法家思想的失敗。漢初君臣知前車之鑑，自然不會再走法家的路子。至於儒家思想，由於始皇的焚書坑儒，元氣大喪。秦亡之後，一方面儒家的經籍尚未發掘；一方面儒家的學者餘悸猶存，所以這個時期，根本無法引用儒家。於是剩下的只有道家。道家思想，不重經籍；而道家人物又多為隱士，因此不受焚書坑儒之禍。相反的，由於秦政的壓力，使得讀書人走向隱途，更促進了道家思想的發展。

②經濟條件的不足

漢初承秦代的苛法，及劉邦、項羽的爭奪戰，已弄得國窮民疲，整個經濟瀕臨破產。正如《史記・平準書》中所載：

> 漢興接秦之弊，丈夫從軍旅，老弱轉糧饟，……自天子不能具鈞駟，而將相或乘牛車。

可見當時經濟窮困的情形了。不過中國古代是一個農業社會，其經濟的來源就在於土地，只要讓農民安心的耕作，土地中便會產生財富。而最適合這一需要的就是黃老的休養生息。正如《史記》上說：

> 黎民得離戰國之苦，君臣俱欲休息乎無為。（〈呂太后本紀・贊〉）

③漢初君臣沒有文化淵源

漢初君臣，除張良外，大都出身寒微，尤多殺雞屠狗之輩。就拿漢高祖劉邦

來說，便是個老粗，當陸賈每次向他提到《詩》《書》時，便破口大罵：「迺公居馬上而得之，安事《詩》《書》!」甚至拿儒冠來尿溺。雖然後來他做了皇帝，這些幫他打天下的老粗集團，互相爭功，甚至於在朝廷宴會上吃醉了酒，便拔劍而鬥，甚至直呼劉邦小名。使得高祖感覺不夠帝王的威風，便和叔孫通商談，叔孫通提議訂立朝儀，高祖便皺眉說：「得無難乎!」叔孫通回答說：「五帝異樂，三王不同禮。禮者，因時世、人情為之節文者也。臣願頗采古禮，與秦儀雜就之。」但高祖還是耽心的說：「可試為之，令易知，度吾所能行者為之。」像這樣的君主，又如何能行儒家的禮樂教化。

再看漢初的臣子，以曹參為例，本是一介武夫，不懂政治。後來蕭何臨終時，推舉他為相。他自知不善為治，便請教了一位道家的人物蓋公，蓋公教了他一套方法，就是「貴清靜而民自定」，這正是老子所謂「我無為而民自化」（五十七章）。所以他為相時，一本蕭何的政策，甚至終日飲酒，凡是有進言的人，都把他們用酒灌醉送回去。像這樣的大臣，又如何能推行興革與建設。

由於以上三個原因，很自然的，漢初的政治採取了老子的無為之治，而且是運用得恰到好處。

2. 漢初運用黃老之術的內容

漢初運用黃老之術，並非真如曹參那樣整天喝酒，無所事事，就能自然而治的。老子說「為無為」、「處無為之事」，真正的工夫是在如何「為」，如何「處」？我們歸納漢初政治運用之妙，大約有兩方面：

①老子的三寶

老子說：

> 我有三寶，持而保之：一曰慈，二曰儉，三曰不敢為天下先。（六十七章）

對於這三寶的運用，以文帝為例：

> 孝文即位，躬修玄默，勸趣農桑，減省租賦。而將相皆舊功臣，少文多質，懲惡亡秦之政，論議務在寬厚，……是以刑罰大省，至於斷獄四百，有刑錯之風。（《漢書·刑法志》）

這是慈的表現。

> 孝文皇帝即位二十三年，宮室、苑囿、車騎、服御，無所增益。有不便，輒弛以利民。嘗欲作露臺，召匠計之，直百金，上曰：「百金，中人十家之產也。吾奉先帝宮室，常恐羞之，何以臺為？」身衣弋綈，所幸慎夫人，衣不曳地，帷帳無文繡，以示敦樸，為天下先。治霸陵，皆瓦器，不得以金銀銅錫為飾。因其山，不起墳。（《漢書・文帝紀・贊》）

這是儉的表現。

漢文帝元年，南粵王趙佗稱帝，文帝使陸賈賜書趙佗說：

> 朕，高皇帝側室之子。棄外，奉北藩于代，道里遼遠，壅蔽樸愚，未嘗致書。……今即位，乃者，聞王遺將軍隆慮侯書，求親昆弟，請罷長沙兩將軍。朕以王書罷將軍博陽侯，親昆弟在真定者，已遣人存問，修治先人家。前日聞王發兵於邊，為寇災不止。當其時，長沙苦之，南郡尤甚，雖王之國，庸獨利乎！……雖然王之號為帝，兩帝並立，亡一乘之使以通其道，是爭也；爭而不讓，仁者不為也。願與王分棄前患，終今以來，通使如故。（《漢書・南粵》）

這封信話中有話，完全運用了老子所謂「將欲奪之，必故與之」的道理，使得趙佗接到信之後，立刻下令說：

> 吾聞兩雄不俱立，兩賢不並世。漢皇帝，賢天子。自今以來，去帝制、黃屋、左纛。

這正是文帝「不敢為天下先」的表現。

②分層負責的法術

黃老之術乃是老子和法家思想融合後的結晶，表現在漢初政治上的便是分層負責的制度，如文帝問右丞相周勃說：「天下一歲決獄幾何？」周勃不能對，又問：「一歲錢穀出入幾何？」周勃仍然不能對。於是文帝轉問左丞相陳平，陳平回答：「有主者。」文帝問：「主者謂誰？」陳平回答：「陛下即問決獄，責廷尉；問錢穀，

責治粟內史。」文帝又問:「苟各有主者,而君所主者何事也?」陳平回答:「陛下不知其駑下,使待罪宰相。宰相者,上佐天子,理陰陽,順四時,下遂萬物之宜;外鎮撫四夷諸侯,內親附百姓,使卿大夫各得任其職焉。」文帝聽了之後,大為稱善。由這段故事中,可見文帝和陳平之間完全了解分層負責的意義。

由於這種老子與法家思想的巧妙配合,使漢初六十年來成為哲學與政治融合的一次最成功的實驗。

(二)西漢中期的獨尊儒學

由於漢初六十餘年的黃老之治,把漢初的社會經濟帶入了一個富強康樂的境域。照理說,這一切都該歸功於老子的所賜,自應一本老子之道加以發展,可是事實不然,到了漢武一朝,卻突然轉變成儒家獨尊的局面。在這裏,我們不能不研究一下這一轉變的原因何在。

1. 儒學中興的原因

①國力富強的時代需要

關於漢初到武帝時,經濟的起飛情形,正如《漢書‧食貨志》所載:

> 至武帝之初,七十年間,國家亡事。非遇水旱,則民人給家足,都鄙廩庾盡滿,而府庫餘財,京師之錢累百鉅萬,貫朽而不可校。太倉之粟,陳陳相因,充溢露積於外,腐敗不可食。眾庶街巷有馬,仟佰之間成群。

這比起漢高祖當時,老弱轉溝壑,將相坐牛車,又是如何不同的景象?在這樣一個民生富裕的時代,當然不再甘於休養生息了。

②思想統一的政治建設

在休養生息時,道家的清靜無為最合口味,可是當國勢擴張時,便不能完全以道家的方法來治世了。這時需要的是積極的建設人才。而積極的建設人才,只有求之於儒家。以前叔孫通到魯國徵求儒生時,有兩位儒生曾批評說:

> 今天下初定,死者未葬,傷者未起,又欲起禮樂。禮樂所由起,百年積德而後可興也。吾不忍為公所為。公所為,不合古,吾不行。公往矣。(《漢

書‧叔孫通》）

所謂百年積德而後興，也正是武帝的時代了。所以這時候，武帝下令詔賢。由董
仲舒的一篇〈天人三策〉，便開啟了儒學獨尊的局面。

2.獨尊儒學的經過及其陷落

①經過

武帝採納了董仲舒的建議，明令罷黜百家，獨尊儒學。但所謂罷黜者，並非
像秦始皇一樣的焚書坑儒，而是在政治上不予錄用。所以真正的作法，乃是起用
儒家而已。

漢武帝的起用儒生，事實上，只是設立五經博士，重視儒家經典的研究。其
實博士的來源，始於戰國。齊之稷下先生也是博士之流。到了秦朝，便有博士七
十人。不過此一時期的博士，都是能言善辯，各家並雜。到了漢武帝的設立五經
博士，才使博士變為儒家所專用。而這時名雖曰博，實際上卻是專。只要通一經
者，就可為博士。

武帝獨尊儒學，一度為喜好黃老的竇太后所屈，等太后去世，任田蚡為相，
才正式設立五經博士。五經博士中，在文景時，已有《詩經》、《春秋》兩家博士。
《詩經》有魯人申培公、燕人韓嬰、齊人轅固。《春秋》有董仲舒、胡母生。到了
漢武帝增立了《書經》，以歐陽生為博士。《易經》，以楊何為博士。《禮經》，以后
蒼為博士。並選立博士子弟，每年一次考試，能通一經以上，補文學掌故。名列
前茅的，為郎中官。就這樣的，把學術和政治打成了一片，開始了以後明經取士
的制度。

②陷落

漢武帝的獨尊儒學，在表面上來說，是推重儒家，是選用儒生為治。照理說，
這該是儒學昌明的時代；這該是孔子之道大行於世的時代。而事實上卻不然，儒
學的獨尊並未達到孔子所預期的理想，推究其原因，不外於二：

㈠武帝本身並非儒家理想的聖君

武帝的尊儒，並非完全來自於他本人受儒家的教化，以及對儒學的躬行實踐。
武帝是位雄才大略的君主，他的思想並不純粹。他的外婆出身民間，迷信神君（民

間流傳的鬼靈之說）。後來，武帝也把神君請入宮中，可見武帝對鬼神的迷信，從小便有遺傳。使他後來一直與方士結了不解之緣，也吃過丹藥，甚至無端的製造了巫蠱之禍。這是武帝迷信的一面。另外他因李陵之獄，而腐刑司馬遷。因寵愛幼子弗陵（即漢昭帝），有意將來把王位傳給他，而深怕王子年幼，母后掌權，故意害死他的生母鉤弋夫人，從這些事實又看出武帝殘忍的一面。難怪汲黯批評他：「內多欲而外施仁義。」所以就德性上來說，武帝實在不是一位儒家的聖君。

㈡武帝沒有重用儒生

武帝雖然接受了董仲舒的建議，卻沒有重用仲舒；甚至有一度因聽信公孫弘的讒言，差一點就處死仲舒。當時在朝廷中掌權的都是法術之士，如張湯、杜周、公孫弘之流。張湯以刀筆吏貴為三公，曾罵讀書人為愚儒。他的學生杜周更是「善候司，上所欲擠者，因而陷之」。公孫弘雖為博士，但乃是「曲學阿世」、「以法吏緣飾儒術」。在他們手中，害死了不少儒生，如嚴助、朱買臣、主父偃等。同時這些法吏更嚴刑酷法，如張湯與趙禹制定律令一千八百八十二條，其手下酷吏義縱一日殺四百人，王溫舒做河內太守，連坐一千多家。後來這些法吏都作法自斃，一一被賜死。漢武一朝丞相十一人，僅公孫弘、石慶、田蚡、薛澤四人外，都被賜死。可見漢武帝雖崇儒學，而滿朝卻多殺氣。

從以上兩點，不難看出，漢武帝不像秦始皇一樣一味蠻幹，而有其外儒內道的政治手腕。他的獨尊儒學只是籠絡儒生的一種方法，並未能真正發揮儒學的內聖外王思想。他設立五經博士，雖然使經學的研究極一時之盛，但儒者的思想反為經學所縛，都只是作些整理古書，訓詁文字的工夫而已。

㈢兩漢之際讖緯思想的盛行

獨尊儒學到了兩漢之際，卻變成了陰陽讖緯思想泛濫的時代，這對「不語怪力亂神」的孔子思想，自是一大諷刺。可是為何演變到這樣的局面？其原因大致有三：

1. 漢代君主都崇尚迷信

漢文帝相信鬼神，僅因夜夢黃頭郎推他登天，便官拜黃巾包頭的船夫鄧通（鄧通諧音登天）為上大夫，賜以銅山。而宣召賈誼進殿論學，卻多談鬼神之事，得

來李商隱之譏:「宣室求賢訪逐臣,賈生才調更無倫。可憐夜半虛前席,不問蒼生問鬼神。」至於武帝信神君、迷方士、吃神丹、好封禪,幾乎任何的迷信他都能接受。由於這些君主的迷信,使得民間災異讖緯的思想更為猖獗。

2.儒家獨尊的空虛

儒家受到了獨尊,換一句話說,也就是受到了孤立。因為這時沒有其他各派與它競爭,它也不能吸收其他各家之所長。而那些希望獲得博士的讀書人,從少專攻一經,可是原始儒家的經典本來是非常平實的,而他們為了表示研究有成,不得不標新立異,於是便鑽牛角尖,製造了許多陰陽災異的緯書。甚至連六經和《孝經》都有緯書,如《易緯》、《書緯》、《詩緯》、《禮緯》、《樂緯》、《春秋緯》、《孝經緯》。

3.君臣的相互利用

讖語本是一種預言,而讖語的被利用,完全是出於野心家的陰謀。在西漢時,社會尚稱安定,這類讖語不多,可是到了武帝之後,民窮財盡,政局隱現變機,所以製造讖語的風氣大為流行。在武功地方掘出一塊白石,上面寫著:「告安漢公莽為皇帝。」王莽便做了攝皇帝。長安的一個無賴哀章製造了〈天帝行璽金匱圖〉和〈赤帝行璽某傳予黃帝金策書〉,送到了高廟,於是漢哀帝便正式讓位給王莽,而王莽也就依照圖書中所命,封哀章為國將。這樣君臣互相利用讖符以達到野心的目的,更助長了讖符的流行。

這種讖緯迷信充斥了兩漢之際,王莽雖因它而篡漢,但自知是一種騙人的把戲,想過河拆橋,加以杜絕,可是已壓抑不了。後來劉秀革命時,也有赤符說:「劉秀發兵捕不道,四夷雲集龍鬥野。」光武中興之後,仍然相信讖緯,其用人行政,常取決於讖,如拜王梁為大司空,孫咸為大司馬。不僅如此,他們更用讖緯,配合陰陽五行之說,建立了一套政治轉變的歷史哲學,使得鄒衍的學說大為發展。甚至他們更配合干支月令,製造了一套天人感應的哲學。而左右了西漢之後的整個學術,和一般人的心理及生活習慣。

(四)漢末思想的分歧

漢代在政治上雖然是一大帝國,武功之盛,版圖之廣,國祚之久,都是歷史

上罕見的。可是在思想上卻非常空虛，儘管漢初行黃老，漢武尊儒學，但都只是政治上的運用，並非學術思想本身的創建，所以到了東漢末年，整個帝國，沒有哲學的支柱，便形成虛脫的現象。這時值得注意的是三方面的趨勢：

1. 佛教的傳入

印度佛教的傳入中國，說法很多，但一般公認是在漢明帝永平十年，因夜夢金神，而派蔡愔至印度求佛法，得《四十二章經》及佛像，並與沙門竺法蘭，以白馬負經而回，而立白馬寺於洛陽。我們暫不論這段事實之可靠性，佛教經典之輸入及翻譯，大致要到東漢末年，桓靈二帝之時。

2. 道教的產生

道教如以它的範圍來論，包括了神仙方士、符籙咒語各派，那麼它的起源，該推到戰國以前；如《莊子》書中便有神仙之學，屈原書中也有服氣之說，但這些都只是一些沒有組織的理論，真正具於宗教形式的，應該以漢末的張道陵為開始。雖然他所傳的天師道在整個道教的發展中是屬於符籙一派，但畢竟由他的發跡，而有道教的宗教發展。

3. 名士與軍閥的鬥爭

由於王莽篡漢，一般士大夫不講氣節，只求阿附迎合，以保利祿，如揚雄、劉歆等都出仕兩朝，毫不知恥，所以光武中興後，特別標彰氣節，士風為之一振。但「過猶不及」，這些讀書人因而以名節自驕，走向狂狷之途，釣名沽譽，標榜門戶，形成了學閥。他們批評朝政而引起了黨錮之禍。

由於名士因黨錮而被逐被殺，代之而起的是以英雄姿態出現的軍閥，如董卓、袁術、曹操、劉備、呂布等。以前是名士之風壓倒軍閥，如曹操去見橋玄時，橋玄便對他說：「君未有名，可交許子。」劉備去見孔北海時，也自慚說：「孔北海也知有劉備乎！」這些軍閥受名士之氣，等到有一天，他們當權得勢時，便反過頭來摧殘名士。

以上三點，就漢末的學術思想來說，並沒有什麼特殊的貢獻。既挽不了將倒的政局，也救不了空虛的人心。但是這一種子的萌芽，卻影響了魏晉南北朝直到隋唐的整個思想的發展。

三、漢代在哲學思想上的成就

從這一波四折的思想發展中，就哲學與政治的結合而言，曾有過成功的表現，可是就哲學家在思想上的成就來說，卻是相當的貧乏。

我們先看成功的表現。

哲學與政治的不分，這本是中國哲學的一大特色。堯舜禹湯文武周公的道統，就是一個把哲學實踐於政治上的治道。孔子畢生的理想也就是藉哲學與政治的結合，以臻於大同的社會。可是自春秋以降，各諸侯之間的互相侵略，互相兼併，完全唯利是圖，使此一內聖外王的治道，始終未能實現。直到漢初，承秦之弊，再加上君民們的苦於戰患，而思休養生息，才造成了漢初的黃老之治。

漢初的黃老之治，雖然前有曹參等人的開路，但他們都是迫於情勢，而非懂得老子之道。真正關鍵性的人物乃是漢文帝，他天性仁慈，勤政愛民，廣設言路，見過即改。《漢書》評他：

> 專務以德化民，是以海內殷富，興於禮義。斷獄數百，幾致刑措，嗚呼仁哉！（《漢書·文帝紀》）

就這個標準來說，已可擠入堯舜禹湯文武的行列。所以我們也可說在文武之後，真正能接續這內聖外王治道的君主，乃是漢文帝。如果不是迫於當時的環境，他的成就也許不會限於黃老。

事實上，也正由漢文帝的努力，才造成了漢武帝獨尊儒學的開創性的局面。他的成就，可以使我們了解以下的三點事實：

①中國哲學不僅重視治道，而且是絕對能夠從政治中實踐出來的。這不僅儒家思想如此，道家思想也是如此。

②在理論上，我們把儒家的政治思想和道家的政治思想分成了兩個不同的層次，如《老子》書中所謂：「太上，下知有之；其次，親而譽之。」（十七章）在事實上，他們也都有相同的基礎，老子講無為，而孔子也說：「無為而治者，其舜也與！」（《論語·衛靈公》）尤其在歷史上，漢文帝之治，也正是漢武帝之治的開路。

③自漢文帝和漢武帝把哲學的理想在實際政治中實踐出來後，此後的中國政治可說都是走儒道兩家思想雙管齊下的路子，也即所謂外儒內道。

接著我們再看思想的貧乏。

照理說，漢文帝的黃老之治，和漢武帝的獨尊儒學，應該把道家和儒家思想推上了一個高潮，為什麼還造成了思想的貧乏？尤其漢武之後，思想界由貧乏而紛亂，以致走入了一個不可收拾的局面。

我們檢討其所以貧乏的原因不外於二：

(一)用而無本

漢文帝的黃老之治；漢武帝的獨尊儒學，固然很成功，很出色；但他們對於儒道兩家思想，都只及於表面的運用，未能從本源上著手。

我們都知道堯舜禹湯文武周公的這一理想系統之所以稱為道統，是因為這些聖王們對內固然注意個人的德性修養，對外更重視人民的德性生活。他們所追求的一個民生樂利的大同社會，乃是奠基於德性發展上的自然結果。我們試看周公的制禮作樂，孔子的以禮樂為教，都是在整個制度和教育的根本上，從事文化的建設。如果以這個標準來衡量的話，漢文帝和漢武帝不僅個人德性上有疵，如漢文帝迷信鬼神，相信方士；漢武帝更是縱情遊幸，迷於神仙，而種下了巫蠱之禍；而且他們的事功，都只在社會上求安定（漢文帝），經濟上求繁榮（漢武帝），而未能在德性生活上作長治久安的建設。

本來在中國哲學上，儒道兩家思想應該兼用的。尤其道家思想在政治上不能專用，漢文帝的黃老之治只是暫時的過渡時期，緊接著，必須鋪上了儒家的路子。可是漢文帝當政二十三年，也許太匆促，未能從這方面發展，接著景帝在位十六年，除了承襲文帝的治績外，也沒有積極的表現。尤其在吳楚七國之亂後，更動用了法吏。所以史家常稱文帝之治偏於黃老，景帝之治偏於刑名。由黃老而刑名，這是道家思想的下墜，而這一下墜的暗流，就一直流入了漢武帝的政治中。所以漢武帝表面上用儒生，只是用來注經，而實際上卻是以法吏為治。

在這樣一個政治局面下，儒道兩家思想雖然贏得了表面上的尊榮，而實際上卻發生不了作用。尤其，如果陶醉於表面上的尊榮，而沒有新的挑戰，新的問題，

也就激發不出所謂的「憂患意識」，反而癱瘓了儒道兩家思想的精神。

㈡雜而不純

漢初崇尚黃老之治，但治黃老之學的思想家卻並沒有特殊的表現。胡適先生在其遺著《中國中古思想史長編》裏曾舉出從秦始皇到漢武帝一百多年間的道家學者，約有毛翕公、樂瑕公、樂巨公、田叔、蓋公、曹參、陳平、王生、鄧章、黃生、鄰氏、傅氏、徐氏、曹羽、郎中嬰齊、司馬談、汲黯、鄭當時、楊王孫等人。但他們都只是推崇清靜無為的政術，而並無系統的著作流傳，對道家思想也沒有什麼新的創見。

在這時期，有一本雜家的作品，就是《淮南子》一書。這本書就大體來說，是出於淮南門下儒道兩家的集體創作，其中包括了儒、法、陰陽及神仙家的思想。這正代表了當時思想界的雜而不純。

本來思想貴融通。孔子的《論語》、老子的《道德經》都融有其他各家思想。但孔子和老子都能把它們轉化到自己的思想中，一以貫之，融而通之，變成一個非常純粹的思想。譬如孔子也讚嘆「無為而治」，但他卻能由「恭己正南面」，而歸結到儒家的「修己以安人」。老子也引「用兵者有言」，但他卻能由「抗兵相加，哀者勝矣」，而歸結到道家的「以柔克剛」。可是《淮南子》一書卻不然，它對道家的道及無為都是作文字上的描寫，對於儒家的禮義也都是點綴性的鋪陳。因此它無法把儒道兩家思想融貫，而向上發展，相反的卻由其中的厭世悲觀思想，而落入了神仙出世的暗流。這一雜而不純、向下墜落的暗流，就一直流入了漢武帝時被獨尊的儒家身上。雖然這時滿朝都尊崇儒生，可是他們都只是通一經而享榮祿。我們試看《漢書・儒林傳》中所列的儒生有：丁寬、施讎、孟喜、梁丘賀、京房、費直、高相、伏生、歐陽生、林尊、夏侯勝、周堪、張山拊、孔安國、申公、王式、轅固、后蒼、韓嬰、趙子、毛公、孟卿、胡母生、嚴彭祖、顏安樂、瑕丘江公、房鳳等，都只是拘守一經，作文字上的工夫。正如《漢書・儒林傳》的〈贊〉說：

自武帝立五經博士，開弟子員，設科射策，勸以官祿，訖於元始，百有餘

年，傳業者寖盛，支葉蕃滋，一經說至百餘萬言，大師眾至千餘人，蓋祿
利之路然也。

在表面上，儒生滿朝，極為熱鬧，而實際上，儒家精神盡失，極為空虛。在不能
往上發展的時候，陰陽災異等各種怪說，便乘虛而入。使得儒家的經典，一亂於
支離的注疏，再亂於災異讖緯之說。像董仲舒等大儒都不能免，更何況那些專以
利祿為目的的小人儒了。

這是漢代儒道兩家思想雜而不純之病，導致了長期的貧血，以至於後來為印
度思想所侵，而無法招架。

第十四章　董仲舒的使命與天人感應之學

一、漢代思想演變的兩條路線

從以上一波四折的演變中，我們可以發現整個漢代思想的發展有兩條路線：一條是思想家們關注政治社會的問題，希望用學術來領導政治；一條是思想的混合趨勢，由雜家而陰陽家。這兩條路線都錯綜的交湊在董仲舒身上。

就第一條路線來看，漢初最先有此覺醒的是陸賈。陸賈是楚國人，曾跟隨漢高祖革命。《史記》上說：

> 陸生時時前說稱《詩》《書》。高帝罵之曰：「迺公居馬上而得之，安事《詩》《書》！」陸生曰：「居馬上得之，寧可以馬上治之乎？且湯武逆取而順守之，文武並用，長久之術也。昔者吳王夫差、智伯，極武而亡；秦任刑法不變，卒滅趙氏。鄉使秦已並天下，行仁義，法先聖，陛下安得而有之？」高帝不懌而有慚色，迺謂陸生曰：「試為我著秦所以失天下，吾所以得之者何，及古成敗之國。」陸生乃粗述存亡之徵，凡著十二篇。每奏一篇，高帝未嘗不稱善，左右呼萬歲，號其書曰《新語》。（《史記‧酈生陸賈列傳》）

《新語》一書，《四庫全書提要》認為是後人所作，而近人胡適等考證，認為《四庫全書提要》證據不足。關於《新語》是否陸賈所作，暫時存而不論。就《史記》的這段描寫，已足可看出陸賈的歷史意義。他目睹秦朝政治的殘酷，和焚書坑儒的悲劇，而向漢高祖直接提出「行仁義，法先聖」的建議，這是承繼了孔孟精神

的儒生本色。而他這十二篇《新語》，都是專為了教導漢高祖而寫，當然不會是玄之又玄的東西，而是切合了實際政治需要的作品。使漢高祖由馬上到了馬下；由武打而轉到了文治。要是沒有他的努力，漢高祖不知要溲溺了多少儒冠。

在陸賈同時，還有一位儒生叔孫通，更進一步為漢高祖定朝儀，乘機引進了許多儒生。《史記》描寫他：

> 叔孫通希世度務制禮，進退與時變化，卒為漢家儒宗。「大直若詘，道固委蛇。」蓋謂是乎！（《史記・劉敬叔孫通列傳》）

由這段描寫，可見他們要點化漢高祖還真不容易，好像幼稚園的老師，連哄帶騙，以引起學生的興趣。在這樣的一個環境下，當然無法大有為。

接著漢文帝時的儒生賈誼，以二十歲的少年，便奉召為博士。他首先勸文帝：「改正朔，易服色制度，定官名，典禮樂。」但文帝謙遜，不敢大有為。賈誼一度被人所讒，後來文帝又想到他，召他入宮，談到半夜，問了許多鬼神之事，而賈誼對答如流，使文帝信服，便封他為太子的老師。於此賈誼得有機會進諫，曾慷慨陳疏說：

> 臣竊惟事勢，可為痛哭者一，可為流涕者二，可為長太息者六。若其他背理而傷道者，難徧以疏舉。（《漢書・賈誼》）

接著，他除了提出實際政治上的問題，要「眾建諸侯而少其力」外，並力言秦政專尚刑法之失，而強調仁政，如：

> 管子曰：「禮義廉恥，是謂四維；四維不張，國乃滅亡。」使管子愚人也則可。管子而少知治體，則是豈可不為寒心哉！秦滅四維而不張，故君臣乖亂，六親殃戮，姦人並起，萬民離叛，凡十三歲而社稷為虛。今四維猶未備也，故姦人幾幸而眾心疑惑。豈如今定經制，令君君臣臣，上下有差，父子六親各得其宜，姦人亡所幾幸，而群臣眾信上不疑惑。此業一定，世世常安。而後有所持循矣！（《漢書・賈誼》）

儘管賈誼一再的痛哭、流涕、長太息。他的建議也打動了文帝的心，也有一

部分被採取，但畢竟限於當時黃老之治的時勢，未能完全實踐出來。

在這一條路線上，陸賈、叔孫通和賈誼等人所作的努力，都只是開路。直到董仲舒時，得到武帝的大力支持，才創造了儒家在政治上發展的新紀元。

就第二條路線來看，戰國末年的思想，已呈現出混合的色彩，接著《呂氏春秋》開了雜家的先聲，《淮南子》集了雜家的大成。雜家兩字，不見於司馬談〈論六家要旨〉，而見於《漢書・藝文志》。《漢書》對雜家的描寫是：

> 雜家者流，蓋出於議官，兼儒、墨，合名、法，知國體之有此，見王治之無不貫，此其所長也。及盪者為之，則漫羨而無所歸心。（《漢書・藝文志》）

不過此處雜家雖採諸家之說，卻沒有提到道家和陰陽家。事實上，雜家雖集各家，卻是以道家和陰陽家為主。司馬談論六家要旨時，在道家項中便說：

> 道家使人精神專一，動合無形，贍足萬物。其為術也，因陰陽之大順，采儒墨之善，撮名法之要。（《史記・太史公自序》）

這也就是胡適先生之所以把司馬談所謂道家，與《漢書・藝文志》所謂雜家混為一談的緣故。在這裏，我們不必為這個名詞問題作詳考。只要就雜家著作的內容，和對當代的影響來看，它是以道家和陰陽家為主體，再兼採儒墨名法各家的思想。

雜家的思想雖然雜然並陳，「無所歸心」，但大略來說，其思想的發展上，卻有一個基本的模式。就是他們襲取了道家法自然和重真我的精神，轉變為法天與重生的思想。在重生思想上，他們採取了老莊去欲的旨趣，再演變為神仙之學；在法天思想上，他們採取了陰陽五行之說，再由重生而法天，構搭成一套天人感應之學。

先說《呂氏春秋》一書。它本是秦相呂不韋手下賓客的集體作品，《史記》上說：

> 呂不韋乃使其客人人著所聞，集論以為〈八覽〉〈六論〉〈十二紀〉，二十餘萬言。以為備天地萬物古今之事，號曰《呂氏春秋》。布咸陽市門，懸千金其上，延諸侯游士賓客有能增損一字者予千金。（《史記・呂不韋列傳》）

可見這本書是名副其實的雜著。不過它的主要思想可分兩部分。一是貴生重己的思想。如：

> 聖人深慮天下，莫貴於生。（《呂氏春秋‧仲春紀‧貴生》）
>
> 今吾生之為我有而利我亦大矣！論其貴賤，爵為天子不足以比焉；論其輕重，富有天下不可以易之；論其安危，一曙失之，終身不復得。此三者，有道者之所慎也。（《呂氏春秋‧孟春紀‧重己》）

由重生貴己，而求如何保生全己。《呂氏春秋》把道家去欲的工夫一變而為制欲的方法。如：

> 夫耳目鼻口，生之役也。耳雖欲聲，目雖欲色，鼻雖欲芬芳，口雖欲滋味，害於生則止。在四官者不欲，利於生者則弗為（止）。由此觀之，耳目鼻口，不得擅行，必有所制；譬之若官職，不得擅為，必有所制。此貴生之術也。
>
> （《呂氏春秋‧仲春紀‧貴生》）

另一部分是法天的思想，而天之所以可法，就是由於天有一套發展的原則，這套原則直接有關於政治人生。於是《呂氏春秋》的作者，便根據鄒衍的「五德始終說」，配合了陰陽變化，而製造出一套宇宙人生交感的原則。如：

> 凡帝王者之將興也，天必先有祥乎下民。黃帝之時，天先見大螾、大螻。黃帝曰：「土氣勝。」土氣勝，故其色尚黃，其事則土。及禹之時，天先見草木秋冬不殺，禹曰：「木氣勝。」木氣勝，故其色尚青，其事則木。及湯之時，天先見金刃生於水，湯曰：「金氣勝。」金氣勝，故其色尚白，其事則金。及文王之時，天先見火，赤烏銜丹書集於周社，文王曰：「火氣勝。」火氣勝，故其色尚赤，其事則火。代火者，必將水，天且先見水氣勝，水氣勝，故其色尚黑，其事則水。水氣至而不知，數備將徒於土。天為者時而不助，農於下。類固相召，氣同則合，聲比則應，鼓宮而宮動，鼓角而角動。平地注水，水流濕；均薪施火，火就燥。（《呂氏春秋‧有始覽‧應同》）

無論這一套學說是如何的粗淺，可是它卻影響了整個漢代的政治思想。尤其它把陰陽相感思想，運用在氣類相應上，而為天人感應之學鋪了一條新路。

接著再看《淮南子》一書，它是淮南王劉安門下賓客的集體創作。《漢書》曾描寫說：

> 淮南王安為人好書鼓琴，不喜弋獵狗馬馳騁，亦欲以行陰德拊循百姓，流名譽。招致賓客方術之士數千人，作為《內書》二十一篇，《外書》甚眾。又有《中篇》八卷，言神仙黃白之術，亦二十餘萬言。（《漢書‧淮南厲王劉長》）

現在我們所能看到的，只有這《內書》二十一篇，其他兩書都已失傳。

就《內書》來看，《淮南子》整個學說是以道家為主。其中有兩個中心思想：一是無為，一是保精。如：

> 是故聖人內修其本，而不外飾其末。保其精神，偃其智故。漠然無為而無不為也，澹然無治而無不治也。（《淮南子‧原道訓》）

《淮南子》的政治思想離不了無為兩字。不過它所謂的無為都是沿襲了老莊的思想和文句，只是在術的運用上，摻雜了韓非的老學思想。如：

> 今夫權衡規矩，一定而不易。不為秦楚變節，不為胡越改容。常一而不邪，方行而不流，一日刑之，萬世傳之，而以無為為之。故國有亡主，而世無廢道。（《淮南子‧主術訓》）

這是把道家的無為結合了韓非的法術，這也正是漢初黃老之學的特色。

《淮南子》的人生思想，都是建立在「保精」的基礎上。所謂保精，就是保養精神。在這方面，《淮南子》的思想可說完全是從莊子思想中透出來的。如：

> 其生也天行，其死也物化。靜則與陰俱閉，動則與陽俱開。精神澹然無極，不與物散，而天下自服。故心者形之主也；而神者心之寶也。形勞而不休則蹶；精用而不已則竭，是故聖人貴而尊之，不敢越也。（《淮南子‧精神

訓》）

> 是故血氣者，人之華也；而五藏者，人之精也。夫血氣能專於五藏而不外越，則胸腹充而嗜欲省矣！胸腹充而嗜欲省，則耳目清、聽視達矣。耳目清、聽視達，謂之明。五藏能屬於心而無乖，則教志勝而行不僻矣。教志勝而行之不僻，則精神盛而氣不散矣！精神盛而氣不散則理，理則均，均則通，通則神，神則以視無不見，以聽無不聞也，以為無不成也。（《淮南子‧精神訓》）

這是說由對內的保養精神，而達到無不成的神化的境地。可是對內的保精又如何能達到對外的神化的境界呢？於是在這裏，《淮南子》也開闢出一條由陰陽感應而到天人相通的路子。如：

> 以陰陽之氣相動也，故寒暑燥濕，以類相從；聲響疾徐，以音相應也。故《易》曰：「鳴鶴在陰，其子和之。」高宗諒闇，三年不言。四海之內，寂然無聲，一言聲然，大動天下。是以天心咶喧者也。故一動其本而百枝皆應，若春雨之灌萬物也，渾然而流，沛然而施，無地而不澍，無物而不生。故聖人者，懷天心，聲然能動化天下者也。故精誠感於內，形氣動於天，則景星現，黃龍下，祥鳳至，醴泉出，嘉穀生，河不滿溢，海不溶波。故《詩》云：「懷柔百神，及河嶠嶽。」逆天暴物，則日月薄蝕，五星失行，四時千乖，晝冥宵光，山崩川涸，冬雷夏霜。《詩》曰：「正月繁霜，我心憂傷。」天之與人，有以相通也。故國危亡而天文變，世惑亂而虹蜺見。（《淮南子‧泰族訓》）

在《莊子‧德充符》內，是說道德充實於內，自然地符應於外，這是以德感人，是德性的力量；而《淮南子》卻由保養精神，配合了陰陽相感，萬物相應之理，說到天人之間的相通，這顯然已越出了德性的範圍，發展成一套近乎宗教的天人感應思想。

由以上所述兩本雜家的作品，《呂氏春秋》和《淮南子》看來，它們正代表了從秦朝到漢武帝時期的思想歷程。它們在政治運用方面，兼採了道、儒、法家的

思想，都只是徵引，並沒有新的創見；而它們之中所夾雜的陰陽，災異思想，到了董仲舒手中卻變成了漢代的顯學，也就是代表了漢代思想的天人感應之學。

二、董仲舒的使命

我們把上面兩條代表漢代思想發展的路線輻輳到董仲舒身上，這是因為董仲舒一方面由於天時與人和，正好完成了獨尊儒學的歷史使命；另一方面也由於他所寫的《春秋繁露》，把兩漢的天人感應之學發展到最高峰。

首先，我們看他獨尊儒學的使命。

董仲舒（西元前 176—前 104 年），河北廣川人。他從少以治《春秋》著名，在景帝時，便被選為博士。他的弟子很多，據說在他門下久的弟子已可教授新弟子。由此可見他在景帝時已見重於儒林。

不過景帝仍然依循文帝的黃老之治，使董仲舒未能一展抱負。等到武帝登基後，他的時代終於來臨了。漢武帝一反文帝保守的作風，他一登基，立刻便詔求賢良文學之士，希望大有為。在第一封詔令上，他說：

> 朕獲承至尊休德，傳之亡窮，而施之罔極。任大而守重，是以夙夜不皇康寧，永惟萬事之統，猶懼有闕。故廣延四方之豪儁、郡國諸侯公選賢良脩絜博習之士，欲聞大道之要，至論之極。今子大夫褎然為舉首，朕甚嘉之；子大夫其精心致思，朕垂聽而問焉。蓋聞五帝三王之道，改制作樂而天下洽和，百王同之。當虞氏之樂莫盛於《韶》，於周莫盛於《勺》。聖王已沒，鐘鼓筦絃之聲未衰，而大道微缺，陵夷至乎桀紂之行。王道大壞矣！夫五百年間，守文之君，當塗之士，欲則先王之法，以戴翼其世者甚眾，然猶不能反，日以仆滅，至後王而後止。豈其所持操，或誖謬而失其統與！固天降命不可復反，必推之於大衰而後息與！烏乎！凡所為屑屑，夙興夜寐，務法上古者，又將無補與！三代受命，其符安在？災異之變，何緣而起？性命之情，或夭或壽，或仁或鄙，習聞其號，未燭厥理。伊欲風流而令行，刑輕而姦改。百姓和樂，政事宣昭，何修何飭而膏露降，百穀登，德潤四

海，澤臻草木。三光全，寒暑平，受天之祐，享鬼神之靈，德澤洋溢，施乎方外，延及群生。子大夫明先聖之業，習俗化之變，終始之序，講聞高誼之日久矣，其明以諭朕，科別其條，勿猥勿并，取之於術，慎其所出。迺其不正不直，不忠不極，枉于執事，書之不泄。興于朕躬，毋悼後害。子大夫其盡心，靡有所隱，朕將親覽焉。（《漢書·董仲舒》）

這是在《漢書》中所載漢武帝〈求賢詔令·第一策〉的全文，我們把它全部抄錄下來，是因為該文對儒家的發展有很深的意義。這篇文字有三個重點：

①漢武帝開頭便揭出「五帝三王之道」，希望能返於先王的禮樂之治。這看起來好像是老生常談，可是我們從歷史上看，自文武周公以後的君主，都是為了急功近利，只求富國強兵。孔孟所周遊的列國君主是如此；而荀子韓非更以法後王為務，此後的君主根本不談先王之道。即使賢明如漢文帝，也不敢談先王禮樂之治。而真正在那裏大聲疾呼先王之道，仁義之治的，都是些無權無勢的儒生們，如孔孟，如陸賈、賈誼等。這好像是戀愛的一廂情願，所以儒生們的讜論始終都是對牛彈琴。而漢武帝這篇文字卻代表了君主的覺醒；也是代表了君主方面自動的先提出這個要求。這對儒家思想能得君行道來說，實是千載難逢的好機緣。

②這篇詔令的目的是求賢，一開頭武帝便說：「選賢良脩絜博習之士。」而在結尾又強調：「迺其不正不直，不忠不極，枉于執事，書之不泄。」這說明了武帝的態度是唯賢良是舉，這與戰國時的許多君主只喜歡黷武的處士橫議之言，及魏晉許多君主的唯才是用大不相同。這也正是儒家「舉直錯諸枉」的思想。

③在文中武帝提出的幾個問題：「三代受命，其符安在？災異之變，何緣而起？性命之情，或夭或壽，或仁或鄙，習聞其號，未燭厥理。」這似乎與前面兩點不甚調和，因為先王之道，只重「正德利用厚生惟和」，而不談受命之符，災異之變，性命之情。真正的儒家思想更是「不語：怪力亂神」。所以在這裏武帝提出的幾個問題，乃是武帝的另一面，也是漢代人心共同感覺興趣的問題。在這裏，我們可以看出漢代儒家雖被獨尊，卻始終未能達到孔孟的理想的原因。

董仲舒身處在武帝求賢若渴，正要大有為的時候，可以說是得天獨厚。而他奏上去的那篇〈天人三策〉，也正對準了武帝的胃口，所以一拍即合，立刻使得儒

學脫穎而出，成為國學。

董仲舒的〈天人三策〉，雖然是針對武帝的三次問答。不過其建設性的思想，不外於前面我們所分析第一封詔策中的三點：

①針對第一點，董仲舒在〈第一策〉的回答中，一開頭便說：

> 陛下發德音，下明詔，求天命與情性，皆非愚臣之所能及也。臣謹案《春秋》之中，視前世已行之事，以觀天人相與之際，甚可畏也。國家將有失道之敗，而天乃先出災害以譴告之。不知自省，又出怪異以警懼之。尚不知變，而傷敗乃至。以此見天心之仁愛人君，而欲止其亂也。自非大亡道之世者，天盡欲扶持而全安之，事在強勉而已矣。強勉學問，則聞見博而知益明；強勉行道，則德日起而大有功。此皆可使還至而立有效者也。《詩》曰：「夙夜匪解。」《書》云：「茂哉茂哉！」皆強勉之謂也。道者所由適於治之路也。仁義禮樂皆其具也。故聖王已沒，而子孫長久安寧數百歲，此皆禮樂教化之功也。……孔子曰「人能弘道，非道弘人」也。故治亂廢興在於己，非天降命不得可反，其所操持誖謬失其統也。（《漢書‧董仲舒》）

在這裏，董仲舒首先把整個聖王的禮樂之化，歸結在人為的努力上，也就是寄託在君主的是否能強勉而行道上。再通過《春秋》的行事，來敦促君主的自反。董仲舒了解空洞的讚嘆聖王的禮樂之化是無補於事的，必須強勉這些君主們去行道。當孔子的仁收拾不住戰國諸侯的人心時，孟子便提出義來規範他們；當孟子的義規範不住時，荀子便提出禮來約束他們；當荀子的禮約束不了時，董仲舒便吸收了墨子天志的思想，以《春秋》的行事去見天心，以規勸君主強勉而行道。

②針對第二點，董仲舒把握住武帝求賢的心理，而要把它變成一種制度。使求賢不是寄託在君主一時的衝動，而成為萬世不變的事業。所以在〈第二策〉的回答中，他說：

> 夫不素養士而欲求賢，譬猶不琢玉而求文采也。故養士之大者，莫大乎太學。太學者，賢士之所關也，教化之本原也。今一郡一國之眾對，亡應書者，是王道往往而絕也。臣願陛下興太學，置明師，以養天下之士，數考

問以盡其材,則英俊宜可得矣!(《漢書‧董仲舒》)

然而究竟要如何興太學,置明師?董仲舒認為現在國家既已統一,便應有統一的學術,以統一人心;而真正有資格作為統一學術的,必須是積極的、健全的,面面俱到的學說,因此在各家學說中,只有儒家才能挑此大樑。他在〈第三策〉的回答中說:

> 春秋大一統者,天地之常經,古今之通誼也。今師異道,人異論,百家殊方,指意不同,是以上亡以持一統;法制數變,下不知所守,臣愚以為諸不在六藝之科,孔子之術者,皆絕其道,勿使並進。邪辟之說滅息,然後統紀可一,而法度可明,民知所從矣!(《漢書‧董仲舒》)

這段話不但決定了漢武帝「獨尊儒術」的政策,也奠定了此後儒家在政治上的顛撲不破的基礎。

③針對第三點,董仲舒了解武帝最關心的是這一點,這也是一般君主共同的弱點。董仲舒把握住這一點,便在〈第一策〉的回答中,說得非常明白:

> 天之所大奉使之王者,必有非人力所能致而自至者,此受命之符也。天下之人,同心歸之若歸父母,故天瑞應誠而至。《書》曰:「白魚入于王舟,有火復于王屋,流為烏。」此蓋受命之符也。周公曰:「復哉!復哉!」孔子曰:「德不孤,必有鄰。」皆積善累德之效也。及至後世,淫佚衰微,不能統理群生,諸侯背畔,殘賊良民,以爭壤土。廢德教而任刑罰,刑罰不中則生邪氣。邪氣積於下,怨惡畜於上。上下不和,則陰陽繆盭而妖孽生矣,此災異所緣而起也。臣聞命者,天之命也;性者,生之質也;情者,人之欲也。或夭或壽,或仁或鄙,陶冶而成之不能粹美,有治亂之所生,故不齊也。孔子曰:「君子之德風也,小人之德草也,草上之風必偃。」故堯舜行德則民仁壽,桀紂行暴則民鄙夭。夫上之化下,下之從上,猶泥之在鈞,唯甄者之所為;猶金之在鎔,唯冶者之所鑄,綏之斯倈,動之斯和,此之謂也。(《漢書‧董仲舒》)

由以上一大段話，可見董仲舒把符命、災異、性情等形而上的問題，都歸結在君主之能否行仁政上。我們可以說董仲舒的目的是要求君主行仁政，而所講的那些符命災異的故事，乃是糖衣。透過這一點，我們才能了解董仲舒的苦心，也才能把握得住他所建立的那套天人感應之學的真正意義。

三、董仲舒的天人感應之學

董仲舒的思想主要在於他的〈賢良對策〉和《春秋繁露》一書。〈賢良對策〉是針對漢武帝所提的實際政治問題而發；而《春秋繁露》乃是專門為了建立他那套天人感應之學所作的。

《春秋繁露》一書雖然以儒家標宗，但它和其他秦漢時期的作品一樣都帶有雜家的傾向。在《春秋繁露》中，有類似墨子的天志思想，有類似荀子的人為思想，有類似韓非的法術思想。這三方面的思想本不連貫，但董仲舒卻把他們交織成一套天人感應之學。現在我們看看他是如何去建立這套天人感應之學。

㈠《春秋》大一統與天道

「春秋」是孔子所作魯史的名稱。由於孔子是以人道的眼光來褒貶當時的君臣，所以董仲舒便把這種褒貶當作衡量是非善惡的大經大法。在《春秋繁露》中一再的說：

> 《春秋》之好微與，其貴志也。《春秋》修本末之義，達變故之應，通生死之志，遂人道之極者也。（〈玉杯〉）
> 《春秋》之道，固有常有變。變用於變，常用於常，各止其科，非相妨也。（〈竹林〉）
> 《春秋》之為學也，道往而明來者也。然而其辭體天之微，故難知也。弗能察，寂若無；能察之，無物不在。是故為《春秋》者，得一端而多連之，見一空而博貫之，則天下盡矣。（〈精華〉）

在董仲舒的筆下，《春秋》無異是天道的化身。董仲舒之所以推崇《春秋》，乃是

重在其大一統的思想。在〈賢良對策〉中，他曾強調：

> 《春秋》大一統者，天地之常經，古今之通誼也。（《漢書・董仲舒》）

而在《春秋繁露》中更屢言：

> 《春秋》何貴乎元而言之？元者，始也，言本正也。道，王道也。王者，
> 人之始也。王正，則元氣和順，風雨時，景星見，黃龍下。王不正，則上
> 變天，賊氣並見。（〈王道〉）
>
> 《春秋》之道，以元之深，正天之端；以天之端，正王之政；以王之政，
> 正諸侯之位。（〈二端〉）

在這裏可以看出董仲舒推崇《春秋》之道，乃是為了要匡正君王的行為。然而要
作為君王行為的標準，必須是最高的指導原則。所以董仲舒把《春秋》之道上接
於天道，這一點和墨子強調天志的作用是相同的。正如董仲舒所說：

> 孔子以此效之，吾所以貴微重始是也。因惡夫推災異之象於前，然後圖安
> 危禍亂於後者，非《春秋》之所甚貴也。然而《春秋》舉之以為一端者，
> 亦欲其省天譴而畏天威，內動於心志，外見於事情，修身審己，明善心以
> 反道者也。豈非貴微重始，慎終推效者哉！（〈二端〉）

董仲舒和墨子相同之點，都是以天的賞善罰惡來制裁君主；但不同之處，墨子的
天志只強調天有賞善罰惡的意志，並沒有進一步去說明何以如此；也就是說墨子
只重天的權威性，所以墨子的天志僅有宗教意識，而沒有理論根據。董仲舒卻建
立了一套天人感應的理論來支持他這種藉《春秋》之道以匡正君主行為的思想。

(二)相生、相感與相副的天道

董仲舒的這套理論建構在三個基礎上：

1. 陰陽相生

「陰陽」兩字在漢代思想中是一個極為普遍的名詞，董仲舒的天道便是以陰
陽五行為骨架的。如他曾說：

> 天地之氣，合而為一，分為陰陽，判為四時，列為五行。行者，行也，其
> 行不同，故謂之五行。五行者，五官也，比相生而間相勝也。故謂治，逆
> 之則亂，順之則法。(〈五行相生〉)

董仲舒以陰陽二氣來構搭宇宙運轉的間架，他強調陰陽之間的相生。如說：

> 天之常道，相反之物也，不得兩起，故謂之一。一而不二者，天之行也。
> 陰與陽，相反之物也，故或出或入，或右或左。(〈天道無二〉)
> 天之道，終而復始，故北方者，天之所終始也，陰陽之所合別也。冬至之
> 後，陰俛而西入，陽仰而東出，出入之處常相反也。(〈陰陽終始〉)
> 天之道，出陽為暖以生之，出陰為清以成之。是故非薰也不能有育，非漂
> 也不能有熟。(〈煖燠孰多〉)

2.萬物相感

由於陰陽的相生，萬物各順陰陽，以致同類相感，而產生感應的作用。董仲
舒說：

> 今平地注水，去燥就濕。均薪施火，去濕就燥。百物去其所與異，而從其
> 所與同。故氣同則會，聲比則應，其驗皦然也。試調琴瑟而錯之，鼓其宮
> 則他宮應之；鼓其商而他商應之。五音比而自鳴，非有神，其數然也。美
> 事召美類，惡事召惡類，類之相應而起也，如馬鳴則馬應之，牛鳴則牛應
> 之。帝王之將興也，其美祥亦先見；其將亡也，妖孽亦先見。物固以類相
> 召也。(〈同類相動〉)

又說：

> 天有陰陽，人亦有陰陽。天地之陰氣起，而人之陰氣應之而起；人之陰氣
> 起，而天地之陰氣亦宜應之而起，其道一也。……非獨陰陽之氣可以類進
> 退也，雖不祥禍福所從生，亦由是也。無非己先起之，而物以類應之而動
> 者也。(〈同類相動〉)

3. 人副天數

不僅陰陽、萬物是相應相感的，而人秉陰陽，也為萬物之一，所以人也是如此。不過董仲舒更進一步，認為人不僅是萬物之一，而人更超於萬物，因為人身的構造以天為本。正如他說：

> 天地之精，所以生物者，莫貴於人。人受命乎天也，故超然有以倚。物疾疾莫能為仁義，唯人獨能為仁義。物疾疾莫能偶天地，唯人獨能偶天地。人有三百六十節，偶天之數也；形體骨肉，偶地之厚也。上有耳目聰明，日月之象也；體有空竅理脈，川谷之象也；心有哀樂喜怒，神氣之類也！（〈人副天數〉）

又說：

> 天地之符，陰陽之副，常設於身。身猶天也，數與之相參，故命與之相連也。天以終歲之數，成人之身，故小節三百六十六，副日數也；大節十二分，副月數也；內有五藏，副五行數也；外有四肢，副四時數也；乍視乍瞑，副晝夜也；乍剛乍柔，副冬夏也；乍哀乍樂，副陰陽也；心有計慮，副度數也；行有倫理，副天地也。（〈人副天數〉）

㈢天人感應的治道

董仲舒由這種相生、相應、相副的理論，建立了他那套天人感應之學。所謂「天人感應」，就一般意義來說，是指天人之間可以交感，也就是說人做了壞事，會得天譴；人做了好事，也會得天賞。不過一般的觀念，乃是把天看作一個會司賞罰的神靈。像墨子的天志，及一般宗教的觀念。而董仲舒卻以陰陽相生、萬物相應及人副天數的理論，把這種交感從宗教的權威性轉變而為物化的平等性。也就是說人不是向天求援，而是禍福自召。在這一意義上，董仲舒的思想非但不是荀子所批評的那種天人感應，而實際上反偏近於荀子的人為主義。

事實上，我們如果深一層的去研究董仲舒這種天人感應之學，將發現那完全是一種法天的治道而已。

1. 陰陽相應與治道

在董仲舒手中，陰陽不只是兩個形而上的原素，而是可以實際上施之於政治的。如他說：

> 天道之常，一陰一陽。陽者，天之德也；陰者，天之刑也。(〈陰陽義〉)
> 天出陽，為煖以生之；地出陰，為清以成之。不煖不生，不清不成。然而計其多少之分，則煖暑居百，而清寒居一，德教之與刑罰猶此也。故聖人多其愛，而少其嚴；厚其德，而簡其刑，以此配天。(〈基義〉)

這是把陽當作德，把陰當作刑，而施之於政治。另外，董仲舒又把陰陽作用施之於倫理。如他說：

> 君臣、父子、夫婦之義，皆取諸陰陽之道。君為陽，臣為陰；父為陽，子為陰；夫為陽，妻為陰。陰道無所獨行。其始也，不得專起；其終也，不得分功，有所兼之義。是故臣兼功於君，子兼功於父，妻兼功於夫，陰兼功於陽，地兼功於天。(〈基義〉)

2. 萬物相感與治道

在董仲舒的運用上，陰陽是宇宙變化的基本原理，而五行是萬物及人事變化的應用原理。所以關於萬物相感與治道的作用，董仲舒是透過五行來說明的，如：

> 王者與臣無禮，貌不肅敬，則木不曲直，而夏多暴風。風者，木之氣也。……王者言不從，則金不從革，而秋多霹靂。霹靂者，金氣也。王者視不明，則火不炎上，而秋多電。電者，火氣也。……王者聽不聰，則水不潤下，而春夏多暴雨。雨者，水氣也。……王者心不能容，則稼穡不成，而秋多雷。雷者，土氣也。(〈五行五事〉)

這是把五行的性能與君王的治道產生關聯，以敦促君王時時反省。

3. 人副天數與治道

由於人是天的縮影，因此政治上的設施，也必須取象於天數。董仲舒說：

王者制官，三公、九卿、二十七大夫、八十一元士，凡百二十人，而列臣備矣！吾聞聖王所取儀，金天之大經，三起而成，四轉而終。官制亦然者，此其儀與？三人而為一選，儀於三月而為一時也。四選而止，儀於四時而終也。三公者，王之所以自持也，天以三成之，王以三自持，立成數以為植，而四重之，其可以無失矣！備天數以參事，治謹於道之意也。（〈官制象天〉）

這完全是以天數來施於實際政治，因為按照董仲舒的看法，天是絕對完美的，所以這種模倣天數的政制也和天一樣的完美。

四、天人感應之學的檢討

以上，我們根據《春秋繁露》一書，畫出了董仲舒天人感應之學的一個輪廓。雖然他的這套學說，就現代眼光看起來，有許多地方是不夠完滿的，可以說只有理論，而無根據。但天人感應之學畢竟是漢代思潮的一條主流。我們說它是主流，並不是指它成就的偉大，可以作為漢代思想的重心，而是指它瀰漫之廣，不僅是讖緯災異之說，陰陽象數之學，甚之連許多正統的儒家都受到它的影響。尤其在整個漢代思想界，先秦的儒家，道家思想都只是被沿襲，被曲意運用，而沒有更好的創見，真正能夠代表漢代，有點新的看法的，也只有這種天人感應之學。

這種天人感應之學，雖然風靡了整個漢代，但自董仲舒之後，也有些學者逐漸覺醒。對它表示懷疑，甚之予以嚴厲的批評。

㈠天人感應之學的反響

對天人感應之學產生懷疑的學者，可以揚雄為代表。揚雄（西元前 53-18 年），字子雲。四川成都人。他在漢代思想界也被公認為大儒，一般哲學史中也都以專章來討論他。揚雄在思想方面的代表作有二：一是中年時期所寫的《太玄》，一是晚年時期所寫的《法言》。《太玄》是模擬《易經》而作，其中摻入了漢代陰陽五行，及象數的思想。其路線仍然不脫董仲舒天人感應之學。而他的《法言》卻是

模做《論語》而作，其路線雖然繼承了董仲舒獨尊儒學的運動，尊孔子，重五經，並批評諸子思想，而自比於孟子。如他說：

> 古者楊、墨塞路，孟子辭而闢之，廓如也。竊自比於孟子。（〈吾子〉）

就這些方面來說揚雄只是順承了董仲舒以來思想的趨勢，並沒有值得特別稱述的。不過在《法言》中，唯一值得一提的，就是他擺脫了陰陽災異的思想，甚至公開的表示懷疑。如：

> 或問：「星有甘石，何如?」曰：「在德不在星。德隆則晵星，星隆則晵德也。」（〈五百〉）
>
> 或問：「趙世多神，何也?」曰：「神怪茫茫，若存若亡，聖人曼（不）云。」（〈重黎〉）
>
> 象龍之致雨也，難矣哉！曰：「龍乎！龍乎！」（〈先知〉）

這些話都是對陰陽災異思想的懷疑。不過在《法言》中，揚雄只是強調孔孟精神，像孔子的「不語怪、力、亂、神」一樣，對於當時流行的那些災異思想，表示懷疑，最多予以否認。卻沒有全力的從事於批評。

真正對天人感應之學激烈批評的乃是王充。

由揚雄，而桓譚，而王充。這是反對天人感應之學的一條路線，桓譚和揚雄是好友，他反對讖緯，反對神仙思想。曾著有《新論》，可惜失傳了。王充的思想並受揚雄和桓譚的影響很深。他讚美揚雄為：「子雲無世俗之論。」（〈案書〉）讚美桓譚為：「論文以察實，則君山漢之賢人也。」（〈定賢〉）這都是指他們的文章不同於流俗那樣夾雜了許多陰陽五行，災異讖緯的思想。

王充（西元 27-96 年），字仲任。浙江人。他和董仲舒正好是出於兩個完全不同的政治背景、學術淵源和思想性格的人物。董仲舒得君行道，為經學博士，而以弘揚孔孟的道統自任。王充則出身平民，只做過一點管文書的工作。而且和漢代五經博士的學統毫無關係，他的思想都來自日常的經驗。

王充流傳下來的著作是《論衡》一書，他自描該書的旨趣是：「《詩》三百，一言以蔽之，曰：思無邪！《論衡》篇以十數，亦一言也，曰：疾虛妄。」事實上，

整本《論衡》可說是針對天人感應的思想，而建立了一套天人不相應的思想。要證明天人的不相應，在王充的想法，就是先要確立一切本乎自然的這一觀念。

首先王充用這個自然的觀念去推翻董仲舒那套有權威性的天道思想。他說：

> 天地合氣，萬物自生。猶夫婦合氣，子自生矣。萬物之生，含血之類，知飢知寒，見五穀可食，取而食之；見絲麻可衣，取而衣之。或說以為天生五穀以食人，生絲麻以衣人，此為天為人作農夫桑女之徒也。不合自然，故其義疑，未可從也。（〈自然〉）

這裏說明了天不是有靈性的，天不能夠生物，而是物自生的。但王充提出了這個「氣」字來，又深怕牽涉到陰陽感應的氣化思想中，所以他一方面說明天之出氣乃是自然的，如：

> 天之動行也，施氣也。體動氣乃出，物乃生矣！由人動氣也，體動氣乃出，子亦生也。夫人之施氣也，非欲以生子，氣施而子自生矣！天動不欲以生物，而物自生。此則自然也。（〈自然〉）

另一方面，他強調萬物的自生，也不是出於陰陽的相感，而是自然的。他說：

> 夫物以春生夏長，秋而熟老，適自枯死，陰氣適盛，與之會遇。何以驗之？物有秋不死者，生性未極也。人生百歲而終，物生一歲而死。死謂陰氣殺之，人終觸何氣而亡？論者猶或謂鬼喪之，夫人終鬼來，物死寒至，皆適遭也。……風從虎，雲從龍，同類通氣，性相感動，若夫物事相遭，吉凶同時，偶適相遇，非氣感也。殺人者罪至大辟。殺者，罪當重；死者，命當盡也。故害氣下降，因命先中；聖王德施，厚祿先逢。是故德令降於殿堂，命長之因出於牢中。天非為因未當死，使聖王出德令也。聖王適下赦，拘囚適當免死。猶人以夜臥晝起矣！夜月光盡，不可以作，人力亦倦，欲壹休息；晝日光明，人臥亦覺，力亦復足。非天以日作之，以夜息之也；作與日相應，息與夜相得也。（〈偶會〉）

在這裏我們可以看出在王充手中，這個自然乃是偶然的意思，正如他說：「自然之

道，適偶之數。」（〈偶會〉）這個「自然之道」，和老子的「天法道，道法自然」的思想完全不同，老子是把道抬高到天之上，以道來代替有意志、有權威性的天；然後再以自然來強調「自本」與「無為」。所謂「自本」，就是指道的「自本自根」，道之上，再沒有更高的東西來牽制它。所謂「無為」，就是指道的無私、無欲。所以老子的自然是一個很高的境界。可是王充手中的自然，卻不是往上提昇的作用，相反的卻是往下的墜落。他是把自然當作偶然，把這個天完全打破了，摔在地上，變成一個毫無意義、毫無價值的東西。

王充思想的致命弱點，就是他對這個道毫無體認。他雖然讚美黃老，卻對真正道家的思想全不相應。他雖然批評漢代經學之不當，卻對真正儒家思想缺乏了解。他只是拾取一些粗俗的經驗來加以推論。所以他批評當時流行的天人感應之學，勇氣雖可嘉，才力卻不夠。結果是正面的，他並沒有能深入的把握天人感應之學的漏洞，另外建立一套新的學說體系。可是負面的，卻破壞了人性和道德的必然性。所以他的理論，是空有論說，而無理境、理趣。

㈡天人感應之學的使命及其陷落

以上我們簡述了揚雄、王充等人對天人感應之學的反響。但這種反響並沒有推翻了天人感應之學的流行。天人感應之學的產生自有其時代背景，及學術趨勢。

前面我們曾說過漢代思想的特色是學術和政治的結合，而漢代的儒生，從陸賈、賈誼，到董仲舒，都是努力於儒學能夠得君而行道。可是漢代的君主們可以說都是宗教意識非常濃厚的，在這樣的環境下，儒生們想透過君王來實踐他們的理想，只有兩條路，一條是正面勸諫君王，使他們服膺於義理，這一條路子，孔孟荀等先秦儒家都嘗試過，但卻是對牛彈琴，沒有效果。另一條路是婉轉的，先投其所好，設計出一套格式，使他們入範，不自覺的推行仁政。這就是董仲舒等漢儒所走的路。

以上是就時代的政治背景來說，再從學術發展的趨勢來看。在西方哲學史上，是先有素樸的宇宙論，如泰利士認為宇宙的根本元素是水等等，然後發展到蘇格拉底、柏拉圖等，才有倫理及政治方面的哲學。而在中國哲學史上，卻是先有孔子、老子等倫理及政治方面的哲學，儘管伏羲的八卦及六十四卦畫得很早，但這

赤裸裸的圖象很快的便穿起了倫理和政治哲學的外衣。直到戰國末年以來，才有餘暇，轉眼到宇宙論上去。由於我們的哲學到了漢代才開始正式的、客觀的，而且是大量的去研究宇宙論的問題，因此在起步時，有許多不甚合理的推論，欠缺根據的假設，也是不能免的。試看西方哲學兼科學之父的亞里斯多德的學說中，在科學方面不是也有很多不合理的論說嗎？而西方哲學中，從水氣火地，再經單子、原子而直到電子，不是也要經過一段很長時間的淘汰舊說發明新學嗎？如果我們以這種心情去看董仲舒等的天人感應之學，我們應該說這是中國哲學嘗試從心性道德邁向宇宙天體的一個開始。只可惜的是這個開始沒有好好的轉化、發展，而有新的成就。

在這方面，我們之所以沒有好好的轉化、發展，原因相當複雜。譬如：

①中國哲學始終以倫理、政治為主體。對於純知識的追求，很難成為主流。所以像桓譚和張衡等在科學方面有成就的學者，卻沒有得到應有的重視。

②由於中國哲學不重視純知識的追求，因此發展不出一套客觀的知識方法。又由於沒有客觀的知識方法，所以在宇宙論上的探索，始終是出於主觀的設計，而沒有經過嚴密考察的證據。

③由於這套學說，自始便負有政治的使命，再加以摻雜了宗教意識的因素，所以兩面牽制了它，使它不能獨立的走向天道。

在這裏，我們無法詳述其他各點，僅從第三點談談這套天人感應之學本身的陷落。

對於天道的研究，至少有四條路向，一是科學的，如現代科學的宇宙論；一是哲學的，如希臘哲學家的宇宙論；一是宗教的，如佛教的天道論；一是道德的，如儒家的天道論。當然這四條路向並不是絕對分隔，互不相融的，如希臘哲學中的宇宙論，兼有科學性和哲學性；先秦儒家思想中的天道論，兼有哲學性和道德性，這種兼有性如果相融得好的話，可以互相提攜，使其更為完滿。〈中庸〉上所謂：「誠者，天之道也；誠之者，人之道也。」這個「誠」字一方面是哲學的，一方面也是道德的。由於它是哲學的，所以才能上達於天之道；由於是道德的，才有實踐之功。同時也可互相輔助，而發展成新的學說，如希臘哲學中的許多科學研究，由於哲學方面提供了它的園地、方法及思辨的推論，然後才慢慢發展成今

日獨立的科學。相反的，如果兼融得不當，卻因互相牽制、抵消，而致陷落。董
仲舒等人的天人感應之學便犯了這個毛病，因為它同時兼有這四方面的性能，卻
不是和諧的相融，而是格格不入的相混。因此它們之間就產生了牽制作用。如他
以陰陽五行的作用來解釋宇宙變化的道理，這也自成一套學說，但他為了把這套
學說和倫理、政治連成一氣，於是便把陽解作德，陰解作刑。接著為了要和儒家
重德輕刑的思想配合，他便非常勉強的說：

> 陽之出，常縣於前而任歲事；陰之出，常縣於後而守空虛。陽之休也，功
> 已成於上而伏於下；陰之伏也，不得近義而遠其處也。天之任陽不任陰、
> 好德不好刑如是。故陽出而前，陰出而後，尊德而卑刑之心見矣！（〈天道
> 無二〉）
> 計其多少之分，則煖暑居百，而清寒居一。德教之與刑罰猶此也，故聖人
> 多其愛而少其嚴，厚其德而簡其刑。（〈基義〉）

這種勉強附會的理論，就天道上來說，根本違反了《易經》「一陰一陽之謂道」的
基本精神，因為陰陽同為生生原理，豈能有多少輕重之分？可是董仲舒把陽解作
德，陰解作刑後，為了重德而輕刑，於是回過頭去說天道任陽而不任陰。這是以
人事上的施為去曲解天道的作用。再就倫理道德來說，他把孝道與五行配合。如
他說：

> 「『夫孝，天之經，地之義。』何謂也？」對曰：「天有五行：木火土金水是
> 也。木生火、火生土、土生金、金生水。水為冬，金為秋，土為季夏，火
> 為夏，木為春。春主生、夏主長、季夏主養、秋主收、冬主藏。藏，冬之
> 所成也。是故父之所生，其子長之；父之所長，其子養之；父之所養，其
> 子成之。諸父所為，其子皆奉承而續行之，不敢不致。如父之意，盡為人
> 之道也。故五行者，五行也。由此觀之，父授之，子受之，乃天之道也。
> 故曰：夫孝者，天之經也。」（〈五行對〉）

在這裏他把孝道的意義，粘著在五行的機械式的變化上，這樣無異挖掉了孝道在
德性上的自覺的基礎。試看孔子論三年之喪，強調父母扶育子女之辛勞，這是父

母子女之間的情感基礎。而董仲舒的這種以孝道附會五行，卻使孝道物化。所以說這是天道與倫理思想的陷落。

由上面，我們已看過漢代的儒生，一方面要為儒家在政治上找出路，另一方面要為儒家思想在天道上找出路。可是由於他們思想本身的粘著與陷落，使這兩方面的出路都變成了死路。

要想轉死為生，還要等待一段漫長的歲月。

第十五章　魏晉南北朝的玄學之風

　　漢代的四百多年間，雖然思想的發展，有四層轉折，但就整個學術上的表現來說，是以儒家的經學為主。可是到了魏晉南北朝時期，卻由訓詁注疏的經學轉變為虛無空靈的玄學。

一、什麼是玄學

　　玄學可以說是魏晉南北朝學術上的特色。玄學是以《周易》、《老子》、《莊子》的所謂「三玄」為主，作形而上思想方面的探討。

　　以玄學兩字來看，這個「玄」字，在先秦儒家經典中，根本沒有哲學的地位。如《論語》中僅出現了兩次：「羔裘玄冠不以弔。」（〈鄉黨〉）「敢用玄牡。」（〈堯曰〉）《孟子》中也只出現兩次：「篚厥玄黃……其君子實玄黃于篚以迎其君子。」（〈滕文公下〉）這些都是指的赤黑色，而沒有哲學的意義。可是在道家的書中，這個玄字的地位非常重要，如《老子》屢言「玄之又玄」、「玄妙微通」，《莊子》則屢言「玄天」、「玄德」、「玄聖」、「玄同」、「玄冥」、「玄古」、「玄珠」。所以就先秦儒家的基本精神來說，儒家是不談玄的，這個玄字乃是道家的術語。

　　到了漢代的儒家，由於摻入了道家，和陰陽五行的思想，才離開了儒家的平實面，而走入玄思之途。如揚雄在〈太玄賦〉中便說：「觀《大易》之損益兮，覽老氏之倚伏。」不過漢代學者的玄，和魏晉學者的所謂玄學不同。漢代學者只是因為他們把《易經》和陰陽五行混合起來，談宇宙人生變化的天道，由於這一套學問越出了孔孟的為學方向，所以他們稱之為玄，以表示玄遠的意思。至於魏晉的玄學卻是把《易經》和老莊的思想混合，而就本體上作玄妙之談。玄而稱為一種

學，也是魏晉時期特有的術語，如《晉書‧陸雲傳》中便說他：「初無玄學。」

魏晉學者在玄學方面的表現，都是就三玄來作注和論。譬如在注的方面，有王弼的《周易（六十四卦）注》（〈繫辭〉為韓康伯所注）、《老子注》，向秀和郭象的《莊子注》。在論的方面，有鍾會的《易無互體論》（已亡佚），阮籍的〈通易論〉、〈通老論〉、〈達莊論〉，何晏的《老子道德二論》（已亡佚），孫盛的〈易象妙於見形論〉（已亡佚）、〈老聃非大賢論〉，嵇康的〈聲無哀樂論〉，殷浩的〈易象論〉（殘缺），王坦之的〈廢莊論〉（已亡佚），裴頠的〈崇有論〉，支遁的〈逍遙論〉（殘缺）等，這些可說是魏晉學者在玄學方面主要的作品。

再就清談來說，本是指一種優雅，而不落現實的談論。當然這種談論並不限於魏晉。但這一名詞的運用，卻是因談玄而起。也就是說清談和玄學是不可分的。清談的內容都是掇拾玄學上的一些玄理，如《世說新語‧文學篇》上所說：

> 舊云王丞相（導）過江左，止道聲無哀樂、養生、言盡意三理而已。然宛轉關生，無所不入。

這種純理的談論，有時是兩人的促膝而談，有時是集體參加，有裁判，而且是互換主題的辯論會。談論的地方，不限於書房、客廳，甚至在宴席上、寺廟內。參加的人物，不限於學者、名士，甚至政府官員、寺廟僧侶。可見這種清談在當時的風靡一代。

我們把玄學限於魏晉，把玄學和清談結合，這是為了對魏晉玄學有一個基本的了解。因為現代有許多學者，往往把玄學解作哲學，如熊十力在所著《新唯識論》中便自稱其學為玄學，而當時的科學與玄學的筆戰，也把中國的哲學當作玄學。還有些學者把玄學當作形而上學，這都是不甚妥貼的。我們可以稱儒家、道家和佛家的思想為哲學，但卻不能稱之為儒家、道家和佛家的玄學；我們也可以稱儒家的道學為形而上學，但絕不能稱它為儒家的玄學。我們也可以稱佛家的性體思想為佛家的形而上學，但不能稱之為佛家的玄學。甚之老子和莊子的思想都有這個玄味十足的玄字，如果我們說老子和莊子的形上思想，那是就老子和莊子思想本身來說的；如果我們說老子和莊子的玄學，那便不是老子和莊子本身的思想，而是指魏晉學者對老子和莊子思想的研究了。為什麼如此，因為一扣上了玄

學兩字，便意味著和現實人生離得遠遠的那種感覺。事實上，總使人聯想到魏晉學者們所醉心的那套學問。所以我們把玄學限於魏晉，把玄學和清談結合。這是還玄學一個本來面目。這就像我們可以稱宋明的儒學為理學，但卻不能把理學兩字，用之於先秦的儒家。

二、玄學思想形成的原因

㈠政治社會的不安

自漢末以來，由於政治紛亂，民生痛苦帶來了種種問題。譬如：

一方面，由於漢末宦官的專權，軍閥的割據，而致董卓、曹操舉兵，三國形成。接著是司馬炎篡位，賈后之亂，八王之亂，加以北方胡族入侵，懷愍二帝被俘，西晉亡。最後王敦、桓玄造反，東晉亡。這是一連串的政治紛爭，也是一連串的大屠殺。

另一方面，漢末以來，官商勾結，土地私有，貨幣貶值，再加上戰亂頻仍，使得農民暴動時起。桓帝時，有陳留、李堅稱帝，太山、公孫舉進兵青、徐、兗三州，以及各地的農民時起暴動。到了靈帝，各地方的勢力，合成了黃巾之亂，使得社會陷於一片混亂。到了魏晉，再加上饑荒、瘟疫，使得民不聊生。據統計從漢桓帝永壽三年到晉武帝太康元年的一百二十年間，中國人口由五千六百多萬減少到一千六百多萬。由此可見社會悽慘的情形了。

在這樣一個動盪不安的環境下，學術自然無法正常的發展。

㈡知識分子的受摧殘

東漢宦官得勢，如單超、侯覽、曹節、張讓等，都位列公侯，無所不為。讀書人起來反抗，而形成了黨錮之禍。桓帝延熹九年，靈帝建寧二年的兩次黨禍，前後共殺了知識分子九百多人，更株連到他們的親戚朋友，不知其數。這是繼秦始皇的焚書坑儒之後，大規模的公開殺害知識分子。使得當時的郭泰、袁閎、申屠蟠之流都遠遁山林，而被譽為高士。到了魏晉時期，軍閥當權，更有意的摧殘

257

知識分子，如孔融、楊修、丁儀、丁廙，死於魏；何晏、鄧颺、李豐、夏侯玄、許允、嵇康、呂安、鍾會、鄧艾等為司馬懿、司馬師、司馬昭一家所殺；裴頠、張華、歐陽建、潘岳等為趙王倫所殺；陸機、陸雲等為成都王所殺。這是軍閥動輒殺害知識分子的一面。

另一面，曹操更有意的破壞讀書人的氣節。他曾頒布了一封〈求賢令〉說：

> 若必廉士而後可用，則齊桓其何以霸世？今天下得無有被褐懷玉而釣於渭濱者乎？又得無盜嫂受金而未遇無知者乎？二三子其佐明揚仄陋，唯才是舉，吾得而用之。（《三國志·魏書·武帝》）

像這種公開標榜唯才是舉，而不管「盜嫂受金」的污行，可說是對知識分子人格的一大侮辱，所以當時有氣節的人士只有苟全性命而避世了。

(三)漢代學術的反作用

漢代由於武帝的獨尊儒家，使得儒學變成了利祿之途的工具。當時的許多儒生們不是為了救世救人而學問，而是把儒學當作專利；於是講師承，講專研於一經。只斤斤於字義的考釋，變成了書本的蛀蟲。如《漢書》的描寫：

> 後世經傳，既已乖離，博學者又不思多聞闕疑之義而務碎義逃難，便辭巧說，破壞形體，說五字之文，至於二三萬言。後進彌以馳逐。故幼童守一藝，白首而後能言；安其所習，毀所不見，終以自蔽。此學者之大患也。
> （《漢書·藝文志》）

可見當時的這些學者只拘守於一經，不是在文字上爬梳，便是大講其陰陽災異的理論。對於儒家思想的精神，毫無體認。而他們之所以能皓首窮經，利祿的吸引，和當時政府的重視所形成的風氣是主要的原因。可是到了魏晉時期，這些君主和當政者，非但不再推尊儒學，而且還有意的破壞士風。於是利祿之途一斷，學者們自然不再安於「幼童守一藝，白首而後能言」的注經生涯。因此很自然的反對漢代的儒術，而走上任性逍遙的道家之路。

㈣浪漫文學的交互影響

　　浪漫文學和此一時期的思想是交互影響的。由於道家思想的流行，影響到文學上，自然產生那種不滿現實、超塵出世的浪漫文學。就拿當時文壇的領袖曹植來說，他的〈玄暢賦〉、〈釋愁文〉、〈髑髏說〉都充滿了老莊思想，而他的〈洛神賦〉、〈升天行〉、〈仙人篇〉等，也都發抒著不滿現實的出世思想。不僅當時的文人如此，就拿自命為一代豪雄的曹操，也會寫出愁腸百結、人生嘆苦的〈短歌行〉來。

　　另一方面，由於浪漫文學的流行，使得當時的思想家們不再像漢儒一樣扳起臉孔來講經。這時的思想家們幾乎都是文學的能手。他們不僅善於為文為詩，如阮籍、稽康等；而且他們的哲學著作，都是極富文學的色彩。就拿王弼的《老子注》，向秀、郭象的《莊子注》來說，雖然都是替別人作注，但抽開來看，都是極有文學價值的作品。譬如王弼《老子・三十八章注》，就是一篇極為出色的文章。向秀、郭象的《莊子・逍遙遊注》，可以說是文學的情調勝過思想的深度。

　　這種老莊思想和浪漫文學的結合，影響到人生，便成為浪漫的行為。這種浪漫行為也正助長了清談之風。

三、玄學的兩派

　　魏晉思想如果以玄學來說，一般都分為名理、玄論和曠達三派。其實如果嚴密的來說，曠達不能自成一派，可看作玄論派的延伸，所以只有名理和玄論兩派。如果開放的來說，魏晉思想中，除了玄學之外，尚有道教的神仙之學（丹鼎派）和佛教的般若思想（般若派），雖然這兩者不以玄談為主，但他們的思想都和玄學及清談發生關係，譬如魏伯陽的《參同契》（魏伯陽雖傳說是漢代人，但其書《參同契》被認為是魏晉時的作品），也是以《易》學和老學作為煉丹的間架。再如當時的格義之學，及僧肇等人的思想，也都融有極濃厚的老莊思想。尤其許多道士和名僧都和玄學家來往，甚之直接參加清談的行列，如支遁等。

　　不過這兩派由於歸屬於道、佛兩教，所以放到以後再談，這裏，我們只以名理和玄論兩派為主。

㈠名理派

1. 名理派所談的主題

名理兩字雖運用於魏晉，但這個「名」字卻與先秦的名家有點關係。因為在初期的名理派中，也有涉及名學和〈墨辯〉等論題。如：

> 爰翰子俞，字世都，清真貴素，辯於論議。採公孫龍之辭，以談微理，少有能名。（《三國志‧魏書‧鄧艾傳》引荀綽《冀州記》）
>
> 論折堅白，辯藏三耳。（《太平御覽》四百六十四卷）
>
> 其（魯勝）著述，為世所稱，遭亂遺失，惟注〈墨辯〉存。（《晉書‧魯勝》）
>
> 謝安年少時，請阮光祿道〈白馬論〉，為論以示謝。於時，謝不即解阮語，重相咨盡。阮乃嘆曰：「非但能言人不可得，正索解人亦不可得。」（《世說新語‧文學》）

不過這些名學的論題，並沒有構成名理派的中心思想。初期名理派，如劉劭、傅嘏、鍾會等人是以論才性為主。後期的名理派，如裴頠、孫盛等人卻是反對玄論派的主張虛無，而提倡實有。這表面上似乎極不相關的三種論題：名學、才性和崇有，又如何都成為名理派的思想？我們分析這一派的文字和談論，可以得到二點解釋：一是廣義的名家不限於惠施和公孫龍等的分析概念，所謂形名家或刑名家也都是名家的流變。因為講究名實是名家的主題，循名責實，是名家在政治上的運用。而名理派中，品評人物和辯論才性，也都是屬於政治上的考察名實，所以魏文帝的《士操》和劉劭的《人物志》在〈隋志〉中是被列入名家之流。二是名理學家們都善於文字語言的分析，這是名家的特色，才性論把它用之於對人物的分析；而崇有論卻用它來批評玄論派的思想。

2. 初期名理派

初期名理派談論的主題是品評人物，這種思想的產生遠因可以說肇始於漢光武的表彰氣節，使得名士們互相標榜，品藻次第，而講才識，講風度。譬如漢末有名的才士郭林宗，由儒入道，善於保身。《後漢書》對他的描寫是：

身長八尺，容貌魁偉，褒衣博帶，周遊郡國。嘗於陳梁間行遇雨，巾一角
墊，時人乃故折巾一角，以為林宗巾，其見慕皆如此。（《後漢書·郭太》）

說他：

善談論，美音制。……善人倫，而不為危言覈論。（《後漢書·郭太》）

這正是清談家的典型了。

後來到了魏文帝時，更頒布了一個九品中正的制度。雖然設官分職本是政治
上早就有的事實。但此時九品中正的選拔，卻不是憑筆試的工夫，而是一方面靠
口試，要看被推舉者的容貌、談吐、才質、器度。另一方面採取公眾輿論的品評。
雖然這種制度也受到漢末以來品評人物風氣的影響，但一當其成為制度後，更助
長這種品評人物的思想。而當時流行的幾本品評人物的書，如魏文帝的《士操》、
姚信的《士緯新書》、劉劭的《人物志》等，都成為當時流行的入宦指南了。

這些品評人物的書之所以入玄，有兩個原因：一方面，是由於他們的觀點可
以當作清談的題材，以及在清談中作為評判的標準，而且他們也都直接參加清談。
如：

傅嘏善言虛勝，荀粲談尚玄遠，每至共語，有爭而不相喻。裴冀州釋二家
之義，通彼我之懷，常使兩情皆得，彼此俱暢。（《世說新語·文學》）

《三國志·魏書·荀彧傳注》說：「嘏善名理。」〈魏書〉他的本傳說：「嘏常論才
性同異。」可見傅嘏是名理派的人物，常談才性問題。而此處所謂虛勝，乃指名理
方面的抽象原理。這也是清談的論題之一。另一方面是由於他們的品評人物，並
不是以一般知識的眼光，而是涉及許多玄妙的觀點。如《意林》一書中錄了《士
緯新書》的一段話：

孔文舉金性太多，木性不足，背陰向陽，雄偉孤立。

這是以陰陽五行來論才性了。由此可見才性論也和當時的玄談有關。如《世說新
語·文學篇》上所載：

> 殷仲堪精覈玄論，人謂其莫不研究。殷乃嘆曰：「使我解《四本》，談不翅
> 爾。」

所謂「四本」就是名理派鍾會的《才性四本論》。

初期名理派的主要人物可以劉劭、鍾會為代表。

㈠劉劭

劉劭，字孔才。博學多聞，著作甚豐，有《法論》、《樂論》等。唯流傳於今
者，僅《人物志》一書。該書分析人的性情、才能、氣質、神貌，以及各種歷史
人物的長短得失，和知人用人的觀察方法，可說是中國學術史上難得的一部專門
論人的著作。

《人物志》在思想上，並不純粹。它是雜糅了儒道法陰陽五行各家的思想。
在討論到人性本質時，它引用了陰陽五行的思想。如：

> 凡有血氣者，莫不合元一以為質，稟陰陽以立性，體五行而著形。(〈九徵〉)

在討論到政治問題時，它兼用了儒道法三家的思想。它一方面強調儒家思想，認
為聖人是以中庸為德。如：

> 兼德而至，謂之中庸；中庸也者，聖人之目也。(〈九徵〉)

另一方面，在政術的運用上，它糅合了道法的觀點。如：

> 主德者，聰明平淡，總達眾才，而不以事自任者也。(〈流業〉)

就這些方面看來，該書都是沿襲了漢代雜家的思想，並沒有特殊的創見。

但本書值得我們特別注意的是它對名理和人物分析的工夫。譬如：「中庸」兩
字，雖然在〈中庸〉一書裏，曾就德性方面作過深入的發揮，但後來的學者，都
只是根據〈中庸〉一書的義理，寫文章讚揚而已。唯本書卻能很具體的列舉各種
人物氣質上的差別來說明中庸之道的過與不及。如它說：

> 夫中庸之德，其質無名，……變化無方，以達為節。是以抗者過之，而拘
> 者不逮。夫拘抗違中，故善有所章，而理有所失。是故厲直剛毅，才在矯

正，失在激訐；柔順安恕，每在寬容，失在少決；雄悍傑健，任在膽烈，失在多忌；精良畏慎，善在恭謹，失在多疑……。（〈體別〉）

該書不僅舉出了這些差別得失，而且提出針砭方法。如：

及其進德之日，不止揆中庸，以戒其才之拘抗，而指人之所短，以益其失；猶晉楚帶劍，遞相詭反也。是故強毅之人，狠剛不和，不戒其強之搪突，而以順為撓，厲其抗；是故可與立法，難與入微。柔順之人，緩心寬斷，不戒其事之不攝，而以抗為劇，安其舒；是故可與循常，難與權疑。雄悍之人，氣奮勇決，不戒其勇之毀跌，而以順為恇，竭其勢；是故可與涉難，難與居約。懼慎之人，畏患多忌，不戒其懦於為義，而以勇為狎，增其疑；是故可與保全，難與立節。（〈體別〉）

這本書之所以值得我們一提，乃是劉劭在這方面的研究，可說已進入心理學的範圍。唯可惜的是後繼無人，而未能發展成一套中國哲學化的心理學。

(乙)鍾會

鍾會，字士季。博學多才，善談名理。他在政治舞臺上的活動，〈魏書‧鍾會傳〉中曾介紹得頗為詳細。可是在思想上的表現，只有寥寥數語：

會嘗論《易》無互體，才性同異。及會死後，於會家得書二十篇，名曰《道論》，而實刑名家也。（〈魏書‧鍾會〉）

此處所謂刑名，事實上即是指的名理。可惜今天我們都看不到他的這些作品。唯值得注意的是他對於才性同異的問題，曾撰有《四本論》，而轟動一時。《世說新語》上記載說：

鍾會撰《四本論》，始畢，甚欲使嵇公一見，置懷中；既定，畏其難，懷不敢出，於戶外遙擲，便回急走。（《世說新語‧文學》）

鍾會為什麼「畏其難」，因為嵇康是當時玄論派的名流，而鍾會的《四本論》乃是談才性同異的問題，這是名理派的主要論題。所以鍾會遙擲給嵇康的《四本論》，

無異是一封挑戰書。

關於《四本論》的內容，我們今天也讀不到，唯《世說新語》前段文字的〈注〉中曾引〈魏書〉說：

> 會論才性同異傳於世。「四本」者：言才性同，才性異，才性合，才性離也。尚書傅嘏論同，中書令李豐論異，侍郎鍾會論合，屯騎校尉王廣論離。（《世說新語・文學》）

雖然我們無法確知他們立論的根據，但就《人物志》及當時他們談論才性問題所留下的片段來看，他們所謂性是指的本性，才是指的才能。至於本性和才能之間的是同，是異，是合，是離，這的確是一個值得探討的問題。因為古代哲學家們一談到性，不是歸之於本然，便是把性和德連在一起，很少考慮到性和才能的關係。如果這部《四本論》不遺失，而才性論的問題能得到有系統的探討，這將對於中國哲學上的人性論有極大的貢獻。

3. 後期名理派

後期名理派是在玄論派發展到高峰之後，他們鑑於玄論派的祖尚老莊，落於虛無，而提出批評的看法。他們放棄前期名理派對才性問題的熱衷討論，因為在當時品評人物得失，會有殺身之禍，所以他們把目標轉向玄談，希望以儒家的「有」，來補救老莊的「無」。

後期名理派的人物，有裴頠、孫盛和王坦之等。

㈠裴頠

裴頠是王戎的女婿，他的叔祖是裴徽，堂弟是裴遐。在當時裴王兩族都是清談的世家，王族偏於玄論，裴族偏於名理，而裴頠出入於兩族清談的宴席上。他曾和玄論派的樂廣及王衍有過激烈的辯論，而被譽為言談之林藪。他在政治上地位也很高，曾參與機密，後為趙王倫所殺，年僅三十四歲。

他雖參與清談，但卻深惡玄論派人物的不遵禮法，放蕩無行。所以他著有〈崇有論〉一文，企圖以「有」來制「無」。他說：

> 養既化之有，非無用所能全也。理既有之眾，非無為所能循也。心非事也，

而制事必由於心；然不可以制事以非事，謂心為無也。匠非器也，而制器
必須於匠；然不可以制器以非器，謂匠非有也。是以欲收重泉之鱗，非偃
息之所能獲也。隕高墉之禽，非靜拱之所能捷也。審投弦餌之用，非無知
之所能覽也。由是觀之，濟有者，皆有也，虛無奚益於已有之群生哉？（《晉
書・裴頠》）

他這種崇有以貶無的思想，如果以針砭玄論派的陷於虛無的觀點來看，是煞費苦
心的，但就對於老子無為思想的了解來看，他卻是隔了一層。因為老子的無為乃
是針對虛偽弄巧之有立論，而裴頠之有乃指實有，無乃指實無，這與老子的有無
實在是不相關的。

　　㈡孫盛

　　孫盛是東晉名理派的中堅，他與當時玄論派的領袖殷浩對抗。他和殷浩在一
次清談中「共討《易》象妙於見形」的問題，據說當時只有他一人單槍匹馬，而
全座都是玄論派的人物，可是卻奈何他不得。他的〈易象妙於見形論〉的重點是：

聖人知觀器不足以達變，故表圓應於著龜；圓應不可為典要，故寄妙跡於
六爻；六爻周流，唯化所適。故雖一畫，而吉凶並彰，微一則失之矣。擬
器託象，而慶咎交著，繫器則失之矣。故設八卦者，蓋緣化之影跡也；天
下者，寄見之一形也。圓影備未備之象，一形兼未形之形。（《世說新語・
文學篇》注引〈易象妙於見形論〉）

這段理論之所以不能為玄論派所接受而引起一場爭辯，就是由於孫盛始終強調這
一畫、一形之一，以破玄論派之虛無，所以他的苦心是和裴頠的崇有同出一轍的。

　　他除了這篇〈易象妙於見形論〉外，更寫了兩篇直接批評《老子》的文字，
一篇是〈老子疑問反訊〉，另一篇是〈老聃非大聖論〉。孫盛對於《老子》的批評
是非常冷靜的，從文字語言著手，發揮了名理派對名相解析的才能。譬如他對《老
子》第二章「天下皆知美之為美，斯惡已」的批評：

夫美惡之名，生乎美惡之實。道德淳美，則有善名；頑嚚聾昧，則有惡聲。
……然則大美大善，天下皆知之，何以得云斯惡乎。

又如對《老子》第十九章「絕聖棄知」的批評說：

> 老氏既云絕聖，而每章輒稱聖人，既稱聖人，則跡焉能得絕？若欲所絕者，
> 絕堯舜周孔之跡，則所稱聖者，為是何聖之跡乎。

孫盛的這種批評值得我們注意的有兩點：第一點，他能在當時把《老子》捧得高不可及的玄談聲中，那麼冷靜的逐字逐句的指出《老子》的矛盾，的確是空谷足音。而他這種文字分析的方法和今日用邏輯，或語言分析的方法來批評中國哲學是如出一轍的。第二點，他這種批評也和今日以邏輯或語言分析的方法來批評中國哲學一樣犯了同樣的毛病。就是只從文字皮毛上看，而摸不到老子思想的真精神。譬如老子所謂絕聖者，乃是從心中絕掉自以為聖的執著，這樣才能達到實際上聖人的事功。在《老子》書中同樣的字往往有不同的層次，而文字語言的分析往往只用一個標準，因此他們的批評常會陷於皮相之談。

(二)玄論派

1. 玄論派的特色

玄論派是整個魏晉玄學的主流。可分前後兩個時期。

前期的玄論派是以何晏、王弼等人為主。他們和名理派對立，富於玄想。他們尊奉老子，但也不否定孔子。他們注《道德經》，也注《易經》《論語》，在表面上是調和儒道兩家的思想，但實際上，卻是以老子注解孔子，以道家代替儒家。

後期的玄論派是以阮籍、嵇康、向秀等人為主，他們尊奉莊子，有意於學習莊子的逍遙。這時候已完全拋棄了儒家思想，有時他們的所作所為有意違反禮俗，所以史家又稱他們為曠達派。

2. 前期玄論派

前期玄論派的中堅是何晏和王弼兩人，整個玄學思想就是他們兩人把它帶上高潮的。

(甲)何晏

何晏（西元 195-249 年），字平叔。河南人。是何進之孫，他的母親尹夫人為曹操所納。後來他又娶了曹操與杜夫人所生的金鄉公主。所以他和曹氏一家有姻

親的關係，在政治上他曲附曹爽，做到了吏部尚書。後來司馬懿殺了曹爽，而他也受到了株殺之禍。

何晏所留下來的著作有《論語集解》一書，雖然該書也編集了許多學者的解釋，但正反映出何晏努力的方向，就是以老解儒，使儒家的思想道家化。譬如：

《論語》	《集解》
為政以德。	德者無為。
回也其庶乎，屢空。	屢猶每也，空猶虛中也。
志於道。	志，慕也，道不可體，故志之而已。
修己以安百姓，堯舜其猶病諸。	百姓百品，萬國殊風，以不治治之，乃得其極。若欲修己以治之，雖堯舜必病，況君子乎！

從這些例子看來，他的《集解》對於儒家思想是格格不入的，即使他有意要使儒家玄學化，但這一努力對儒家思想是白費的。因為儒家思想在心性修養方面也許可以和老莊的精神溝通，但要想把這套強調倫理政治的實際學問變成玄談的題材，是不可能的。

何晏思想值得注意的是他對道家玄學化方面的努力，可惜沒有留下系統的作品，只有在《列子》張湛注引中有一些片段的資料。如他說：

> 有之為有，恃無以生；事而為事，由無而成。夫道之而無語，名之而無名，視之而無形，聽之而無聲，則道之全焉。（《列子‧天瑞注》）

又說：

> 夫道者，惟無所有者也。自天地以來，皆有所有矣，然猶謂之道者，以其能復用無所有也。（《列子‧仲尼注》）

在《老子》書中，雖然這個「無」字相當重要，但都是就作用上來說。《老子》書中並沒有直指這個道就是無，可是何晏這兩段話，卻直言道就是無。這種把無看作道體的思想，就是玄學清談的根據。此後不僅整個玄論派以老子之道為無，就

是今天許多學者仍然受此影響，而誤老子之道為虛無。

何晏在玄學上雖然有帶頭的作用，但真正在玄學方面有系統研究，而奠定基礎的乃是當時比何晏年輕的王弼。

㈡王弼

王弼（西元 226-249 年），字輔嗣。山東人。十餘歲時就喜歡讀《老子》，而極有心得。當時何晏正是這方面的領袖，王弼以剛弱冠的少年，便參加了清談，而壓倒了何晏的聲勢。〈魏書〉中曾記載了他們之間的一段清談：

> 何晏以為聖人無喜怒哀樂，其論甚精，鍾會等述之。弼與不同，以為聖人茂於人者神明也，同於人者五情也。神明茂，故能體沖和以通無；五情同，故不能無哀樂之應物。然則聖人之情，應物而無累於物者也。今以其無累，便謂不復應物，失之多矣。（《三國志‧魏書‧鍾會‧王弼注》）

從這段話中可以看出何晏的思想是著重在無字上，他認為老子貴無，而他有意把老子抬高到聖人的地位，所以說聖人無喜怒哀樂。《世說新語》上曾說：

> 自儒者論，以老子非聖人，絕禮棄學。晏說與聖人同，著論行於世也。（《世說新語‧文學篇》引《文章敘錄》）

這是何晏儒家玄學化的路向，在表面上是把老子抬高到聖人的境界，而實際上卻是把儒學完全歸入「無」的境界。至於王弼的思想就比何晏深刻多了。雖然我們無法確知何晏推論的內容，但從王弼的推論中可以看出何晏只強調一個「無」字，只做到斷滅情意的地步，這在道家修養上只是較低層次的工夫，如果只限於此，便成為槁木死灰。王弼看清這一點，他主張「沖氣」、「應物」，這都是在心性上求中和，求內外溝通。雖然我們也無法確知王弼此論是否與〈中庸〉上所謂「喜怒哀樂之未發，謂之中，發而皆中節，謂之和」有任何關係，但他和何晏不同的地方，是他雖然貴無，但也注意到有；雖然唱靜，但也知道動。他不像何晏一樣，只談本體，他是由有以歸無，由動以返靜。

由有以歸無的思想，王弼得自於《老子》一書，而由動以返靜的思想，乃是王弼以《老》解《易》的結晶。

　　王弼的注《老》，這是他使老子玄學化的最大貢獻。我們一提到玄學化，一般來說，好像是指的祖尚虛無，變成不切實際的談玄。如果用之於儒家，玄學化可以說是使儒家失去了生命力的一種虛脫，何晏的《論語集解》有此毛病。但用之於王弼的注《老》，意義卻不同。因為《老子》一書本有其形上的高深境界，可是從戰國以來，《老子》一書為法家所用，而只當作一種權術的運用，韓非的〈解老〉〈喻老〉是如此，漢初的黃老之術也是如此。在這一發展上，王弼的注《老》，卻使《老子》一書回復到形上境界，這對老子思想來說，反而是一種提昇作用。

　　王弼注《老》的貢獻，是執發了老子性與自然的精義。在他筆下的性與自然是不可分的一體。這是他從有觀無，從無體驗出的道體。他強調性與自然，一面糾正了自戰國、秦漢至魏以來把《老子》用之於任刑任術的歧途。如第三十六章是最易被用為權謀術數之學的，但王弼的注卻是：

　　利器，利國之器也。唯因物之性，不假刑以理物。器不可覩，而物各得其所，則國之利器也。（《老子》三十六章王弼注）

這是強調治國者必須順民之性，使萬物各遂其所生。另一面他糾正了一般人對老子所謂「絕仁棄義」的誤解。如他在三十八章中那一大段注的末尾說：

　　仁德之厚，非用仁之所能也。行義之正，非用義之所成也。禮敬之清，非用禮之所濟也。載之以道，統之以母，故顯之而無所尚，彰之而無所競，……崇本以舉其末，則形名俱有而邪不生，大美配天而華不作，故母不可遠，本不可失。仁義，母之所生，非可以為母。（《老子》三十八章王弼注）

在這段話裏，王弼指出老子批評仁義，並非反對仁義，而是認為單單強調仁義是不夠的。應該從仁義的根源上著手，這個根源，就是道，就是德。而老子所謂道德也就是指的本性和自然。我們唯有在本性中，達到自然無為無欲的境界，才能用仁義。否則仁義反成為一種手段。姑無論王弼的這種解釋是否為儒家所接受，但他對《老子》一書作形而上的努力，卻使得老子思想向上開闢了更遼闊的天地。這是王弼在老子玄學化上的最大貢獻。

　　王弼第二本最重要的著作是《易經注》。《易》在漢代被奉為群經之首，而為

一切學術思想的依據，也正由於如此，漢代講《易》者，一方面講得非常專門，以致支離破碎；另一方面又各家師承，門牆高立。而王弼以一介少年，在這樣的學風之後，居然能掃盡漢《易》的各派學說，以他自己的玄思妙想而注《易經》，實在令人不得不欽佩他的勇氣和魄力。

雖然有謂王弼生長在《易》學世家，自有所傳承（焦里堂《周易補疏》）；有謂自漢嚴遵以來，兼治《老》、《易》者，不乏其人，而王弼之注也有徵引前人的注《易》者（湯錫予《魏晉玄學論稿》），但王弼的注《易》自有其一套理想和方法，既不是承襲前人的舊說；也不是偶然引用幾句道家的話語而已，他在《周易略例》一文中把他不滿前人的舊說，而有意創新的態度說得很明白：

> 義苟在健，何必馬乎？類苟在順，何必牛乎？爻苟合順，何必坤乃為牛？義苟應健，何必乾乃為馬？而或者定馬於乾、案文責卦，有馬無乾。則偽說滋漫，難可紀矣！互體不足，遂及卦變。變又不足，推致五行，一失其原，巧愈彌甚，縱復或值，而義無所取，蓋存象忘意之由也。忘象以求其意，義斯見矣！

這段話無異是向講互體，講卦變，以及摻雜了五行的漢代象數之《易》吹起了挑戰的號角。王弼所用以批評象數之《易》的就在他強調「忘象以求其意」。漢《易》之所以流於穿鑿附會，就是他們刻意的要存象，而忘了意。那麼什麼又是王弼所指的意呢？王弼在《周易略例》中一開頭就說：

> 夫〈彖〉者，何也？統論一卦之體，明其所由之主者也。夫眾不能治眾；治眾者，至寡者也。夫動不能制動；制天下之動者，貞夫一者也。故眾之所以得咸存者，主必致一也；動之所以得咸運者，原必無二也。物無妄然，必由其理。統之有宗，會之有元，故繁而不亂，眾而不惑。故六爻相錯，可舉一以明也；剛柔相乘，可立主以定也。

什麼是「主」呢？他又說：

> 品制萬變，宗主存焉。〈彖〉之所尚，斯為盛矣！夫少者，多之所貴也；寡

> 者，眾之所宗也。一卦五陽而一陰，則一陰為之主矣；五陰而一陽，則一陽為之主矣，夫陰之所求者，陽也。陽之所求者，陰也。陽苟一焉，五陰何得不同而歸之？陰苟隻焉，五陽何得不同而從之？故陰爻雖賤，而為一卦之主者，處其至少之地也。

本來「貞夫一」，這原是《易經》的思想，但王弼卻由「貞夫一」，以說明由少治寡，而納入了道家思想。再由以少治寡，強調陰爻也可為一卦之主，使《易經》走入了道家思想的範圍。這是王弼以道家治《易》的一條路線，由這條路線，最後很自然歸結到靜。其公式如下：

$$多 \longrightarrow 一 \longrightarrow 靜$$

因此王弼注《易》的最後歸宿點，就是強調一個靜字。如他在復卦〈彖傳〉中的注說：

> 復者，反本之謂也，天地以本為心者也。凡動息則靜，靜非對動者也；語息則默，默非對語者也。然則天地雖大，富有萬物；雷動風行，運化萬變；寂然至無，是其本矣。故動息地中，乃天地之心見也。（王弼《易經注》）

由這段話中看出王弼所謂「靜非對動者也」，就是指靜不是和動相對的靜，乃是作為動之根本的靜。王弼的這個「靜」，也許可以在〈繫辭上傳〉所謂「易，無思也，無為也，寂然不動，感而遂通天下之故」一語中找到根據，但這個可以見天地之心的靜，這個寂然至無的靜，畢竟是道家思想的產物。也就在這裏，王弼替《易經》脫胎換骨而成為道家之《易》了。

3. 後期玄論派

後期玄論派本應包括何晏、王弼以後的許多人物，如魏晉之際的竹林七賢，及西晉的王衍、樂廣，東晉殷浩、王導等。但竹林七賢中，像山濤、阮咸、王戎和劉伶，以及王衍、樂廣、殷浩、王導等人都沒有重要的著作流傳，他們的思想沒有深度，只留下一些清談的故事而已。所以後期玄論派僅以阮籍、嵇康和向秀三人為代表。

㈤阮籍

阮籍（西元 210-263 年），字嗣宗。河南人。歷任司馬懿、司馬師、司馬昭時的給事中郎，後因步兵尉營人善釀酒，便奏請改任步兵校尉。由於他懂得世故，從不批評人物，所以雖然一直在官場，卻能保身。事實上，他本想有為，少年時曾嚮往儒學，後來因為司馬氏一家猜忌成性，學士們常動輒得咎，慘遭殺戮，所以便轉向道家，而趨於消極。正如他在〈詠懷詩〉中所說的：

> 一日復一夕，一夕復一朝。顏色改平常，精神自損消。胸中懷湯火，變化故相招。萬事無窮極，知謀苦不饒。但恐須臾間，魂氣隨風飄。終身履薄冰，誰知我心焦。（第三十二首）

當他的思想趨於消極後，他也就由玄論的《易》老，而轉向曠達的莊子，可是未能把握住莊子的真精神，卻表現了許多反抗禮俗的玩世不恭的行為，而唱言：「禮豈為吾輩設也。」

他留傳下來有關思想方面的著作有〈通易論〉，該書乃是以十翼的思想來解經。有〈通老論〉，旨在調和儒道兩家的思想。如他說：

> 道者，法自然而為化。侯王能守之，萬物將自化。《易》謂之「太極」，《春秋》謂之「元」，《老子》謂之「道」。（〈通老論〉）

這顯然是拿老子之道來溝通儒道兩家。不過這兩篇論著都和何晏、王弼的路子相同，而無新見。值得注意的是他另外兩篇文字，一是〈達莊論〉，一是〈大人先生傳〉。這兩篇文字都是發揮莊子的思想。雖然對莊子的真精神並無相契，但卻是借莊子寓言的方式，發洩了心中對當時社會的不滿。如他把那些禮法之士譬作褲襠中的蝨子，自以為得意，而不知處身的危險。最後他說：

> 今汝尊賢以相高，競能以相尚，爭勢以相君，寵貴以相加，驅天下以趣之，此所以上下相殘也。竭天地萬物之至，以奉聲色無窮之欲，此非所以養百姓也。於是懼民之知其然，故重賞以喜之，嚴刑以威之，財匱而賞不供，刑盡而罰不行，乃始有亡國、戮君、潰散之禍。此非汝君子之為乎？汝君

子之禮法，誠天下殘賊、危亡之術耳，而乃以為美行不易之道，不亦過乎？（《大人先生傳》）

這是借批評禮法之士，而責朝廷之腐敗。在這篇文字背後，可以看到阮籍內心那種強烈的反抗與痛苦的呻吟。

(乙)嵇康

嵇康（西元 223–262 年），字叔夜。安徽人。他娶了曹操的曾孫女長樂亭公主為妻，與魏室有姻親的關係，曾做官至郎中，拜中散大夫。但曹爽失敗後，他便辭官家居不出。他的個性不像阮籍那樣圓和，凡是他瞧不起的人，絕不願與他們周旋。所以後來山濤勸他出來做官，他便寫了有名的〈與山巨源絕交書〉一文以示決心。又一再拒絕與當權得勢的鍾會相交。鍾會懷恨他，藉呂安一案，陷他於獄而死。理由是：

> 康上不臣天子，下不事王侯。輕時傲世，不為物用。無益於今，有敗於俗。昔太公誅華士，孔子戮少正卯，以其負才，亂群惑眾也。今不誅康，無以清潔王道。（《世說新語·雅量篇》注引《文士傳》）

雖然這是莫須有的罪狀，但他下獄時，有太學生數千人為他請命（《世說新語·雅量篇》注引王隱《晉書》），就憑這點，也足以使司馬昭為之不安，而要殺之以為快了。

嵇康有關思想方面的主要著作有〈釋私論〉、〈難自然好學論〉、〈養生論〉、〈聲無哀樂論〉等文。綜合他這幾篇文字，我們可以看出他的思想和阮籍又有不同。阮籍是先通乎《易》，本要謀儒道之調和；後來由於環境的不允許，便偏向莊子思想方面。而嵇康這幾篇文字，在本質上都是從莊子思想中變化而出，其目的都是對儒家禮教作強烈的反抗與批評。譬如〈聲無哀樂論〉一文似有得於《莊子·齊物論》天籟人籟之喻，這是嵇康最冷靜談理論的代表作，他本身深通音律，所以談來頗有深度。該文最主要的一點就是把內心與外在之聲切斷。如他說：

> 然則心之與聲，明為二物。二物誠然，則求情者不留觀於形貌，揆心者不借聽於聲音也。察者欲因聲以知心，不亦外乎？

這種把內外切斷的方法本是道家思想中的一派，嵇康思想就是以此為基礎。一方面對外強調斷除物欲及名教禮制的是非執著；一方面對內保持氣靜神虛的自然心境。如他在〈釋私論〉中說：

> 夫稱君子者，心無措乎是非，而行不違乎道者也。夫氣靜神虛者，心不存乎矜尚；體亮心達者，情不繫於所欲。矜尚不存乎心，故能越名教而任自然；情不繫於所欲，故能審貴賤而通物情。

這是強調外離名教，而心任自然。在〈難自然好學論〉中，他又說：

> 六經以抑引為主，人性以從欲為歡。抑引則違其性，從欲則得自然。然則自然之得，不由抑引之六經全性之本，不須犯情之禮律。故仁義務於理偽，非養真之要術；廉謙生於爭奪，非自然之所出也。

這是更進一步連六經的儒學也要排棄了。至於如何才能保本性之自然，才是真正的養真之要術？他在〈養生論〉中說：

> 善養生者則不然矣。清虛靜泰、少私寡欲。知名位之傷德，故忽而不營，非欲而強禁也。識厚味之害性，故棄而弗顧，非貪而後抑也。外物以累心不存，神氣以醇白獨著。曠然無憂患，寂然無思慮。又守之以一，養之以和，和理日濟，同乎大順。

這種清虛靜泰，守一養和的工夫，本脫胎於莊子思想。不過《莊子·養生主》一文重在心性修養，而嵇康此論卻是揉合了《莊子》〈外〉、〈雜篇〉中的許多修煉之術。這固然一方面由於嵇康和道士相交甚密，受了當時流行的神仙丹道的影響。另一方面由於嵇康對外切斷了所有名教禮制，但對內卻沒有把握住真正的德性精神，因此反而掉入了空虛中，而求形骸的長生。

　㈡向秀與郭象

　向秀，字子期。和嵇康是好友，後來嵇康被殺後，他反而到司馬昭那裏去做官。他並沒有什麼政治立場和抱負，也許做官只是為了自保而已。他曾和嵇康辯論過〈養生論〉問題，寫了一篇〈難養生論〉。但真正代表他思想的，還是那部聞

名的《莊子注》。不過據《晉書》的記載，向秀的注後來經過郭象的補述，而郭象便據為自己的著作。這件事的是非曲直如何，很難定論。所以今天我們對這部《莊子注》都視為向郭合注的。

郭象，字子玄。他在宦途上做到太傅主簿，而善於清談，王衍曾說：「聽象語，如懸河瀉水，注而不竭。」但他品行方面卻不佳，《晉書・郭象傳》說他：「為人行薄。」其實向秀和郭象兩人在德性方面都非常卑薄，可是在他們《莊子注》上，卻又是那麼的文思玄妙，這正是值得我們探討的線索。

向郭注的思想路線從兩方面來，第一方面是玄學的路子；第二方面是人生的路子。在玄學方面，自何晏、王弼以這個「無」為老子的道體以來，整個玄論派都離不開這個「無」字。向郭承襲了何晏、王弼的路子，更進一步以「無」為莊子的道體，使莊子的思想玄學化。如他們在《莊子注》中說：

> 無既無矣，則不能生有；有之未生，又不能為生。然則生生者誰哉？塊然而自生耳。自生耳，非我生也。我既不能生物，物亦不能生我，則我自然矣。（〈齊物論「夫吹萬不同而使其自己也」注〉）

又說：

> 誰得先物者乎哉？吾以陰陽為先物，而陰陽者即所謂物耳。誰又先陰陽者乎？吾以自然為先之，而自然即物之自爾耳。吾以至道為先之矣，而至道者乃至無也，既以無矣，又奚為先？然則先物者誰乎哉？而猶有物無已。明物之自然，非有使然也。（〈知北遊「有先天地生者，物耶」注〉）

這裏更進一步把何晏、王弼之無，解作「塊然而自生」，直認「至道者，乃至無也」。這種說法，一方面不僅違反了《老子》「有生於無」（四十章）及《莊子》「有不能以有為有，必出乎無有」（〈庚桑楚〉）的思想。另一方面也無異挖掉了道的本體。因為在老子思想中，「無」雖然是一個很重要的觀念，但都是就運用上來說，這個道才是真正的主體。在莊子思想中，這個道雖然無所不在，與萬物同流，但道始終有其超越性，可是在向郭注中，「無」等於沒有，道是無，這個道也就等於沒有。那麼只有萬物的自生自滅，而沒有道，這豈不成為斷滅論，機械論？又那裏是老

莊的道，老莊的自然。其實，莊子在〈天下篇〉上批評慎到等人的「塊不失道」，就是因為他們的「塊」然，而失了道。所以向郭注的把莊子思想玄學化，結果卻使得莊子的形而上境界是漆黑一片。

在人生方面，向郭的注正好反映了玄學上的虛無。最顯明的一個例子，就是向郭注錯了〈逍遙遊〉的大鵬與斥鴳之喻。如他們的注說：

> 天地者，萬物之總名也。天地以萬物為體，而萬物必以自然為正。自然者，不為而自然者也。故大鵬之能高，斥鴳之能下，椿木之能長，朝菌之能短，凡此皆自然之所能，非為之所能也，不為而自能，所以為正也。（向郭〈逍遙遊注〉）

「自然」，無論在老莊或玄學家眼中，都是最高的境界。自然和道在道家思想中，根本是一體的兩面。可是向郭的這段注卻把自然降落到物理現象，粘著在本能上。這是因為向郭的道是無，也就等於沒有。這個道既然向上沒有源頭，於是便下降變為本能的自然之道。如大鵬之能高，小雀之能下，這便是自然，這也就是道。本來在物理界，大鵬之能高翔，小雀之能低飛，這是物性之自然，非人為之所能變異。如向郭注說：

> 苟足於其性，則雖大鵬，無以自貴於小鳥。小鳥無羨於天池，而榮願有餘矣！故小大雖殊，逍遙一也。（向郭〈逍遙遊注〉）

又說：

> 夫小大雖殊，而放於自得之場，則物任其性，事稱其能，各當其分，逍遙一也。豈容勝負於其間哉！（向郭〈逍遙遊注〉）

如果這裏所謂「足於其性」及「任其性」，是對物性來說，並沒有什麼不妥。可是拿這種物性的自然來譬喻人性，便會使人性墮落。如向郭注說：

> 性各有分，故知者守知以待終；而愚者抱愚以至死，豈有能中易其性者也？（向郭〈齊物論注〉）

身體上的高矮，這是物性，不是我們所能改易的，因此只有安之若命。可是人知上的賢愚，卻不是天生限定的，而是可以後天改變的。按照老莊的思想，賢者雖有知，但不可自恃其知，而要大知若愚；愚者雖無知，但也可通過心性的修煉，雖然不一定能成聖人、至人、真人，但也不至於終身抱愚。一個知者，不自以為知，這才是真知；而一個愚者，自安於愚，而不以為意，這是自甘沒落。向郭注的這種思想，如果再進一步的被運用在人生上，往往會造成許多墮落頹廢的思想，像荒淫者的耽於聲色，貪財者的樂於斂財，他們都自以為不希聖、不羨壽，他們自以為這是自得，這是逍遙。如《世說新語》中描寫的許多名士作風：

> 張季鷹縱任不拘，時人號為「江東步兵」。或謂之曰：「卿乃可縱適一時，獨不為身後名邪？」答曰：「使我有身後名，不如即時一桮酒。」（〈任誕〉）
> 劉伶恆縱酒放達，或脫衣裸形在屋中，人見譏之。伶曰：「我以天地為棟宇，屋室為褌衣，諸君何為入我褌中？」（〈任誕〉）
> （謝鯤）鄰家高氏女有美色，鯤嘗挑之，女投梭折其兩齒，時為之語曰：「任達不已，幼輿折齒。」（《晉書・謝鯤》）

這是魏晉名士的自命風流，正如小雀的自以為逍遙。雖然這種放蕩的行為，並不一定是受到向郭注的影響，但向郭的注卻可以作為他們在理論上的根據。

四、玄學清談的檢討

(一)清談的誤國

清儒顧亭林曾說：「魏晉以清談亡國。」歷來許多史家都同意這種看法。甚至在當時，桓溫和范寧都有此看法。事實上清談本為學術的討論，與國家的滅亡並無直接的關係。當時魏晉之亂，乃政治上的鬥爭所致，因為自漢代這一大帝國被軍閥宰割得四分五裂之後，這些軍閥們爭權奪利，無所不為。自三國鼎立之後，便是曹操當權，挾天子以令諸侯，有意破壞法制，摧殘士風。接著司馬懿一家專權，猜忌成性。到了後來，又有八王之亂。這一連串的鬥爭與篡奪，是領導政治

者本身所造成的災禍，又怎能把責任完全歸罪於清談？

　　雖然我們不能把魏晉亡國的責任完全歸給清談。但這些清談家們身為知識分子，縱然不能在政治上有所作為，至少也應潔身自好，維護品德。可是他們一面深懼政治黑暗，有意逃避；而一面又不甘寂寞，怪言怪行，以博虛名。試觀此一時期，難得有幾位讀書人是志行高潔的。王弼二十四歲便過世，當然尚看不出有多少怪行，至於何晏，便是喜歡抹粉，吃五石散的花花公子。後來的竹林七賢，以及西晉的八達，他們整天飲酒裝瘋的頹廢生活，那就更不用說了。儘管其中像阮籍、嵇康等人也有其不得已的苦衷，但他們那種放蕩的行為有意破壞禮教，而影響了社會風氣，卻是難辭其咎的。

(二)玄學的功過

　　魏晉之學，雖然統名為玄學，但玄學並無獨立的園地，都只是《易經》和老莊思想的發揮；而且其發揮，除了幾篇簡短的論文和一些清談的資料外，其主要的內容，都局限在王弼的《老子注》及向郭的《莊子注》中，所以玄學沒有系統的研究和創見。譬如玄學中最主要的論題就是「無」，可是何晏、王弼的「無」，都粘著在《老子》的注上，而向郭的「無」，也局限在《莊子》的注上，他們並沒有為「無」建立另一套新的體系。因此他們雖然以「無」為道體，卻並沒有為老莊的道體帶來新的意義和精神。相反的，卻把老子非常靈活的「無」用死了，變成虛無，同時也把莊子的道體「玄殺」了，成為什麼都沒有的漆黑一片。

　　雖然玄學本身並沒有積極的建樹，但他們在形而上方面的研究，卻有鋪路之功。因為就整個中國學術發展史看來，魏晉時期的這段學術雖然很空虛，但自漢末佛教傳入中國之後，逐漸滋長、融化而變成中國文化裏不可缺少一環的中國佛學，其間最主要的媒介，就是玄學。而扮演這個媒介主角的，也就是玄學裏的那個「無」字，與印度佛學中的「空」字發生了關係。所以我們也可以這樣說：玄學最大的成就，乃是使印度佛教很容易的為中國思想所吸收，而在中國的園地裏生根。

第十六章　神仙之學與煉丹的思想

一、神仙之學的源流

提到神仙兩字，我們往往會把它和想像的神話，或一般的迷信混為一談。事實上，這個神字出現得較早，在《易經》、《老子》、《論語》、《莊子》等書中都有提到。有時雖沾上一點神秘的色彩，但多半是指一種精神上很高的境界。至於這個仙字，較為晚出，在《莊子》書中只出現了一次「千歲厭世，去而上僊」(〈天地篇〉)，這個僊即今通用的仙字。但神仙兩字的結合卻是秦以後的事。而且都是指通過一種特殊的修煉，使得生命延長到非人力所及的境界。

今天所謂神仙之學是指丹道派或丹鼎派的思想，這本是屬於道教中的一派。但神仙之學的源流卻要比道教為早。

(一)神仙之學與陰陽家

神仙之學最早的起源，雖然我們已無法確知；但在早期它和陰陽家發生關係，卻是有史實可證。據《史記·封禪書》中所說：

> 騶子之徒，論著始終五德之運，及秦帝而齊人奏之，故始皇采用之；而宋毋忌、正伯僑、充尚、羨門高，最後皆燕人，為方僊道，形解銷化，依於鬼神之事。騶衍以陰陽主運，顯於諸侯，而燕齊海上之方士傳其術。

「騶子」即鄒衍。他是齊國人，由於齊地濱海，常見海市蜃樓；同時海洋變化大，人們的想像力豐富，這些正是神仙思想的搖籃。鄒衍便是在這個搖籃中誕生的人

物，所以他那套大論「陰陽消息」及「怪迂之變」的學說與神仙家的思想有著密切的關係。後來他遊燕時，把他的學說帶到燕國，於是燕齊便成為戰國末期陰陽家、神仙家的發源地。

關於鄒衍的學說究竟與神仙思想有著什麼密切的關係，固然我們無法詳知，但陰陽家所論的陰陽兩個原理，卻是後來神仙家們煉丹的兩個最重要元素。

(二)神仙之學與道家

道家的一個重要修養工夫是養生。老子曾說：

> 蓋聞善攝生者，陸行不遇兕虎，入軍不被甲兵。兕無所投其角，虎無所措其爪，兵無所容其刃，夫何故？以其無死地。（五十章）

莊子也說：

> 為善無近名，為惡無近刑。緣督以為經。可以保身，可以全生，可以養親，可以盡年。（〈養生主〉）

在老莊思想的本旨來說，養生的重點在無欲。所謂「無死地」，就是沒有可以致死的原因，也就是無欲。所謂「無近刑」，就是不要近欲而致刑，也就是無欲。可是後來的道家把這種非常素樸而自然的養生思想加以發展，而逐漸變成了追求長生的思想，在《莊子》〈外〉、〈雜篇〉中便充滿了這種思想。如：

> 無視無聽，抱神以靜，形將自正。必靜必清，無勞女形，無搖女精，乃可以長生。目無所見，耳無所聞，心無所知，女神將守形，形乃長生。（〈在宥篇〉）

由養生而追求長生，這是道家思想發展上的一個轉折。承繼了這一轉折的，便是秦漢間的許多道家人物，他們雖然祖尚老莊之道，卻大談神仙之學。譬如《淮南子》一書中便充滿了這方面的言論。

㈢神仙之學與道教

　　道教可分廣狹二義，狹義的道教是指有宗教的組織與儀式。而廣義的道教是在狹義的道教形成之後，把所有神仙之學，方士之術都範圍於其中，成為一個較為複雜，也宗教，也思想的混合體。

　　就狹義的道教來說，是創始於漢末的張道陵。他在四川鵠鳴山編造了道書二十四篇，自稱是張良的八世孫。他組織的團體叫「五斗米道」，因為入道的人必須繳納五斗米。他死了之後，傳給兒子張衡，再傳給孫子張魯。他們祖孫三人相繼傳承，廣收教徒，在下層社會打下了深厚的基礎，這就是道教史上所謂的「三張」，也就是後代世襲相傳的「張天師」的祖先。

　　三張的組織之所以和道教發生關係，是因為他們把老子抬出來當教主，以《道德經》為聖典。同時還有一種特殊的方術，即以符水符咒治病，並勸人行氣導引，及房中之術。不過在當時和他們同樣性質的組織，尚有方士于吉聲言發現《太平清領書》。該書大論陰陽五行及神仙方術，于吉用它來治病。後來張角便以這本書組成了太平道，他自稱大賢良師，事奉老子，招收徒弟，也以符水咒語治病。十餘年間，信徒數十萬。後來卻因被視為「黃巾賊」黨而遭平定。

　　事實上三張的「五斗米道」和張角的「太平道」一樣，都是被史家認為「教匪」一類的組織。真正使「教匪」一變而為宗教，使「五斗米道」一變而為道教的，卻是北魏時的寇謙之。

　　寇謙之雖然曾學過張魯之術，但他後來自認為跟仙人成公興遊而得道，並假託太上老君從天而降，授給他天師之位，並賜以《雲中音誦新科之誡》二十卷。他說：

> 吾此經誡自天地開闢以來，不傳於世。今獲中宜出之運數；故以此新科興之。用此者，凡三張之偽法，租米錢稅，男女合氣，以及其他妖術，皆可一掃之。

這些話雖然是寇謙之的自誇；但從他的語氣中，可以看出他不滿於「三張」的組織，而想加以代替。因為這時佛教已在中土普遍的展開，佛教的儀式制度正給予

他以新的啟示，再加上北魏太武帝非常信任他，而宰相崔浩又是以張良自命的人，所以在君臣的相互鼓勵下，有這樣好的條件，寇謙之便很順利的奠定了道教的宗教基礎。同時他更鼓動太武帝排佛，使道教壓倒了佛教，第一次贏得了國教的地位。

此後，道教既得君主的愛好，也為學士大夫所推崇，於是一面大興土木，建造寺觀，以廣收教徒，和佛教相抗；一面編纂經典，網羅各種神仙方術。不僅道教的書籍搜羅無遺，甚至連儒家的《孝經》，及佛教的許多經文也加以模擬。

本來由張道陵到寇謙之的這段發展，是狹義的道教組織的完成。他們所強調的是符籙咒語，在道教史上稱為符籙派。自符籙派完成了道教的宗教組織後，便把所有神仙方術之學都拉入了道教的範圍。如馬端臨在《文獻通考》中曾說：

> 道家之術，雜而多端，先儒論之備矣。蓋清淨一說也，煉養一說也，服食又一說也，符籙又一說也，經典科教又一說也。（《文獻通考·經籍考》）

這裏除了清淨一派外，其餘都屬於道教。煉養和服食，即丹鼎派，在漢初已流行，而符籙派卻到漢末才形成。至於經典科教更是唐以後的事。

今天在道教中主要的就是丹鼎和符籙兩派。雖然以組織來說，符籙派佔主要的地位。但以思想來說丹鼎派的神仙之學卻是整個道教的精神所在。

二、神仙之學的理論

神仙之學，雖散見於《莊子》〈外〉、〈雜篇〉中，但流行於漢代，而大成於魏晉之際。他們雖有濃厚的神秘色彩，卻並非寄託於宗教的迷信。他們的精神乃是借修煉以超凡入聖，超聖入神，超神入化，以達到至人，真人的境界，也就是神仙的境界。所以《漢書·藝文志》描寫神仙家說：

> 神仙者，所以保性命之真，而游求於其外者也。聊以盪意平心，同生死之域，而無怵惕於胸中。然而或者專以為務，則誕欺怪迂之文，彌以益多，非聖王之所以教也。（《漢書·藝文志》）

這段話說明神仙之學本是一種心身性命的修證，並無迷信的色彩；至於後代許多道士們爭奇鬥異，玩弄玄妙，卻使這一學說變得五花八門，因多方而失道。《參同契》一書中便歷舉了這些邪道旁門說：

> 是非歷臟法，內觀有所思。履行步斗宿，六甲次日辰。陰道厭九一，濁亂弄元胞。食炁鳴腸胃，吐正吸外邪。晝夜不臥寐，晦朔未嘗休。身體日疲倦，恍惚狀若癡。百脈鼎沸馳，不得清澄居。累土立壇宇，朝暮敬祭祀。鬼神見形象，夢寐感慨之。心歡意喜悅，自謂必延期。遽以夭命死，腐露其形骸。舉措輒有違，悖逆失樞機。諸術甚眾多，千條有萬餘。前卻違黃老，曲折戾九都。明者省厥旨，曠然知所由。（《參同契·明辨邪正章》）

這裏歷舉了「存想」、「符咒」、「房中」、「行炁」、「導引」及拜神等的邪術旁門，這些都是泥於小技異能，播弄生命精神，而不是真正的神仙之學。

真正的神仙之學，乃是有理論的依據，和修煉的方法。我們可以用一本書為代表，就是被奉為丹經鼻祖的《參同契》。

《參同契》的作者相傳是魏伯陽。對於其人，我們所知甚少。有的認為他是東漢人，有的卻把他和老子混為一談。至於《參同契》究竟是否魏伯陽所作，或後人的偽託，也是問題。因為據文體及內容來看，又似乎是道教思想較成熟的魏晉時期的作品。

《參同契》在思想上雖然不是一部極有深度的著作，但值得我們注意的是它那奇妙的理論結構，就是把《易經》和《老子》的思想結合起來，用作神仙煉丹的理論。正如清龍門派道士朱雲陽在所著《參同契闡幽》一書中說：

> 仙翁（指魏伯陽）悲憫後學，慨然著《參同契》一書。本《大易》乾坤坎離之象，假丹家龍虎鉛汞之名，而歸本於黃帝老子盡性至命之旨。（《參同契闡幽·伏食成功章注》）

但要了解《參同契》如何用《易經》和《老子》的理論來煉丹，首先必須知道他們所謂的丹又是什麼？

所謂「丹」，也稱金丹。金丹有內外兩種。外丹是指用化學的方法把金砂、水

銀、五芝、五玉、雲母等礦物質，用爐火熔煉，結成金丹。據說服了金丹以後，便可羽化成仙。至於內丹乃是指身體內部精氣神的結晶，也就是把我們人身中的那點先天稟賦的「金性」加以修煉而結成金丹，憑這點金丹的力量，我們便可以天人合一，逍遙而遊。

《參同契》的煉丹雖然也可以作為提煉外丹的指導；但它的主旨卻是指點我們修煉內丹。因為正統丹家的看法，都認為內丹是外丹的基礎。必須內丹修煉到爐火純青以後才能服食外丹。否則外強中乾，內部便消受不了，所以《參同契》的理論乃是以修煉內丹為主。至於修煉內丹的工夫必須保精、養氣和全神，在這方面它引用老莊的學說；而修煉內丹的境界在於天人相通，在這方面它又採用《易經》的思想。

不過在這裏，我們必須認清一點：就是《參同契》所採用的《易》理，已不完全是素樸的《周易》，而是來自於複雜的漢《易》。因為漢《易》除了原有的《易》理外，更摻入了歷來許多方術思想，如陰陽五行、四時方位、五音十二律及天干地支等等。所以漢《易》有孟喜的卦氣、京房的變通、虞翻的納甲、荀爽的升降、鄭玄的爻辰及《易緯》的象數等派別，這些「易」雖然都是脫胎於《周易》，但它們卻換了骨。在基本態度上，《周易》的時和位是在於卦爻之間；而見幾以作，卻是取決於一心。可是漢代的這些《易》學，卻離開了心的作用，而專談物理現象。他們把時和位擴大到整個星球的旋轉和整個宇宙的間架。《參同契》所採自於《易經》的，就是這些物理現象方面的理論。

《參同契》的煉丹理論，可以分為三部分：

1. 宇宙的間架和運行

《參同契》的宇宙間架是一個八卦系統。

在宇宙的位上，先天八卦代表定位，後天八卦代表動位。因為先天八卦是以乾坤為主，《易經‧繫辭》上說：「天尊地卑，乾坤定矣！」（〈繫辭上傳〉第一章）乾坤代表天地，天永遠在上，地永遠在下。所以天地定位以後，乾坤便固定不動了。至於宇宙的運行，乃是後天八卦的作用，後天八卦以坎離為主，在天上坎代表月，離代表日；在地下，坎代表水，離代表火。日月的交替，水火的相剋，便支配了整個宇宙的運行。

以上是乾坤坎離四卦的位，至於六十四卦中的其餘六十卦，因每卦有六爻，六十卦便有三百六十爻，這正好是一個圓周的度數；所以整個蒼穹內的動靜，都可在每一爻中尋到消息。

在宇宙的「時」上，《參同契》的作者認為：一年的期度在於一月，一月的期度在於一日，所以我們只要知一日的變化，就可以知一月的變化，也就可以知一年的變化。一年的變化主要在春夏秋冬的交替，它們分配了十二個月分，成為四個節候，即春秋二分，夏冬二至。春秋二分代表陰陽盈虧的中和；而夏至代表陽之至，冬至代表陰之至。

把「時」配合了「位」，把四個節候配合了五行、方位及十二干支，可以畫成下圖：

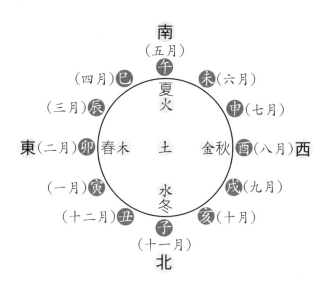

至於在宇宙中，這個「時」和「位」又是如何交感，而有陰陽變化呢?《參同契》的作者認為：春夏秋冬的交替，主要在於陰陽的升降；而陰陽的升降，在於一月的盈虧；但一月的盈虧，又在於弦望晦朔。

弦是指日和月相去九十餘度，我們只看到半邊的月光。這時，在初七、初八之間是上弦；在二十二、二十三之間是下弦。望是指日月不相遮，我們可以看到整個月圓，這時在十五日。至於日光完全被月所遮，我們看不到月色，這時在月

末月初之間。三十日是晦，初一是朔。

在每一月中，日月的交感，就是陰陽的消息。在晦朔之間，陽光為陰魄所包，隱藏不露，這是陰陽未分之時。到了初三，在西南上空，微光始露，這代表一陽初動。到了初七、初八，是為上弦，這時陰陽各半。到了十五，月正圓時，代表陽盛陰衰。接著月漸微缺，到了二十二、二十三，是為下弦，月已缺了一半，而陽也減了一半。到了月末，便不見月影，正是陰盛陽衰。所以自初一到十五，是陽升陰降；自十五到三十，是陰長陽消，這便是一個月的陰陽消息。可以用下圖表示：

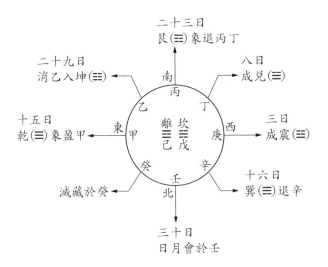

這圖表是用漢《易》中所謂納甲的理論來說明陰陽消長的道理。震是☳，表示一陽初動於下；兌是☱，表示陽轉盛；到乾☰，表示陽盛極。而巽是☴，表示一陰動於下；到艮☶，表示陰轉盛；到坤☷，表示陰盛極。而坎☵，離☲，則代表乾坤交會之時，是陰陽之所本。

由於陰陽的升降在於日月的作用；但每天日月交替一次，所以陰陽的消息推到根本，可從晝夜中得之。

每天有二十四小時，以十二支來劃分，則有十二時辰。每時辰代表兩小時。從子到午是前十二小時，從午到子是後十二小時，所以子時正是陰陽未分之際。從子時開始，一陽初動，逐漸轉盛；到了寅時，陽光初吐，白晝開始；到了午時，

日正當中，陽氣盛極；過此以後，陰氣轉盛；到了申時，日沒西山；至亥時，則陰氣盛極。以圖來表示如右。

　　由以上的陰陽消息看來，一年的春秋，應乎一月的震艮（即上下弦）；應乎一日的卯酉（即晨昏）；而一年的冬夏，應乎一月的朔望，應乎一日的子午，所以說一年的消息，可以看一月的變化；一月的消息，可以看一日的變化。正如朱雲陽在《參同契闡幽》一書中說：

> 須知此中作用，俱是攢簇之法。簇年歸月，簇月歸日，簇日歸時，止在一刻中分動靜。其中消息全賴坎離槖籥，所謂覆冒陰陽之道也。（《參同契闡幽・乾坤門戶章注》）

由此可見《參同契》的宇宙間架和運行，是以《周易》的八卦為基礎，配合了陰陽、五行、卦氣、納甲之說，綜合而成的一種有機體系。八卦的系統是有機的系統；陰陽的作用是有機的作用；而攢簇之法，也是有機之法。正因為其有機，所以我們才能「偷造化之機」以煉丹。

2. 修煉的基本原理

　　《參同契》談了那麼多宇宙變化的道理，其目的就是希望把它用之於人事，因為依據道家的思想，天人是相通的——天地是大宇宙，人身是小宇宙。所以宇宙的間架，即人身的結構；宇宙的運行，即人身的作用；宇宙的有機，即人身的生機。

　　由於這個道理，《參同契》一書中，便把乾坤坎離，譬作首腹耳目；把金木水火土，譬作肺肝腎心胃，於是天人便悉悉相應。我們修煉的原理，就是要把宇宙的變化，搬到人身上來運用。例如在宇宙是乾坤定位，坎離交媾；交媾以後，才有現象界的一切。所以修煉者，必須固定首和腹，然後先制兩目，再制兩耳，以聚精凝神，回復先天的渾沌境界。再如在宇宙是五行相生相剋，相生是長，相剋是消。所以修煉者，必須把五行運之於人身，調和各器官的功能，以培養生機。這樣一來，人的精神，便和天地的精神相通，所以我們不僅在「位」上，能夠袖裏乾坤；而且在「時」上，更能掌握陰陽消息。

　　然而在運用上，必須注意一個原則，也是修煉之學最重要的關鍵，就是老子所謂「反者，道之動」的一個「反」字。依據《參同契》的說法：先天的乾坤錯綜顛倒以後，才成為後天的坎離，正如下圖所示：

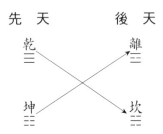

這是說乾中的一陽，到了坤中便成坎；坤中一陰，到了乾中便成了離。於是陽中有陰，陰中有陽，陰陽相交，而萬物生。但我們修煉的目的，乃是化物入道，乃是從後天以回復先天；所以必須再把坎離顛倒過來，以回到先天的乾坤。這個顛倒的「反」，便是修煉的關鍵所在。《參同契》的作者曾特別強調說：

> 反者，道之驗。（《參同契‧關鍵三寶章》）

　　至於如何「反」呢？就是以殺機培養生機，以五行相剋來煉丹。朱雲陽在《參同契闡幽》一書中曾詳加發揮說：

> 常道之五行，俱從順生，如金生水、木生火之類。順流無制，必至精炁耗散，去死不遠，生機轉作殺機。所謂生者死之根也。丹道之五行，全用逆轉，如流珠是木龍，卻從離火中取出；金華本是金虎，卻從坎水中取出。水火互藏，金木顛倒，方得歸根復命，劫外長存。殺機轉作生機，所謂死者生之根也。（《參同契闡幽‧性情交會章注》）

這段話中所謂的常道，並非老子那個不可道的常道，而是指現象界中的一切變化。這些變化往往使我們由生至死，使我們心身中的至性金丹漏失了。因此我們要起死回生，收還金丹，便必須用逆轉的方式，截斷變化之流，以反俗歸真。

3.煉丹的實際方法

　　明瞭宇宙的間架和運行，及修煉的基本原理後，接著我們進一步看看煉丹的

實際方法。煉丹的初步工夫是立基。立基就是要先在心身中把握性命的根本。《參同契》中曾說：

> 將欲養性，延命卻期。審思後末，當慮其先。人所稟軀，體本一無。元精雲布，因炁托初。陰陽為度，魂魄所居。陽神日魂，陰神月魄。魂之於魄，互為室宅。性主處內，立置鄞鄂。情主營外，築垣城郭。城郭完全，人物乃安。（《參同契・性命歸元章》）

這段話說明了性命的根本，乃是「精」、「炁」、「神」三寶。所以立基的重點，就是保精、行炁和養神。

所謂保精就是不漏精。這個精字有兩種意義，一是指無形的精神，一是指有形的精液。前者是性根，後者是命根。我們要全生保真，性命雙修，不僅必須保養精神，而還要在生理上逆轉，以還精入腦。

所謂行炁就是運氣。這個「炁」字有兩種意義：一是外面的氣息；一是內在的元氣。我們平時呼吸的是氣息，而身內氣脈流布的是元氣。如我們用鼻呼吸，一竅既開，元氣便外洩；所以道家的運氣，乃是要學習胎兒，儘量避免用鼻呼吸，以培養元氣。

所謂養神就是凝神。這個「神」字極難領會，勉強的解釋，也有兩種意義：一是感覺的作用；一是生命的潛能。我們常常因外界無窮的刺激，而麻木了神識，漏失了潛能。所以道家的修煉，要我們外閉諸邪，心如牆壁，以養神凝神。

保精、行炁、養神以後，性命的基礎已立，接著便可以開始煉丹了。煉丹的方法第一步要把握「活子時」。

前面曾談到「子時」是乾坤未判，陰陽未分，動靜未顯之時，但從子時發動的一剎那，也就是一陽初動的一剎那，這就是「活子時」。煉丹者就必須把握這一剎那。當活子時一動，便立刻做工夫，因為這時陽氣漸盛，正是煉丹的好時辰。

煉丹時，應注意火候。火候就像煮飯時爐火的大小，以煉丹來說，就是工夫的緩急。從子到巳，這時陽氣漸盛，必須進火；從午到亥，這時陰氣漸長，必須退火。同樣在一月來說，從朔到望，須進火；從望到朔，須退火。在一年來說，從冬至到夏至，須進火；從夏至到冬至，須退火。在身心未合之前，不是進火，

就是退火，所以用的是武火，至於在卯酉，兩弦，及春秋兩分，因為陰陽和合，神氣既凝，所以用的是文火。武火的作用在進退，而文火則在溫養沐浴。

煉丹的工夫在火候，火候一差，丹便不成；而火候的進退，繫於陰陽消息；消息一差，非但丹煉不成，而且有傷身心。

然而要如何進火，如何退火？這是一套實際的工夫，不是文字語言所能表達，所以《參同契》的作者以為天機不宜太洩，沒有作進一步的說明，事實上，這裏面充滿了神秘色彩，我們在文字上爬梳，也只是隔靴搔癢而已。

《參同契》的這套說法，虛虛實實，姑無論其是否真有價值，真見功效；但就其學說本身來看，卻是非常新鮮，非常動聽的。作者能把《易經》和《老子》的理論，如此巧妙的予以運用，可見其思想的具有創造性。而且把這套玄妙的工夫，說得如此有條有理，更可見其頭腦的細密，尤其他把神仙的追求，寄託在心身的實際修證上，更在宗教思想上，別開了生面。

三、神仙之學的發展

自魏伯陽的《參同契》之後，神仙之學有了系統的理論基礎，便成了道教思想的主流。更有不少的神仙家在丹道方面貢獻了他們的心智。其中最具代表性的有四人，即魏的葛洪、梁的陶弘景、唐的呂洞賓和宋的陳摶。

葛洪自少便熟讀六經諸史，所以他的著作《抱朴子》一書的〈外篇〉，多儒家之言。而他在丹道方面卻另有師承，他的從祖葛玄，是著名道士左慈的弟子，葛玄傳給鄭隱，鄭隱就是他的老師。《抱朴子》一書的〈內篇〉，完全是談的丹道思想。不過該書和《參同契》不同的是，《參同契》偏於內丹，所言比較神秘；而《抱朴子》一書，卻兼及外丹的提煉，所談比較具體。就境界來說，《抱朴子》要比《參同契》淺顯，但對於神仙之學的各方面都建立了理論。譬如他用很多歷史的故事和物理現象去證明神仙的可能，以及分析道教中所謂斷穀、刀劍不入、隱身、輕身、前知及避疫的方法。並提出神仙之學的三套實際工夫，即保精、行炁、服一大藥。對於用金、汞、雲母等礦物煉丹，多所介紹。最後，他也批評當時只講祈禱、符水治病和巫祝等的不當。儘管他的許多理論，經不起邏輯的考驗，但該書

在道教中卻是第一部，也是最重要的一部，把神仙之學建立在理論體系上的著作。

　　陶弘景也是一位博學而多識的才士。他深通陰陽五行、醫藥、地理之學。在齊高帝時，曾做過左衛殿中將軍；後來入梁，隱居於句曲山，潛心於道家思想，及丹道醫學的研究。梁武帝屢次聘請他出仕，他都婉言相拒。可是梁武帝遇到許多朝廷大事，都派人去請教他，所以當時人都稱他為「山中宰相」。在當時，道教的宗教組織已漸趨完成，道士們一方面紛紛模仿佛經的體裁與內容，造成種種的道經；另一方面也塑造道教的神像，建立寺觀。這些道士中，著名的有魏的寇謙之，周的張賓，南朝宋的陸修靜、顧歡，齊的孟景翼、張融，梁的陶弘景。其中學問最好，對神仙丹道方面貢獻最大的就是陶弘景。

　　呂洞賓，今天已成為家傳戶曉的神仙人物。他本有意於功名，二次舉進士不第，直到六十四歲，浪跡江湖，遇鍾離權，學得長生之術。後來在黃龍禪師處悟道，寫了一首詩說：

> 棄卻瓢囊摵碎琴，如今不戀汞中金；
>
> 自從一見黃龍後，始覺從前錯用心。

可見他後來由道教傳入了禪宗。就今日所傳《呂祖全集》來看，除了道教思想的作品外，他又有《金剛經注釋》，儒道同源，禪宗正旨。這正顯示了他思想的融合性。他在道教思想發展上的重要地位是在他之後，神仙丹道有東西南北各宗，都奉他為祖師。其中最主要的是南北兩宗。南宗有張紫陽、石杏林、劉永年、薛紫賢、陳泥丸、白玉蟾、彭鶴林等七真；北宗，由王重陽，傳馬丹陽、譚長真、劉長生、邱長春、王玉陽、郝廣寧、孫清淨等七真。由於王重陽自題所居為全真，所以他所傳的北宗被稱為全真教。到了後來，張紫陽所傳的南宗也和全真教混而為一。全真教自宋代發展，到了元代已達巔峰，成為當代思想的主流。全真教的理論主張性命雙修，這固然受到宋儒性命之學的影響，但他們的修性，主要是來自禪宗的明心見性之學。這在呂洞賓的思想中，已可看出他對傳統道教的不滿，企圖摻入禪宗思想而加以革新。他的這一努力，到了王重陽手中，才達到大成。所以在道教的發展中，全真教的產生，不僅是對專講符籙咒語的正一教的反抗；同時，他們由修性以延命的思想，也是對強調服食的丹鼎派的一種改革。

陳摶，在宋初被譽為活神仙。著有《指元篇》。他對宋初的理學有直接的影響。《宋史·儒林傳·朱震傳》上說：

> 陳摶以先天圖傳种放，放傳穆修，穆修傳李之才，之才傳邵雍。放以河圖、洛書傳李溉，溉傳許堅，許堅傳范諤昌，諤昌傳劉牧。穆修以太極圖傳周敦頤。

邵雍（康節）和周敦頤（濂溪），兩人正是宋初理學的開山，而陳摶所傳的先天、太極圖，正和邵康節及周濂溪的思想發生了極密切的關係。陳摶的太極圖根據黃宗炎在《太極圖辯》和朱彝尊在《太極圖授受考》中所描述，有如下頁圖。

從下頁的圖表看來，陳摶的太極圖引用老子「玄牝之門」、「復歸無極」的思想，加上《參同契》「取坎」、「填離」及「三五至精」的方法而成。雖然我們找不到絕對可靠的證據，來證明周濂溪的太極圖即是來自陳摶的太極圖，但把兩圖相比，則周濂溪的思想受到陳摶等道士的影響，卻是不容否認的。

四、神仙之學的評價

神仙之學，常被視為怪誕不經，不能列入哲學之林；但在中國思想史上，我們不能完全抹煞它的存在。尤其道教是中國本土特有的宗教，對於作為道教主要思想的神仙之學，我們也不能不予以適當的地位。

對於神仙之學的評價，可以從三方面來看：

㈠從理論來看

在優點方面：神仙之學把《老子》、《易經》，和古代的天文、地理、醫藥、礦冶等學說，雜糅成一套心身修煉的理論。其構思不可謂不奇妙；其體系不可謂不龐大。所以它也可視為某一形態的形而上學或玄學。比起某些專作觀念遊戲的學說來，並無遜色。

在缺點方面：由於神仙之學的體系太過龐大，因而在推論和證明方面，卻露出了很多破綻。譬如《抱朴子》一書中對於神仙可能的證明，只從萬物壽命的有

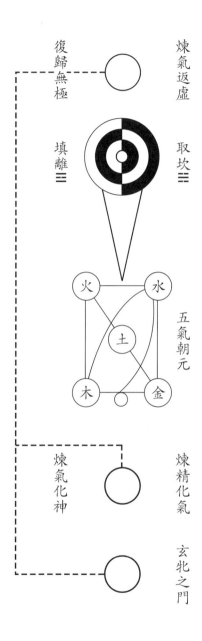

三五至精圖

293

長有短，而推出有壽命無限長的神仙的存在。另外證明服金丹的長生效果，只以譬喻的方式說明人吃米飯，因米飯易腐，所以人身易腐。由此而推證吃金屬所製的金丹，人身也會和金屬一樣的不朽。

(二)從事實來看

在優點方面：神仙家多通醫藥及醫理，因此他們對內丹的修煉頗有成效。今天雖然我們看不到神仙的存在，但卻可以看到許多修道者養生延壽的事實。

在缺點方面：神仙之學中對於外丹的提煉，由於缺乏科學的常識，因此產生很多流弊。我們從歷史上可以看到漢唐兩代有許多君主都因吃丹藥而暴斃。至於暗地裏服丹藥而死的道士和信徒們更不知其數。

(三)從影響來看

在優點方面：神仙之學的這套方術，就內丹的修煉來說，他們要竊天地之機，要轉殺機為生機，要乘陰陽之化，要把長生的理想，變為人可以控制的事實，這是一種科學的精神。就外丹的提煉來說，他們研究金屬、礦石的性能；研究醫藥、生理的作用；研究天文、地理的現象，這是科學的探索。所以今天我們在諸子百家中，真正能找到一點與科學有關的學理和研究，還是在道藏之中。

在缺點方面：儘管在道藏中，有許多與科學有關的探討。可惜這部分的研究一直掩蓋在神秘的外衣下，沒有被發掘出來。尤其令人痛心的是，許多心術不正和知識淺陋的方士們，往往把這方面的理論，引入了旁門邪道，非但延壽不成，反而有害心身。譬如神仙之學修煉的基本原理是認為自然是一個大宇宙，人身是一個小宇宙。自然界的陰陽，和人身上的氣脈息息相關。這種理論往科學方面去研究，就是今日所謂生態學和環境學。因為今日我們周遭的一切，諸如輻射塵、空氣污染、噪音以及物價的波動等等，隨時隨地都在影響我們生命。這種理論往神秘方面去探索，其中有一種，就是古來所謂的風水之學。本來風水也就是講環境和我們身心的關係。可是有許多江湖術士，卻拿風水之學來斂財，這便與科學的精神完全背道而馳了。

第十七章 佛教的傳入與隋唐佛學的風靡一代

一、漢末佛教的傳入

佛教究竟是在什麼時候傳入的，歷史上傳說紛紜，莫衷一是。大致說來，一般都公認東漢明帝永平三年，蔡愔等人奉使至印度，回國時，隨同印度僧人竺法蘭和迦葉摩騰，以白馬負經到洛陽，因而建造了白馬寺，這兩位僧人便在該寺內從事譯經。這是史傳上所載，中國有佛教僧寺的開始。

雖然在明帝以前，中國人已知有佛教，但真正有印僧來華，而從事譯經，卻是以明帝為始。自此以後到了桓帝時，有安世高和支婁迦讖等人來華，大量譯經，印度的佛教才正式的傳入了中國。

自漢末到魏初，佛教的傳入有兩件事情值得我們注意。

㈠道教與佛教之間的衝突

據《集古今佛道論衡》書記載說：在竺法蘭和迦葉摩騰抵洛陽後，五嶽十八山的道士曾聯合起來，於永平十四年正月一日上奏，請與佛僧論理鬥法。明帝便遣尚書令宋庠傳諭，令佛道兩眾於十五日，集合於白馬寺比法。當時參加的道士有六百九十人。由兩方各置經典佛像焚燒，結果道士們燒毀了黃老等經書，而佛像的舍利卻發五色光，迦葉摩騰也飛昇天空，顯現種種神怪。於是道士費叔才羞憤而死，其餘道士呂惠通等六百二十八人都出家事佛。這段戲劇化的故事，完全是一面之詞，不足徵信。不過在這裏反映了兩點事實：

①印度佛教以外來文化的方式進入中國，最先產生排拒性的反擊，乃是道教。

②這時陰陽、讖緯等方術盛行，佛教想在中國流行，必須投合當時的思潮，以同樣的方術進行傳教。

㈡禪觀與方術的結合

由於以上的事實，所以在當時所傳入的印度佛教都為小乘，而傳教者都兼有方術的神通。如當時的安世高譯經有三十餘部，主要的有《安般守意》、《陰持入》、《大小十二門》、《道地》、《禪行法想》、《阿毘曇五法》等經。這些經都是屬於小乘的禪觀修行。以《安般守意經》來說，安般就是呼吸，安般守意就是用呼吸的方法使心意集中，而達到禪定的境界，這和道士們呼吸吐納，及神仙家行炁保精的修煉是如出一轍的。再以安世高本人來說，《高僧傳》中曾描寫他說：「七曜五行、醫方異術，乃至鳥獸之聲，無不綜達。」（《高僧傳初集》卷一）可見安世高是用禪觀等特殊工夫和當時的神仙方術相互匯通，以達到佛教深入民間的目的。湯用彤《漢魏兩晉南北朝佛教史》上曾說：

> 按佛教在漢代純為一種祭祀，其特殊學說為鬼神報應。王充所謂不著篇籍，世間淫祀、非鬼之祭，佛教或其一也。祭祀既為方術，則佛徒與方士最初當常並行也。（第四章）

這段話中所指佛教與方士的並行，當是事實。但佛教在漢代並非純為一種祭祀，而當時的方術也不是一種祭祀。我們可以說佛教在當時的推行有兩個方向：

①講鬼神報應，這是佛教的宗教面。在這方面佛教投合了漢代君民們祈神的所好；同時與天師道的符籙祈禱相一致，這是他們以宗教的面目深入民間的一條路線。

②講安般守意，這是佛教的修持面。由安世高傳給陳慧；陳慧再傳給康僧會，這是佛教傳入中國最早的毘曇宗，他們主張行安般（即呼吸）可以入神，這與神仙家注重呼吸吐納的思想是一致的，這是他們以理論實踐的方式進入中國學術的一條路線。

二、魏晉佛學的發展

漢代佛教的傳入是以鬼神報應和方術神通為號召，而贏得一般君主和民眾的信仰。其型態和「五斗米道」及「太平道」的流行差不了多少。但印度佛教本身有它源遠流長的文化基礎，而中國文化更有它深刻而成熟的思想精神。因此印度佛教要想在中國文化上生根，單靠以方術神通向君主爭寵；以鬼神報應懾服一般民眾是不夠的。它必須走進中國的學術界，和中國傳統的思潮共流。譬如在當時從印度來的高僧佛圖澄，本是以神通為號召，使得君主們信仰；可是到了他的中國徒弟道安和慧遠手中，便不再誇大神通，而注重思想。由於這個原因，所以魏晉的佛教是以般若思想為主，其發展有以下三個過程：

㈠大乘經典的翻譯

漢代安世高所翻的佛經都屬小乘經典，稍後的支婁迦讖所翻的多半為大乘經典。所以佛學史上，以支婁迦讖為大乘傳華的始祖。自漢末魏晉以來，小乘的思想沒有發展，代之而起的，完全是大乘思想。

在大乘佛經翻譯初期，有四種最重要的翻譯，就是：第一、鳩摩羅什翻譯的般若諸經，及與般若有關的《大智度論》、《中論》；第二、鳩摩羅什翻譯的《法華經》；第三、曇無讖翻譯的《大般涅槃經》；第四、覺賢翻譯的《華嚴經》。

在這四大翻譯中，有關般若諸經的思想，最先與魏晉玄學思想發生交流，而形成了南北朝佛學的重心；也開啟了印度佛學中國化的先聲。其餘三大翻譯卻形成了隋唐時期除了禪宗之外的兩派最重要的中國佛學，就是天台宗和華嚴宗。

自魏晉以後，小乘思想不振，大乘思想崛起的這一趨勢來看，我們可以得到以下的二點事實：

①小乘重在個人的修煉，印度宗教的意識濃；而大乘重在救世救人，和中國人本的精神相通，所以大乘思想適合於中國傳統的文化。

②大乘佛學中的般若思想，講空和色，這正和魏晉玄學中的講無和有相通，所以般若和玄學思想非常接近，容易匯通。

㈡格義之學的興起

格義是指用佛教以外的學術名詞來比較佛學義理，這種方法據《高僧傳》上所載是起於竺法雅。

> 竺法雅，……少善外學，長通佛義，衣冠仕子，咸附諮稟。時依雅門徒，並世典有功，未善佛理。雅乃與康法朗等，以經中事數，擬配外書，為生解之例，謂之格義。及毗浮、曇相等，亦辨格義，以訓門徒。雅風彩灑落，善於樞機。外典佛經，遞互講說。與道安、法汰每披釋湊疑，共盡經要。（《高僧傳・竺法雅》）

這段話中所謂外書，事實上即是《老》《莊》等書。雖然格義之法創自竺法雅；但用《老》《莊》的名詞來詮釋佛學的義理，卻並非始於竺法雅，而是漢末到魏晉時期佛學翻譯的一個共同的特色。如：

> 佛乃道德之元祖，神明之宗緒，佛之言覺也，怳惚變化，分身散體，或存或亡，能大能小。（《牟子理惑論》）
> 心之溢盪，無微不浹，怳惚髣髴，出入無間，視之無形，聽之無聲。（康僧會《安般序》）
> 夫體道為菩薩，是空虛也。斯道為菩薩，亦空虛也。何等法貌為菩薩者？不見佛法有法，為菩薩也。吾於斯道，無見無得，其如菩薩不可見。（支謙所譯《大明度經》）

這種現象也是非常自然的，因為要介紹和翻譯印度佛學到中國，必須用和印度佛學相近的專門術語。在這方面儒學的術語不是講倫理，便是講政治，完全和佛理風馬牛不相及。只有道家那套抽象的玄言，正適合於作媒介。所以格義之學的以老莊為主，也是勢所必然的。

㈢般若思想的玄學化

在兩晉時期所流行的般若思想可說完全走上了玄學的路線，據劉宋曇濟的歸

納,當時的般若各派可分六家,或七宗。所謂六家即本無(以道安為主)、即色(以支道林為主)、識含(以于法開為主)、幻化(以道壹為主)、心無(以竺法溫為主)、緣會(以于道邃為主)。六家之外,又加上本無異(以竺法深為主),稱為七宗。這七宗如果以他們思想的相近約可分為四組。

第一組為本無宗和本無異宗。

1. 本無宗

> 如來興世,以本無弘教。故方等深經,皆備五陰本無。本無之論,由來尚矣。何者?夫冥造之前,廓然而已。至於元氣陶化,則群像稟形,形雖資化,權末之本,則出於自然。自然自爾,豈有造之者哉!由此而言,無在元化之先,空為眾形之始,故稱本無。(《名僧傳抄·曇濟傳》)

2. 本無異宗

> 《二諦搜玄論》十三宗中本無異宗,其製論曰:「夫無者何也?壑然無形,而萬物由之而生者也。有雖可生,而無能生萬物。」(日人安澄《中論疏記》)

由以上兩段話看來,本無宗和本無異宗,都是強調萬物的本體是無。他們說「無在元化之先」、「無能生萬物」,都是承接了魏晉玄學家們對老子「無」的看法。

第二組為即色宗和緣會宗。

3. 即色宗

> 夫色之性也,不自有色。色不自有,雖色而空。故曰色即為空,色復異空。
> (《支道林集·妙觀章》)

4. 緣會宗

> 《玄義》云:第七于道邃著《緣會二諦論》云:「緣會故有,是俗;推拆無,是真。譬如土木合為舍,舍無前體,有名無實。故佛告羅陀,壞滅色相,無所見。」(安澄《中論疏記》)

從這兩段話,可以看出這兩宗都認為外界的一切色相是空無的,這一方面和本無

宗及本無異宗的思想相通，另一方面色空和緣會也是傳統佛學的理論，所以這一組是把佛學的觀念和老莊的思想兼併來運用的。

　　第三組為識含宗和幻化宗。

5. 識含宗

　　《山門玄義》第五云：第四于法開著《惑識二諦論》曰：「三界為長夜之宅，心識為大夢之主。若覺三界本空，惑識斯盡，位登十地。今謂以惑所覩為俗，覺時都空為真。」（安澄《中論疏記》）

6. 幻化宗

　　《玄義》云：第一釋道壹著《神二諦論》云：「一切諸法，皆同幻化，同幻化故，名為世諦，心神猶真不空，是第一義。若神復空，教何所施？誰修道？隔凡成聖，故知神不空。」（安澄《中論疏記》）

這兩宗和前面兩宗的不同是，這兩宗雖然也認為外物是虛幻不實的，但他們卻主張心神是真實不虛的。

　　第四組為心無宗。

　　《二諦搜玄論》云：晉竺法溫為釋法琛法師之弟子也。其製《心無二諦論》云：「夫有，有形者也。無，無象也。然則有形不可謂無，無象不可謂有，是故有為實有，色為真色。經所謂色為空者，但內止其心，不滯外色。外色不存，餘情之內，非無而何？豈謂廓然無形而為無色者乎？」（安澄《中論疏記》）

這一宗認為外物的存在就是實有，只要我們心不要執著於外物，便是心無。

　　如果我們把以上四組再以物和心的關係作一歸納，可以說第一組是物和心本無，第二組是物無，第三組是物無心有，第四組是物有心無。

　　從以上當代最流行的般若學說看來，我們可以得到以下的兩點認識：

　　①無論這六家七宗的主張如何，他們都採用當代玄學最基本的模式「無」和「有」來推論。本無、本無異、即色、緣會、識含和幻化各宗和玄論派的主無路

線相似，而心無宗卻和名理派崇有的路線相當。

②這種般若玄學化的思想，仍然未脫格義之學那種生硬而不深入的比附。譬如他們以玄學的「無」來釋佛家的「空」，乃似是而非的。因為佛家的空，是指外物由四大假合，沒有自性，也就是當體即空。但他們卻說：「無在元化之先，空為眾形之始。」這種為眾形之始的空，或為萬化之本的空，非但不是佛家的空，而且完全違背了佛家說空的真意。

三、印度佛學中國化的兩位先鋒

般若思想的玄學化，只是印度佛學傳到中國後，進入中國學術界的第一次接觸，彼此的扞格不入是必然的現象。但由此次接觸，再進一步，便走上了印度佛學中國化的路子。在這一融會轉化的過程中，值得注意的有兩位思想家，就是僧肇和道生。

㈠僧肇以老莊思想融會印度佛學

在僧肇之前，雖然有六家七宗以及慧遠等高僧的努力，但他們都是以老莊的思想來詮釋印度的佛學，真正提出獨創性的看法，以及對後來中國佛學思想有深入影響的，則首推僧肇。

僧肇（西元 384-414 年），長安人。他從少便酷愛老莊的玄理，後來因讀《維摩詰經》，才決心出家，宣揚佛學。他二十歲左右便名震關內，後來拜鳩摩羅什為老師，在逍遙園中，幫助羅什譯經。可惜三十一歲時，不幸逝世了。

僧肇留下來的不朽傑作《肇論》，共有四篇文字，即〈物不遷論〉、〈不真空論〉、〈般若無知論〉、〈涅槃無名論〉。就這四篇文字看來，僧肇一方面在〈不真空論〉一文中批評當代般若三派的思想；另一方面在其他三文中，呼應莊子的思想，以建立一套中國的佛學。

1. 對般若三派的批評

僧肇雖然批評般若三派的學說，這三派心無、即色和本無，事實上可以包括了當代六家七宗的思想。值得我們注意的是僧肇是在〈不真空論〉一文中提出批

評，可見他的不真空的觀念正是針砭當代般若思想而發的。

先看他對這三派的批評：

> 心無者，無心於萬物。萬物未嘗無。此得在於神靜，失在於物虛。
>
> 即色者，明色不自色。故雖色而非色也。夫言色者，但當色即色，豈待色色而後為色哉？此直語色不自色，未領色之非色也。
>
> 本無者，情尚於無，多觸言以賓無。故非有，有即無；非無，無亦無。尋夫立文之本旨者，直以非有，非真有；非無，非真無耳。何必非有，無此有；非無，無彼無。此真好無之談，豈謂順通事實，即物之情哉！

從這三段話看來，他對心無派的批評，是認為這一派雖然使心不執著於物，但不了解萬物自虛的道理。他對即色派的批評，是認為這一派主張萬物的色相不是它本身所有，乃是因人而起的；但他們不了解當前所現的色相就是一種色相，只是這種色相的本體是虛空不實的。他對本無派的批評，是認為這一派把一切都歸之於無，而流於斷見；殊不知「無」只是一種文字表達的意義，而不是指道的本體。

由以上僧肇對般若三派的批評看來，他一方面肯定真心的存在；一方面強調物虛的道理，所以他是把以上般若各派加以調和運用的。誠如他所說：

> 是以聖人乘真心而理順，則無滯而不通。審一氣以觀化，故所遇而順適。無滯而不通，故能混雜致淳，所遇而順適，故則觸物而一。如此則萬象雖殊，而不能自異。不能自異，故知象非真象；象非真象故，則雖象而非象。然則物我同根，是非一氣，潛微幽隱，殆非群情之所盡。（〈不真空論〉）

這是以真心去即物的自虛，在這裏僧肇的真心顯然是承襲了莊子所謂「真君」、「真宰」、「靈臺」的思想。至於他的即物自虛的工夫，正如他所說：

> 是以聖人乘千化而不變；履萬惑而常通者。以其即萬物之自虛，不假虛而虛物也。故經云：「甚奇世尊，不動真際為諸法立處。」非離真而立處，立處即真也。然則道遠乎哉？觸事而真。聖遠乎哉？體之即神。（〈不真空論〉）

這種「不假虛而虛物」、「觸事而真」的思想，乃是以真心去體現萬物，從萬物的自

虛中以證真。這是僧肇融合了老莊與般若思想，而建構出的一套新佛學的理論基礎。

2.建立即物即真的理論

　　僧肇其他的三篇文字中，〈般若無知論〉和〈涅槃無名論〉都是用老莊的思想術語來發揮佛學的理論。雖然理境超逸，也為中國佛學上不可多得的作品，但真正奠定僧肇思想基礎，而對中國佛學有深遠影響的，卻是〈物不遷論〉一文。

　　就印度佛學來說，都認為萬物是遷流不息，沒有自性的，所謂「諸行無常，諸法無我，涅槃寂靜」的三法印，便是說一切行，一切法都是變遷不住的。他們只認為佛性才是真相，才是真如；一切外物，都是假相，都是虛幻。所以在佛家學說中，只有真如，而沒有物如（這物如兩字是指物自體），他們對物的看法，始終是不重視，只把它當作四大的假合而已。可是僧肇卻不然。他說：

> 近而不可知者，其唯物性乎。（〈物不遷論〉）

這是他對物性的正視。他認為萬物在時和空交錯之流中，才有變遷的現象。如果把時空分離開，每一物在它所存在的當時，是真實的，也是永恆的。他說：

> 求向物於向，於向未嘗無。責向物於今，於今未嘗有。於今未嘗有，以明物不來；於向未嘗無，故知物不去。覆而求今，今亦不往，是謂昔物自在昔，不從今以至昔；今物自在今，不從昔以至今。（〈物不遷論〉）

這也就是說過去的事物，不能留存到今天，好像過去的事物衰滅破壞了。其實過去的事物在它所屬的過去仍然是實實在在的存在。譬如說孔子不能活到今天，我們說孔子死了，但如果跳出目前的時間之流，我們將發現孔子仍然活在他所屬的春秋時代，在那裏成長，在那裏教學，在那裏周遊列國。

　　僧肇再從物不遷，進一步推論因果的不遷。他說：

> 果不俱因，因因而果。因因而果，因不昔滅。果不俱因，因不來今。不滅不來，則不遷之致明矣！復何惑於去留，踟躕於動靜之間哉！然則乾坤倒覆，無謂不靜；洪流滔天，無謂其動。苟能契神於即物，斯不遠而可知矣！（〈物不遷論〉）

這是說依照一般遷流的觀念，都認為因會產生果，等到果產生後，因便消滅，或因已在果之中了。但僧肇卻認為，果只是一個遷流的現象，事實上都只是一連串因的相續存在而已。譬如說，我們從幼稚園受教育開始，經過小學、中學、大學、研究所，直到自己變成了大學問家，大教育家。照一般因果的法則來說，幼稚教育是因，大教育家是果。但這一個因果的關係非常淡薄。過去幼稚園老師的言教，在今日大教育家的思想中，究竟還存有多少的作用，實在令人懷疑。可是依據僧肇的理論卻不然。幼稚園老師的言教對當時身為幼稚園學生的作用，卻是全部的，永遠存在的。在當時，這個因是永遠不會消滅。小學、中學、大學，每一個階段都是如此。所以按照僧肇的說法，在宇宙中任何事件的存在都是真實而永恆的。

由物不遷而因果不遷，僧肇的這種即物即真的思想，雖然未脫般若和玄學的影響，但卻通貫了莊子思想的精神，為中國的禪宗開了先路。因為莊子思想的精神，乃是重視萬物個體的真實存在，而有「天地與我並生，萬物與我為一」之言。僧肇的思想即重視萬物當體的真實性，而說：

> 玄道在於妙悟，妙悟在於即真。即真則有無齊觀，齊觀則彼己莫二。所以天地與我同根，萬物與我一體。（〈涅槃無名論〉）

此後中國的禪宗講即心即佛，講煩惱即菩提，講重視自性的本來面目，也講重視物性的本地風光。這與僧肇的思想可說是前後呼應的。

㈡道生以儒家精神革新了印度佛教

僧肇的努力，功在建立了獨創性的理論，把老莊思想的精神融入了佛學之中；而道生的成就，卻是以儒家的精神，一面揚棄了印度佛教中某些不合中國文化的教義；另一面啟開了中國禪宗的頓悟之門。

道生（西元 372–434 年），河北人。七歲便隨高僧法汰出家，後來曾到廬山慧遠大師處學法。七年之後，又和慧叡、慧嚴等投拜鳩摩羅什門下，所以他又和僧肇是同門弟子。在當時慧遠創立白蓮社的唸佛法門，持守戒律甚嚴，而鳩摩羅什從事大規模的譯經，對大乘佛學的傳播極有影響力。照理說，道生應該兼有慧遠的苦修和羅什的譯經兩方面的特點，但事實不然。道生以他獨具的悟力，透過了

中國文化，尤其儒家思想，不以苦修和譯經為已足，不以印度佛教的教義為一成不變的標準，而勇於改變既定的儀式和思想範疇，以適應中國的環境。所以他的努力，比僧肇更進一步，直接從生活實踐中完成中國佛學的建立。他的成就可以從以下兩方面來看：

1.變通印度佛教的教義

身為一個宗教僧徒，往往要持守傳統的經義教行。非有特殊的悟力和勇氣，很難談改革。在道生的生平中，有三件事情可以看出他在這方面的努力。

第一件是宋武帝劉裕設宴邀請京城裏所有的和尚，當時由於宴會的遲延，過了正午才開飯。因為印度佛教有過午不食的規矩，所有的和尚都不敢動筷，只有道生照吃不誤，打破了這個規矩。這在表面上雖是一件偶發的事件，但對道生來說，卻正是思考已久，早就想要改革的傳統。這也正說明了他在廬山七年，對於慧遠等嚴守戒律的苦修，非但始終不能接受，而且還要加以揚棄。

另外一件是直接討論印度戒律的問題。當時，慧義、慧嚴、慧觀等人都主張吃飯的時候，應遵守印度踞坐而食的方式，但這種方式為中國人所不習慣，所以道生和他的施主范泰主張印度佛教既然傳入中國，就應按照中國人的民情風俗，改為方坐而食。這次事件由於雙方爭執不下，曾反應到宋文帝處，宋文帝還派了司徒王弘和鄭道子來參與其事，幫助道生以說服慧義等人，結果這場辯論仍然不了了之。從這件事情來看，可說是印度佛教和中國文化在生活習慣上的一點小衝突；但就辯論的激烈，和朝廷大臣的參與其事看來，這在中國佛教史上也是一件重要的事情，而道生卻是站在中國文化的立場。

由於這兩件事，使得道生和當時的僧人們發生了很大的爭執，後來因為道生對於法顯所譯六卷《泥洹經》（即六卷《涅槃經》）中認為一闡提人不能成佛的說法表示懷疑，而主張一闡提人皆得成佛。這時曇無讖所譯的《大般涅槃經》還沒有行世。所以當時的和尚都認為他離經叛道，把他趕出了佛寺。等到後來《大般涅槃經》譯出後，才發現道生所說和經義相合。一闡提人也有佛性，也可成佛。從這件事可以看出道生雖然曾參與鳩摩羅什的譯經，但對於經典的義理，並不是盲目的接受，而是批判性的了解。譬如當《大般涅槃經》還沒傳到中國時，認為一闡提人惡根極重，無法成佛，這是當時佛經教義上的通解，可是道生卻甘冒不

諱，而提出相反的看法。這一方面是由於他獨具的悟力，能透澈了解大乘思想的精神；另一方面也由於他深契於儒家思想。因為他在廬山東林寺講解《大般涅槃經》時，便公開引證〈中庸〉「天命之謂性」的思想，和孟子性善的學說。所以他提出一闡提人皆有佛性，也正是他透過了中國思想去印證大乘般若的自然結果。

2. 揭開了頓悟成佛之門

道生的著作雖不少，但除了《妙法蓮華經疏》一書外，都已失傳。在《高僧傳》中曾描述他的思想著作說：

> 生既潛思日久，徹悟言外，迺喟然嘆曰：「夫象以盡意，得意則象忘。言以詮理，入理則言息。自經典東流，譯人重阻，多守滯文，鮮見圓義。若忘筌取魚，始可與言道矣。」於是校閱真俗，研思因果，迺言「善不受報」，「頓悟成佛」。又著〈二諦論〉、〈佛性當有論〉、〈法身無色論〉、〈佛無淨土論〉、〈應有緣論〉等，籠罩舊說，妙有淵旨。而守文之徒，多生嫌嫉，與奪之聲，紛然競起。（《高僧傳‧道生》）

在這段文字中所提到的各篇論著只有標題，而無內容。雖然我們無法確知他所論的究竟，但從這些標題中，我們可以看出具有獨創性見解，而與當代佛學產生衝突的，乃是頓悟成佛、善不受報和佛無淨土各條。其中頓悟成佛論為核心，而善不受報和佛無淨土卻是批評傳統佛學，而為支持頓悟成佛的理論支柱。

佛無淨土論，在表面上，似乎是針對廬山慧遠的淨土唸佛而發的；但實際上，卻是把宗教上寄託於外在的那個淨土世界，搬到心中來。善不受報論，乃是直接批評傳統佛教中的所謂因果輪迴之說。本來任何宗教都強調善惡報應的觀念，道生是佛教僧徒，斷無否定善德之理。雖然我們無法確知他所論的內容，但我們如果看看以後的禪宗要我們「不思善、不思惡」（六祖慧能語），就可以了解道生此論的用意了。

佛無淨土論，要我們不執著於淨土；善不受報論，要我們不迷戀於果報，這都是頓悟成佛的工夫。頓悟之所以為頓，就在於要打破外在的偶像和果報的輪迴，而能在自心中去當下悟入。

至於道生頓悟成佛論的真正內容，雖然我們也沒有他留下的詳細資料可徵，但據慧達的《肇論疏》中曾引述他的頓悟成佛論說：

> 竺道生法師大頓悟云：「夫稱頓者，明理不可分，悟語極照。以不二之悟，
> 符不分之理。理智惷釋，謂之頓悟。見解名悟，聞解名信。信解非真，悟
> 發信謝。理數自然，如菓就自零。」

慧達這段話所指道生的大頓悟，是和支道林等人的小頓悟相比來說的。慧達曾在
《肇論疏》中介紹小頓悟說：

> 小頓悟者，支道琳師云：「七地始見無生。」彌天釋道安師云：「大乘初無漏
> 慧，稱摩訶般若，即是七地。」遠師云：「二乘未得無有。始於七地，方能
> 得也。」琷法師云：「三界諸法，七地初得無生，一時頓斷，為菩薩見地也。
> 肇法師亦同小頓悟義。」

這裏所謂七地是指成就大乘菩薩的十個階段（即十地）中的第七個階段。支道林
等認為修行到了七地之後，已達無生的境界，自能悟其全面。可是在七地之上還
有三地。對於這剩下的三地，究竟是靠修？還是靠悟？如果是靠修的話，那末在
七地的悟，便不是頓悟；如果是靠悟的話，那麼這三地的悟才是大悟，而以前在
七地的悟便不夠究竟，所以慧達認為他們所講的悟，乃是小頓悟。

　　至於道生的頓悟是以「不二之悟，符不分之理」，所謂「不二」、「不分」是指
的絕對，是指的沒有階段。這比起支道林等的小頓悟來，顯然是簡明直截多了。
不過今天我們沒有他論頓悟的進一步資料，就以前所述來看，他雖然已揭開了頓
悟之門，為此後禪宗思想的形成鋪了路，但離中國禪宗所講的頓悟，還有一段距
離。這段距離不只是在歷史上還須培育發展了好幾百年的時間，而且最重要的乃
是從理論發明到實際工夫上的一段努力。

四、佛學各宗的傳承與中國佛學的建立

㈠佛學各宗的傳承

　　自魏晉直到隋唐，相傳有十三宗。據日本學者凝然的分類為：毘曇、成實、

律、三論、涅槃、地論、淨土、禪、攝論、天台、華嚴、法相、真言等十三宗。
梁啟超先生在〈論中國學術思想變遷之大勢〉一文中曾加上俱舍宗而刪掉毘曇宗，
並作了一個系統表如下：

宗　名	開　祖	印度遠祖	初起時	中盛時	後衰時
成實宗	鳩摩羅什	訶梨跋摩	晉安帝	六朝間	中唐以後
三論宗	嘉祥大師	龍樹、提婆	晉安帝	六朝間	中唐以後
涅槃宗	曇無讖	世親	晉安帝	宋齊	陳以後入天台
律宗	南山律師	曇無德	梁武帝	唐太宗	元以後
地論宗	光統律師	世親	梁武帝	梁陳間	唐以後入華嚴
淨土宗	善導大師	馬鳴、龍樹、世親	梁武帝	唐宋明	明末以後
禪宗	達摩大師	馬鳴、龍樹、提婆、世親	梁武帝	唐宋明	明末以後
俱舍宗	真諦三藏	世親	陳文帝	中唐	晚唐以後
攝論宗	真諦三藏	無著、世親	陳文帝	陳隋間	唐以後入法相
天台宗	智者大師		陳隋間	陳隋間	晚唐以後
華嚴宗	杜順大師	馬鳴、堅慧、龍樹	陳	唐武則天後	晚唐以後
法相宗	慈恩大師	無著、世親	唐太宗	中唐	晚唐以後
真言宗	不空三藏	龍樹、龍智	唐玄宗	中唐	晚唐以後

梁先生這張表對於各宗思想的盛衰和發展，雖然可供參考；但對於開祖及印度遠
祖等，不無商榷的地方。蔣維喬先生便有不同的看法。如他說：

> 此種問題，大可研究。蓋隋唐以前，實尚未有所謂宗派，喜研三論者，可
> 謂為以三論為宗，然非可稱為三論宗也。當時講經之人，尚有以講四論為
> 主者；講演《成實論》者有人；玩索《涅槃經》者有人；專心《法華經》
> 而說之者有人；宣揚《維摩經》者有人；弘傳《地論》、《攝論》者有人；
> 凡此皆限於探究一種經典，非如後世所謂宗派宗旨也。（蔣維喬《中國佛教
> 史》）

這段話頗合乎事實，在隋唐以前，都只是翻譯某經論，講述某經論，或弘揚某經
論的思想，並沒有宗派的顯著對立。這就同在春秋時期，無所謂儒、道、法家的
派別，到了戰國各家之間的對立才逐漸形成，而直到漢代才有司馬談、班固等學

者把他們加以分家分派。同樣在佛教史上，真正形成了宗派的是隋唐時期，宗派形成了對立後，再推溯上去，而認為兩晉時即有該宗的流傳。譬如在梁先生的表格中，淨土宗的開宗祖師是指善導大師，善導是唐代人，因為當時天台、華嚴等宗講的理論非常深奧，而淨土宗專主唸佛的名號，易為群眾所接受，因此當時大為盛行，所以善導可說淨土宗的大成者。但是遠在梁武帝時的曇鸞，從菩提流支習淨土法門，著《往生淨土論註》，大弘淨土思想。如果再推上去，後漢時，安息國沙門安世高譯《無量壽經》二卷，及晉慧遠的唸佛修行，也可看作此宗的先河。再說三論宗，在梁先生表格中，以嘉祥大師為開祖，因嘉祥大師著《中觀論疏》、《百論疏》和《十二門論疏》，為研究三論的重要典籍，所以在嘉祥手中，三論宗全盛。可是印度本沒有三論宗之名，當時沒有這一宗派的存在。因《中論》、《十二門論》為龍樹所造，《百論》為提婆所造，所以推他們為印度遠祖。至於這三論傳到了中國後，為提婆三傳弟子的鳩摩羅什一手翻譯了該三論，因此羅什也被視為該宗的祖師。羅什的門人，如僧肇、道生、曇濟等八傑，都是三論的高手。而當代各派般若學者也都離不了三論的範圍。事實上，在當時也無三論宗之名，乃是嘉祥大師盛弘此宗後，再推源上去，而把羅什等都歸為三論宗的祖師。

　　今天，我們不必為這十三宗去詳加考究。因為許多宗派後來都歸入其他宗派之中，如毘曇宗後來歸入俱舍宗；三論宗歸入天台和禪宗；涅槃宗歸入天台宗；地論宗歸入華嚴宗；攝論宗歸入法相宗。另外像成實宗和俱舍宗屬於小乘，在唐以後便消失了，而且在中國佛學上，也沒有產生大影響。所以剩下來的只有律宗、淨土宗、法相宗、真言宗、天台宗、華嚴宗和禪宗。其中律宗、淨土宗、真言宗都專注在宗教的修持，而在哲學史上的地位並不重要。所以真正在思想上有影響的，乃是所謂教下的三宗：法相、天台和華嚴，及教外別傳的禪宗。

　　至於法相宗，又名唯識宗。在印度極盛，前有無著、世親兄弟；後有護法、戒賢師徒。玄奘遊印時，曾拜戒賢為師；歸國後，專注譯經，介紹唯識思想。他的弟子窺基，論述宗義，確立了該宗在中國的法統。不過這一宗，在佛學上是屬於有宗，和般若思想的空宗對立。其討論法相和八識的作用非常深奧而煩瑣，純粹是印度哲學的思維方法。再加以玄奘回國後，專門譯經，共譯了一千三百餘卷。在譯經史上固然是第一人，但他並沒有獨創的著作。他只是雜糅各經論，譯編《成

唯識論》一書，這是法相宗的中心思想，而窺基也只是根據《成唯識論》寫了《唯識論述記》、《成唯識論樞要》等書。所以這一宗的思想都是直接來自印度的哲學，並沒有融入了中國的思想，也沒有把根株插入中國的文化裏，和中國人的生活信念打成一片。因此當這一宗興盛時，也只是對印度哲學作深入的研究；可是當它衰微時，在中國思想發展上，也沒有留下深廣的影響。

由以上所述，可見今天在中國思想上，真正由中國的心靈所灌溉而成長的純粹中國的佛學，只有華嚴、天台和禪三宗。

㈡中國佛學的建立

華嚴、天台和禪三宗，在印度根本沒有這種宗名。雖然華嚴宗主《華嚴經》，天台宗主《法華經》，但這兩宗所倡導的理論和思想，已越出了印度佛教的範圍，多為中國人的智慧所灌注。至於禪宗，雖然在源頭上與《楞伽經》和《金剛經》有著密切的關係，可是到了後來，完全從中國人自己的文化思想中去吸取活泉。

在這三宗裏，華嚴和天台還是把印度的佛學，轉化為中國的佛學；華嚴和天台是承襲了自魏晉以來長期的般若和老莊思想交融的結晶，然後又交錯影響到純粹中國佛學的禪宗思想。

在這裏，我們先介紹華嚴和天台兩宗的思想。

1. 華嚴宗與法藏的思想

㈠法藏與華嚴宗的成立

華嚴宗的開宗者，為賢首法藏大師（西元 643–712 年），祖籍龜茲，後來移居長安。十七歲時，曾拜智儼為師，修習《華嚴經》。後來曾參加玄奘的譯場，從事翻譯。但由於不滿法相唯識的思想，便根據《華嚴經》，而創立了華嚴宗。不過法藏為智儼的弟子，智儼又為杜順的弟子。所以傳統上，都把杜順當作華嚴宗的始祖。另智儼又學《華嚴》於智正，因此也有人認智正為始祖，但智正的著述已不可考，而杜順曾著《五教止觀》、《法界觀門》二書，這正是以後華嚴宗所講五時判教和十玄緣起的端緒，接著智儼著《搜玄記》、《孔目章》、《華嚴問答》、《十玄門》等書，也發揮十玄緣起和六相圓融的道理。到了法藏，著有《華嚴經探玄記》、《華嚴五教》、《遊心法界記》、《妄盡還源觀》、《金獅子章》、《法界無差別論疏》、

《十二門論宗致義記》、《大乘起信論義記》等六十餘部，《華嚴經》的義理至此可說洋洋大觀。法藏之後傳澄觀為四祖，再傳宗密為五祖。宗密著《原人論》和《禪源諸詮集都序》等書，也為禪宗神會一系的傳人。這也可證華嚴宗到後來和禪宗的關係。

　　㈡法藏所建立華嚴宗的思想體系

　　華嚴宗的思想裏，有四個重要的理論。即五教、四法界、六相和十玄門。這四大理論雖然所談的方面不同，但其目的都是通向華嚴宗的最高理想境界，即是所謂一真法界。

　　所謂五教，乃是法藏根據佛教經典的內容而判為小乘教、大乘始教、大乘終教、頓教和圓教。判教不是印度佛學的創作，而是由於印度佛經錯綜複雜，有時呈現出矛盾的思想，所以中國的僧人便把它們加以分類，認為不夠完滿的是佛陀最先說的，最深刻的乃是佛陀最後說的。這種判教完全是根據理論來分析，而無關乎宗教的信仰，因為就宗教信仰來說，佛陀所說的任何一部經典都是完美的，都是真理，只要能實踐，都可入道。可是判教卻把主要的佛經加以深淺層次的分類，如法藏把四《阿含經》和《俱舍》、《成實》等論，劃為小乘教；把《般若經》及三論劃為大乘始教中的空始教；《解深密經》、《唯識》等論劃為相始教；把《楞伽》、《密意經》，和《起信論》等劃為大乘終教；把《維摩經》劃為頓教；把《法華經》、《華嚴經》劃為圓教。可是《法華經》為天台宗的寶典，於是再在圓教中分同教一乘圓教和別教一乘圓教來安置《法華經》和《華嚴經》。這樣的分析當然不是完全合乎事實而無漏洞的。第一、這種分法沒有確實的證據。第二、三論宗和法相宗會抗議把他們的經典只列為大乘始教，而頓教這名詞如果是法藏有意為當時逐漸興盛的禪宗安排的一個位置的話，禪宗祖師當然會反對在他們之上還有一個圓教。不過我們暫撇開這種分法是否恰當不談，法藏的五教在他為華嚴宗所建立的整個體系中卻是非常重要的。因為在印度佛學中，只有小乘、大乘之分，既沒有頓教，也沒有所謂圓教。尤其這個圓的觀念，可說是來自中國思想的，《易經·繫辭上傳》所謂「故蓍之德圓而神」。法藏為了確立其圓教的地位，因此先以《華嚴經》為五教的最高層次，這對於印度佛學來論也說得過去。然後再以《華嚴經》中的思想，來建立圓融無礙的華嚴宗的教旨，這是法藏判教的苦心。

判教之後，法藏又根據杜順、智儼等祖師的思想，而加以組織，提出四法界、六相和十玄門等華嚴宗的主要教義。而這些教義都是發揮圓融無礙思想。如：

所謂四法界，即①事法界，指現象界。②理法界，指本體界。③理事無礙法界，指本體和現象之間的融合無礙。④事事無礙法界，指現象界中每一事物間可以彼此圓融無礙。

所謂六相，即①總相，指全體。②別相，指個體。③同相，指同一根本。④異相，指各別的功能特色。⑤成相，指因緣和合。⑥壞相，指因緣分散。

所謂十玄門，即①同時俱足相應門。這是打破了時間，表明萬事萬法可以在同一時間內圓滿俱足。②廣狹自在無礙門。這是打破了空間，表明大小廣狹可以相融無礙。③一多相容不同門。這是打破數目的差異，表明一和多可以相容，而又能保持其不同的殊相。④諸法相即自在門。這是打破萬法的隔閡，表明萬法可以相容相即。⑤秘密隱顯俱成門。這是打破顯與密之間的不同，表明顯密可以相輔而相成。⑥微細相容安立門。這是打破精與雜之間的不同，表明精雜可以相容而互攝。⑦因陀羅網境界門。因陀羅網是帝釋天宮殿裏的一個寶珠網，其中的寶珠像鏡子一樣重重反映，這是打破現象界的差別，表明現象中的每一事物可以互攝而無礙。⑧託事顯法生解門。這是打破事和理的差別，表明事理的無礙。⑨十世隔法異成門。這是打破古今和未來的三世的差別，以表明三世各法的相融相成。⑩主伴圓明俱德門。這是打破主客之間的相異，以表明主和客兩者的相輔相成。

以上六相和十玄門，只是較為詳細而具體的說明各種觀念事物之間的無礙相融罷了。所以法藏建立華嚴宗的這套理論，約歸來說，只是表明一個理事無礙和事事無礙的華嚴世界。這個華嚴世界，就是他們所理想的一真法界。

這一真法界，說穿了，就是真心的顯現。法藏在《修華嚴奧旨妄盡還源觀》一文中說：

> 《經》云：「森羅及萬象，一法之所印。」言一法者，所謂一心也。是心即攝一切世間出世間法，即是一法界大總相法門體，唯依妄念而有差別，若離妄念，唯一真如，故言海印三昧也。

什麼是海印三昧，他解釋說：

言海印者，真如本覺也。妄盡心澄，萬象齊現，猶如大海，因風起浪。若風止息，海水澄清，無象不現。《起信論》云：「無量功德藏，法性真如海。」所以名為海印三昧也。

這是說外界事物的千差萬別，扞格不通，只是因為我們以差別觀念的妄識去看。如果我們除去了差別的妄識，使真心顯現，則所照出的這個世界，都是絕對至真，互相輝映，圓融而無礙的。

然而如何除妄識以顯真心？法藏在《修華嚴奧旨妄盡還源觀》中，曾提出五止六觀的方法。

所謂五止，即①照法清虛離緣止。這是指了解外境的空無。②觀人寂怕絕欲止。這是指使五蘊不執著物欲。③性起繁興法爾止。這是指順萬法之自然。④定光顯現無念止。這是指修無念的禪定。⑤理事玄通非相止。這是指性相俱泯，大智獨存。

所謂六觀，即①攝境歸心真空觀。這是指觀一切唯心，心外無法。②從心現境妙有觀。這是指觀由體起用，具修萬行。③心境秘密圓融觀。這是指觀如來報身與所依淨土，圓融而無礙。④智身影現眾緣觀。這是指觀眾緣，緣相本空，而真如獨存。⑤多身入一境像觀。這是指觀如來十身可以互用，以明自身與其他眾生各身可以相融。⑥主伴互現帝網觀。這是指觀以己為主，以他為伴，以一法為主，以一切法為伴，而觀其重重無盡，以明事事無礙。

由上述法藏的思想中，我們可以得到以下的五點結論：

①雖然法藏和華嚴宗的思想都是來自於《華嚴經》。但《華嚴經》是一部印度佛教的經典，其內容不僅充滿了宗教的色彩，而且敘事說理冗長反覆，漫無頭緒；可是法藏根據《華嚴經》所寫的這些文字，卻完全是純哲學的作品，其提要鉤玄，精於組織，不僅有功於華嚴義理的揭發，而且也為中國的華嚴學奠定了基礎。

②法藏為華嚴宗所建立的這套思想體系，從直的方面來看，超越了小乘、大乘，而歸本於一乘的圓教，這即意味著超越了印度佛學的大小乘思想，而歸本於中國哲學，因為這一乘圓教，乃中國人思維的所得。從橫的方面來看，法藏所談的這些四法界、六相、十玄門和五止六觀的理論，都是以義理為主，而無濃厚的

宗教色彩。所以說他這套思想體系完全是中國思維的佛學。

③法藏由四法界、六相、十玄門，而歸本於一真法界的一心，這是從煩瑣玄奧而歸於簡易。似乎已把握住中國思想的精神，可是在如何顯發真心的方法上，他所談的五止和六觀法門，又重返到煩瑣玄奧的路子上，所以他這套思想體系徹頭徹尾是一種奧妙的玄學。我們也可以說他是順著魏晉南北朝般若學的路線，更進一步的建立了一套構思奇巧，體系龐大的玄學。

④法藏的這套玄學化的中國佛學，就思想的複雜和奧妙來說，可以和印度的法相宗比美，這也正是法藏不滿意法相唯識的思想，而要建立一套唯心哲學的初衷。但也由於它過於玄理化，在實踐方面沒有簡易的路子可循，所以它只能表現中國思維的「致高明」一面，而不能發揮「道中庸」的另一面，因此儘管它在唐代曾盛過一時，但終究不能和中國哲學平易的精神相合，而發展開來。

⑤儘管華嚴宗不能像以後禪宗一樣的蓬勃發展，但由於畢竟是經過中國智慧所灌溉過的，所以它那種「一切即一，一即一切」和「事事無礙」的思想，一面流入禪宗思想裏，一面也影響了宋明的理學。

2. 天台宗與智顗的思想

㈠智顗與天台宗的成立

天台宗的開創者是號稱智者大師的智顗（西元 538–597 年），俗姓陳，字德安，河南人。十八歲出家，曾從慧曠學唯識，二十歲受戒，潛心於《法華經》。後來投奔慧思門下，學心觀之法。後來因居天台山的國清寺，又號天台大師，他所建立的宗派，也就因此而稱為天台宗。天台宗雖因他而立宗，但他的思想中，除一念三千相傳為他所自創外，另一心三觀、三諦圓融之說，乃傳自慧文和慧思。所以佛學史上，以慧文為初祖，慧思為二祖。慧文沒有著述，慧思則有《大乘止觀法門》、《法華經安樂行義》和《諸法無諍三昧法門》流傳下來。到了智顗手中，著作極豐，主要的有《法華玄義》、《法華文句》、《摩訶止觀》、《觀音玄義》、《金光明玄義》、《禪波羅密》、《六妙法門》、《金剛般若經疏》、《維摩經玄疏》、《阿彌陀佛經義記》、《法界次第初門》、《四教義》、《四念處》、《觀心論》、《淨土十疑》等書。從這張簡單的著作書目中可以看出智顗所研究的方面極廣，除了天台宗所主的《法華經》外，旁及般若及淨土諸經。這也就奠定了他為天台宗所開創的思想，

包括了《法華玄義》和實踐方面的禪觀法門。智顗的著作很多出自他的大弟子天台四祖灌頂的筆錄。灌頂著《大般涅槃經玄義》、《觀心論疏》、《天台八教大意》等書,他也是繼承智顗成立天台宗的主要人物。

㈡智顗所建立天台宗的思想體系

在天台宗的思想裏,有兩個重要部分:一是非常嚴密的判教論;一是匠心獨運的心觀論。

判教雖非始於天台宗,但判得最完備的卻首推天台宗。天台宗的判教,主要在五時八教。

所謂五時,乃是把佛陀教導的時期分為五個階段,即①華嚴時。這是佛陀最初說法,以《華嚴經》為主,對象是大乘根機較深者,這是試探性的說法。②阿含時,或以其所說地名稱為鹿苑時。為了適應一般眾生的需要,佛陀在這一時期,講小乘的四《阿含經》,這是誘導式的說法。③方等時。方等是一切大乘經的通稱。這時廣說大小二乘的教法,並彈呵小乘,使聽眾能由小乘而入大乘。④般若時。在這一時期,專說大乘的《般若經》,以排除眾生的一切執著,而入中道實相之門。⑤法華、涅槃時。這是最後的階段,佛陀以《法華經》來宣說實相的一乘教,並以《涅槃經》來對法華時所遺漏的其他根機者說法,使他們都能共證實相。

所謂八教,又分為化儀四教和化法四教。化儀四教是指佛陀說法的形式,化法四教是指佛陀說法的內容。化儀四教,即①頓教。指對利根的人,直接授以大乘頓超之法。②漸教。指用漸進的方法,由小乘而大乘。③秘密教。指在宣教時,由默示或其他舉動,在秘密中使對方悟解。④不定教。指在宣教時,聽眾以其本身根機的不同,而獲不同的益處。化法四教,即①藏教。指小乘的經、律、論三藏。使鈍根眾生,明四諦、十二因緣和六度等道理。②通教。指針對三乘共同的說法,其教義可以通用於聲聞、緣覺和菩薩等三乘。也可通於前面的藏教,和後面的別教及圓教。如《般若》和一般大乘諸經。③別教。指別於前面藏通兩教,和後面的圓教,這是對鈍根菩薩所說的法。④圓教。這是佛陀一代說法最高的境界,是講圓融的原理。

就以上五時八教的判釋來說,顯然天台宗的判教要比華嚴宗為豐富而詳盡。天台宗以五時八教把所有的大小乘的佛經,和所有錯綜複雜的教義,都歸納而分

類，這就同圖書的目錄，給予後人研究佛學以絕大的方便。不過五時八教之說並非智顗一人的創作。在他之前，早在羅什門下的慧觀，就有五時之說，只是名目和天台宗的五時稍有差異，慧觀分有相、抑揚、無相，而天台則為阿含（鹿苑）、方等、般若。至於八教，以性質內容來分，早在光統便講四教，自軌講五教，法凜講六教。天台的化法四教可能是參考以上諸說而成的。

五時八教的判釋，只是智顗整理佛經和教義的工夫。真正代表智顗思想的，乃是他那氣象萬千的心觀論。

智顗心觀思想的重點，就是他所悟出的一念三千的觀法。

要了解智顗一念三千的思想。我們必須先了解他的三諦圓融和一心三觀的思想。關於三諦和三觀的理論，在各經論中早有相似的說法。如《仁王護國般若波羅密經》中說：

> 以三諦攝一切法，空諦、色諦、心諦故，我說一切法不出三諦。（〈二諦品〉）

《瓔珞經》中也說：

> 三觀者：從假名入空二諦觀，從空入假名平等觀，是二觀方便道。因是二空觀，得入中道第一義諦觀。（〈賢聖學觀品〉）

後來慧文、慧思，更發揮三諦圓融和一心三觀的思想。智顗就是繼承了這一淵源，而加以發揮的。所謂三諦，即世諦、真諦和第一義諦；所謂三觀，即假觀、空觀和中道觀。所謂世諦是指一切現象的差別之相，真諦是指一切現象的平等之性，第一義諦是超越了差別和平等的中道。我們觀看萬物，只見其差別之相的，叫做假觀。只見其平等之性的叫做空觀。至於能洞悉假不離空，空不離假，而假空雙遣的乃是中道觀。所以就境來說，有三諦，就心的觀想來說，有三觀。三諦之理本是圓融的，因此一心三觀自應圓融而無礙。智顗在《法華文句》中曾說：

> 若迷此境，即有六界相性，名為世諦。若解此境，即有二乘相性，名為真諦。遠此非迷非解，即有菩薩佛界性相，中道第一義諦。（卷二上）
> 分別者，但法有粗妙。若「隔歷三諦」粗法也。「圓融三諦」妙法也。（卷

一上）

智顗乃是本於這三諦圓融和一心三觀的思想，再推衍而悟出一念三千的理論。

　　一念三千的思想，在印度的佛經，和前人的論述中都沒有淵源，可說是智顗一人的獨創。所謂一念三千，據智顗在《摩訶止觀》一書中說：

　　　　夫一心具十法界，一法界又具十法界、百法界。一界具三十種世間，百法
　　　　界即具三千種世間。此三千在一念心，若無心而已；介爾有心，即具三千。
　　　（卷五上）

要了解這段話，必須先認清十法界。所謂十法界，即地獄界、畜生界、餓鬼界、阿修羅界、人間界、天界的六凡，再加上聲聞界、緣覺界、菩薩界、佛界的四聖，合稱為十界。在所有的經論中並沒有這「十界」的名目，智顗把它們連在一起後，接著認為這十界不是個別存在的，而是其中任何一界可以含攝其他九界。也就是說置身任何一界中，都有立即轉往其他九界的可能，這叫十界互具。所以十界互具，便有百界。這是就外在的層次來說。另外就諸法的本質功能來說，一界有十如是。這十如是，即「如是相」，指形相。「如是性」，指本性。「如是體」，指實質。「如是力」，指功能。「如是作」，指作用。「如是因」，指原因。「如是緣」，指間接原因。「如是果」，指直接後果。「如是報」，指間接的後果。「如是本來究竟」，指前面九如是的全部過程。由於一界有十如是，再加以三種世間，即五陰世間、眾生世間和國土世間，所以一界就有三十世間。那麼百界就有三千世間。

　　在智顗的這套思想中，如何構成三千這個數字並不重要。因為在中國文字上，往往以有限代表無限多，所以一念三千，也可說一念三千萬，或一念無限多。總之，關鍵在於一念。這一念向上，可以為聲聞、為緣覺、為菩薩、為佛；這一念向下，也可以為人、為阿修羅、為餓鬼、為畜生，或入地獄。

　　然而如何修此一念？智顗又提出他那套嚴密的止觀法門，他在《摩訶止觀》一書中，詳論五略、十廣及十乘觀法。其中以十乘觀法為重心。所謂十乘觀法，即①觀不思議境。不思議境是指一切法的性相。②起慈悲心。③巧安止觀。指把心安住於體性之理而修止觀。④破法遍。指遣除一切妄執。⑤識通塞。指檢討修

行得失。⑥修道品。指從三十七道品中選擇適於自己的法門修行。⑦對治助開。指藉所修的道來針治自己的迷妄。⑧知次位。指了解自己所證的果位，而不致有「未得認為已得，未證認為已證」的毛病。⑨能安忍。指能安處於順逆諸境。⑩無法受。指不要執著於十信相似位，即六根清淨位，而能進一步修「初住位」，以便契入中道。

從以上智顗為天台宗建立的思想體系看來，我們將有以下的五點認識：

①天台宗和華嚴宗一樣，都是判圓教為最高的境界，一主《法華經》，一主《華嚴經》。而這兩本經都是強調圓融之理，同屬玄妙，難分上下。天台唱一念，華嚴唱一心，也都能返本還源，共證心地。但不同的是，華嚴宗徹頭徹尾是一套講圓融無礙的玄學體系，而天台宗除圓融的法華體系之外，更吸收了禪觀的思想。所以天台宗也有一套嚴密的實踐法門，而被稱為「教觀雙美」。

②當智顗提出了「一念三千」的這一念時，他顯然已超脫了印度佛學的宗教樊籬，因為這一念操之在我，成佛、成人，或變畜生、變餓鬼，完全取決於一念，在這裏不講三世的業報，沒有佛力的加被，就同儒家的所謂「君子喻於義，小人喻於利」一樣，為君子，或為小人，完全在於義利之間的這一念抉擇。所以智顗的這一念的提出，顯然已觸及了中國思想的核心。

③智顗雖然提出這簡易直截的「一念」，可是接著他論述實踐的止觀法門，卻流於瑣細而煩雜。譬如他不僅講五略、十廣和十乘觀法，而且十廣裏的方便一項中又有二十五方便，即所謂：「具五緣」、「訶五欲」、「棄五蓋」、「調五事」、「行五法」，這些都是進入正觀的先決條件。像這些煩雜的過程，又豈是一念所能穿透。如果是這樣的話，那麼「一念三千」，豈不變成一種虛設的理論或玄談？所以天台宗的「教觀雙美」，美則美矣！卻是雙離之美，而不是一貫之美。

④智顗由於主張一念有十法界，而十法界可以互具，因此在餓鬼、畜生界即潛有成佛、菩薩的可能；同時在佛、菩薩界，亦潛有變為餓鬼、畜生的可能。這一可能性，也就導致了性中有善、有惡的因子存在。如在《觀音玄義》中記載：

問：「闡提與佛斷何等善惡？」答：「闡提斷修善盡，但性善在；佛斷修惡盡，但性惡在。」

這種說法顯然是主張性惡的存在。在這點上，智顗的思想是極為大膽的，他不僅完全違反了印度佛教的教義，同時也越出了整個佛學的性論思想。本來「一念三千」是一個非常自由而玄妙的觀法，可是涉到了性善和性惡，卻使他踏入了極為糾纏而不易解決的知識難題之中。使他的學識憑添了許多葛藤。

　　⑤天台宗自智顗建宗以後，傳灌頂，再傳智威，三傳慧威，四傳玄朗，五傳湛然。在湛然之後，也就是唐武宗會昌的排佛以後，天台宗便衰微不振，以致經典散佚。甚至連天台宗奉為最主要寶典的三大部，即《法華玄義》、《法華文句》、《摩訶止觀》都不存於中國。直到宋代吳越王錢俶遣使到韓國，才把許多散佚了的典籍訪求回來，自此天台宗才有轉盛之機。可是此後的天台宗，都在智顗所講《金光明經玄義》的廣本與略本上爭真偽，演變到後來，更有法統上的山家、山外之爭，同時有性善、性惡的論辯。從這一發展趨勢來看，智顗雖提出了一念三千，可是由於他所論觀行的煩瑣，使得天台宗也未能完全和中國人的思想信仰打成一片。不過他這簡易直截的一念，在對其他宗的影響方面，卻有著深遠的意義。那就是對於淨土宗和禪宗的影響。關於淨土宗，由於重在唸佛，我們略而不論。可是在天台和華嚴宗以後獨霸天下的禪宗，卻是融會了天台和華嚴宗的優點，接下天台和華嚴宗的棒子，而創造了中國佛學的奇葩。

第十八章　慧能的崛起與中國禪學的蓬勃發展

一、禪學的淵源

依照傳統的說法，中國禪宗的淵源要推到釋迦牟尼。在《大般涅槃經》中曾記載：

> 爾時，佛告諸比丘，汝等不應作如是語。我今所有無上正法，悉以付囑摩訶迦葉。(〈哀歎品〉)

這是在印度佛經中有關釋迦傳法給迦葉的故事。並沒有涉及傳禪。可是到了禪宗的文獻裏，如《六祖壇經》、《景德傳燈錄》等書中，便把迦葉奉為印度禪宗初祖，阿難是二祖，馬鳴是十二祖，龍樹是十四祖，直到菩提達摩是二十八祖。到了後來的許多禪宗的公案和《傳燈錄》中，更把這段故事描繪得極富禪味。如在《指月錄》中曾記載：

> 世尊在靈山會上，拈花示眾。是時，眾皆默然，唯迦葉尊者，破顏微笑。世尊曰：「吾有正法眼藏，涅槃妙心，實相無相，微妙法門，不立文字，教外別傳，付囑摩訶迦葉。」(卷一)

其實，這段拈花示眾的故事，不見於印度佛經之中，而從迦葉到菩提達摩的這二十八位祖師雖然都是印度的高僧，但卻沒有被連成這一法統，譬如馬鳴是所有大乘佛學的中堅，而龍樹更被中觀、三論、天台、華嚴、淨土、密宗等奉為祖師，

然而他們都不是專屬於禪宗。近代許多學者如胡適等，由於這些事實而認為印度禪宗的法統有問題，甚至認為這二十八祖的傳法故事也是中國僧人所附會編造的。

印度沒有禪宗的宗名和傳承，這是事實，但並非說印度沒有禪，禪宗的這個禪字便是沿襲了梵文禪那一字。禪那就是禪定，在奧義書中稱為瑜伽。可見禪定乃是印度宗教的共法，也為所有大小乘佛教所共有的基本法門。不過在印度佛教中講四禪八定，自有它的一套系統；到了中國的禪宗講明心見性，卻是另一套系統。所以我們可以說今天所謂的禪宗，已不是印度佛教中的那一套禪定，而是在中國發展成熟的一套心學。

不過這套心學畢竟是生長在佛學的園地上，因此它和印度佛學也有淵源上的關係。我們可以說禪宗是印度大乘佛學到了中國之後，和中國思想融合變化而成的中國佛學。這一融合變化的過程，有三條路線：一是大乘佛學的中國化，二是菩提達摩的傳禪，三是慧能的明心見性之學。

關於大乘佛學中國化的路線，我們在前一章已介紹過，這是中國佛學通向禪學的一條大路。在這條大路上，就佛學家來說，從道安、慧遠、僧肇、道生、慧思、智顗，而到慧能的出現，這是中國佛學家們一個接著一個的自然發展。就佛學宗派來說，三論宗在中國禪學的源頭上曾注入大量的血輪，法融、慧能和他的許多門徒都精於般若三論的思想。而天台宗和華嚴宗，又交互的影響了禪學的發展。所以我們可以說禪學是大乘佛學中國化的最高潮，也是最偉大的結晶。

另外一條菩提達摩的路線，這是被傳統佛學所公認的印度禪傳入中國的開始。

菩提達摩在印度的事跡非常隱晦。據道宣在《高僧傳》中描寫他：

> 菩提達摩，南天竺婆羅門種，神慧疏朗，聞皆曉悟。志存大乘，冥心虛寂，通微徹數，定學高之。悲此邊隅，以法相導。初達宋境南越，末又北度至魏，隨其所止，誨以禪教。於時合國盛宏講授，乍聞定法，多生譏謗。（《高僧傳二集》卷十六）

從這段記載可以看出達摩本來是婆羅門教，後來轉學大乘思想，以禪定之學著稱。不過他這種禪定之學與當時安般數息的禪觀不同，才會引起教界對他的譏謗。今天我們對他那套特殊的禪定之學沒有詳細的資料可徵，據《高僧傳》的介紹，他

傳授一套壁觀的安心法門。這法門有兩個進口，一是「理入」，一是「行入」。所謂理入就是：

> 藉教悟宗，深信含生同一真性，客塵障故。今捨偽歸真，凝住壁觀，無自無他，凡聖等一，堅住不移，不隨他教，與道冥符，寂然無為，名理入也。
> （《高僧傳二集》卷十六）

「理入」，就是徹悟真理以入道。從這段話中，我們可以看出達摩提出真性以代替佛性，這顯示了他對於心性問題的重視。他主張「無自無他，凡聖等一」，這已是禪學思想的路子。而他要「凝住壁觀」、「堅住不移」，類似於禪定的意念集中，卻不像後代中國禪學的重視自然，放下心念。

關於他所謂「行入」，又分四種。就是：

> 初，報怨行者。修道苦至，當念往劫，捨本逐末，多起愛憎。今雖無犯，是我宿作，甘心受之，都無怨訴。《經》云：「逢苦不憂。」識達故也。此心生時，與道無違，體怨進道故也。二，隨緣行者。眾生無我，苦樂隨緣，縱得榮譽等事，宿因所構，今方得之，緣盡還無，何喜之有？得失隨緣，心無增減，違順風靜，冥順於法也。三，名無所求行。世人長迷，處處貪著，名之為求。道士悟真，理與俗反，安心無為，形隨運轉。三界皆苦，誰得而安？《經》曰：「有求皆苦，無求乃樂也。」四，名稱法行。即性淨之理也。（《高僧傳二集》卷十六）

從這四種「行入」來看，達摩的思想也完全是心性上的功夫。比起當時流行的安般守意的禪法來，要空靈多了；比起華嚴宗和天台宗的龐大的體系來，也簡易多了。雖然他用作教本的《楞伽經》的義理也是非常複雜的，但他畢竟不重宣教、不重注疏，他之用《楞伽經》，乃是為了「藉教悟宗」而已。

自他以後，傳慧可為二祖，傳僧璨為三祖，傳道信為四祖，再傳弘忍為五祖。這四位中國祖師的傳承，在道宣的《高僧傳二集》中沒有詳細的記載。只在〈法沖傳〉中有「可禪師後，璨禪師」一語。而僧璨傳給道信，在《高僧傳二集》中根本沒有記載，僅在〈道信傳〉中說：「又有二僧，莫知何來，入舒州皖公山靜修

禪業，（信）聞而往赴，便蒙授法。」（《高僧傳二集》卷二十六）據此以推，其中一僧可能就是僧璨。由於這個原因，近代的學者，如胡適等人，便認為由達摩到道信這幾位祖師都只是修頭陀的苦行，和以後禪宗的發展沒有多大關係；而後來的許多禪師們，高推聖境，拉上了這個淵源。

雖然達摩是以《楞伽經》教慧可等人，而慧能在弘忍處所悟的是《金剛經》；雖然達摩等人所修的是類似頭陀苦行的禪定，而慧能以後的禪學卻是極為開放自由的心性工夫，但達摩這一系統畢竟和慧能以後的禪學有淵源上的某些關係，如：

①達摩重視的《楞伽經》雖然不像《金剛經》那樣的空靈超脫，適合於以後禪學者的口味，但在《楞伽經》中也有和禪學相通的地方。如：

> 大慧，我等諸佛及諸菩薩，不說一字，不答一字，所以者何？法離文字故。非不饒益義說。言說者，眾生妄想故。大慧，若不說一切法者，教法則壞。教法壞者，則無諸佛、菩薩、緣覺、聲聞。若無者，誰說為無？是故大慧，菩薩摩訶薩，莫著言說，隨宜方便，廣說經法。以眾生希望煩惱不一故，我及諸佛，為彼種種異解眾生而說諸法，令離心、意、意識故，不為得自覺聖智處。（《楞伽經》卷四）

這一段話對語言文字的看法，與慧能在《壇經》中對「不立文字」的態度完全相同。雖然我們不能據此就說慧能的思想受到這方面的影響，但我們要了解達摩的方法是「藉教悟宗」的，他深契於《楞伽經》之理，而不執著於《楞伽經》；因此他不重注疏，而重實際的修證。同樣慧能的方法也是「藉教悟宗」的，他融會了《金剛》、《涅槃》等經之理，而不重文字的解釋，他要我們一超直入去明心見性。所以在這一作法上，慧能和達摩是遙相呼應的。

②達摩的這一系的發展，到了道信手中，是一個很重要的關係。據淨覺在《楞伽師資記》中的描述：

> 信禪師再敞禪門，宇內流布，有《菩薩戒法》一本，及制《入道安心要方便法門》，為有緣根熟者說。我此法要，依《楞伽經》「諸佛心第一」；又依《文殊說般若經》「一行三昧」，即念佛心是佛，妄念是凡夫。

從這段記載中可以看出道信的思想除了《楞伽經》外，又加入了《般若經》的一行三昧。這就師承上說，道信是在達摩、慧可、僧璨的這一《楞伽經》傳授的系統外，更融入了般若思想，也就是接上了兩晉以來佛學中國化的路子；再就發展上來說，道信傳弘忍，再傳慧能，而般若的一行三昧也正是《壇經》的主要思想。

再就道信的思想來看，他在《入道安心要方便法門》一文中，一方面有一套實際的禪定工夫，這是承襲了達摩的路子。如他說：

> 略而言之，凡有五種：一者，知心體，體性清淨，體與佛同。二者，知心用，用生法寶，起作恆寂，萬惑皆如。三者，常覺不停，覺心在前，覺法無相。四者，常觀身空寂，內外通同，入身於法界之中，未曾有礙。五者，守一不移，動靜常住，能令學者明見佛性，早入定門。（《楞伽師資記》）

另一方面，他有一套特殊的安心工夫。在這方面，道信和慧能的思想是一致的。如他說：

> 夫身心方寸，舉足下足，常在道場，施為舉動，皆是菩提。（《楞伽師資記》）離心無別有佛，離佛無別有心。念佛即是念心，求心即是求佛。所以者何？識無形，佛無形，佛無相貌，若也知此道理，即是安心。（《楞伽師資記》）

由道信的這套思想，我們可以看出他是承襲了達摩的教法，卻又廣開大門，接納了般若思想，為慧能的禪學開了先河。所以把達摩和慧能以後的禪學拉上關係，並非是後代禪宗僧徒們的攀龍附鳳，而是有師承和學術演變上的線索的。

不過，佛學的中國化，和達摩等人的傳承雖然為禪學鋪了路，如果沒有六祖慧能的出現，恐怕也不會有今日所謂的禪學。因為如果沒有慧能，弘忍的法統勢必傳給神秀。就神秀的思想來說，他似乎只固守達摩「堅住不移」的禪定工夫的一面，不像慧能雖然承繼了達摩這一源流，卻能以他完全開放的心靈，跳出了達摩的系統，去開創了新的頓悟法門。所以在中國禪學的發展上，慧能的出現將是一個決定性的因素。

二、慧能與中國禪學的完成

(一)從慧能生平看中國禪學的形成

慧能（西元 638–713 年），俗姓盧。祖籍河北范陽，後來因父親遷居而誕生於廣東的新州。他三歲喪父，由母親撫育成人。二十四歲那年，在賣柴時因聽人誦《金剛經》而有所感悟，便到黃梅山的東禪寺拜弘忍為師。他世俗的生平就是如此的平凡。可是出家之後，他在中國佛學上所掀起的浪潮，卻是波瀾壯闊的。

慧能之所以能形成一代的禪風，絕不是偶然的。主要有兩個原因。

①就他本身來說，完全是由於他具有天賦的智慧。試想在他承接衣缽之前，根本不識字，也沒有受過任何佛學的訓練，要不是他具有特殊的悟力，又如何能勝過在當時已成為教授師的神秀，而為弘忍所賞識？

這種特殊的悟力，一方面可以使他不藉任何外在的知識，而能直透心性的本真，如他第一次聞人誦《金剛經》，「心即開悟」；看到神秀的偈子，即能了悟「本來無一物，何處惹塵埃」的禪理；遇到兩僧辯論，便能造出「不是風動，不是旛動，仁者心動」的公案。另一方面，使他能擺脫傳統佛學觀念和方法的束縛，而直證本有的佛性。如他在離開黃梅山時，聽弘忍第一次傳授他《金剛經》，到「應無所住而生其心」一句，便悟「一切萬法，不離自性」，而這句「應無所住而生其心」，便是他以後開展出中國禪學的血脈所在。又如他的弟子法達曾唸《法華經》三千遍，而不解經義。慧能因不識字，便叫法達唸給他聽，當法達唸到〈譬喻品〉時，慧能便止住他說：

> 此經元來以因緣出世為宗，縱說多種譬喻，亦無越於此。何者因緣？《經》云：「諸佛世尊，唯以一大事因緣故，出現於世。」一大事者，佛之知見也。世人外迷著相，內迷著空。若能於相離相，於空離空，即是內外不迷。若悟此法，一念心開，是為開佛知見。（《六祖法寶壇經·機緣品》）

由這段故事可以看出慧能既沒有讀過《法華經》，卻能從法達的口誦中，了解《法

華經》中的真義。他這種了解並不是對《法華經》的理論作過詳細的分析而來的，相反的，卻是由他本具的智慧，去印證《法華經》中的道理。

②就外在的環境來說，慧能辭別了弘忍後，依照弘忍的指示往南行。這一方向的抉擇，對中國禪學的盛行關係極大。我們試看在慧能初見弘忍時，弘忍知道他是南方人後，即說：「汝是嶺南人，又是獦獠，若為堪作佛。」這也許是一種考驗的話。但在中國歷史上，一向視南方為蠻荒之地，文化重鎮都是北方。就思想來說，講政治、重文化的儒、法等家都在北方，而講自由、重自然的道家思想才流行在南方。而就佛學在中國的流傳來說，宣教的重心也在北方。因為在古代，佛教的宏傳多賴君主的推動，而當時所有重要的譯經的場所都在京城，如長安、洛陽。像鳩摩羅什、玄奘等人都出入宮廷。所以北方的佛教可以說是貴族的佛教。至於南方佛教的傳入，顯然較北方為晚。雖然早期的像支謙和康僧會曾在南方傳教，後來的慧遠更和鳩摩羅什形成了南北兩派佛教對立的中心，但慧遠地處廬山，儼若隱士，與北方佛教之熱鬧，完全不同。至於禪宗，自達摩到弘忍這段期間，傳教的範圍都在北方。在弘忍之後，神秀仍然傳教於北方，出入武則天的宮廷。而慧能承接了衣缽，渡江之後，才逐漸使禪學盛行於南方。慧能在南方的傳禪，和北方佛教大異其趣。他在離開弘忍之後，先在廣東曹溪的寶林寺住了幾個月，接著的十五年間，隱匿在獵人隊中，這時他所傳法的對象都是獵人和農民。後來，他離開隱居的生活，先到廣州的法性寺，後來又回到曹溪的寶林寺弘法。他所傳授的弟子和傳教的對象多半是平民。試看慧能以後法統中的主要禪師，除了臨濟義玄出生山東，在河北宏法外，其餘都是南方人，都在湖南、江西、福建、浙江、廣東等地行化。而他們之中很少出身貴族，和博通經史及浸淫於傳統佛學。所以慧能的使禪宗南傳，無異是開展了一派樸實力行的大眾佛教。假使慧能滯留北方，他受到重文學、貴傳統的煩瑣佛學的影響，便很難發展得出這樣一種極度自由的禪風。所以南方素樸而開放的環境，實是中國禪學發育滋長的一塊最好的園地。

(二)慧能與大乘般若思想的關係

慧能除了他本身獨具的智慧之外，他思想的主要來源是大乘般若思想，而他承接大乘般若思想的最重要媒介就是《金剛經》。他不僅因《金剛經》而出家，因

《金剛經》而悟道，而且在《壇經》一書中一再的強調說：

> 持誦《金剛般若經》，即得見性。當知此經功德無量無邊。(《壇經‧般若品》)

為什麼慧能對《金剛經》如此的相契，因為：

①《金剛經》的說法簡易直捷。佛學的許多重要經典如《華嚴經》、《法華經》、《涅槃經》等，敘事說理都是非常繁雜，而且充滿了宗教的神話。可是《金剛經》卻不然，其敘事平易近人，其說理簡而不繁。比如以上諸經對於佛陀登壇講法，都極盡描寫之能事，單單講法的會場，動輒便鋪陳了幾萬言。可是《金剛經》卻不然，開端只有幾句話描寫佛陀在城中乞食之後，洗淨手腳，端坐講法，這是如何的樸素、平易。也正因為如此，才容易為樸實無華的慧能所接受。

②《金剛經》對語言文字的態度是超越的、不執著的。在《金剛經》中屢言如來說法四十九年，卻沒有說一法。事實上，整部《金剛經》都是要我們離一切相，而最根本的，就是先要離文字相、語言相。這種態度正投合了慧能的心理。因為慧能本人不識字，因此對《金剛經》的這種說法自然容易產生共鳴。

慧能就是透過了《金剛經》去吸取大乘般若的思想。因為《金剛經》是六百卷《大般若經》的精華。只要能抓住《金剛經》的精神，便可以融會所有般若的思想。而在《金剛經》中，「應無所住而生其心」一語，乃是全經的命脈，如果能把握住這條命脈，便可以貫通全經的思想。如整部《金剛經》都是這種思想法式：

> 如來所說法，皆不可取，不可說。(〈無得無說分〉)
>
> 所謂佛法者，即非佛法。(〈依法出生分〉)
>
> 莊嚴佛土者，即非莊嚴，是名莊嚴。(〈莊嚴淨土分〉)
>
> 佛說般若波羅密，即非般若波羅密，是名般若波羅密。(〈如法受持分〉)
>
> 所言一切法者，即非一切法，是故名一切法。(〈究竟無我分〉)

這些語句，歸根來說，都是要我們念念不落於「有」、不落於「無」。慧能在《壇經》一書中所描寫的般若正是如此。

> 般若三昧，即是無念。何名無念？知見一切法，心不染著，是為無念。(〈般

若品〉〉

心不染著，即是無所住。即不住於「有」，如：

> 心量廣大，猶如虛空，無有邊畔，亦無方圓大小，亦非青黃赤白，亦無上
> 下長短，亦無瞋無喜，無是無非，無善無惡，無有頭尾，諸佛剎土，盡同
> 虛空。世人妙性本空，無有一法可得，自性真空，亦復如是。〈〈般若品〉〉

但也不住於「無」，如：

> 莫聞吾說空，便即著空。第一莫著空，若空心靜坐，即著無記空。〈〈般若
> 品〉〉

這種不落於「有」，也不落於「無」，是般若的勝義，《金剛經》的重心，也是慧能
在《壇經》中整個理論的基礎。

(三)慧能思想的特色

慧能既然吸收般若思想，以不落於「有」、「無」為其理論基礎，那麼他只是
般若之學的承繼者，又何關乎中國禪宗的開創呢？事實上般若的不落有、無，只
是其思想法式，而慧能一方面把這種法式運用在生活上，而成為啟發頓悟的一種
接引方法，這就是他一再強調的「對法相因」的法門；另一方面，他用這種法式
去遮斷對外在的任何執著，再迴光返照，去「明心見性」。現在我們就看看慧能在
這兩方面的創見。

1.對法相因

所謂對法相因乃是把般若思想不落於「有」、「無」的觀念，用之於實際的問
答中。如：

> 若有人問汝義，問有將無對，問無將有對。問凡以聖對，問聖以凡對。二
> 道相因，生中道義，如一問一對。餘問一依作此，即不失理也。設有人問：
> 「何名為暗？」答云：「明是因，暗是緣，明沒則暗。」以明顯暗，以暗顯明，
> 來去相因，成中道義。餘問悉皆如此。汝等於後傳法，依此轉相教授，勿

失宗旨。(〈付囑品〉)

慧能這種問答的方式，不僅和般若的「色即是空」、「空即是色」的思辨有關，而且也和道家「有無相生」的思想有淵源。當然中國般若之學，早就經過了道家思想的洗禮，所以這也是不足為奇的。不過慧能不只限於思辨的方式，而是把這種問答變成一種教門。如果對方問這一面的問題，他便用相反一面的概念來回答，使他打破這一面的執著。這方法慧能在《壇經》中曾使用過。如：

> 一僧問師(慧能)云：「黃梅意旨，什麼人得?」師云：「會佛法人得。」僧
> 云：「和尚還得否?」師云：「我不會佛法。」(〈機緣品〉)

當僧徒問：「和尚還得否?」這表明這位僧徒眼中的慧能是會佛法的人，理應洞達黃梅山五祖弘忍的思想；可是慧能卻回答：「我不會佛法。」這是藉否定的方法，打破對方的看法，使他了解「會佛法」不是普通懂得一點佛學名詞，或能誦讀幾本經書，而是要有真正明心見性的工夫。慧能回答的「我不會佛法」，並不是描述慧能本人是否了解佛法的事實，而是借這一否定的方式，使對方了解「會佛法」的真正意義。

慧能這種問答的方式，不是一種知識傳授的對話，而是一種幫助心性開悟獲得智慧的法門。這就是慧能所謂的頓教法門，這種方法到了後來便演變成禪宗公案中的最基本對話方式，即所謂機鋒轉語。如：

> 僧問：「如何是佛法大意?」
> 石頭希遷回答：「不得不知。」
> 僧問：「如何是佛?」
> 洞山守初回答：「麻三斤。」

2. 明心見性

「對法相因」乃是一種教法，慧能只是藉這種教法以明心見性。所以明心見性才是慧能思想的最後目標。慧能在《壇經》中，一開始便說：

> 菩提自性，本來清淨。但用此心，直了成佛。(〈自序品〉)

所謂見性的性，就是指的自性。在慧能的運用上，這個自性，相當於一般佛學上所謂的實相、真如或佛。但慧能之所以喜歡用自性兩字，乃是因為實相、真如或佛等名詞往往帶有外在的，或高高在上的意味，因此常引起人們向外，或向上追求之心。慧能的頓教是著重內心的實證，因此他用自性兩字，把實相、真如或佛搬到人的心性之中。如他說：

> 三世諸佛，十二部經，在人性中，本自具有。（〈般若品〉）

這個自性，既然是指的本體，當然是就境界來說，因此功夫在於見性的「見」字。至於如何去「見」這個自性，關鍵就在於「明心」上。所以「明心見性」一語，就理論次序來說，先要明心，明心而後能見性，見性而後就能成佛；但就頓教的法門來說，明心就是見性，見性即是成佛。如慧能所說：

> 若起正真般若觀照，一剎那間，妄念俱滅。若識自性，一悟即至佛地。（〈般若品〉）

所謂「起正真般若觀照」，到「妄念俱滅」，就是明心。由明心、見性到成佛，這是完成在一剎那間，也就是在一悟之間。因此在明心之後的見性成佛上，這是一剎那間和一悟之事，不容我們作任何思想上的分析。所以我們能夠討論的，乃是明心，乃是如何起般若觀照。

在慧能思想中，這個心字和性字不同。性是指的體，是絕對的、超善惡的；而心是指的用，是相對的、可善可惡的。如他說：

> 心量廣大，偏周法界。用即了了分明，應用便知一切。（〈般若品〉）

這裏說明了心在於用。又說：

> 菩提般若之智，世人本自有之。只緣心迷，不能自悟。（〈般若品〉）
> 若開悟頓教，不執外修，但於自心常起正見。煩惱塵勞，常不能染，即是見性。（〈般若品〉）

這裏說明心之用，可善可惡，有時迷，有時悟。也正由於心的可善可惡、或迷或

悟，所以功夫的關鍵也就在於心。

依照一般佛學的看法，心是念念的相續，有善念也有惡念。因此我們修行必須除去惡念，而培養善念。但依慧能的見解，這種作法仍然是在念上打轉。縱然能捨一念惡得一念善，可是前念既逝，後念又來。這樣下去，疲於奔命，也不是辦法。同時，執著一念之善，自以為是。有善念，便有惡念作比較，所以惡念也就跟著而生，所以永遠也不能見性體之真。正如慧能所說：

> 若見一切人，惡之與善，盡皆不取不捨，亦不染著。（〈般若品〉）
> 般若三昧，即是無念。何名無念？知見一切法，心不染著，是為無念。（〈般若品〉）

在這裏，慧能所用的方法，乃是同時超脫善惡之念，以復返心體清淨的境界。這就是明心。在大庾嶺上，慧能曾對惠明說：

> 不思善、不思惡，正與麼時，那個是明上座本來面目？（〈自序品〉）

「不思善、不思惡」，是明心；「本來面目」，就是自性。明心之後便能見性。

由明心到見性，並不是一段長時間的修持，而是一念之間的轉變。慧能說：

> 凡夫即佛，煩惱即菩提。前念迷即凡夫，後念悟即佛。前念著境即煩惱，後念離境即菩提。（〈般若品〉）

由於這一念之間的轉變非常快疾，非常究竟，所以又稱頓悟。

㈣慧能為中國禪學所樹立的標準

慧能的重要性，不僅是在於他開創了中國的禪學，而且他的思想純樸而深切，可以作為禪學的標準。因為在他以後的禪學發展，奇說競起、各行其是。在慧能的《壇經》中都曾討論過這些問題，而且都有很中肯的看法。

1. 對文字的態度

「不立文字」常被認為是禪學的一大特色。不僅慧能以後的許多禪師常誇大這一特色，製造了許多有趣的公案；而且在慧能當時，已有許多人誤解了不立文

字的真意。慧能在《壇經》中曾批評說：

> 執空之人，有謗經直言不用文字。既云不用文字，人亦不合語言。只此語言，便是文字之相。（〈付囑品〉）

這段話說明慧能的看法是：既不拘泥於文字，整天在故紙堆中去摸索，去推敲；但也不故意拋棄經書，毀謗文字。所以按照慧能的意思，不立文字並非不用文字，而是不執著於文字。

2. 對禪定的新解

禪學既然由梵文禪那兩字得名，而達摩的壁觀和神秀的漸修工夫，都以禪定為特色，所以禪學與禪定之間不容否認的有著密切的關係。事實上，在以後禪學的發展上，許多禪師的工夫仍然和禪定有著極為深切的關係。

關於禪學對禪定的看法，慧能早就有非常中肯的論斷。他和神秀之間的重要不同，就在於對禪定的態度不同。如：

> 師（慧能）曰：「汝師（神秀）若為示眾？」（志誠）對曰：「常指誨大眾，住心觀淨，長坐不臥。」師曰：「住心觀淨，是病非禪。長坐拘身，於理何益？聽吾偈曰：『生來坐不臥，死後臥不坐，元是臭骨頭，何為立功課。』」（〈頓漸品〉）

由這段話裏可以看出慧能對神秀一派最不滿的，就是他們過分執著於坐禪。慧能對坐禪兩字有他的新解釋：

> 何名坐禪？此法門中，無障無礙，外於一切善惡境界，心念不起，名為坐；內見自性不動，名為禪。（〈妙行品〉）

在這裏慧能把執著於坐相的禪定，轉變為明心見性的工夫。事實上，他並非完全反對禪定；他只是認為真正的禪定乃是徹悟自性，不為外在的境界所束縛。這種無障無礙，來去自由的禪境，乃是禪宗特殊的修心之法。

3. 對頓悟的看法

頓悟兩字已變成了慧能以後禪學的招牌。在佛學史上，往往以南頓北漸來分

別慧能和神秀兩派的不同。其實慧能雖然重視頓悟，但並沒有否定漸修之功。如他說：

> 本來正教，無有頓漸。人性自有利鈍，迷人漸修，悟人頓契。自識本心，自見本性，即無差別，所以立頓漸之假名。（〈定慧品〉）

依慧能的看法，如果能見性，則頓悟和漸修只是成道遲速的不同而已。他之所以批評漸修，並非否定了日漸的修行，而是批評那些只執著外修，而不向內返觀自性的人。同樣，他強調頓悟，也並不是完全在誇大工夫的快速，而是重在其能明心見性。所以慧能對頓悟的正解，完全在於是否能明心見性。

三、中國禪學的發展和得失的檢討

自慧能以後，到了晚唐，中國的禪學分成五宗，即為仰、曹洞、臨濟、法眼、雲門。這是中國禪學的黃金時代。尤其自會昌排佛之後，其他佛學各派都漸趨沒落，只有禪學一支獨秀，可說獨佔了晚唐以後的整個佛學界、思想界。到了宋代，臨濟宗又分裂為黃龍、楊岐二派。雖然比起其他各佛學來，禪宗仍然是如日中天，盛極一時。但在這段發展中已逐漸遠離了慧能禪的樸素平實；逐漸失去了慧能禪的本來面目，而要借助於外力來引發頓悟，所以自宋以後，中國禪學也走上了衰退之途。

㈠五宗的承傳和禪風

慧能的弟子不少，最主要的有荷澤神會、南嶽懷讓和青原行思三人。神會的功勞是替慧能的南宗爭道統，以壓倒神秀的北宗。而他自己學識淵博，四傳到圭峰宗密手中，著有《禪源諸詮集都序》，奠定了禪學的理論基礎。不過禪學的精神不在理論，所以神會的系統常被視為別派。真正被認為禪學正統的乃是由懷讓和行思所開出來的整個禪學五宗的法統。其傳承有如下頁圖表。

這五宗的分派並非在基本精神上有什麼不同，也不是意見上的相左，而形成了門戶。事實上是幾位領導大師的特殊人格的感召，使慕道的人雲集門下，形成

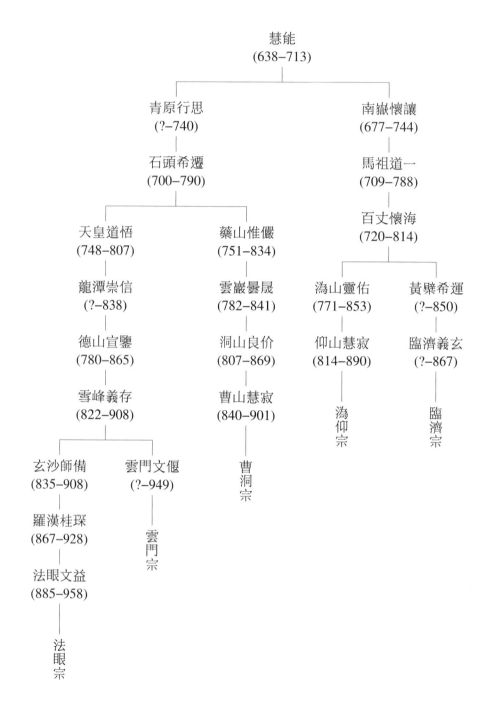

了各個中心。更由於大禪師們性格的不同，接引方法便各有特色，而形成了不同的宗風。

　　溈仰宗的創始者，首推溈山靈佑，但他的弟子仰山慧寂的貢獻也很大。這一宗開始得最早，靈佑和慧仰都是晚唐人。他們主張頓悟不廢漸修，如靈佑說：

> 若真悟得本，他自知時，修與不修，是兩頭語。如今，初心雖從緣得，一念頓悟自理，猶有無始曠劫習氣未能頓淨，須教渠淨除現業流識，即是修也。（《景德傳燈錄》卷九）

可見靈佑也是強調悟後之修。所以這派的思想比較圓融，體用兼顧，而有「方圓默契」（《法眼禪師十規論》）之譽。但也許由於他們過分平和，反而使其法統不能發展，只有三四傳便衰絕了。

　　臨濟宗的創始者臨濟義玄，也是晚唐人。他出生於山東，得法之後，又回到北方。這是南禪北傳之始。義玄受到黃檗希運的影響，喜歡用棒用喝來接引學生，有機鋒峻烈之稱。這一宗傳燈最盛，到北宋時分為楊岐、黃龍二派。

　　曹洞宗的創始者洞山良价，也是晚唐人。這一宗由良价和他的弟子曹山慧寂共同努力而成。這一宗雖然由青原行思、石頭希遷一脈而來，但雲巖曇晟的參百丈懷海，洞山良价的參溈山靈佑，所以也和南嶽懷讓的法統有關。這一宗一方面承襲了石頭希遷〈參同契〉的思想，強調師徒之間的回互叮嚀；一方面也受溈仰宗機用圓融的影響，所以他們的特色是思路綿密，應機親切。這一宗在北宋時曾一度單傳不盛，到了南宋才大為盛行。

　　雲門宗的創始者雲門文偃，是五代人。文偃的思想有他師祖德山宣鑒的遺風，應機接物，孤危聳峻，有如流水突止，非常急切。譬如他常用一個字或一個詞回答僧徒的問題，而有「一字關」之稱。本宗在宋初時大盛，可是後來便逐漸衰微，到了宋末，幾乎已沒有大師值得記載了。

　　法眼宗的創始者法眼文益，是五代人。這一宗成立得最晚。文益的思想，較為平實，注重善巧方便。因此本宗思想多融合佛教其他各宗。本宗的人物也多由他宗中轉來，如唸佛，或兼修《法華》、《華嚴》、《首楞嚴》、《圓覺》等經。所以本宗特別富有禪教合一的思想。文益之後，傳天台德韶，再傳永明延壽。延壽著

《宗鏡錄》一書。一方面融唯識、天台、華嚴思想於一爐，集禪理之大成；一方面融合淨土宗思想，開以後禪淨一致之風。在佛學思想上，法眼宗雖有這種偉大的成就，但就禪學本身的發展上來說，其法嗣只有幾傳而絕。不過本宗雖然早絕於中國，可是後來卻繁衍於韓國。

(二)中國禪學得失的檢討

對於這個自晚唐以來，幾乎席捲了整個中國佛學界的禪學思想，要談談它的得失，自然是非常複雜而且困難的。現在我們就從它的貢獻和流弊兩方面來作一個簡單的分析。

1. 從貢獻上來看

(甲)返本歸原於中國文化

自印度佛學傳入中土以來，到了禪學可說已發展到佛學中國化的極峰。在這裏所謂中國化，已不是用中國的名詞和觀念來詮釋印度佛學，而是完全植根在中國文化的土地裏所生長出來的成果。試看慧能的那首〈無相頌〉：

> 心平何勞持戒？行直何用修禪？恩則親養父母，義則上下相憐。讓則尊卑和睦，忍則眾惡無喧。若能鑽木取火，淤泥定生紅蓮。苦口的是良藥，逆耳必是忠言。改過必生智慧，護短心內非賢。日用常行饒益，成道非由施錢。菩提只向心覓，何勞向外求玄？聽說依此修行，天堂只在目前。(《壇經·疑問品》)

在這首偈頌中，慧能重視親養父母、上下相憐、尊卑和睦的倫理關係。他把菩提拉入心中，他把天堂下降到人間。這種思想沒有一點宗教的色彩，可說完全來自於中國人本的哲學。

(乙)心性直證的方法

心性的問題，無論在印度佛學和中國哲學裏，都是一個非常複雜的主題。就印度佛學來說，雖然承認人人都可成佛，但總是把心性和佛性分開。而心性也常被視為欲念或意識，因此要把心性變為佛性，必須經過一連串複雜而艱苦的修行。就中國哲學來說，在古代雖然已有熱烈的心性問題的討論，或主性善，或主性惡，

或認為心是欲，或認為心是知，但都是把心性當作一種客觀的問題來討論。而這個問題由於依附在成見上，也都是見仁見知，得不到結論，而不了了之。至於慧能，既不把心性看作欲望，也不把心性當作知識，而是以一超直入的頓悟方法去明心見性。這種方法乃是以我們的心性為主體，把佛搬入我們的心中！這種方法揚棄了煩瑣的知識討論，使我們接觸到活潑潑的這個心體。儘管有許多重視知識性的學者認為慧能的這種頓悟方法不屬於哲學的範圍，但就中國哲學的發展來看，由先秦哲學中對心性問題的討論，轉變到宋明理學中講究心性的工夫，我們絕不能抹煞了慧能這套明心見性方法的貢獻。

2. 從流弊上來看

㈠不立文字的過失

雖然在慧能當時已看出過分強調「不立文字」的毛病，但是在他以後的禪學者，卻仍然走上了這條路子。我們要了解，慧能以一個不識字的柴夫，而能開創一代的禪學，除了他本身的智慧外，最重要的還是由於其時代性。因為對於魏晉六朝以來駢儷的文風以及煩瑣的佛理，慧能的「不立文字」的看法，無異是一劑清涼散，使大家從知識迷宮的夢魘中驚醒過來，發現了自己的存在。可是在慧能以後，禪師們長時期的束書不觀，而空談明心見性，這樣便使得禪學園地愈來愈貧瘠。儘管自性與文字無關，頓悟不賴知識，但這一學派的生存與發展，卻依靠禪師們吸取前人的智慧，及注入自己的智慧，這些都需要文字為傳達的工具。否則單憑幾位大禪師的當面印證學生，如果一旦沒有大禪師，這條血脈便要斷絕。所以禪學發展到後來，便走入了空疏放誕的路子。

㈡參公案的執著

禪學由於主張不立文字，所以在禪學的發展中，沒有留下很多有系統的著作。可是禪師和徒弟之間的對話，機鋒轉語，卻留下了不少的公案。這些公案，就本質來說乃是禪師們用最精簡、最靈活的文字語言來印心、來傳道。所以每一個公案都有高度的智慧，而且都有其特殊性。同時由於禪學者沒有經典著作以承接前代禪師們所留下的智慧，因此這些公案便是他們探索的唯一資料。本來公案只是師徒之間的對答，在慧能的《壇經》中便寫明了這種對答是以「對法相因」的方式來顯明中道。可是到了後來，師徒之間的對答卻愈來愈離奇，使人難以捉摸。

天下的事，就是那麼離奇，愈是難以捉摸，就愈能刺激人去捉摸，於是到了後來參公案便成為禪學的一個重要方法。日本學者鈴木大拙認為在慧能以後的二三百年間，禪學失去了原有的創造力。因此禪師們為了要刺激學生在很短的瞬間，能得到悟的經驗，於是便藉參公案去幫助學生（鈴木大拙《禪學論叢》第二集一〇一頁）。雖然參公案這一方法的運用，也許使慧能以後的禪學變得更多彩多姿。但禪學的本質在明心見性，而公案畢竟外在於心性，是另一種特殊的語言。禪學者如果不能在他們的自心中去尋求活的源泉，而寄託於參公案上，這對禪學的精神無異是一大諷刺。尤其到了後來，過分重視公案，以公案之能否了解來衡量見道之深淺；更有甚者，許多並未悟道的禪者，也製造了不少的公案，魚目混珠的摻入了禪學的公案中，使得後人把參公案當作猜謎語，這無異走火而入了魔，難怪大慧宗杲燒焚了他師父佛果圜悟所編傳誦一時的《碧巖錄》，以免後學者只拾前人的牙慧，只往公案的迷宮中去摸索，而忘了向自己心性中去真參實證。中國的禪學發展到這一地步，已經是夕陽無限好，只是近黃昏了。

第十九章　新儒學的形成與宋初的
三位先鋒

一、新儒學的形成

　　在中國思想的流變中，儒家雖然被公認為主流，但自先秦以後，它的發展卻幾經挫折。在春秋戰國時代，它便受到其他各派思想的挑戰，以致遭到法家及秦始皇所迫害。到了漢代，雖然為漢武帝，董仲舒所推崇，可是俗儒充斥，真正的精神卻不彰。接著從魏晉六朝直到隋唐，道佛兩教風靡天下，儒家好像已遁跡空門似的，不見蹤影。不過儘管自秦漢以後，儒家思想走入了低潮，但整個中國文化的根卻深植在儒家的思想中；儘管佛道兩教為君主及知識分子所愛好，但一般人們的生活風尚，仍然是接受儒家禮樂教化的指導。這就同大地中的種子，一待時機到來，便會萌芽而開花結果。

　　新儒學便是在儒家經長期挫折、低潮和衝擊之後，所發展出來的一種新思潮。這種思潮的形成有以下兩個原因：

㈠儒家的覺醒與其新使命

　　在先秦之後，漢代的儒家，不是凍結在經典上，埋首文字疏證；便是雜於陰陽方術，大談天人感應之學。當代儒家之所以如此，是由於環境使然的。因為儒家的使命本來和政治社會的發展結合成一體的。雖然漢武帝獨尊儒家，但就當時的國勢來說，非常安定而繁榮，因此只需要儒家的制度來維持，所以當時的儒家都偏於經典的研究。再加以其他各家都被罷黜，因此儒學沒有對手來砥礪激發，

自然易流於墨守成規。到了魏晉南北朝，政治環境的惡劣，使儒家動輒遭殺戮之禍，無法有為；再加以道佛兩家瀰漫流行，使得知識分子競趨於玄談。在這樣一個環境下，儒家思想只有埋頭酣睡了。這一酣睡，一睡就睡到了唐代。唐代的君臣們運用了儒道兩家的學理來治世，又開出了一個比美於漢代的大國。這時國富民安，只要一套儒家的禮樂制度就可以守成了，於是知識分子仍競趨於詩賦取仕的宦途，而思想方面，道佛兩家卻各霸天下。

從以上的陳述中，我們可以發現有兩個重要的事實，一個是漢唐儒學的空疏，一個是道佛兩家的風靡。這兩個事實，刺激了知識分子，而有儒家的覺醒。最先有此覺醒的便是韓愈。韓愈（西元 768–824 年），字退之。河南人。在文學上的地位遠超過在哲學上的地位。他是古文運動的中堅。古文運動就是要揚棄漢賦和六朝的駢儷文，回到先秦時期樸實的散文。他把這一文學復古運動的精神用於思想上，便是儒學的復古，也就是道統的繼承。如他說：

> 「斯道也，何道也?」曰：「斯吾所謂道也，非向所謂老與佛之道也。」堯以是傳之舜，舜以是傳之禹，禹以是傳之湯，湯以是傳之文、武、周公。文、武、周公傳之孔子，孔子傳之孟軻。軻之死，不得其傳焉。（〈原道〉）

在這段話裏，他除了提出堯舜禹湯文武周公孔孟的這個道統外，一方面指明在孟子之後，這個道統便失傳了。也就是說在孟子之後，所有的儒家都不夠純正，這是韓愈要回復到孔孟的復古思想。另一方面強調這個道統和道、佛兩家所講的道不同，這是韓愈藉孔孟之道，以排斥道、佛兩家思想的衛道精神。

韓愈在思想上的表現，除了〈原道〉外，尚有〈原性篇〉和〈諫迎佛骨表〉二文。在〈原性篇〉中，他提出性三品之說；在〈諫迎佛骨表〉中，他批評佛教乃夷狄之法，不合中國文化。雖然這些文字並不深入。但他這種排佛老，而唱道統的思想，卻是儒家在長期沉睡中的一個覺醒，覺醒到外來文化的衝擊；覺醒到孔孟精神的需要。

值得我們重視的是「道統」觀念的提出。道統兩字不同於學統。如果講學統的話，先秦時期的諸子百家各有其統，而漢代學者研究一經和講師承也自有其統。這種統都只是學說的傳承而已，可是韓愈所說的從堯舜禹湯直到孔孟，卻並不只

是一種狹窄的學統而已。韓愈在文中雖然沒有明白指出「道統」兩字，但卻是指明了先王之教，修齊治平之道。這乃是中國文化內聖外王的思想，並非一家之言而已。

　　韓愈提出這一道統的重要性，不在他對孔孟思想的了解和發揮，而在於覺醒到儒家思想出來領導群倫的必要。這一覺醒，雖然在韓愈當時並沒有形成氣候，但這種思想一方面因文學復古運動的成功，一方面由韓愈文章的影響，卻逐漸的為知識分子所接納，到了一百多年之後，便形成宋儒尊孔孟、重道統的新儒學的怒潮。譬如集理學大成的朱熹，便繼承了韓愈的道統論，在他所著〈中庸章句序〉一文中一再的說：

> 蓋自上古聖神，繼天立極，而道統之傳有自來矣。其見於《經》，則「允執厥中」者，堯之所以授舜也。「人心惟危，道心惟微，惟精惟一，允執厥中」者，舜之所以授禹也。

又說：

> 自是以來，聖聖相承，若成湯、文、武之為君，皋陶、伊、傅、周、召之為臣，既皆以此而接夫道統之傳。若吾夫子，則雖不得其位，而所以繼往聖，開來學，其功反有賢於堯舜者。然當是時，見而知之者，惟顏氏、曾氏之傳得其宗，及曾氏之再傳，而復得夫子之孫子思。

最後又說：

> 自是而又再傳以得孟氏，為能推明是書，以承先聖之統，及其沒而遂失其傳焉。則吾道之所寄，不越乎言語文字之間；而異端之說，日新月異，以至於老佛之徒出，則彌近理而大亂真矣。然而尚幸此書之不泯，故程夫子兄弟者出，得有所考，以續夫千載不傳之緒；得有所據，以斥夫二家似是之非。蓋子思之功，於是為大，而微程夫子，則亦莫能因其語而得其心也。

朱子這段話很顯然和韓愈的道統論是如出一轍的，只不過韓愈說孟子之後不得其傳，而朱子卻在孟子之後，接上了程明道和程伊川兩兄弟。也就是認為宋儒乃是

孔孟道統的繼承者。他們的任務就是重建儒家思想的精神堡壘，以對抗佛老思想的衝擊。這種道統的使命感可以說是整個新儒家一貫相承的精神。

(二)方法上的應變求新

新儒家既然揚棄秦漢以來空疏的儒學，而直接上承孔孟的精神，那末他們和先秦儒學一樣，又何必稱為新儒學呢？顯然新儒學之所以為新，自有其新的理由。這個新不是在思想本質上有什麼改變，而是在方法上的應變求新。

任何思想學說如果在一派獨尊之下，都會趨於墨守固舊，可是在與新的學派競爭中，卻不得不尋求新的方法以應變。這種應變大致有兩個途徑，一是在自己本有的思想中推陳出新，加以理論化。譬如孟子雖然繼承孔子思想，但為了適應戰國各家思想的競辯，於是便把孔子思想加以理論化，提出性善的學說。另一是吸收其他各派思想，尤其多半採用其方法，融合成一個新的體系。譬如荀子雖然也繼承孔子的思想，但他生於戰國末年，很自然的融合了其他各派思想，如道家和法家。他的天論和性惡的學說，都顯現了他吸收其他學派的異彩。

新儒家面臨著在中國思想界產生了深廣影響的佛道兩家，他們為了要使儒家重新走上領導的地位，因此也採取了以上的兩條途徑。

首先他們在原有的儒家思想中去推陳出新。因為佛道兩家之所以風靡，而儒家之所以收拾不住，乃是由於先秦儒家思想重視倫理，偏於政治，較為平實，而佛道兩家卻喜談形而上問題，極富玄理。因此新儒家為了對抗佛道，便在先秦儒學的經典中發掘出形而上的問題，加以理論化、系統化。例如《易經》一書，在漢代只重視象數的占卜之術，到了新儒家中，卻就〈易傳〉而發展出一套儒家的形而上理論。再如〈中庸〉一文在秦漢以來的儒家中並沒有特別重視，但新儒家卻特別把〈中庸〉一文從《禮記》中提出來發揮其儒家的天道思想。所以在新儒家要回復到孔孟的思潮中，他們把《易》和〈中庸〉當作兩本中心的經典。我們試觀宋初的重要儒者，如胡瑗、孫復、歐陽修、范仲淹、邵康節、周濂溪、張橫渠、程伊川等，對《易》學都有新的看法，而胡瑗、范仲淹、周濂溪、張橫渠等又特別精於〈中庸〉。

另一方面，這些新儒家雖然高唱道統，以對抗佛老，事實上他們都和佛老有

關。譬如周濂溪和佛家鶴林壽涯、黃龍慧南、晦堂祖心、廬山佛印、東林常聰，都有來往，而他的《太極圖說》據考證是來自於道教的。張橫渠曾和周濂溪共學於東林常聰，同時又常和程明道講學於興國寺。程明道也自認「出入於老釋者幾十年」。程伊川曾問道於黃龍靈源，且和晦堂祖心也有來往。從這些事實來看，新儒家和佛老的思想有著深厚的關係，他們之排佛老，並非門戶之爭，也非意氣用事。他們比韓愈更進一步，因為韓愈對佛道的了解並不深入；而他們卻與佛道兩家相交，而且自己又深入其中，摸清楚佛學的究竟，所以他們能吸取佛學在方法上最特出的地方，鑄成新儒學的理論。一方面消融佛家思想；一方面為儒學開展新機。

　　儒學和佛學最顯著的不同是：儒學是倫理的；佛學是宗教的。儒學談現實的社會政治問題；佛學講出世的精神修養工夫。如果儒家只看到這一面，而以倫理或社會政治的觀點批評佛學，固然可以言之鑿鑿，但卻未必能使佛家心服。這就同墨子以功用的立場非命、非樂一樣。韓愈對佛家的批評便是只及於這一層次。可是在他同時的李翱（西元 774–841 年），已進一步能融會佛家和儒家的思想。李翱一方面從韓愈習文；一方面又和藥山惟儼禪師往來，所以他對這兩方面的思想都有淵源。曾著〈復性書〉一文，他採取了佛學對情的看法，認為「情者，妄也、邪也」，而主張滅情以復性，要恢復到〈中庸〉和《孟子》書中所講的性。他這種思想顯然已注意到把佛家的思想轉變到儒家的路子上來，可是他只是展現了這一曙光。至於繼承了這一曙光，把儒家思想帶入了一個新天地的，乃是宋明的儒家。

　　在這個新天地中，有兩條主要的路線：

1. 理的提昇

　　宋明儒家又被稱為理學家，可見這個「理」是他們的招牌。但這個理並非宋儒新創的字，早在先秦時期便很通用，如：

> 易簡則天下之理得矣！天下之理得，而成位乎其中矣！（《易經・繫辭上傳》第一章）
> 心之所同然者何也？謂理也，義也。（《孟子・告子上》）
> 知道者必達於理。（《莊子・秋水》）

辭讓之節得矣，長少之理順矣。(《荀子·正名》)

就這些徵引看來，這個「理」字在先秦時便很普遍，但都作一般性的道理、原理、物理來解釋。其本身並沒有特殊的哲學意義。可是到了新儒家手中，這個「理」字被提昇了上來，付予了生命。它的重要性，幾乎凌駕在「道」字、「仁」字之上。它的作用，也幾乎比「道」字、「仁」字更為廣泛。新儒家們拿這個「理」字，去一統天人，一統內外，一統心性，一統德知。所以新儒學又稱為理學。

為什麼新儒家們特別重視這個「理」字呢？因為經過新儒家的提煉，這個「理」字一方面具有和佛家的「法」同樣的性能，新儒家們用它來解釋宇宙人生的形上問題，以代替佛家所講的「法」；另一方面，這個理字具有條理、規範的意義，可以和儒家的禮、義相通，新儒家用它來救佛家談空之病。所以新儒家的提出這個理字，顯然是受到佛家思想衝擊之後，而產生的一個新理念。

2. 心的擴大

心在先秦時期已是一個重要的觀念，孟子由惻隱之心而建立了性善的理論。荀子也認為心是主宰，有徵知的作用，可以改變性的不善。但他們所說的心都是偏於內在的知覺、情感，或理性。可是到了新儒家手中，卻擴大了這個心的範圍，使它變成了宇宙的本體，無所不包。如：

大其心，則能體天下之物。(張載《正蒙·大心篇》)
心之全體湛然靈明，萬理具足，無一毫私欲之間。其流行該徧，貫乎動靜，而妙用又無不在焉。(《朱子語類》卷五)
宇宙便是吾心，吾心即是宇宙。(《陸象山全集》)

可見新儒家們不是把心搬到了外面，與物同體；便是把一切物理，納入了心中。

新儒家既然創造了理的新境界，為什麼又抬出了一個心呢？顯然這更是受到佛家，尤其禪學的影響，理由有三：

①這個「理」雖然無所不在，但卻是客觀的、靜態的；要如何去窮理，不得不有關於心。所以心的重視乃是在強調理之後自然的結果。

②天台和華嚴宗都講一心，而禪宗更要去證心、傳心。可見在當時佛學界，

心是一個重要的研究課題，新儒家為了吸收佛家思想也好，為了對抗佛家理論也好，都必須在心上做工夫。

③禪學所證的心，是自性或本來面目。什麼是自性或本來面目，雖是不可思議，無法形容的，但就禪學文獻所記述的來看，乃是超越語言，超越思辨，超越是非的。因此在新儒家的眼中，禪學的心無異是等於空。為了避免落於空，所以新儒家便把所有的理搬入了心中。

從以上所述看來，新儒學中對於理和心的這兩個最重要的觀念，乃是受到佛學影響之後，吸收佛學在這方面的特色，而融合成的一套新體系。新儒家就是藉這套體系來對抗佛學，取代了佛學自宋以後在中國哲學史上的地位。

二、宋初的三位新儒學的先鋒

新儒學雖然有韓愈和李翱等的努力，但真正形成了氣候，百花怒放的，卻要等到宋代。

宋朝之所以能培養出一代的新儒學，是有其客觀環境的因素。因為宋朝承接了五代十國之亂，人心思治。宋太祖自黃袍加身之後，積極的勵精圖治。他為了敦崇風教，以固人心，便在他就位的第二年，親自巡視太學，詔令增修祠宇，塑造先聖先賢之像。他又親寫贊書於孔子、顏回的像旁，以表明自己努力於文教，並對隨侍近臣說：「朕欲盡令武臣讀書知為治之道。」

由於宋太祖的提倡文治，所以當時在朝執政的都是一些大儒。因他們的在旁輔助，使得重文的風氣更為普遍。《宋元學案》中曾以胡瑗、孫復、范仲淹、歐陽修等為宋代儒家的前期人物，他們都是當代的大教育家和大政治家。如范仲淹和歐陽修兩人兼理政教。歐陽修精通《易》學，而門下的傳承有蘇洵父子、王安石等人。范仲淹精通《易》和〈中庸〉，一方面傳《易》給胡瑗和孫復，另一方面傳授〈中庸〉給張橫渠。至於孫復精《易》和《春秋》，傳承者有石介、劉牧、文彥博、朱長文，而由朱長文傳胡安國、傳胡憲，再傳朱熹。胡瑗精《易》與《春秋》，曾掌太學，門下學生千七百餘人，重要者有程伊川、范天成、范堯夫、徐積等人。

由這些儒生們站在政教的重要地位，推波助瀾，終於開展了一代的新儒學。

在這初期的新儒家中，最具代表性的有三人，即邵雍、周敦頤和張載。

㈠邵雍

邵雍（西元 1011–1077 年），字堯夫，號康節。河北范陽人。他家世清苦，終身未仕。在年輕時，曾遇李之才，承受圖書先天象數之學，這是他一生為學的基礎。他晚年住在洛陽與司馬光往來，同時又和兩程父子相交。他的重要著作有《皇極經世》一書。

康節的思想學說有兩個重點：

1. 先天象數之學

象數之學本是漢代《易》學的主流，而所謂「先天」，乃是指先天八卦等圖象，這是來自於道教思想。如朱熹所說：

> 此圖（先天圖）自陳希夷（摶）傳來，如穆（修）、李（之才），想只收得，未必能曉。康節自思量出。（〈太極通書後序〉）

這是說康節的先天象數之學是參照了道教的先天圖而加上他自己的思想發展出來的一套學說。

其實，自漢以來的《易》學早就與陰陽五行的學說混在一起，而創造了一種特殊的宇宙論和天人之學。尤其許多道士更用它來作為修煉的依據。邵康節的這套先天象數之學乃是沿襲這條路子，不過他製作了更多的圖表，建構了更龐大而細密的象數體系罷了。

康節承襲了〈易傳〉「《易》有太極，是生兩儀」的說法，認為這兩儀即陰陽，由陰陽動靜的變化而生四象，在天為日月星辰的四象，在地為水火土石的四象，由這八個具體的基本原素而形成萬物。如他說：

> 日為暑，月為寒，星為晝，辰為夜，暑寒晝夜交而天之變盡之矣。水為雨，火為風，土為露，石為雷，雨風露雷交而地之化盡之矣。暑變物之性，寒變物之情，晝變物之形，夜變物之體，性情形體交而動植之感盡之矣。雨化物之走，風化物之飛，露化物之草，雷化物之木，走飛草木交而動植之

應盡之矣!(《皇極經世·觀物內篇》)

這是他由《易》理而進一步去說明自然萬物的化生,具體事物的形成,顯然充滿了牽強附會的說法。

另一方面,他用元、會、運、世的先天之數,去配合日、月、星、辰,以推衍時間的變化。如他說:

> 日經天之元,月經天之會,星經天之運,辰經天之世。(《皇極經世·觀物內篇》)

這是說元當日,會當月,運當星,世當辰。十二會為一元,這象徵一年有十二個月;三十運為一會,這象徵一月有三十日;十二世為一運,這象徵一日有十二個時辰。所以一元統十二會,一會有三十運,也就是一元統三百六十運。而一運有十二世,因此一元也就統四千三百二十世。康節基於這個時間的數字表再推衍下去,也就是以十二與三十交相為用。於是一世有三十年,所以一元就有十二萬九千六百年。這是一元的始終,是天地的一個開合。

在這個一元的開合中,康節一面描寫這個世界由生成、發展、變異而毀壞,接著又重新開始,產生第二個循環。這樣由生滅而循環不已,以至於無窮。另一面他配合了自堯舜以來到五代的歷史年表、治亂興廢的事實,以及律呂音聲和動植飛走的現象,來說明象數與人事,及自然萬物之間的關係。

從康節這套先天象數之學看來,他除了承襲漢《易》和陰陽家的學說外,值得我們注意的有兩點:

①他用「元會運世」來代替普通計時的單位「歲月日時」,以及用「元之又元」的循環論來推衍宇宙和歷史的發展,不僅表現了他驚人的想像力和創造力,而且比起傳統陰陽五行的學說來,更能解釋宇宙發展的現象。

②據說他這種以元會運世的算法是根據唐僧一行所作的《大衍曆》而來,因此他這種方法可能受到印度曆法的影響。又據說他對世界生滅的看法是受到宗密引《俱舍論》講世界之成住壞空的影響。事實上,康節生在佛學思想鼎盛之後,受佛學影響也是必然的。不過我們要注意的是康節在這套龐大的體系中所裝的內

容，既不是道家的無，也不是佛家的空，而是儒家的理。他一方面放開去說宇宙萬物陰陽消長之理；另一方面又收歸來講聖人治世大中至正之理。

2. 觀物之理的工夫

單就康節的先天象數之學來說，儒學的思想並不濃，除了為後代《易》占家當作「邵子《易》數」來運用外，在宋代思想界並沒有產生重要的影響。而他之所以成為新儒學的先鋒之一，主要就是他這套觀物之理的工夫。

康節之所以特別強調要觀物，這是根據於他那無窮的宇宙論，把所有的人都看作了物。如他說：

> 然則人亦物也，聖亦人也。有一物之物，有十物之物，有百物之物，有千物之物，有萬物之物，有億物之物，有兆物之物。為兆物之物，豈非人乎？有一人之人，有十人之人，有百人之人，有千人之人，有萬人之人，有億人之人，有兆人之人。為兆人之人，豈非聖乎？是知人也者，物之至者也；聖也者，人之至者也。（〈觀物內篇〉）

雖然就整個宇宙來看人也是物，但就其性能功用來說，人是物中的最特出者；雖然聖人也是人，但就其德行功業來說，聖人又是人中的最特出者。康節把聖人和人都放在物的行列中，這並不是把人拉下來和物同流，而是擴大了人的範圍，使人可以下通於物，而上達於聖人。由於人能夠下通於物，所以人和物的交感有更深厚的基礎。先秦儒家講愛物，只是仁心的一種廣被，人仍然是站在高一層次去愛惜物罷了，可是康節的這一說法，卻使人和物在本體上可以相通相感。此後新儒家講一體之仁，便是依照康節的這條路子開展的。至於人能夠上達於聖人，這本是遵循先秦儒家講「人人皆可以為堯舜」的舊路，但康節更把這個基礎建立在觀物上。如他說：

> 聖也者，人之至者也。……謂其能以一心觀萬心，一身觀萬身，一物觀萬物，一世觀萬世者焉。（〈觀物內篇〉）

又說：

夫所以謂之觀物者，非以目觀之也；非觀之以目，而觀之以心也；非觀之以心，而觀之以理也。……聖人之所以能一萬物之情者，謂其聖人之能反觀也。所以謂之反觀者，不以我觀物也；不以我觀物者，以物觀物之謂也。既能以物觀物，又安有我於其間哉！（〈觀物內篇〉）

在這兩段話中，他一面說「以一心觀萬心」，一面又說「非觀之以心，而觀之以理」，在表面上好像不一致，事實上，他所謂「以一心觀萬心」，並非以私心成見觀萬物，而是用心之中理以觀萬物之理。所以觀心和觀物所觀的都是理。

綜觀康節的這套天人之學，他是放開去講宇宙陰陽消長之理，然後又收歸來講心中觀物之理。這也就是他之所以為新儒家。不過他對理字的概念，只是點出而已，並未作理論性的探討。

(二)周敦頤

周敦頤（西元 1017–1073 年），字茂叔，號濂溪。湖南道縣人。幼孤，由舅父教養成人。屢任官職。當他出任南安時，二程的父親程珦非常賞識他，命二程向他學習。他和二程之間的關係，據呂希哲的看法，認為二程的思想和濂溪無關，但據朱熹的看法，卻認為二程思想出自濂溪。關於這一爭論，值得我們注意的是，程伊川很少推崇濂溪，這是事實。原因可能是濂溪的《太極圖說》道家的色彩太濃。可是程明道卻屢次明言自己受學於濂溪，對濂溪的人格修養讚嘆備至。至於朱子的拉攏二程和濂溪之間的關係，原因是朱子自己的思想便與濂溪的《太極圖說》有關。

濂溪的思想得力於《易》和〈中庸〉。他的著作不多，最具影響力者，為《太極圖說》和《通書》。

1. 從無極到主靜以立人極

濂溪《太極圖說》所講的太極圖也是傳自於道教的。據說由陳摶傳种放，再傳穆修。由穆修傳給李之才，再傳給康節，這是「先天圖派」；另外由穆修傳給濂溪，這是「太極圖派」。關於這個圖象的傳承，並不重要，值得我們注意的是對這個圖象的解釋。因為陳摶原來的圖非常簡單，如果濂溪只是運用了這個圖表，並

不足以說明他的思想與道家或道教有如何密切的關係。所以他的《太極圖說》才是我們了解這個關係的主要根據。現在先讓我們看看這個圖說：

> 無極而太極，太極動而生陽，動極而靜，靜而生陰。靜極復動，一動一靜，互為其根。分陰分陽，兩儀立焉。陽變陰合，而生水火木金土，五氣順布，四時行焉。五行，一陰陽也。陰陽，一太極也。太極，本無極也。五行之生也，各一其性。無極之真，二五之精，妙合而凝。乾道成男，坤道成女，二氣交感，化生萬物。萬物生生而變化無窮焉。惟人也，得其秀而最靈。形既生矣，神發知矣！五性感動，而善惡分，萬事出矣。聖人定之以中正仁義，而主靜（自注云：「無欲故靜。」），立人極焉。故聖人與天地合其德，日月合其明，四時合其序，鬼神合其吉凶。君子修之吉，小人悖之凶。故曰：「立天之道，曰陰與陽；立地之道，曰柔與剛；立人之道，曰仁與義。」又曰：「原始反終，故知死生之說。」大哉《易》也，斯其至矣！

這段話從宇宙論說到人生論，從太極生動靜而強調立人極，這種體系正投合朱子的胃口，因為朱子的思想，重視太極，講「繼天立極」（〈中庸序〉），所以朱子推尊濂溪為新儒學的先鋒。

就這一篇圖說的內容來看，是以〈易傳〉的思想為主，雖然夾雜了五行之說，但這也是漢儒宇宙論的舊說，不足為奇。值得我們注意的有兩點：

①他在太極之上按了個無極，而說「無極而太極」；並且在文中一再強調說「太極，本無極也」、「無極之真，二五之精，妙合而凝」。在〈易傳〉的思想中，太極已是最高的境界，根本沒有提到無極兩字。無極兩字最早見之於《老子》二十八章：「復歸於無極。」所以在太極之上按了個無極，這顯然是道家思想的色彩。

②他在「聖人定之以中正仁義」和「立人極焉」之間插上了「而主靜」三字，並自注說「無欲故靜」，很顯然的「主靜」兩字不僅是中正仁義的功夫所在，而且也是「立人極」的根本所在。這種「主靜」的思想為老莊所唱，而不見於先秦儒家。儒家只有無欲則剛的說法，而沒有無欲則靜的說法，所以拈出一個靜字來，濂溪呼應了前面無極兩字，很明顯的，濂溪在儒家的〈易傳〉思想裏，又夾雜了一套道家思想的體系。

在斤斤計較門派思想者的眼中，濂溪的這套思想也許不夠純粹，但如果就思想的發展來看，濂溪的學說正為新儒家在工夫上鋪了一條大路。後來宋明儒家的重視靜坐，也都承繼著濂溪的主靜而開展的。

2. 以誠貫通道體與工夫

《通書》原名《易通》，可見該書是以〈易傳〉的思想為主。濂溪在第一章中便說：

> 誠者，聖人之本。大哉乾元，萬物資始，誠之源也。乾道變化，各正性命，誠斯立焉，純粹至善者也。故曰：「一陰一陽之謂道，繼之者善也，成之者性也。」元、亨，誠之通；利、貞，誠之復。大哉《易》也，性命之源乎！

濂溪特別提出這個誠字來作聖人之本，《易》道之原。這種觀念除了〈中庸〉一書以外，在其他以前的所有儒家中都是沒有的。在《易經》中只提到誠字兩次，如「閑邪存其誠」（乾〈文言〉）、「修辭立其誠」（乾〈文言〉），都沒有把誠字當作道體。所以濂溪在《通書》中所強調的誠，顯然是來自〈中庸〉。因為〈中庸〉強調「誠者，天之道」，正可以作此處「聖人之本」的根據。

這個誠字在《通書》中的地位，完全取代了仁字在先秦儒家中的地位。如《通書》中說：

> 聖，誠而已矣。誠，五常之本，百行之原也。（第二）
> 誠，無為；幾，善惡。德：愛曰仁，宜曰義，理曰禮，通曰智，守曰信。（第三）

這是把誠當作仁義禮智信的根本。所謂「誠，無為」的無為和《太極圖說》裏的「無極」正好照應，是指道體，或性體的絕對無為。所謂「幾，善惡」，是指動念之後而有善惡，這是太極動了以後之事。而他接著所說的仁義禮智信，顯然是在分善分惡之後，而落在相對性的層面上。也就是說誠是道體，仁義禮智信只是道之用，只是德行罷了。在《通書》中，除了用這個誠字去一貫《易》道之外，其餘所談都是屬於道德修養方面，如講「純心」（第十二）、「務實」（第十四）、「改過」（第十五）、「虛靜」（第二十）、「懲忿窒欲」（第三十一）、「誠心」（第三十二），

並沒有特殊的創意。

值得我們注意的是，濂溪為什麼在《太極圖說》中強調「無極」，而在《通書》中又特別推重這個誠字？陸梭山和陸象山兄弟便曾因《太極圖說》與《通書》的不相類，而懷疑《太極圖說》不是濂溪所作，他們的理由就是《通書》中沒有「無極」兩字。關於這個問題，我們有幾點推論：

①《太極圖說》本是針對「太極圖」的解說，而這個太極圖，實際上是來自無極圖。據黃宗炎、朱彝尊所考，陳摶居華山時，曾以無極圖刊於石壁。其圖最下一圈，名為玄牝之門。稍上一圈，名為煉精化氣，煉氣化神。中層左為木火，右為金水，中為土，相聯的一圈，名為五氣朝元。又其上中分黑白相間雜的一圈，名為取坎填離。最上一圈，名為煉神返虛、復歸無極。從這張圖表中可以看出道教的修煉之術，是採取逆轉的方式，一步步向上而歸於無極。可是濂溪只借用了圖表，而採取順承的方式，順著宇宙發生的次序，而要立人極。所以道教無極圖的重點在上一截的無極，而濂溪《太極圖說》的重點乃在下一截的立人極。在這裏我們可以看出，濂溪的苦心乃是要把道教的無極圖，轉變成儒家的太極圖。雖然他在解說上仍然襲用了無極兩字，但他的真正目的卻是由主靜以立人極。

②濂溪寫《通書》和寫《太極圖說》的意義不同。因為《通書》的目的是由《易》道建立儒家的一套道德修養工夫，他不必像《太極圖說》一樣要依據宇宙發生的次序來解說。所以他直截從道體的本源上來把性體和工夫打成一片。最合乎這條件的就是這個誠字，因為在〈中庸〉上誠是「天之道」，而且又是「人之道」。《太極圖說》中講無極是就源頭上來說的，而《通書》中講誠是就性體上來說的，其間非但沒有衝突，而且還可以相連，因為無極之真是「真」個什麼？就是一個誠字。所謂：

> 寂然不動者，誠也；感而遂動者，神也；動而未形、有無之間者，幾也。
> （第四）

這個寂然不動的誠，不就是無極的境界嗎？所以在《通書》中是用誠來寫無極的充實面。

再就《太極圖說》的「主靜而立人極」來看。這個主靜雖為道家所唱，但濂

溪的用意乃是把這個道家的靜轉為儒家的工夫,所以他在自注上已說明「無欲故靜」,就是深怕被人誤解為道家的虛無,和佛家的寂滅。到了《通書》中,濂溪便進一步用這個誠字代替靜字去立人極了。濂溪的以誠代靜,在《通書》中還可以找到痕跡。如:

> 「聖可學乎?」曰:「可。」曰:「有要乎?」曰:「有。」「請問焉。」曰:「一為要。一者無欲也。無欲則靜虛、動直,靜虛則明,明則通;動直則公,公則溥。明通公溥,庶矣乎!」(第二十)

這裏所謂「一」,就是指的精誠,精誠即無欲,無欲則心便能虛靜,虛靜則心便能靈明。如《通書》上又說:

> 誠精故明,神應故妙,幾微故幽。誠、神、幾,曰聖人。(第四)

靜只是負面的表現心的無欲,而誠則是正面的強調心由無欲而明通公溥。所以濂溪在《通書》中為了建立一套道德實踐的工夫。便把《太極圖說》中的主靜而轉變到誠精,誠心的儒學工夫。

③道家或道教的形而上學是講的無,佛家的形而上學是講的空,濂溪的這套形而上學是講的誠。這是濂溪為了對抗道佛兩家的空虛,而建立的一套至誠不息的儒家形而上學。在這方面,濂溪被朱子列為新儒家的開山,實在是當之而無愧。

㊂張載

張載(西元 1020–1077 年),字子厚,號橫渠。自幼喪父,曾立志從軍,上書謁范仲淹。仲淹賞識他,教他讀〈中庸〉。這時他才轉變興趣,立志求道。他先研究道佛兩家,後來在京師遇二程兄弟,共同討論,才翻然覺悟,於是便專心於儒學。他的思想得力於〈易傳〉、〈中庸〉。而他的精神卻直追孔孟。著作主要的有《正蒙》、《易說》、《經學理窟》等。

1. 民胞物與的儒家胸襟

橫渠有一篇傳誦千古的文字,叫做〈西銘〉。它本是《正蒙·乾稱篇》裏的一段,橫渠因它正可作為自己理想的表白,所以把它提出來貼在書室中作座右銘,

後來二程子非常賞識它，專以它來教導弟子。〈西銘〉的內容是：

> 乾稱父，坤稱母，予茲藐焉，乃渾然中處。故天地之塞，吾其體；天地之
> 帥，吾其性。民吾同胞，物吾與也。大君者，吾父母宗子；其大臣，宗子
> 之家相也。尊高年所以長其長，慈孤弱所以幼其幼。聖其合德，賢其秀也。
> 凡天下疲癃殘疾、惸獨鰥寡，皆吾兄弟之顛連而無告者也。於時保之，子
> 之翼也，樂且不憂，純乎孝者也。違曰悖德，害仁曰賊，濟惡者不才；其
> 踐形，惟肖者也。知化則善述其事，窮神則善繼其志。不愧屋漏為無忝，
> 存心養性為匪懈。惡旨酒，崇伯子之顧養；育英才，穎封人之錫類。不弛
> 勞而底豫，舜其功也。無所逃而待烹，申生其恭也。體其受而歸全者，參
> 乎；勇於從而順令者，伯奇也。富貴福澤，將厚吾之生也；貧賤憂戚，庸
> 玉女於成也。存，吾順事，沒，吾寧也。

這段文字不僅是橫渠整個思想精神的縮影，而且也可當作宋代儒學的一篇宣言。
其重要性如下：

　①〈西銘〉可以和一向被視為儒家理想社會的〈禮運篇・大同章〉互相發明。
不過〈大同章〉都就社會和政治的問題立論；而〈西銘〉卻更進一步從整個宇宙，
本體上來立論的。前後呼應，不僅可以看出儒家思想的一貫，而且也可以看出，
新儒家比起先秦儒家來更注意到形而上學的問題。

　②〈西銘〉一開頭便把乾當作父，坤當作母，也就是視天地為父母。而把天
地之間的一切人和物都當作自己的同胞手足。這是把整個宇宙看作如同一家的一
個有生命，有親情的組織。這種看法比起漢儒那種寄託於陰陽的天人感應來，顯
然更為有血有肉。

　③接著〈西銘〉從「長其長」、「幼其幼」的儒家道德，談到許多孝道的事實。
對於〈大同章〉和〈西銘〉，因為它們發揮天下為公和民胞物與的情懷，所以自來
很多學者，由於它們的博愛，而認為它們和墨子的兼愛思想無異。其實就〈西銘〉
的精神來看卻正好相反，因為它是奠基於孝道之上，把儒家的孝道加以擴充，而
成為大孝。在這裏，〈西銘〉的精神可以說是純粹儒家的。

　④先秦儒家談孝道都限於父母子女之間，如再擴而充之，也只及於五倫。可

是〈西銘〉卻把這種孝道更加擴大，而及於天地萬物。這不僅使孝道的範圍更為廣大，而且更加深了孝道的哲學基礎。

2. 氣一分殊的宇宙理論

〈西銘〉本是《正蒙》中的一段，〈西銘〉之所以有如此的成就，完全和《正蒙》中所建構的整個思想體系有關。

《正蒙》一書共分十八篇，其主要思想是集合了〈易傳〉和〈中庸〉而成的。但該書的整個間架卻建立在橫渠所創造的氣一分殊的宇宙理論上。

《正蒙》第一句話便是「太和所謂道」。在這裏所謂太和，就等於太極。但橫渠之所以不用太極，一方面他避免了太極圖的那種間架，一方面他為了建立氣的一元化。因為依照太極圖所說太極生陰陽，可是太極如何動、如何生陰陽，卻缺乏適當的理論說明。橫渠用太和來代替太極便沒有這種毛病。因為太和是指氣的一種大和諧，也就是陰陽不分、動靜合一的一種渾淪無間的狀態，這是性之體。但這個性體中卻含有相感的作用。如他接著便說：

> 中涵浮沉、升降、動靜、相感之性，是生絪縕、相盪、勝負、屈伸之始。其來也幾微易簡，其究也廣大堅固。起知於易者乾乎；效法於簡者坤乎？散殊而可象為氣，清通而不可象為神。（《正蒙・太和》）

這裏說明了太和之中因相感而有象者為氣，不可象者為神。

有了氣後，氣必須有所附麗，橫渠便提出了一個太虛的境界。所謂：

> 太虛無形，氣之本體。（《正蒙・太和》）

太虛就是指的天地，但不言天地而言太虛者，是因為太虛比天地較為抽象，而不受時空的限制。氣在太虛中凝聚而為萬物。如：

> 太虛不能無氣，氣不能不聚而為萬物，萬物不能不散而為太虛，循是出入，是皆不得已而然也。（《正蒙・太和》）

這說明了宇宙之間都是這一氣的聚散。聚則有物有生，散則歸於太虛，歸於自然。〈西銘〉上所謂「存，吾順事，沒，吾寧也」，正是建立在這種自然氣化論上的一

種超然的心境。

橫渠提出這套氣化的宇宙理論，主要的目的是針對佛道兩教而立的。如他明白的說：

> 然則聖人盡道其間，兼體而不累者，存神其至矣。彼語寂滅者，往而不反；徇生執有者，物而不化。二者雖有間矣，以言乎失道則均焉。(《正蒙·太和》)

「語寂滅者」是指佛教的視生命為空幻；「徇生執有者」是指道教追求長生的貪執。在這裏橫渠把生死有無看作氣的聚散，看作自然的必然現象。一方面要我們超然於生死而不執著；另一方面則教我們盡人事，以發揮人在宇宙之間應盡的功能。

3. 變化氣質的修養工夫

橫渠的氣化的宇宙理論，雖然有他的創見，但只是對抗道佛兩教的形上學，所建立的一套體系。真正能夠代表其為儒家本色的，乃是根據這種體系所強調的一套變化氣質的修養工夫。所謂：

> 為學大益，在自求變化氣質。(《經學理窟》)

由於氣聚而成萬物，因此人也為氣所成。所謂：

> 游氣紛擾，合而成質者，生人物之萬殊。(《正蒙·太和》)

可是氣有清濁之分。如：

> 太虛為清，清則無礙，無礙故神；反清為濁，濁則礙，礙則形。凡氣，清則通，昏則壅。(《正蒙·太和》)

由於清的氣形成我們的精神，而濁的氣形成了我們的軀體。我們有了軀體便有欲望，便產生了惡。我們精神的氣本來清明，可是由於一入形體，為形質所拘，因此也就混濁不清了。所謂：

> 形而後有氣質之性。善反之，則天地之性存焉。故氣質之性，君子有弗性

者焉。人之剛柔、緩急、有才與不才，氣之偏也。天本參和不偏，養其氣，
反之本而不偏，則盡性而天矣。(《正蒙‧誠明》)

橫渠認為「氣之不可變者，獨死生，修夭而已」，反過來說，氣之清濁是可以變的。
但要如何變化這個氣質之性？他曾說：

德不勝氣，性命於氣；德勝其氣，性命於德。窮理盡性，則性天德，命天
理。(《正蒙‧太和》)

這是說工夫要立於德上，德如果能支配氣，則氣便跟著德走。使我們的性命便自
然合乎天理。

至於如何以德來改變氣質之性？通貫《正蒙》全書，橫渠特別強調的就是一
個誠字。如他說：

誠明所知，乃天德良知，非聞見小知而已。天人異用，不足以言誠；天人
異知，不足以盡明。(《正蒙‧誠明》)
性與天道合一，存乎誠。天所以長久不已之道，乃所謂誠。仁人孝子所以
事天誠身，不過不已於仁孝而已。故君子誠之為貴。(《正蒙‧誠明》)

因為誠是天德良知，誠才能使性與天道合一。同時也才能「因事親之誠，以明事
天之道」(朱子注〈西銘〉語)。橫渠一面從太和的氣化上說下來，由氣一而分殊，
產生萬物；另一面又從誠的工夫，變化氣質，而復其本性的中和。這是把〈易傳〉
和〈中庸〉的思想融成的一套相當完整的儒學體系。

三、宋初三哲思想的檢討

綜觀康節、濂溪和橫渠三人的思想，我們將得到以下三點認識：

①康節和濂溪的思想，都是一面受道家的影響，一面又有意要轉化道家思想
而為儒學的工夫。他們兩人都表現了新儒家在初期那種儒道混雜的色彩。雖然他
們建立的那套體系也是有意要對抗佛家那種龐大複雜的形而上學，但他們對佛家

思想的批評卻並沒有明朗化。到了橫渠手中，他直接從〈易傳〉和〈中庸〉建立他們的一套從形而上到人生的體系。他的思想比起康節和濂溪來在儒學的成分上，可說純粹多了，而且他在《正蒙》一書中屢次的公開批評道佛兩家的思想，可見他衛護道統的立場也更為明顯而尖銳。

②康節得力於《易》學，濂溪和橫渠兩人都得力於〈易傳〉和〈中庸〉，而且都是由《易》和〈中庸〉建立了他們的整個學說體系。這是因為道佛兩家都有嚴密的形而上學，他們為了對抗道佛，也必須為儒家建立一套形而上學的體系。在先秦儒家的典籍中，《論語》《孟子》雖然是儒家最主要的經典，但《論》《孟》都偏於現實的倫理、政治，只有〈易傳〉和〈中庸〉多談性與天道的形而上學。所以宋初的新儒家都得力於這兩本書，以建立他們的學說體系。

③在新儒學中有兩個最主要的觀念，一個是理，一個是心。康節的觀物，雖然是觀物之理，但對於這個理卻沒有單獨提出來特別討論。濂溪的主靜、立誠，橫渠的講氣、重變化氣質，雖然都是新儒學中的問題，但對於理和心卻沒有專題討論。所以他們三人都只是新儒學的開路先鋒，真正把新儒學帶入高潮，還要等待程朱和陸王等哲人的努力。

第二十章 程朱的思想及其對理學的貢獻

一、二程和朱子之間的關係

北宋初期的康節、濂溪和橫渠三人，雖然已開啟了新儒學的運動，但他們都是各別在自己所研究的範圍內發展，他們所注意的只是太極、氣和誠而已。橫渠書中雖多言理字，但只是泛說，至於真正把理字作為中心概念，而形成有宋一代特殊的學風，使得此後的新儒家都投入其中，而影響了今後幾百年的學術潮流的，乃是二程和朱子。

新儒學又稱為理學，這是因為二程的門人極多，程明道死後，他的學生都歸於程伊川門下。伊川特別注重理字，由於他的弟子們的傳承，直傳到朱子。朱子乃集理學的大成，而使有宋一代幾乎成為理學的天下。他們之間的這一傳承關係有如下表：

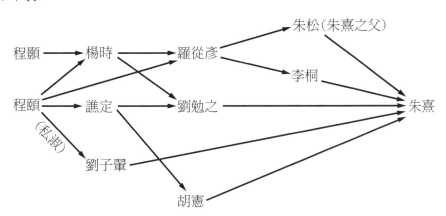

這張圖表只列出了二程門人中與朱子有直接關係者。程明道的門人之中很多也是程伊川的門人，其中最重要的是楊龜山。龜山的弟子很多，其中羅從彥也直接跟伊川問學。羅從彥傳李桐，李桐便是朱子的老師。另外劉勉之是龜山的弟子，同時又是伊川門人譙定的弟子。劉勉之又傳朱子。在這兩條線上，朱子同時承受了二程的學統。另外譙定的弟子胡憲是朱熹父親朱松的學友，也傳朱子。還有伊川的門人劉子翬，亦是朱松的學友，朱松死時，曾把朱子託劉子翬照顧，因此也和朱子有直接的關係。

在這張圖表中，只列出了從二程到朱子的直接的師承關係；事實上，二程的門人極多，如謝良佐、游酢、呂大忠、呂大鈞、呂大臨、呂希哲、尹焞、邵百溫等，由於他們共同的努力，發揚二程的學說，為理學建立了一個廣闊的園地，到了朱子才能集其大成。

二、二程之間的異同

在學術史上，常並提二程，這不僅因為他們是兄弟，他們都共同在一起傳學，而形成了所謂洛學，而且因為他們的門人互相問學，許多語錄只提「程子」兩字，分不清究竟是明道的，或是伊川的。

事實上，明道和伊川之間卻有顯著的不同，這一點朱子已體驗到，我們試觀朱子對他們兩人的評論：

> 明道語宏大。
>
> 明道說話，一看便好，轉看轉好。
>
> 明道所見甚俊偉，故說得較快。
>
> 明道言語儘寬平。
>
> 明道可比顏子。
>
> 明道說話超邁，不如伊川說得的確。
>
> 伊川氣質剛方，文理密察。
>
> 伊川語親切。

伊川言語初難看，細讀有滋味。

伊川之言，即事明理，質愨精深，尤耐咀嚼。

伊川之言，乍見未好，久看方好，非久於玩索者，不能識其味。（以上錄自
熊賜履《學統》卷八）

這是朱子對研讀《二程語錄》文字的感受。其實在語錄文字的背後，他們之間是
有著顯著的不同。明道著重在修心的工夫：由內而外，所以他主張體貼天理，而
講定性，講覺悟。伊川著重在為學的工夫：由外而內，所以他主張格事物之理，
而講致知，講主一。

　　這一不同主要是方法的不同，而不是思想本身上的差別。在朱子所撰《伊川
先生年譜》中曾引伊川告張繹說：

　　我昔狀明道先生之行，我之道，盡與明道同，異時欲知我者，求之於此文
　　可也。

據這幾句話看來，一方面表現了伊川認為他和明道所求之道是相同的；另一方面
也暗示了他們之間的相異，否則也無須有此表白。不過這一相異，由於明道五十
四歲便過世，而伊川比他多活了二十二年，明道的學生又多歸入伊川門下，因此
我們看不到明道思想在以後的發展，卻可以看到伊川的學說，由於弟子們的推波
助瀾，而影響了有宋一代的理學。

　　然而在這裏，值得我們注意的問題，就是有些學者認為明道的思想雖與陸象
山沒有師承的關係，但似乎是一條路線，因此明道之於伊川，正猶象山之於朱子，
所以明道的思想可說是開了陸王心學的先河。對於這一問題，雖然我們都從思想
上去推論，卻缺乏事實上的根據。不過，如果從明道的幾位主要學生思想中去考
察，仍然可以發現許多有趣的線索。譬如明道有兩位主要的弟子，謝良佐（即上
蔡）和楊時（即龜山）。上蔡的學說雖然兼採二程的長處，他一方面講仁體與覺悟，
一方面也講即物窮理。不過他思想的精要處，都在發揮明道所講的「天理」、「心
虛氣平」，而朱子批評「上蔡說仁說覺，分明是禪」。全祖望更說：

　　謝（上蔡）楊（龜山）二公，謝得氣剛，楊得氣柔。故謝之言多踔屬風發，

楊之言多優柔平緩，朱子已嘗言之，而東發謂象山之學原於上蔡，蓋陸亦得氣之剛者也。(〈上蔡學案〉)

以氣剛去連接上蔡和象山之間的思想關係，並非恰當。但朱子評上蔡說仁說覺為禪，其實說仁說覺的祖師乃是明道，由於朱子推尊二程，所以不直責明道而拿上蔡來開刀。朱子的這種批評是順著伊川和他自己所主張格物窮理的路子為立場的。後來程朱派批評陸象山近禪，也是同一立場。所以就這種近禪的批評，可以看出明道與象山的路線是相近的。至於楊龜山，他事伊川非常恭敬，有「程門立雪」的美談。而他的弟子羅從彥和劉勉之又都是伊川的弟子和再傳弟子，所以他和伊川理學的關係遠比上蔡為深。而他的門人直接影響朱子，所以他在理學路線中的地位也是非常顯著。可是他晚年喜佛理，曾說：「《維摩經》云：『真心是道場。』儒佛至此，實無二理。」他主張：「人性上不可添一物，堯舜所以為萬世法，亦只是率性而已。所謂率性，循天理是也。」這是他得之於明道的，而後代學者更以此而視他為心學的先驅。

從以上的這些例子，雖然我們不能據此以斷定明道和象山之間的學說影響的關係，但我們至少可以說明道的思想是和陸王的心學有著相同的旨趣與工夫的。這一點我們可從下面所談明道的思想境界中得到證明。

三、程顥的思想境界

程顥（西元 1032-1085 年），字伯淳，號明道。十五歲那年，他的父親程珦帶他和弟弟伊川向濂溪問學。後來他便一直在朝廷中做官，和王安石的新政不合，所以未能發揮他的抱負。但他的治績很好。常懸「視民如傷」四字為座右銘，以警惕自己。

明道所留下來的著作，除了五卷的《文集》外，便是由門人記載的《語錄》。明道的思想有兩個要點，正可以用他的兩篇文章為代表，就是〈識仁篇〉和〈定性書〉。

(一)識仁

先秦儒家注重行仁，而明道此處卻強調識仁。就這一個「識」字，已可看出理學家眼中的仁的特殊意義了。他說：

> 學者須先識仁，仁者，渾然與物同體。義禮智信，皆仁也。識得此理，以誠敬存之而已。不須防檢，不須窮索。若心懈，則有防；心苟不懈，何防之有？理有未得，故須窮索，存久自明，安待窮索。此道與物無對，「大」不足以明之，天地之用，皆我之用。孟子言「萬物皆備於我」，須「反身而誠」，乃為大樂。(《宋元學案・明道學案》)

明道自謂曾出入老釋數十年，從這段話裏，很可以看出他是用道佛的思想來詮釋儒家的仁字。所謂「仁者，渾然與物同體」正是莊子「萬物與我為一」的思想。所謂「不須防檢，不須窮索」也是禪宗的工夫。如果用這種道家的本體和佛家的工夫，來實踐孔孟那種直接參與經世濟民的仁道，恐怕是要扞格而不通。所以明道把這個「仁」字一變而成為「理」，也就是把實際的行為變為抽象的理，於是才用得上這個「識」字。接著明道要強調「不須防檢，不須窮索」的工夫，因此又須把這個「理」搬入心中。於是這個「識」，便不是向外窮索的研究和認識，而是心中的體驗。所以這個「識」字，事實上，乃是覺的意思。明道曾說：「覺悟便是信。」所謂識仁也就是覺悟這個內心的仁。

至於如何識仁，也就是如何覺悟這個內心的仁呢？明道曾說：

> 吾學雖有所授受，「天理」二字卻是自家體貼出來。(《宋元學案・明道語錄》)
> 觀天地生物氣象。(《宋元學案・明道語錄》)

他所謂天理，即是天地生物的氣象。他不用窮理兩字，而用體貼，可見完全是心中的一種覺悟的工夫。所謂天理，也就是指的仁。如他說：

> 天地之大德曰生，天地絪縕，萬物化醇。生之謂性，萬物之生意最可觀，此元者善之長也，斯所謂仁也。(《宋元學案・明道語錄》)

體貼天理，也就是識仁。張橫浦曾描寫明道的生活說：

> 明道書窗前有茂草覆砌，或勸之芟，曰：「不可，欲常見造物生意。」又置
> 盆池蓄小魚數尾，時時觀之，或問其故，曰：「欲觀萬物自得意。」（《宋元
> 學案‧明道學案》）

這裏所謂「造物生意」、「萬物自得意」，都是明道所謂的天理，或仁。但明道是在
心中先有了生意，有了自得意，然後再與窗前的茂草相應，然後再置小魚於池中
而靜觀其自得。並不是他心中毫無體驗，而客觀的去研究茂草，去細察游魚，而
得出個生意，和自得意的結論。所以明道的這種識仁，乃是從心中去體悟天理。

(二)定性

識仁之後，以誠敬存之；存之而後，便能達到定性的境界。所謂定性，依明
道的解釋是：

> 所謂定者，動亦定，靜亦定。無將迎，無內外。苟以外物為外，牽己而從
> 之，是以己性為有內外也。且以己性為隨物於外，則當其在外時，何者為
> 在內？是有意於絕外誘，而不知性之無內外也。（《宋元學案‧明道學案》）

所謂定性就是性達到定的境界，這種定不分動靜，不分內外，是順天理，合自然
的意思。前面明道講識仁，是用心去體悟這個理，因此猶有覺知的作用，猶有義
禮的分辨功能。而此處講定性，卻是超脫了覺知和義禮，使此心和外物融化，所
以不再言心，而要言性。明道又說：

> 夫天地之常，以其心普萬物而無心；聖人之常，以其情順萬物而無情。故
> 君子之學，莫若廓然而大公，物來而順應。（《宋元學案‧明道學案》）
> 與其非外而是內，不若內外之兩忘也。兩忘，則澄然無事矣。無事則定，
> 定則明，明則尚何應物之為累哉。（《宋元學案‧明道學案》）

這裏談無心、無情、無事；這裏講廓然、兩忘、順應。很顯然的是兼用了道佛兩
家的思想。所以就定性的境界來說，明道的思想是始終「出入於釋老」的。

　　從以上所述識仁和定性比較來看，識仁猶有儒家的血脈，如果真能識得仁體，而能用義理來實踐，所謂：

　　　　學者識得仁體，實有諸己，只要義理栽培。（《宋元學案·明道語錄》）

也就是說真能體悟到天道生生的功用，而行之於實際政治，去為生民立命，這樣仍然有外王之業。如明道為官，「視民如傷」，體恤民情，注重民生，治績甚佳。如果由識仁而往定性方面發展，這便走入了道佛兩家的思想天地。也就構成了新儒家特有的一種心性之學。

　　在心性之學上，明道比起康節、濂溪和橫渠三人來，要更為純熟，更有成就。我們把他看作陸王心學派的開山，也不為過，試看他告神宗的一段話：

　　　　先聖後聖，若合符節。非傳聖人之道，傳聖人之心也；非傳聖人之心也，傳己之心也。己之心無異聖人之心，廣大無垠，萬善皆備。欲傳聖人之道，擴充此心焉耳。（《宋元學案·明道語錄》）

這不是陸王心學派最好的一篇宣言嗎？

四、程頤的為學工夫

　　程頤（西元 1033–1107 年），字正叔，號伊川。他和明道不同的是，他的一生沒有做過官。當時胡瑗掌太學，曾出了個題目「顏子所好何學論」，他便以這篇文章，贏得胡瑗的激賞，進入太學。此後他都在學術上發展，曾在朝廷上為哲宗講經，可是他生性謹嚴，疾惡如仇，常得罪當朝的君臣，被貶到四川涪州。後來徽宗即位後，把他召回來時，他的氣色反而更好。別人問他原因，他笑說這是他為學的功勞。

　　伊川所留下的著作，有《易傳》、《經說》及《文集》和《語錄》等。他的《易傳》是一本不朽之作。他對《易》的研究是有很深的淵源。在他十四歲時，父親曾帶他和哥哥明道到洛陽向濂溪問學，這時康節也在洛陽，因此他很自然接觸到濂溪的《太極圖說》，和康節先天《易》數之學。不過他對這兩方面似乎都不甚相

契。後來橫渠也在洛陽講《易》，橫渠是他的表舅，他在《易》學方面受到橫渠很大的影響。橫渠的《易》學，不走濂溪的道家《易》，不走康節的象數《易》，而純是用儒家的思想來解《易》，這一特色，正是伊川《易傳》的精神。而這一精神左右了此後整個宋代對《易》學的研究。朱子的《易經集注》便是本於伊川的《易傳》。直到今天，要談儒門《易》，伊川的《易傳》便是最主要的一本經典之作。

伊川的思想重在於為學的工夫。黃宗羲在《宋元學案》中曾說：

> 「涵養須用敬，進學在致知。」此伊川正鵠也，考亭守而勿失。其議論雖多，要不出此二言。（《宋元學案·晦翁學案》）

可見用敬和致知兩點，不僅是伊川思想的重點，而且直接影響到朱子，所以也是程朱理學的中心思想。

(一)用敬

這個敬字在先秦儒家中已談得很多，不過都用作對長上的尊敬，和對事物的慎重的態度。如：

> 其事上也敬。（《論語·公冶長》）
> 敬事而信。（《論語·學而》）

可是到了伊川手中，這個敬字不僅加深了它的哲學意義，提昇了上來成為主德，而且變為理學家修養為學的入手工夫。明儒吳草廬曾說：

> 夫「修己以敬」，吾聖門之教也。然自孟子之後失其傳，至程子乃復得之，遂以「敬」之一字為聖傳心印。程子初年受學於周子，周子之學主靜，而程子易之以敬，蓋敬則能主靜矣。（《宋元學案·伊川語錄》）

這段話說出了伊川主敬的用意，就是要針砭佛道兩家空虛之失。因為敬是必有其事，而不是一種空思冥想。

伊川的用敬有三個重點：一是存誠，二是集義，三是主一。

所謂存誠，是對內而言，對意而言。宋儒常以誠敬連言，明道也談誠敬。不

過明道談誠敬，卻偏重在誠字上；而伊川談誠敬，是把誠敬看成一體，如他說：

> 閑邪則誠自存，不是外面捉一個誠，將來存著。今人外面役役於不善，於
> 不善中尋個善來存著。如此，則豈有入善之理？只是閑邪則誠自存，故孟
> 子言性善皆由內出，只為誠便存。閑邪更著甚工夫，但惟是動容貌，整思
> 慮，則自然生敬。（《宋元學案・伊川語錄》）

閑邪則誠自存，閑邪則生敬，所以誠和敬是一體的。也就是說敬在內而言，就是
誠。能誠則能敬，不敬也就無誠。

所謂集義，是由內而發於外，是對事而言。《易經》上說「敬以直內，義以方
外」（坤〈文言〉），伊川更把敬與義連成一體而說：

> 敬只是持己之道，義便知有是有非，順理而行，是為義也。若只守一個敬，
> 不知集義，卻是都無事也。且如欲為孝，不成只守著一個孝字，須是知所
> 以為孝之道，所以侍奉當如何，溫清當如何，然後能盡孝道也。（《近思錄》
> 卷二）

這是說敬必有其事，可是在事上便有是非，有宜於不宜，因此敬必須合義，才會
敬其所當敬。

至於如何存誠、如何集義，其一貫的工夫就是主一。他說：

> 敬只是主一也，主一則既不之東，又不之西，如是則只是中。既不之此，
> 又不之彼，如是則只是內。存此則自然天理明，學者須是將敬以直內涵養
> 此意，直內是本。（《近思錄》卷四）

又說：

> 閑邪則固一矣，然主一則不消言閑邪。有以一為難見，不可下工夫。如何？
> 一者無他，只是整齊嚴肅，則心便一。一則自是無非僻之干，此意但涵養
> 久之，則天理自然明。（《近思錄》卷四）

這個「一」字在中國哲學裏所扮演的角色猶如千面人，有時指道（老莊），有時指

仁（孔孟），有時指誠（〈中庸〉），有時指無欲（濂溪）。但在這裏，伊川並沒有明言這個一是什麼，只是一種整齊嚴肅之心。這與《書經》上所謂「道心惟微，人心惟危，惟精惟一，允執厥中」的「一」相似，是指一種純粹專精的心態。它比道、仁、誠、無欲更落實一點，是對事的一種合乎義理的擇善而固執之心。

伊川這種主一的用敬工夫，雖然不像濂溪主靜，明道定性那樣的灑脫，但卻代表了理學家們即物窮理，專精不二的精神。

(二)致知

致知也不是一個新名詞，在〈大學〉裏就提到格物致知四字；可是，並沒有說明什麼是格物，什麼是致知。甚至連這個物、這個知字都沒有具體的限定。到了伊川手中，才把格物致知連繫在理上，而開展出理學家們講即物窮理的一套學說。

伊川的致知有兩層意義：一是格物理，一是明事理。在伊川的眼中，萬物都有理。他說：

> 一草一木皆有理，須是察。(《近思錄》卷三)

這是指觀察物理，但如何觀察？要察些什麼理？伊川並沒有說明。但就此處以一草一木為譬喻來說，要格一草一木之理，只有二途：一是觀察它們的生機、作用；一是研究它們的組織、結構。關於後者，多屬於今日生物科學的路子。伊川的格物，似乎並沒有暗示著這方面的研究。關於前者，雖然也為今日生物學，或生態學所談及，但這方面的觀察卻可以和心產生觀照作用，而走入體察天理的哲學路子，伊川很多話是意味著這方面的關連。如他說：

> 須是今日格一件，明日又格一件。積習既多，然後脫然自有貫通處。(《近思錄》卷三)
> 觀物理以察己，既能燭理，則無往而不識。天下物皆可以理照，有物必有則，一物須有一理。(《宋元學案·伊川語錄》)

這種格了不同之物，而有貫通處；這種可以由物理以察己，而無往不識的理，顯

然不是局限於專題研究的物理知識，而是具有普遍意義的原理。

　　伊川在物理方面的觀察講得不多，他所謂致知的重心還是在於明事理方面。
他說：

> 凡一物上有一理，須是窮致其理。窮理亦多端，或讀書講明義理；或論古
> 今人物，別其是非；或應接事物而處其當，皆窮理也。（《近思錄》卷三）

所謂讀書，論古今人物都是從知識上去明理；所謂應接事物乃是在實踐中去明理。

　　伊川格物所窮的理，表面上似乎是外在的，可是由窮理所致的知，卻是轉向
內在的。如他說：

> 致知在格物，非由外鑠我也，我固有之也。因物而遷，迷而不悟，則天理
> 滅矣，故聖人欲格之。（《宋元學案·伊川語錄》）
> 隨事觀理，而天下之理得矣！天下之理得，然後可以至於聖人。君子之學，
> 將以反躬而已矣！反躬在致知，致知在格物。（《宋元學案·伊川語錄》）

伊川這種由格物、致知，而到反躬的過程，是循著〈大學〉裏格物、致知、誠意、
正心而發展的。伊川對格物致知的發揮固然補足了〈大學〉在這方面的欠缺，可
是依循著〈大學〉的路子，勢必把格物窮理轉入了誠意正心，也就是把知識的研
究轉入了道德體驗的範圍。這往好的方面來說，是把知識向上提昇，而成為德性
之知。而往壞的方面來看，知識的研究變成了道德體驗的附庸之後，便失去了客
觀研究、獨立探討的精神，而成為主觀道德意識的反映。譬如他說：

> 格，猶窮也；物，猶理也。猶曰窮其理而已矣。窮其理，然後足以致知，
> 不窮則不能致也。物格者，適道之始與？欲思格物，則固已近道矣！是何
> 也？以收其心而不放也。（《宋元學案·伊川語錄》）

這是把格物，直解作窮理。把物直接看作理。試想那裏還有物體本身的存在。所
以伊川儘管強調格物窮理，也建立不出真正知識方面的客觀研究。這也就注定了
新儒學的理，始終是一種心性之理。

五、朱熹的集理學大成

朱熹（西元 1130–1200 年），字元晦，號晦翁。安徽婺源人。父親朱松是羅從彥的學生，十四歲時朱松逝世，他遵從父親的遺訓，問學於胡憲、劉勉之及劉子翬。十九歲登進士，二十二歲授同安縣主簿，這時他頗醉心於釋老之學。二十四歲，他拜父親的同學李侗為師，而奠定了他學術的基礎。二十八歲時，便罷官不做，專心以講學為務。但他不忘朝政，曾屢次上書向孝宗直諫強國富本之道，並反對和議。可是由於黨禍，非但不能見用，反而被斥為偽學，備受打擊。

他和呂東萊很好，曾合編《近思錄》一書。由呂東萊的介紹，與陸象山兄弟相會於信州的鵝湖寺，討論彼此間學術方法異同的問題。後來他在四十九歲那年，又接任南康軍，並修復白鹿洞書院，訂定學規，曾請象山至此講學。

朱子著作極多，主要的有《四書集注》、《周易本義》、《書集傳》、《詩集傳》、《儀禮經傳通解》、《太極圖說解》、《通書解》、《西銘解》、《正蒙解》、《伊洛淵源錄》、《程氏遺書》、《謝上蔡語錄》、《近思錄》、《周易參同契考異》以及其他文學方面的作品和語錄等。從這張簡略的書目中，便可以看出他用功之勤，和研究方面之廣。他對中國文化發揚的功勞，及對後世影響之深遠，可說是孔子之後的第一人。

朱子所以有這樣大的貢獻，除了他的思想非常開放，好像大海一樣，容納了過去與當代的各家各派的思想外，還有一個最重要的因素，就是他把〈大學〉、〈中庸〉與《論語》、《孟子》合編成《四書》，並且花了他畢生的精力，替它們作注解。這部書一方面由於〈大學〉、〈中庸〉的加入，使得本來偏於倫理、政治的《論》《孟》，更體系化、理論化，而有形而上學的支持，以對抗在這方面有專長的佛道兩家思想。另一方面由於朱子以理學的見解來作注，所以這部書成為當代理學思想的寶典；其地位幾乎取代了五經，其影響不僅在當代，而且一直到今天，幾乎每位讀過《四書》的人都多多少少受到朱子思想的影響。

朱子的思想，由於他所研究的方面非常廣；而他的見解，又都分散在各種不同的注解中，因此討論起來比較複雜。但我們概括他整個思想的精要，只是一個

「理」字。他所構搭的，只是一個理的世界。對於他這個理的世界，可以從三方面來看：

㈠以太極為本的理氣論

朱子關於這方面的理論，多見於他對濂溪《太極圖說》的注解和討論中。雖然在表面上，他是就《太極圖說》而發揮的，但濂溪的太極圖是根據道教而來；而《太極圖說》的文字非常簡單，可是朱子的解說極為詳盡，尤其值得我們注意的是他把充滿了道家色彩的《太極圖說》轉變為以儒家思想為骨幹的太極理論。

在濂溪的《太極圖說》中，第一句話便是「無極而太極」，但卻沒有說明這個無極的境界，及無極與太極之間的關係。不過從道家和道教的觀點來說，這個無極顯然是在「太極」之上的一個境界；可是朱子的注卻把無極拉了下來，當作對太極境界的一種描寫。如他說：

> 上天之載，無聲無臭，而實造化之樞紐，品彙之根柢也。故曰：「無極而太極。」非太極之外，復有無極也。（《周子全書》卷一）

「上天之載，無聲無臭。」這是〈中庸〉裏引《詩經》的話，在〈中庸〉裏是指天道至誠的一種境界。朱子以此來說無極，顯然是把本為道家和道教的無極轉變成儒家的思想。朱子這樣作，主要就是為了強調太極。接著濂溪《太極圖說》中談到化生萬物時，只說「無極之真」，而不言太極。朱子卻為此辯解說：

> 「無極之真」，已該得太極在其中，「真」字便是太極。（《周子全書》卷一）

在這裏我們已很明白的看出朱子是有意用太極兩字取代了濂溪無極兩字的地位。與其說是朱子為濂溪作注，還不如說朱子是借用了濂溪的《太極圖說》，建立了他自己的一套太極為本的理氣的世界。

在朱子這套理論中，有三個重要的環節：

1. 太極與理

太極兩字初見於《易經‧繫辭傳》中。所謂：

> 是故《易》有太極，是生兩儀，兩儀生四象，四象生八卦。(《易·繫辭上》
> 第十一章)

在《易經》中，有關太極兩字這也是唯一的一次。可見《易經》並沒有特別重視
太極這一概念。但到了朱子手中，這個太極不僅是源頭，而且是萬物的總原理。
他說：

> 極，是道理之極至。總天地萬物之理，便是太極。太極只是一個實理，一
> 以貫之。(《周子全書》卷一)

所謂「一以貫之」乃是指太極不僅是一個抽象的總原理，而且也是個別的萬物所
實際具有的。如他說：

> 太極只是個極好至善底道理，人人有一太極，物物有一太極。(《朱子語類》
> 卷九十四)

至於太極如何一方面是總原理；一方面又是萬事萬物個別的理呢？朱子另有一段
話說得較為明白：

> 「事事物物皆有個極，是道理之極至。」蔣元進曰：「如君之仁、臣之敬，
> 便是極。」先生（朱子）曰：「此是一事一物之極。總天地萬物之理，便是
> 太極。太極本無此名，只是個表德。」(《朱子語類》卷九十四)

這也就是說太極只是理的總名，每一事物都有其理。所以就理來說，每事每物都
有它們的太極。由於理是真真實實的存在，因此太極雖無形體，也是真真實實的
存在。每件事物，雖有變化，但其本質也是真真實實的存在。

2. 理與氣

太極是總原理，是形而上的，雖然萬物也具有太極，具有理，卻需要形體的
支持，因此說除了理外，還要有物質的氣。朱子說：

> 天地之間，有理有氣。理也者，形而上之道也，生物之本也。氣也者，形
> 而下之氣也，生物之具也。是以人物之生，必稟此理然後有性，必稟此氣

然後有形。其性其形，雖不外乎一身，然其道器之間，分際甚明，不可亂也。(《朱子文集‧答黃道夫書》)

這也就是說：在形而上只有太極；到了形而下，便有理和氣的對立。不過理氣雖然對立，理仍然是形而上的，氣乃是形而下的。所以按理論來說，理在先，氣在後，但就現象界的事實來說，理和氣同時存在，沒有無理之氣，也沒有無氣之理。如朱子說：

> 有理而後有氣，雖是一時都有，畢竟以理為主。(《朱子語類》卷三)
>
> 天下未有無理之氣，亦未有無氣之理。氣以成形，而理亦賦焉。(《朱子語類》卷一)

朱子這種理氣並存的學說，乃是揉合了伊川的理，和橫渠的氣而成。橫渠主張氣一分殊，伊川在解〈西銘〉時把橫渠的氣一分殊改為理一分殊。朱子雖然承襲了伊川的思想，但他在形而上方面，用太極來說明理一分殊的作用；在形而下方面，卻把分殊的理和氣合在一起，而構成了現象世界。

3. 氣與物

氣既然是生成萬物的直接的材料，那麼氣又是怎麼來的？氣又是怎麼而生物的？

關於朱子在這方面的理論，雖仍然根據濂溪的《太極圖說》，但朱子的解釋卻自成一套體系。如濂溪說：

> 太極動而生陽，動極而靜，靜而生陰。靜極復動，一動一靜，互為其根。分陰分陽，兩儀立焉。(《太極圖說》)

陰陽是氣，可見氣是由太極之動靜而來的，朱子同意這種說法，而認為氣是由理而生。如他說：

> 太極生陰陽，理生氣也。陰陽既生，則太極在其中，理復在氣之內也。(《周子全書》卷一朱子〈注〉)

可是太極如何生陰陽？在這裏我們要特別注意，濂溪直截說「太極動而生陽，動極而靜，靜而生陰」，好像太極有動靜的作用。但朱子認為動靜是形而下的，太極之有動靜，乃是太極有動靜之理。他說：

> 天地之間，只有動靜兩端，循環不已，更無餘事，此之謂易。而其動其靜，則必有所以動靜之理，是則所謂太極者也。（《周子全書》卷一朱子〈注〉）

又說：

> 動靜陰陽，皆只是形而下者。然動亦太極之動，靜亦太極之靜，但動靜非太極耳。（《周子全書》卷一）

動靜只是一氣的循環，而陰陽也並非二氣，乃是一氣的流行。如他說：

> 陰陽只是一氣，陰氣流行即為陽，陽氣凝聚即為陰。非真有二物相對也。（《周子全書》卷一朱子〈注〉）

由這一氣的動靜，而有陰陽；再由陰陽的變化，而有五行；再由五行的運轉，而有萬物。陰陽是氣，到了五行便凝然而有質。如他說：

> 「陽變陰合，而生水火木金土。」陰陽，氣也，生此五行之質。天地生物，五行獨先。地即是土，土便包含許多金木之類。天地之間，何事而非五行？五行陰陽，七者滾合，便是生物底材料。（《周子全書》卷一朱子〈注〉）

朱子這套氣化生物的理論，與橫渠「氣一分殊」的思想是一致的，也就是說在形而下的發展方面，他採取了橫渠「氣」的學說。

(二)以理性為重的修養論

朱子這套把太極一直下貫到萬事萬物的思想，不是一個空洞的理論，他的主要目的是使我們的人心可以上承太極，使得我們的人性從根本上可以向上提撕。因為我們每個人心中都有這個太極，都可以走向絕對至善的境地。這種思想即是朱子在〈中庸序〉中所說的「繼天立極」，這是以太極把天和人打成了一片。這也

正是中國哲學裏所謂「天人合一」思想的理論根據。

至於如何「繼天立極」？朱子把這個太極的理納入人心之中成為性之理，而構成了他那套以性理為主的修養論，這套思想有三個要點：

1. 性與理

在朱子的理論中，這個太極既然下貫於萬物，萬物都各有一太極，因此人心中也各有一太極。這個人心中的太極，就是性。正如他所說：

> 性猶太極也，心猶陰陽也。太極只在陰陽之中，非能離陰陽也。然至論太極，太極自是太極，陰陽自是陰陽。惟性與心亦然，所謂一而二，二而一也。（《宋元學案‧朱子語錄》）

這是說太極在人心中就是性，而太極就是理，所以性也即是理。在這方面，朱子與伊川一樣，都主張「性即理」。他在〈中庸注〉中說：

> 性即理也。天以陰陽、五行化生萬物，氣以成形，而理亦賦焉，猶命令也。於是人物之生，因各得其所賦之理，以為健順五常之德，所謂性也。……性道雖同，而氣稟或異，故不能無過不及之差。（〈中庸‧首章注〉）

在這裏，朱子雖然主張性即理，但這個性就其稟受和所依存來說，卻有兩層意義。就其所稟受於天理而言，是純粹至善的，這是指本然之性。就其依存於心，為氣稟所拘而言，卻是千差萬別，有善有惡的，這是指氣質之性。如他說：

> 論天地之性，則專指理言。論氣質之性，則以理與氣，雜而言之。（《朱子語類》卷四）
>
> 氣質之性，只是此性墮在氣質之中，故隨氣質而自為一性。（《朱子文集‧答徐子融書》）

事實上，朱子並不是說有兩種不同的性。所謂氣質之性乃是性在氣質之中，這個性還是一樣的太極，一樣的理，只是因為它在氣質之中，因此顯現出來，便有不同的景色。在朱子眼中，這種本然與氣質之性，不僅可以補孟子性善說的不足，而且可以糾正荀子性惡說的錯誤。如：

道夫問：「氣質之說，始於何人？」（朱子）曰：「此起於張、程，某以為極有功於聖門，有補於後學，讀之使人深有感於張程，前此未曾有人說到此。如韓退之〈原性〉中說三品，說得也是，但不曾分明說是氣質之性耳。性那裏有三品來。孟子說性善，但說得本原處，下面卻不曾說得氣質之性，所以亦費分疏。諸子說性惡與善惡混。使張程之說早出，則這許多說話，自不用紛爭。故張程之說立，則諸子之說泯矣！」（《續近思錄》卷一）

2. 心與情

這種氣質之性之所以有善有惡，乃是因為心中有情的緣故。朱子說：

> 性是未動，情是已動。心包得已動未動。蓋心之未動則為性，已動則為情。所謂「心統性情」也。欲是情發出來底，心如水，性猶水之靜，情則水之流，欲則水之波瀾。但波瀾有好底，有不好底。欲之好底，如「我欲仁」之類；不好底，則一向奔馳出去，若波濤翻浪。大段不好底欲則滅卻天理。（《續近思錄》卷一）

在這裏，朱子認為在我們的心中有性和情的對立，性即是理。可是由這個性在人心之中，因此它必然受到情的限制，而且也時時透過情表現出來。情發出來便是欲。欲雖然有好有壞，但好的欲，是受到理的提撕，往上發揚，如欲仁及賢賢易色等，而壞的欲卻是人欲，往往不受理的管束，即往下墜落。

由於天理是向上的，而人欲卻是向下的。這向上向下的分馳，都在一心之中。所以朱子認為修心養性最重要的工夫就是滅人欲，存天理。然而如何滅人欲，存天理，主要的關鍵就在一個敬字。

3. 主敬的工夫

朱子繼承了程子主敬和致知的兩條路線，而說：

> 主敬者，存心之要；致知者，進學之功。二者交相發焉。（《續近思錄》卷四）

又說：

　　人之心性，敬則常存，不敬則不存。(《續近思錄》卷四)

所謂存心，就是存天理，存道心。他說：

　　道心為主，即人心自不能奪，而亦莫非道心之所為矣。然此處極難照管，
　　須臾間斷，即人欲便行矣!(《續近思錄》卷四)

道心存，人欲便無法泛濫。所以朱子的滅人欲，並非一個個的去撲滅人欲，而是
持一個敬字，使得天理自存，人欲便產生不了作用。

　　至於如何主敬，朱子說：

　　持敬之說，不必多言，但熟味「整齊嚴肅」、「嚴威嚴恪」、「動容貌，整思
　　慮」、「正衣冠，尊瞻視」此等數語，而實加工焉。則所謂「直內」、所謂「主
　　一」，自然不費安排，而身心肅然，表裏如一矣!(《續近思錄》卷四)

所謂整思慮，是敬的內在工夫，即他所說：「毋不敬，是正心誠意之事。」(《續近
思錄》卷四)而嚴肅、嚴威等便是敬的外在表現，即他所說：「敬者何? 不怠慢、
不放蕩之謂也。」(《續近思錄》卷四)所以在朱子手中，他用這個敬字，一方面和
伊川一樣，代替了濂溪的主靜之說，而把敬字和誠字連接起來，是一種存天理的
工夫。另一方面用之於日常生活上，是一種處事不亂的工夫。正如他所說：

　　敬字，須該貫動靜看方得。夫方其無事而存主不懈者，固敬也；及其應物
　　而酬酢不亂者，亦敬也。(《續近思錄》卷四)

(三)以窮理為主的方法論

　　理學之所以為理學，不只是理學家們都強調萬事萬物皆有其理，尤其是他們
特別注重向外窮理。雖然在宋代以前，這個理字早就存在，但都當作道理的泛稱。
可是到了宋儒，卻把這個理和事物結合在一起，變成一個客觀研究的對象，而構
成新儒學的一套特殊的知識體系。朱子在這方面的思想也有三個重點：

1. 理與物

　　朱子對理和物之間關係的看法，大致和伊川的見解相同。他所指的物，也是

包括了一切的事和物，他也認為每一物都有其理。不過他和伊川稍有一點不同的
是，伊川只說物都有其理，而朱子既說物皆有，又說物物一太極。雖然太極也是
理，但朱子把理和太極同時納入物中，乃是表明萬物所具的理，由於其本身氣質
的不同，因此有其特殊的表現，可是其理的究竟卻是殊途而同歸，共為一太極。
正如他所說：

> 天下之理萬殊，然其歸則一而已矣。不容有二三也。知所謂一，則言行之
> 間，雖有不同，不容其為一。不知其一而強同之，猶不免於二三。（《續近
> 思錄》卷三）

譬如就物性來說，水就下，火燃上，這是不同的物理現象，但它們同為天道的流
行，共同參與維持自然均衡的作用卻是相同的。再就人事來說，父慈、子孝，雖
然各有其不同的倫理規範，但都屬於天理。

由於朱子認為物物各有其理，物物各有一太極，因此只要格物，便能窮理，
便能見道。

2. 物理與人心

然而物理是外在的，客觀的，而且是無盡的，研究物理也許可以得到該物的
知識，但又如何使人心能得到真知，進而由致知，而誠意正心呢？也就是心與物
之間如何交感呢？朱子在〈大學注〉中曾說：

> 蓋人心之靈，莫不有知；而天下之物，莫不有理。惟於理有未窮，故其知
> 有不盡也。是以〈大學〉始教，必使學者即凡天下之物，莫不因其已知之
> 理而益窮之，以求至乎其極。至於用力之久，而一旦豁然貫通焉，則眾物
> 之表裏精粗無不到，而吾心之全體大用無不明矣。此謂物格，此謂知之至
> 也。

朱子認為人心有能知的作用，這種知性遇外物各別的理便產生知識。知識的發展，
就是由已知而推求未知，此即朱子所謂了解「萬殊之理」。但萬物的變化何止萬數！
我們不可能一一去格，一一去窮。由於人類的心靈有貫通融會的智力，因此在我
們格物窮理的工夫達到某一程度時，便能豁然而貫通，由特殊的理而悟出一貫的

理。這時知識提昇成智慧，外物的理和內心的知便能相互發明。也就是說外物的理，可以促使吾心反躬自省，而能誠意正心；而吾心觀外物，也能看破表相，而透悟其最根本的意義。

在這裏可以看出在朱子思想中，外物與人心之間交感的媒介就是一個理字，而促成這種交感，而使內外貫通的，乃是在於窮理的工夫。

3. 窮理的工夫

朱子窮理的工夫在於格物。而朱子所謂格物雖然兼有格物理和格事理兩義。但事實上朱子所談的都是屬於事理方面。如他所說：

> 日用之間，隨時隨處，提撕此心，勿令放逸，而於其中，隨事觀理。講求思索，沉潛反復，庶於聖賢之教，漸有默相契處，則自然見得天道性命，真不外乎此身；而吾之所謂學者，舍是無別有用力處矣！（《續近思錄》卷三）

朱子這種隨事觀理的窮理工夫，乃是不放過眼前所見的任何事物，一一去窮。如他說：

> 凡遇一事，即當且就此事，反覆推尋，以究其理。待此一事融釋脫落，然後循序少進，而別窮一事。如此既久，積累之多，胸中自當有灑然處，非文字言語之所及也。（《大學或問》）

這種一事一事去窮的，乃是要求得事物的真是。如他說：

> 學者工夫，只求一個是。天下之理，不過是與非兩端而已。從其是則為善，徇其非則為惡。事親須是孝，不然，則非事親之道；事君須是忠，不然，則非事君之道。凡事皆用審個是非，擇其是而行之。聖人教人，諄諄不已，只是發明此理。（《續近思錄》卷五）

所以朱子窮理的工夫，也就是實事求是的精神。

綜觀朱子的這套理學的思想，其主要的結構有三條路向：一是他從太極說到理、氣、萬物，也就是把太極下貫萬物。以說明萬物都有理，都稟承了太極，而

確立他繼天立極的思想。二是他從理說到情和主敬，也就是要用主敬的工夫，使情歸於理，使人性從人欲方面而走向天理。這是人性向上的發揚。三是他從物理、人心而說到窮理，也就是要用窮理的工夫，從研究萬物的事理，而致心中的真知，由真知而明天理，這是從內外的溝通，而使人智向上的發展。在這三條路向中，無論上下、內外，朱子都用這個理字去貫串。朱子之所以被視為集理學之大成者，就是由於他繼承了邵、周、張、二程的路線，而用理字建構了一套求道、修養、為學的完整的體系。

六、理學家對佛學的批評

這裏的所謂理學家，不是泛指宋明所有的新儒家，而是指程朱這一系統的哲學家。雖然他們同時排老也排佛，但他們對道家的批評較佛家為輕。如朱子曾說：

> 禪學最害道，莊老於義理絕滅猶未盡至，佛則人倫已壞。至禪，則又從頭將許多義理，掃滅無餘。從此言之，禪最為害之深者。（《朱子語類》卷一百二十六）

事實上，整個的新儒家們都處於一種看起來非常矛盾的情況中：他們一面與佛家周旋，吸收了大量的佛學思想；而另一面基於孔孟的主要精神，又不得不劃清界限。在這方面的表現，是新儒家所面臨最主要的一個課題，而程朱的理學家和陸王的心學家們對這個問題也有不同的態度，不同的方法。

關於程朱理學家們對佛學的批評大致可分兩方面。

(一)倫理教化

理學家們從倫理教化的角度來批評佛學，這是循著韓愈等排佛運動的舊路。如明道說：

> 道之外無物，物之外無道，是天地之間，無適而非道也。即父子而父子在所親，即君臣而君臣在所嚴，以至為夫婦，為長幼，為朋友，無所為而非

道，此道所以不可須臾離也。然則毀人倫，去四大者，其外於道也遠矣！
（《近思錄》卷十三）

朱子也說：

> 佛老之學，不待深辨而明。只是廢三綱五常這一事，已是極大罪名，其他
> 更不消說。（《續近思錄》卷十三）

就這方面的批評來說，可能會遭受兩種反駁。一是佛家們認為在家的弟子仍然注
重倫常之教，只有少數出家人才超脫三界之外。一是儒家的思想是以倫理、政治、
教育為基礎，自然注重倫常之教，而佛家是一種純宗教，其思想自然以出世為主。
無論理學家的這種批評是否為佛家所信服，或佛家的反駁是否為理學家所接受。
總之，在這方面理學家只是站在儒家的立場來批評，尚未真正進入佛學思想的核
心，去檢討其得失。

(二)心性思想

理學家們都受到佛學思想的影響。這種影響不是屬於宗教的信仰和儀式，而
是在心性方面。因此理學家們在這方面的批評是經過長期的體驗和消化的。如朱
子說：

> 嘗見龜山先生引龐居士說神通妙用運水搬柴話，來證孟子徐行後長義。竊
> 意其語未免有病。何也？蓋如釋氏說：但能搬柴運水，即是神通妙用。此
> 即來喻所謂舉起處中更無是非。若儒者則須是徐行後長方是，若疾行先長
> 即便不是。所以格物致知，便是要就此等處微細辨別，今日用間見得天理
> 流行，而其中是非黑白，各有條理，是者便是順得此理，非者便是逆著此
> 理。胸中洞然無纖毫疑礙，所以才能格物致知，便能誠意正心，而天下國
> 家可得而理，亦不是兩事也。凡古聖賢說性命，皆是就實事上說。如言盡
> 性，便是盡得此君臣父子三綱五常之道而無餘；言養性，便是養得此道而
> 不害。至微之理、至著之事，一以貫之，略無餘欠，非虛語也。（《續近思
> 錄》卷十三）

在理學家們的批評中，這段話是最深刻，最具代表性的。朱子在這裏指出佛家論心性只講超是非，而儒家卻只要辨個是非。佛家之學在起步時便要超是非，等達到超是非的境界時，更無是非可言。但儒家卻在起步時便必須辨個是非曲直，等達到聖人境界時，雖然心胸開闊，但是非曲直仍然是歷歷分明。換句話說，佛家的心性是空，而儒家的心性卻是充滿了理。在這裏，我們更可以看出理學家們所建立的這套理學體系，在對抗佛學思想上的意義和作用了。

第二十一章 陸王的思想及其在心學上的成就

一、朱陸之間的對立

朱子和陸象山之間的爭辯，在中國哲學史上是一件頗為人所矚目的事。就當時學術的發展來看，幾乎都是程朱學派的天下，而陸象山除了他哥哥們的支持外，可以說是孤軍奮戰的。

朱陸之間的爭辯，公開化的有兩次：一次是有關太極和無極之爭，另一次是鵝湖會談。

關於《太極圖說》的辯論，先是他的四哥梭山與朱子爭辯，但梭山的文稿沒有留存下來。後來象山接著與朱子爭辯，往來的書信共有五篇。其爭辯的主題就在無極兩字。象山認為無極兩字出於道家，不能放在太極之上。朱子則以為「無極而太極」的無極乃是形容太極之上沒有更高的境界，所以這個無極與老子的「無」的無極不同。

至於鵝湖會談在當時更是一件轟動文壇的事。主要原因是呂東萊想調和朱子和象山之間的不同，於是便約了象山和他的五哥陸九齡，與朱子在江西信州的鵝湖寺共同討論彼此學術的觀點。在這次會談中，他們主要的論點是有關治學方法的問題。朱子承襲了伊川的思想，主張致知和用敬的兩條路子，致知好像是道問學，用敬好像是尊德性。雖然朱子是認為德性和問學必須雙管齊下，但在他的教學中，似乎把道問學當作起步的工夫。也就是他在窮理致知方面的工夫多偏重了一點。可是象山卻大不相同，他認為古聖教人只是要存此心，求放心。所謂窮理

也就是要窮這個心性之理。在鵝湖會談時，他曾寫了一首和陸九齡的詩說：

> 墟暮興哀宗廟欽，斯人千古不磨心；
> 涓流積至滄溟水，拳石崇成太華岑，
> 易簡工夫終久大，支離事業竟浮沉；
> 欲知自下升高處，真偽先須辨只今。

在鵝湖會談之後三年，朱子也寫了一首和陸九齡的詩說：

> 德義風流夙所欽，別離三載更關心。
> 偶扶藜杖出寒谷，又枉籃輿度遠岑。
> 舊學商量加邃密，新知涵養轉深沉，
> 卻愁說到無言處，不信人間有古今。

從這兩首小詩中可以看出，象山批評朱子的致知方法過於支離破碎，失去了聖人所欲存的本心。而朱子卻認為如果沒有致知的工夫，不講讀書力學，這個所欲存的心，更是空洞而不切實際。在這裏可以看出，他們之間觀念的不同，不僅使他們的鵝湖會談流於意氣之爭，而且在他們以後的學術發展上，似乎仍然是各走各的路。

就這兩次公開的辯論來看，他們所涉及的並不是思想本質的問題，而是為學工夫的問題。本來他們之間的距離是可以拉攏的，因為在為學上每位哲人都有其不同的重點；縱然有不同，也是殊途而同歸的。可是由於他們當時涉於意氣，所以始終未能平心靜氣的來檢討。雖然事後，他們有時也發覺他們之間各自都有點偏差，可是他們的門人和後學者卻往這個偏差方面任意的發展下去，以致造成了南宋以後，理學和心學間的門戶之爭。甚至到了今天，還有許多學者為此而強調誰是孔孟的正統，誰是孔孟的歧出。

在這裏我們提出他們之間的爭辯，並不是要討論孰是孰非，孰優孰劣的問題，而是說明在程朱理學風靡的北宋之後，有另一股新儒學的潮流卻逐漸在孕育、發展，而形成氣候，這就是以陸象山首當其衝的心學思想。

二、陸九淵與心學的開端

陸九淵（西元 1139–1192 年），字子靜，又稱象山。江西人。比朱子小九歲。他家有兄弟六人，他排行最小。他的四哥九韶（號梭山）、五哥九齡（號復齋），都是當代有名的學者。象山從小就很獨出，讀《論語》時，便感覺有子的話支離。聽別人念誦伊川的話時，便懷疑為什麼不像孔孟的話。後來在十三歲時，讀到「宇宙」兩字便說：

> 宇宙內事，乃己分內事；己分內事，乃宇宙內事。（《宋元學案・象山學案》）

可見他從小便有敏銳的內心的悟力。

象山的一生，就像他的思想一樣，非常的精簡。他在三十四歲那年，中了進士，便與當時的考官呂東萊成了好友。後來便因呂東萊的介紹，而與朱子有鵝湖的會談。雖然這次會談沒有結果，但朱子對於他的為人和學識仍然非常欽佩，所以六年之後，又請他到白鹿洞書院講學，發表了那篇有名的「君子喻於義，小人喻於利」。

他在政治上的活動雖然簡短，卻很傑出。他自四十三歲後的五年間，曾做過國學的教授、敕令的刪定官以及崇道觀的主管。後來又辭職回家講學。五年之後，他又奉命治理湖北荊門軍。在他生命的最後兩年間，他一面築城池，修武備，把荊門治理得有條不紊，一面更開學堂，講學不輟。直耗盡他最後的一點元氣，死時只有五十四歲。他留下來的作品不多，只是一些書信、講義和語錄，被編成《陸象山全集》。

象山本無師承，據全祖望說：

> 程門自謝上蔡以後，王信伯、林竹軒、張無垢（九成）至於林艾軒，皆其前茅，及象山而大成。（《宋元學案・象山學案》）

這段話雖然不是謹嚴的學統考，也沒有指出他們之間的師承關係。但象山和明道及其門人的思想卻是前後呼應的，如象山曾公開徵引明道，讚美明道。他說：

> 塞宇宙一理耳。學者之所以學,欲明此理耳。此理之大,豈有限量?程明
> 道所謂「有憾於天地」,則大於天地者矣,謂此理也。(《陸象山全集‧與趙
> 詠道書》)

> 元晦似伊川,欽夫似明道;伊川蔽固深,明道卻通疏。(《陸象山全集‧語
> 錄》)

所以朱陸之間的對立,也被後人視為伊川與明道之間思想差異的擴大,與鮮明化
(錢穆《宋明理學概述》)。

象山的思想有兩個重點:

㈠宇宙即吾心、吾心即宇宙

象山曾說:

> 四方上下曰宇,古往今來曰宙。宇宙便是吾心,吾心即是宇宙。千萬世之
> 前,有聖人出焉,同此心,同此理也。千萬世之後,有聖人出焉,同此心,
> 同此理也。東南西北海有聖人出焉,同此心,同此理也。(《陸象山全集
> ‧雜著》)

在這裏,象山一面把宇宙納入吾心。而宇宙是外在的山河大地,如何能納入吾心?
首先他強調「塞宇宙一理耳」,把宇宙化為一理,而搬入心中,這是打破了空間的
隔閡。接著,他另一面又把吾心化為宇宙。而吾心存於此時此刻,又如何能和宇
宙同流?於是他強調「心皆具是理」(《陸象山全書‧與李宰書二》),由心即理而
溝通此心與千萬世前,及千萬世後之聖人的心,而打破了時間上的拘限。

象山這種把宇宙和吾心打成一片的思想與程朱派的學說顯然不同。伊川和朱
子雖然認為萬物都有理,人心也有理。但他們認萬物之理存在於外,人心可以透
過窮理致知的工夫,了解萬物的理,以反躬自省。至於人心雖有理,乃是說人心
中的性是理。但人心中還有氣質、還有情卻不是理。所以程朱只說理在萬物,而
不說吾心即宇宙;只說性即理,而不說心即理。

對於象山的這套思想,值得注意的有兩點:

①他把宇宙納入吾心，這顯然是一種形而上化的作法。事實上所謂心學，或任何偏向於唯心傾向的思想，都多多少少偏重於形而上學。因為他們要排去物質，必須先使物形而上化。同樣，象山須先把宇宙化為理，才能納宇宙於吾心。

②象山雖然形而上化了宇宙，但他的思想絕不是一套概念的，或空虛的形而上學。甚至於他比程朱的理學家們還更活潑，因為理學家討論到心和理的關係時，猶落於概念式的分析，而象山卻直指吾心。我們要特別注意他拈出這個吾心的「吾」字，說明了他所指的心，乃是此時此刻，實實在在，活活潑潑的這個心。如他說：

> 心只是一個心。某之心，吾友之心，上而千百載聖賢之心，下而千百載復有一聖賢，其心亦只如此。心之體甚大，若能盡我之心，便與天同。(《陸象山全書·語錄》)

所以象山的心學雖有唯心傾向，但與西方的唯心論卻不同。因為西方的唯心論乃是概念的分析，而象山的心學卻有實證的工夫。

(二)先立乎其大者

象山曾說：

> 吾之學問，與諸處異者，只是在我全無杜撰。雖千言萬語，只是覺得他底在我不曾添一些。近有議吾者云：「除了『先立乎其大者』一句，全無伎倆。」吾聞之曰：「誠然。」(《陸象山全集·語錄》)

他所謂「全無杜撰」、「覺得他底」，就是指他的學問，完全發自本心，而他所謂「先立乎其大者」，就是要先立這個本心。在這方面他是直承孟子盡心、收放心的思想。

雖然象山自認他除了「先立乎其大者」一句，全無伎倆。事實上這一句雖簡，但卻大有文章。就以這句話中的兩個關鍵字來看，一個是立，一個是大。

什麼是立？第一步就是立志。本來講立志，只是老生常談，可是象山把立志當作他教學和為學的起步，也是一個最重要的工夫。他說：

> 夫子曰：「吾十有五而志於學。」今千百年無一人有志，也是怪他不得。志

個甚底？須是有智識，然後有志願。(《宋元學案・象山語錄》)

象山說千百年無一人有志，雖然有點偏激，但在這裏也可看出他對立志兩字的陳義甚高，並不是泛泛的立一個普通的志願而已。他又說：

學者須是有志。讀書只理會文義，便是無志。(《陸象山全集・語錄》)

可見他視那些講文義、重注疏的知識不是真正的學問。他所謂志，在他那篇感人的「君子喻於義，小人喻於利」的演講中說得很明白，就是志於義。

立的第二步，就是立於志，也就是所謂的自立。如他說：

大凡為學，須要有所立。《論語》云：「己欲立而立人。」卓然有不為流俗所移，乃為有立。須思量天之所以與我者是甚底，為還是要做人否？理會得這個明白，然後方可謂之學問。(《宋元學案・象山語錄》)

所謂自立，就是在立志之後，便應一切本於志而行，不為外界任何情勢所動。立志做聖賢，固然很好，但所做的乃是聖賢的事，而非聖賢的名。如果斤斤於聖賢之名，便是附於物，而不是自立。如他說：

今人略有些氣燄者，多只是附物，原非自立也。若某則不識一個字，亦須還我堂堂做個人。(《宋元學案・象山語錄》)

「堂堂做個人」，這就是立志，這就是自立。

可是「堂堂做個人」又與「立乎其大」有什麼關係？原來象山所謂大是指的心；「堂堂做個人」就是要堂堂正正的盡一個做人的心。

這個心而能稱為大，是因為對內來說，它是人的本心，也為一切義理是非的所出。《宋元學案》中曾有一段論本心的故事：

四明楊敬仲（即楊簡）……問：「如何是本心？」先生（象山）曰：「惻隱，仁之端也；羞惡，義之端也；辭讓，禮之端也；是非，智之端也。此即是本心。」對曰：「簡兒時已曉得，畢竟如何是本心？」凡數問，先生終不易其說，敬仲亦未省。偶有鬻扇者訟至於庭，敬仲斷其曲直訖，又問如初。先

生曰：「聞適來斷扇訟，是者知其為是，非者知其為非，此即敬仲本心。」
敬仲大覺，忽省此心之無始末，忽省此心之無所不通。（《宋元學案・象山
學案》）

這種能知是非之心，也就是良知。

這個心對外來說，為宇宙之理。如他說：

萬物森然於方寸之間，滿心而發，充塞宇宙，無非此理。（《宋元學案・象
山語錄》）

這是說心中的理，可以充塞整個宇宙，這也就是心之所以為大。象山要「先立乎
其大者」，就是要先在心中去體認這個理。所以象山不說窮理，而說明理。如：

伯敏云：「如何樣格物？」先生云：「研究物理。」伯敏云：「天下萬物不勝其
繁，如何盡研究得？」先生云：「萬物皆備於我，只要明理。」（《陸象山全書・
語錄》）

要明什麼理？所明的是天理，是仁義禮智。如他說：

仁即此心也，此理也。求則得之，得此理也。先知者，知此理也。先覺者，
覺此理也。愛其親者，此理也。敬其兄者，此理也。見孺子將入井，而有怵
惕惻隱之心者，此理也。可羞之事則羞之，可惡之事則惡之者，此理也。是
知其為是，非知其為非，此理也。宜辭而辭，宜遜而遜者，此理也。敬此理
也，義亦此理也。內此理也，外亦此理也。（《陸象山全集・與曾宅之書》）

可見象山所要明的理，是德性的理，而這個理充塞宇宙之間，也是一個德性的宇
宙。所以象山開啟的心學，實際上是一套心性修養之學。

三、自南宋到元明的思想發展

在朱子和陸象山之外，還有幾位重要的學者，如陳亮（龍川）、葉適（水心）

和呂祖謙（東萊）等。他們都是浙江人，都和朱子相識，但思想卻不相投。他們主張功利，而不願高談性理之學。雖然呂東萊曾有意調和朱子與象山之間的不合，但這並不表示他承襲這兩方面的思想。事實上，他們之講功利，就是不滿朱陸講理講心的偏於空談。不過他們的思想在當時朱陸兩大系統的勢力下，並未能得到好好的發展，這要直到清代的顏習齋等人出來，才得到呼應。

在朱子之後，門人有蔡元定、蔡沈（元定之子）、黃榦、陳淳、輔廣、詹體仁等。詹體仁傳真德秀，再傳王埜，三傳王應麟；輔廣傳余端臣，再傳王文貫，三傳黃震。黃榦傳饒魯，再傳程若庸，三傳吳澄；另外由何基，再傳金履祥，三傳許謙，四傳宋濂。可見朱子門人承傳之廣，但他們的思想都沿襲程朱理學的路線，並沒有特殊的成就。

在象山之後，門人有楊簡（慈湖）、袁燮、舒璘、沈煥等。但其承傳都衰弱不振。唯楊慈湖把握象山所傳的本心，著有《己易》一書，直說：「易者，己也，非有他也。」（《己易》）又說：「在天成象，在地成形，皆我之所為也。」（《己易》）「天地我之天然，變化我之變化，非他物也。」（《己易》）變成了極端的唯我論、唯心論。他的弟子錢時，數傳而到元代，有鄭玉（師山）、趙汸（東山），雖然這一脈猶盛，但比起程朱學派來卻遜色多了。

接著到了元代，異族入主中原。在這九十年中，雖然他們對中國文化也非常推崇，他們尊孔子，封二程，重用南宋遺老，可是由於種族的界限，許多講氣節的學者，不願為朝廷所用。再加以元朝信佛，以喇嘛教為主，所以儒家思想雖然被尊，卻始終無法開展。在這段期間，程朱學派有趙復、姚樞、許衡、劉因等人，象山學派有李純甫、陳苑、趙偕等人。但真正值得一提的，是採取調和折衷論的吳澄（草廬）和鄭玉（師山）。吳草廬為朱子的四傳弟子，是屬於程朱學派，可是他另一方面也推崇象山的思想。至於鄭師山則出於象山的系統，但也尊崇程朱的思想。他們兩人都執折衷的看法，希望調和朱陸兩家的爭論，這是元代思想的一個特色。

到了明初，由於太祖光復漢統，重整中國文化，於是研究經典的程朱學派，儼然成了官學。當時，主要的儒者，如宋濂、王禕、方孝孺、薛瑄、吳與弼、胡居仁等，都是程朱學派的人士。

　　檢討由南宋到明初的這段發展，似乎都是程朱學派的天下，象山的思想始終未能擴大，這主要原因是程朱學派承繼了北宋五子的思想，到朱子而集大成。他們提倡致知與主敬並行，重經典的研究，適合於朝廷設科取士的需要，所以容易變成官學，而大為流行。相反的，象山學派，異軍獨起，前無師承。雖然和明道的思想呼應，可是他們的思想，功力都在於自己的體悟。尤其象山所唱，偏重直觀，境界過高。如果沒有極高的才分，很難發揚他的學說。這也就是自南宋到明初程朱學派獨盛的原因。

四、明代心學的先驅

　　明初諸儒雖然都屬於程朱學派，但由於明太祖猜忌成性，濫殺功臣，而明代的君主們都昏庸無能，奸宦當權，因此一方面使得真正弘儒碩學都不願干預朝廷；另一方面程朱學派的儒生為了避免禍患，都走入了煩瑣的路子。在這樣一個環境下，學者們都把思想的探照燈轉向內心，這正是心學發展最有利的時機。

　　明初以後，整個學術界一變而為心學的天下。在這一轉變中，有位重要的心學先驅，一面承接了象山，一面開啟了陽明。他就是陳獻章。

　　陳獻章（西元 1428–1500 年），字公甫。廣東新會白沙里人，因稱白沙先生。他曾問學於程朱學派的吳與弼，發憤讀書，足不出戶。他不僅遍讀儒學經籍，甚至旁涉佛老及稗官小說。可是後來發現這樣的博覽與自己的心身毫不相涉，他覺得「夫學貴乎自得也」，於是便築一臺，叫陽春；終日靜坐其中，去體驗心中之理。這是他一生思想轉變的關鍵。

　　他的一生，非常平淡，他曾屢次參加會試而不第，在政治上也沒有做過一天的官。可是他在發展心學上的功勞卻很大。他有弟子湛甘泉（若水）、林光（緝熙）都在心學上有極大的貢獻，尤其湛若水和王陽明是好朋友，兩人之學雖有不同，但在當時的學術界中除了陽明的姚江學派外，湛若水的甘泉學派雖比不上姚江學派的聲勢浩大，但也是源流不斷的。

　　不過湛若水雖為白沙的弟子，繼承了「隨處體認天理」的思想，可是若水的思想後來走入了程伊川的路子，他不主張靜，而主張敬，這已溢出了白沙思想的

範圍。所以真正繼承了白沙思想的路子，而往前更邁進一步的，乃是陽明。陽明雖與白沙並無師承關係，但他們在思想發展上的步調卻是一致的。所以白沙的思想可以說是陽明思想，或有明一代心學的先導。

白沙的思想有兩個重點：

㈠宇宙在我

陸象山說：「宇宙便是吾心。」楊慈湖說：「天地我之天然。」白沙承繼了這一思潮而說：

> 此理干涉至大，無內外，無終始，無一處不到，無一息不運。會此，則天地我立，萬化我出，而宇宙在我矣。得此欛柄入手，更有何事？往古來今，四方上下，都一齊穿紐，一齊收拾，隨時隨處，無不是這個充塞。（《白沙子全集・與林緝熙書》）

把整個宇宙搬入心中，這是心學派共同的特色。不過象山雖然認為這個理在心中，也充塞宇宙，但象山所講的理，是指仁義禮智的理，是有其分辨是非的特性。而白沙所講的理，用他自己的話是「滾作一片，都無分別」（〈與林緝熙書〉），他所謂「無內外，無終始」的理，似乎帶有濃厚的禪學的色彩。

㈡靜中養出端倪

白沙為學的工夫，完全在於他所說：

> 為學須從靜中養出個端倪來，方有商量處。（《白沙子全集・與賀克恭書》）

這句話中有兩個重點，一是靜，一是端倪。

所謂靜，就是指的靜坐。他曾自描為學的經過說：

> 比歸白沙，杜門不出，專求所以用力之方。既無師友指引，惟日靠書冊尋之，忘寢忘食，如是者亦累年，而卒未得焉。所謂未得，謂吾此心與此理，未有湊泊吻合處也。於是舍彼之繁，求吾之約，惟在靜坐。久之，然後見

> 吾此心之體，隱然呈露，常若有物。日用間種種應酬，隨吾所欲，如馬之
> 御銜勒也。體認物理，稽諸聖訓，各有頭緒來歷，如水之有源委也，於是
> 渙然自信曰：「作聖之功，其在茲乎!」有學於僕者，輒教之靜坐。(《白沙
> 子全集・復趙提學書》)

可見白沙的自學和教人都叫人靜坐。不過他的靜坐與程朱派，及禪宗的靜坐又略
有不同。程朱派的靜坐是叫人靜下心來，專主一事；而禪宗的靜坐乃是要見本來
面目；而白沙的靜坐，卻要養出個端倪來。

所謂端倪，就是善端。如他說：

> 夫養善端於靜坐，而求義理於書冊，則書冊有時而可廢，善端不可不涵養
> 也。(《南川冰蘗全集・與林緝熙書》)

而他的弟子林緝熙在〈白沙先生墓碣銘〉中也說：

> 先生教人，其初必令靜坐以養其善端。

至於什麼是善端，在〈與林緝熙書〉中，他又說：

> 大意只令他靜坐，尋個端緒，卻說上良知良能一節，使之自信，以去駁雜
> 支離之病。(《南川冰蘗全集》)

在這裏我們可以看出他所講的心之理雖然滾作一片，有如佛家；他所講的靜坐，
其方法雖然和佛家的禪定相似，可是他所養的這個端倪，是善端，是良知良能，
在這一點上他又超出了佛家。而在這方面，繼承了他的步伐，變得更為明朗而切
實，有工夫理論可循，構成了心學的一個最重要的思想的，乃是王陽明。

五、王守仁在心學上的偉大成就

王守仁（西元 1472–1529 年），字伯安，又稱陽明。浙江餘姚人。他少時曾從
吳與弼的門人婁諒問學，專心於格物，對著竹子一連格了好幾天，格得身體也出

了毛病，於是便放棄了程朱派的格物窮理之說。接著他又學兵法、學詩文，想做英雄、做文豪。後來他又對道教產生興趣，築室陽明洞中，苦練導引之術。結果發現這只是玩弄精神而已。於是便決心求聖人之學。在他三十五歲那年，因上疏而得罪了宦官劉瑾，被貶謫為貴州的龍場驛丞。在這偏僻的蠻荒地帶，外在的挫折與環境的閉塞，促使他轉向內心去下工夫，終於在某夕深夜，使他大悟格物致知的道理，了解向外求理的錯誤。至此才奠定了他一生學說的基礎。

自此以後，他不但在心學的歷程上，一步步的完成了體系，而且在事功上，更有驚人的表現。在被貶後的第三年，他又調升為江西廬陵的縣令，接著劉瑾伏誅，他受召回京，升任為吏部主事、太僕寺少卿、鴻臚寺卿等職。接著由於賊寇橫行於湖南、江西、福建、廣東等省，兵部尚書王瓊推薦陽明為右僉都御史巡撫南贛。於是陽明從一介書生一變而為馬上的英雄，在這十幾年間，他屢建奇功。先是剿清了湖南等地的流寇，接著第二年，又平定了寧王宸濠的反叛。最後，也是他生命最終的兩年，他征服了廣西的土酋，安定了南疆。在他四十七歲那年，終於病倒而逝。這十幾年的征戰，並沒有使他氣餒，他留下了那句不朽的名言：

　　破山中賊易，破心中賊難。（〈與楊仕德書〉）

陽明著作有《王陽明全書》。其中最能代表他思想的是《傳習錄》一書和〈大學問〉一文。

陽明一生思想的精要，可概括在〈大學問〉一文之中。他在龍場驛所悟的，就是〈大學問〉中所談的格物致知的問題，他後來所提倡的致良知和知行合一的思想，也即是〈大學問〉中所談良知的實踐。據記錄〈大學問〉一文的錢德洪說：

　　〈大學問〉者，師門之教典也。學者初及門，必先以此意授，使人聞言之
　　下，即得此心之知，無出於民彝物則之中；致知之功，不外乎修齊治平之
　　內，學者果能實地用功，一番聽受，一番親切。（《王陽明全書・大學問》）

現在我們根據〈大學問〉和《傳習錄》中所談的主要問題，可以概括出陽明思想的兩條重要路線：

㈠從心即理到一體之仁

這是陽明對宇宙、本體，及心與理的看法。

1. 心即理

本來「心即理」的思想是心學派共同的特色。象山講心即理，白沙講心即理，陽明也講心即理。在表面上看，他們講的心即理，與程朱派講的性即理不同。事實上程朱派把心分作情和性，認為心中之性是理，心中之情因為有欲的緣故卻不是理。可是心學派，對於這個心中是否有情的問題不談，他們把欲排除在心之外，而把情純化為性，因此他們所指的心，就是性。如他說：

> 心即理也。天下有心外之事，心外之理乎？……此心無私欲之蔽，即是天理，不須外面添一分。以此純乎天理之心，發之事父便是孝，發之事君便是忠，發之交友治民便是信與仁，只在此心去人欲存天理上用功便是。(《傳習錄》上)

他說「此心無私欲之蔽，即是天理」，那末有人欲之蔽的是什麼呢？他沒有說明。但以他的理論來看，人欲是欲，而不是心，因為心是性。如：

> 或問：「晦庵先生曰：『人之所以為學者，心與理而已。』此語如何？」曰：「心即性，性即理。下一『與』字，恐未免為二。此在學者善觀之。」(《傳習錄》上)

可見陽明所謂心就是性，由於性是理，所以心即是理。在這方面，陸王派的心即理，與程朱派的性即理似乎沒有什麼差別。但問題是在程朱派把性收斂在心之內，而與外界的一切，形成了隔離的現象，這也就是陸王派批評他們為支離的原因。陸王派乃是把這個心無限擴大，融合了性和物而為一。如陽明說：

> 心外無物，心外無事，心外無理，心外無義，心外無善。(《王陽明全書・與王純甫書》)

他對於心外無物，還有具體的說明：

先生遊南鎮，一友指岩中花樹問曰：「天下無心外之物，如此花樹，在深山中，自開自落，於我心亦何相關？」先生曰：「你未看此花時，此花與汝心同歸於寂。你來看此花時，則此花顏色，一時明白起來，便知此花不在你的心外。」（《傳習錄》下）

又說：

可知充塞天地中間，只有這個靈明。人只為形體自間隔了。我的靈明，便是天地鬼神的主宰，天沒有我的靈明，誰去仰他高？地沒有我的靈明，誰去俯他深？鬼神沒有我的靈明，誰去辨他吉凶災祥？天地鬼神萬物離卻我的靈明，便沒有天地鬼神萬物了。我的靈明離卻天地鬼神萬物，亦沒有我的靈明。如此，便是一氣流通的，如何與他間隔得？（《傳習錄》下）

從這兩段話看來，陽明似乎是徹底的唯心論。如果再走下去，便會變為極端的唯我論，或極端的虛無論。可是陽明在說了「我的靈明離卻天地鬼神萬物，亦沒有我的靈明」之後，卻把這個問題拉了回來，轉入了另一個方面。這一方面，就是他在〈大學問〉中所提出的一體之仁。

2. 一體之仁

就心即理的說法來看，這猶是一個觀念理論上的問題。尚沒有觸及那個活潑潑的心。如果再進一步去追問這個心又是什麼樣的心呢？陽明在〈大學問〉中有一段最精要的說明：

大人者，以天體萬物為一體者也；其視天下猶一家，中國猶一人焉。若夫間形骸而分爾我者，小人矣；大人之能以天地萬物為一體也，非意之也，其心之仁本若是，其與天地萬物而為一也。豈惟大人，雖小人之心，亦莫不然，彼顧自小之耳。是故見孺子之入井，而必有怵惕惻隱之心焉，是其仁之與孺子而為一體也；……見瓦石之毀壞，而必有顧惜之心焉，是其仁之與瓦石而為一體也；是其一體之仁者，雖小人之心，亦必有之，是乃根於天命之性，而自然靈昭不昧者也，是故謂之明德。（《王陽明全書·大學問》）

這是說人與萬物是一體的，這不是由於理論的虛構，也不是由於不實的想像；而是來自於靈昭不昧的心體，而是來自於天地萬物為一的仁心。這種一體的仁心，在〈大學〉中稱為「明德」，在新儒學中就稱為「天理」。在這裏陽明把心即理的問題，帶入到孔孟思想的仁心上，這是陽明思想之所以能超出了唯心論的範圍，而成為真正儒家思想的原因。

㈡從良知到致良知

前面陽明思想由心即理發展到一體之仁，這是就本體上來說。至於由體起用，如何去實踐這一體之仁，就是他所謂致良知的工夫。

1. 良知與知行合一

良知兩字早見於《孟子》書中，是指心的善端，象山所要「先立乎其大者」，白沙所要「從靜中養出端倪來」，都是指的這個善端，也就是良知。不過象山和白沙對於良知兩字沒有多談，而陽明卻大論良知。良知可說是陽明心學思想中，一個最重要的關鍵。

根據《陽明年譜》的記載，他三十七歲在龍場的一悟，是悟出格物致知的道理。《年譜》中說：

> 忽中夜大悟格物致知之旨。……始知聖人之道，吾性自足，向之求理於事物者誤也。（《年譜》三十七歲）

這段話雖然沒有說明他悟道的內容。但從他一生為學的經歷中可以看出，在此以前他都是接觸程朱派向外格物窮理的學說，因此使他始終無法了解的乃是向外求物理，所得的是外在的知，又如何能與自己的心產生交涉？如果依照程朱派的窮理方法，那麼〈大學〉一文中所說格物致知和誠意正心便變成了外在和內在、知識和德性的兩套不相貫串的工夫。所以他批評說：

> 朱子所謂格物云者，在即物而窮其理也。即物窮理，是就事事物物上，求其所謂定理者也。是以吾心而求理於事事物物之中，析心與理為二矣！（《傳習錄》中）

陽明所悟的乃是致知的這個知，不是心外的知；因此格物的這個物，也不是心外之物。如他說：

> 致知云者，非若後儒所謂充廣其知識之謂也；致吾心之良知焉耳。良知者，孟子所謂「是非之心，人皆有之」者也；是非之心，不待慮而知，不待學而能，是故謂之良知。（《王陽明全書‧大學問》）

又說：

> 格者，正也。正其不正，以歸於正之謂也；正其不正者，去惡之謂也，歸於正者，為善之謂也，夫是之謂格。（《王陽明全書‧大學問》）

在陽明把格物的格解作去惡，把致知的知解作良知後，於是格物致知便是向內的明理，與誠意、正心便連成了一套工夫。

在陽明悟出了格物致知的道理後，根據《年譜》所載，第二年他便提出知行合一的學說。如：

> 始席元山書提督學政，問朱陸同異之辨。先生不語朱陸之學，而告之以其所悟，書懷疑而去；明日復來，舉知行本體，證之五經諸子，漸有省，往復數四，豁然大悟。（《年譜》三十八歲）

這裏所謂知行本體，就是指知行的本體是合一的。如後來陽明和徐愛討論知行合一的問題：

> 徐愛因未會先生知行合一之訓，決於先生。先生曰：「試舉看。」愛曰：「如今人已知父當孝，兄當弟矣；迺不能孝弟，知與行分明是兩事。」先生曰：「此彼私欲隔斷耳，非本體也。聖賢教人知行，正是要人復本體。故〈大學〉指出真知行以示人曰：『如好好色，如惡惡臭。』夫見好色屬知，好好色屬行，只見色時已是好矣，非見後而始立心去好也；聞惡臭屬知，惡惡臭屬行，只聞臭時已是惡矣，非聞後而始立心去惡也。又如稱某人知孝、某人知弟，必其人已曾行孝行弟，方可稱他知孝知弟，此便是知行之本體。」

（《年譜》三十八歲）

這個本體就是良知，所以陽明是就良知上說知行合一的。他在〈大學問〉上曾說：

> 天命之性，粹然至善，其靈昭不昧者，此其至善之發見，是乃明德之本體，
> 而即所謂良知者也。至善之發見，是而是焉，非而非焉，輕重厚薄，隨感
> 隨應，變動不居，而亦莫不自有。（《王陽明全書‧大學問》）

這「粹然至善」、「靈昭不昧」的，是良知的知；而「至善之發見，是而是焉，非
而非焉」是良知的行。所以知行在良知上是本一的。陽明之所以在良知本體上說
知行合一，乃是把行拉入了心中，使行完全連屬於知，自然而成心學上的一套功
夫。否則行如果外在於良知，也就是外在於心的話，行便不是必然的聽命於知，
於是知行變成了兩截。知行如果變成兩截，這個心便軟弱無能，失去了作用。而
陸王派所講的心學便是空中樓閣，不切實用的玄談了。所以陽明的由良知說到知
行合一，這是由體起用，發揮了心的功能，以支配一切的行為。

2. 致良知的心法

《陽明年譜》中記載他在五十歲那年，「始揭致良知之教」。這離他三十七歲
悟出良知後，已整整有十三年之久。事實上，他在悟出致知的知是良知時，已經
含有致良知的意義，而他在強調知行合一時，也已經關涉到致良知的運用，可是
為什麼卻在十三年後，始揭「致良知」之教呢？在《年譜》上曾提到他寫信給鄒
守益說：

> 近來信得「致良知」三字，真聖門正法眼藏。往年尚疑未盡，今自多事以
> 來，只此良知，無不具足。譬之操舟得舵，平瀾淺瀨，無不如意；雖遇顛
> 風逆浪，舵柄在手，可免沒溺之患矣！（《年譜》五十歲）

可見他早就有致良知的觀念，只是尚未完全成熟。後來經過十幾年政治上的經歷、
戰場上的磨鍊及生活上的體驗，終於參透了致良知的道理，而拿致良知當作教導
學生唯一的心法。

「致良知」雖然只有三個字，但陽明運用起來，既可作內聖的修養，也可成

外王的功業。如：

> 彼此但見微有動氣處，即須提起致良知話頭互相規切。凡人言語正到快意
> 時，便截然能忍默得；意氣正到發揚時，便翕然能收斂得；憤怒嗜欲正到
> 騰沸時，便廓然能消化得；此非天下之大勇者不能也。然見得良知親切時，
> 其工夫又自不難。緣此數病，良知之所本無，只因良知昏昧蔽塞而後有，
> 若良知一提醒時，即如白日一出，而魍魎自消矣。(《王陽明全書‧與黃宗
> 賢書》)

這是對內的心性修養。他又說：

> 世之君子，惟務致其良知，則自能公是非，同好惡；視人猶己，視國猶家，
> 而以天地萬物為一體，求天下無治，不可得矣！古之人所以能見善不啻若
> 己出，見惡不啻若己入，視民之飢溺猶己之飢溺，而一夫不獲，若己推而
> 納諸溝中者，非故為是而以蘄天下之信己也，務致其良知，求自慊而已矣！
> (《傳習錄》中)

這是推己心而成就外王的功業。

在這裏我們可以看出陽明提出「致良知」三字，不僅為他的心學建立了一套
最簡易直捷的工夫，而且也使心學的發展達到登峰造極的境地。

六、陸王的心學與禪學的關係

陸王的心學常被程朱派視為禪學，而加以非議。關於這個問題，我們可以從
三方面來探討：

㈠陸王心學與禪學的相似

1.理論上的相似

禪學有兩個最基本的特色，就是不立文字和明心見性。前者是對傳統佛學的
超越，後者是禪學精神的所在。陸王的心學似乎在這方面和禪學是同一步伐的。

就不立文字這點來說，陸王的心學雖然沒有激烈到不用語言文字的地步，事實上純正的禪學家也不反對用語言文字，只是不執著而已。在這方面陸王的心學派顯然是受到禪宗鼓勵的。因為傳統的儒家都是以儒典為唯一的依據，只有陸象山首發其難而說：

> 學苟知本，六經皆我注腳。（《陸象山全集・語錄》）

接著陳白沙說：

> 抑吾聞之，六經，夫子之書也，學者徒誦其言而忘味，六經一糟粕耳，猶未免於玩物喪志。（《白沙子全集・道學傳序》）

王陽明也說：

> 夫學貴得之心，求之於心而非也，雖其言之出於孔子，不敢以為是也，而況其未及孔子者乎？（《傳習錄》中）

他們這種重視心而不重視經典的思想，可說和禪學家的作風是如出一轍的。固然這種態度都是在經典注疏太過煩瑣之後的一種解放，但禪宗唱之於前，不能說禪學對陸王的心學沒有很大的啟示。

再就明心見性來說，這也正是心學之所以為心學。在以前的儒家中，都是注重經典言教，只有孟子講求本心，不過孟子的思想乃是重在擴充仁心而為仁政。他論性善也只是為了作仁政的理論依據而已。陸王的心學派卻不然，他們完全是拿心當作唯一的目標來做工夫。他們整個思想都集中在心上，去講涵養，去求體悟。他們認為做學問只有向心中做，心之外無物，心之外無理，心之外無道義，這種思想與禪學的只求明心見性是前後呼應的。

2.方法上的相似

禪宗悟道的路子有兩條：一是禪定，一是頓悟。禪定的主要方法是坐禪，雖然慧能對於坐禪並不贊成；且對禪定有特殊的解釋，但禪師們日常生活仍然離不了坐禪，只是在坐禪時他們不像傳統坐禪一樣，重視數息和觀想，而是用參話頭的方式來求悟。陸王心學派也都重視靜坐。如陳白沙說：

老拙每日飽食後，輒瞑目坐竟日。(《白沙子全集》)

王陽明也說：

「茲來乃與諸生靜坐僧寺，使自悟性體，顧恍恍若有可即者。」既又途中寄
書曰：「前在寺中所云靜坐事，非欲坐禪入定也，蓋因吾輩平日為事物紛拏，
未知為己，欲以此補小學收放心一段功夫耳。」(《年譜》三十九歲)

在這方面，陸王派和程朱派可說都受到佛家坐禪的影響。不過程朱派對靜坐的看
法是靜下心來，使精神集中於事上，也就是作主敬主一的工夫；而陸王派卻是在
靜坐時，專門在心上做工夫。顯然陸王派比程朱派又更近乎禪學了。

禪學最大的特色是頓悟，陸王派向內心求悟，重視簡易直截，都類似於頓教，
尤其王陽明更公開的表明運用頓悟之法以教導學生。譬如他在天泉橋曾對德洪和
汝中（王畿）兩學生說：

二君之見，正好相資為用，不可各執一邊。我這裏接人，原有此二種：利
根之人，直從本源上悟入，人心本體原是明瑩無滯的，原是個未發之中，
利根之人，一悟本體即是功夫，人己內外，一齊俱透了。其次不免有習心
在，本體受蔽，故且教在意念上實落為善去惡，功夫熟後，渣滓去得盡時，
本體亦明盡了。(《傳習錄》下)

這完全是禪學的頓悟，而「致良知」便變成參悟的話頭了。因為陽明曾自認說：

彼此但見微有動氣處，即須提起致良知話頭互相規切。(《王陽明全書‧與
黃宗賢書》)

㈡陸王心學與禪學的不同

1. 從本質上來看

禪學與傳統佛學一樣，其本質是建立在空寂上的，儘管禪學講自性，求本來
面目，但說來說去，仍然脫不了「本來無一物」的空的境界。陸王的心學卻不然，
他們講心即是理，這個理卻是實實在在的。如象山說：

千虛不博一實，吾平生學問無他，只是一實。(《陸象山全集‧語錄》)

陽明說：

> 夫心之本體，即天理也。天理之昭明靈覺，所謂良知也。(《王陽明全書‧答舒國書》)

可見陸王派所指的本體，是實理、是良知，也即孔孟的仁義禮智之端。這和禪學所講的「本來無一物」是絕不相同的。

2. 從作用上來看

由於禪學的本質是建立在空寂上的，因此他們悟入空寂的境界，都是走破執的路，也就是摧破兩邊的執著：要無是無非，無始無終，無自無他，無聖無凡。而且他們幾乎都是走的單線道，也就是都在返本還源上用工夫。陸王的心學雖然也講向心內去悟，可是他們所講的都是把這個理實踐出來，他們的功夫都用在實際的事物上。如象山說：

> 萬物皆備於我，只要明理。然理不解自明，須是隆師親友。(《陸象山全集‧語錄》)

陽明更說：

> 凡可用功，可告語者，皆下學。上達只在下學裏。凡聖人所說，雖極精微，俱是下學。學者只從下學裏用功，自然上達去，不必別尋個上達工夫。(《傳習錄》上)

所謂「理不解自明」，就是要我們不必在理上做工夫，而要把工夫放在「隆師親友」的實際事務上。所以禪學是要絕棄下學，他們所謂「茶來喝茶，飯來吃飯」，也只是求不起心造作，而不是下學。陸王派卻是要在實際的倫理關係中，去學習，去磨鍊，喝茶有喝茶的禮，吃飯有吃飯的規矩。

(三)從中國哲學的發展上來看它們之間的關係

　　中國哲學自先秦以來，以儒家為主流。儒家的思想完全是一種內聖外王之學。其他各派的思想雖然在方法上各有不同，但都朝著這內聖外王之學的路子走，所以他們的思想也或多或少的歸入這一主流。儒家內聖外王之學最具體表現在理論上的，就是〈大學篇〉中格物、致知、誠意、正心、修身、齊家、治國、平天下的所謂八條目。整個宋明新儒家們最大的努力與貢獻，就是把這八條目構搭成一套內聖外王之學的體系，以消除佛學在中國文化上所造成的一些不良影響。在這方面，不僅程朱派的理學家，尤其陸王派的心學家，可說都是純粹的儒家。

　　再就印度佛學傳入中國之後的發展看來，由於佛學是一種心性修養之學，在魏晉時期，先是道家思想和佛家思想折衷調和，使印度佛學的心性之學，轉變成中國佛學的心性之學。到了隋唐，有華嚴宗和天台宗的一真法界，和一念三千的思想，我們可以稱它們為中國佛學裏的心學。後來在唐代，禪宗崛起，首先便以「即心是佛」為宗旨；接著慧能的「明心見性」，更開拓了此後中國禪宗數百年的歷史，所以禪宗實際上可稱為中國哲學上的心學。到了宋明，陸王派出來，承接孔孟的精神，也高舉心學的旗幟。雖然在維護儒家的思想上，他們公開的排佛；但承接著這一連串心學思潮的運動上，他們當然是融合了中國佛學的思想。就拿王陽明來說，我們可以說他是標榜儒家的心學以排佛，也可以說他是運用佛家的思想以建立儒家的心學。無論我們如何看他，有一點事實卻是千真萬確的，那就是自王陽明心學完成以後，整個明代便是心學派的天下，這時禪宗的法統已是奄奄一息，微弱而不振。這裏似乎暗示了王陽明已把禪宗的精神活用在儒家思想中，而取代了禪宗在中國哲學史上的地位和生命。

第二十二章 中國哲學的轉向、衝擊與展望

一、自陽明以後中國哲學的轉向

㈠明末思想的消沉

　　陽明雖然把心學帶上了高潮，左右了此後明代的整個學術界；但他也使心學走上了絕境，使得在他以後的心學走入了空疏的路子。因為陽明一方面天資聰慧；一方面又切實向學，他的致良知學說可說是憑著他一生的思想體驗和生活實踐而證得的。可是自他發明「致良知」之教後，只是三個字的心傳。他的弟子們天資聰慧的固然可以由此而悟入；但他們缺乏陽明悟道前的那段痛苦經驗，只是撿了現成的話頭，因此容易只在觀念上把捉，而流於空疏。如陽明就曾告誡學生說：

> 吾與諸公講致知格物，日日是此，講一二十年，俱是如此。諸君聽吾言，實去用功，見吾講一番，自覺長進一番。否則只作一場話說，雖聽之亦何用。（《傳習錄》下）

如果他的弟子能在生活上去實踐，但也只是在致良知的運用上去下工夫，並不能在致良知之外，更有所創發。否則的話，如不能在生活上實踐，而徒然在心中去下工夫，便很容易走入了禪學的路子。事實上正是如此，在陽明之後，他的弟子雖然很多，但都在「致良知」三字上打轉。其中除了王艮重視實學實行外，如鄒守益、錢德洪的講無欲，聶豹的唱歸寂，羅洪先的主靜，以及王畿的重無念，可

說都只注重心上的工夫，而走向禪學一邊去了。尤其王畿更在公開引證了惠能「不思善，不思惡」的思想後而說：

> 夫良知不學而知。即一念起，千里失之。此孔孟同歸之指，而未嘗盭於《詩》《書》者也。會須大徹大悟，始足以破千古之疑，而析毫釐之辨也。(《龍谿全集・答南明汪子》)

象山、白沙、陽明所講的心中之理，乃是善端，也是一念的善心；而王畿連一念也要絕滅，豈不是一派禪家的論調？本來陽明所生的時代，正是禪宗走入狂禪之途，而流於沒落。陽明思想的產生，也正是以儒家心學，取代了狂禪的地位；可是不幸王學的末流卻又轉入了禪學之途，這豈不是要和禪學遭遇同一的命運？

在陽明及其弟子之後，雖然有陽明再傳弟子及其流派的胡直、羅汝芳、何心隱、李贄、焦竑等人。另外程朱學派，有羅欽順、陳建等人。他們在心學和理學上都沒有更新的發現和較大的建樹。接著到了明末，有顧憲成、高攀龍、劉宗周和黃道周等人。他們之中除了顧憲成為陽明的三傳弟子，劉宗周與甘泉學派有關，其餘二人都是受程朱學派的影響；但他們都有一個共同的特色，就是深感陽明末流的走入空疏狂放之途，而希望藉程朱派的思想加以修正、調和。

㈡清代思想的轉向

到了清代，這是中國歷史上第二次被外族統治的時代。由於滿族本身沒有很高的文化淵源，因此當他們入主中原之後，必須借助中國原有的文化來作他們統治的憑藉。可是他們自己又沒有適當的人才來領導群倫，駕馭讀書人，所以他們只有運用權術。他們一面設科取士，籠絡讀書人；一面屢興文字獄，鉗制讀書人的思想。在這樣一個政治干擾學術的環境下，又那裏容許真正接續孔孟的道統，去作內聖外王的工夫。因此整個清代三百餘年中，在學術上的貢獻，只是對古書的整理和考據。至於思想方面的表現，比起宋明的理學和心學來，顯然是沉寂多了。不過在這沉寂中，卻萌芽著一個新的轉向。就是轉向於知識，轉向於實用，轉向於科學。而清代之所以有這個轉向，主要原因有三：

①自宋代以來，長期的理學與心學的發展，以及理學與心學之間的爭論，可

以說把理學和心學發展到最高潮；使清代的學者不可能再向前邁進，有所斬獲。所以被宋明儒家壟斷了幾百年的心和理，留給清代學者唯一的出路，就是轉向實用一途。

　　②宋明的儒家們提出這套理學和心學的思想，主要的原因之一是由於佛道的刺激，希望也建立一套儒家的學說體系，以對抗佛道在形而上方面的勢力。可是經過宋明理學和心學的長期發展之後，他們自己也像佛道一樣走入了形而上的象牙之塔內，流於空談。所以清代學者為了避免流於空談，對於理學和心學的批評猶同對佛道一樣，已是沒有修正、協調的餘地，只有加以放棄，而別求新途。

　　③自明末清初以還，西方的傳教士與軍事侵略夾雜著他們的科學知識席捲而來。由於內憂外患，國勢的積弱，使得清代的學者們深深的感覺到在心與理之外，還有更為重要的知識的天地。他們大悟格物致知的知，既不是良知的知，也不是倫理的知，而是外在物質的知識，而是實用實利的知識。

　　由於這些原因，使得本來相當消沉與混亂的清代哲學界，在實用思想方面終於透出了一線的光芒。

　　現在，我們就順著這一線的光芒，看看整個有清一代思想的發展。一般說來，清代思想的變遷可以分為三期：

1. 清初由不滿王學末流而趨於經世致用

　　清初由於政治的轉變，許多明末的遺老，如孫夏峰（奇逢）、黃梨洲（宗羲）、李顒（二曲）、顧亭林（炎武）、王船山（夫之）等人，他們深感亡國之痛，都不願出仕於朝廷，而過著隱居的生活。同時他們也都認為明朝之亡，是由於讀書人未能盡到他們應盡的責任，而歸咎於王學末流的空疏，所以他們在學術上都偏向於程朱，而在精神上都著重經世致用。後來，顏元（習齋）和他的學生李塨（恕谷）更連程朱也一起加以排棄，而建立了實用的功利主義的思想。

2. 清朝中期由排斥程朱陸王而形成漢學和宋學的對立

　　到了清朝中期，由於清初諸儒的排陸王，棄程朱，而轉向經世致用；同時再加上清廷屢興文字獄，所以逼得他們無法真正的去做經世致用的事業，而偏向於名物訓詁的漢學，而形成了漢學和宋學之間的爭執。所謂宋學就是走宋明儒家的路線，以經義為主；漢學就是走漢代儒家注疏的路線，注重史實的考證訓詁。在

這一時期的學者，多半兼有這兩方面的才能，如方苞、全祖望、章學誠、戴震（東原）等。不過自此以後漢學逐漸佔了壓倒性的優勢，形成了清代學術上的一大特色，就是所謂考據的樸學。

3.清末由於西潮的入侵而轉向科學實用的知識

到了清末，西方的船堅砲利敲開了清廷閉關自守的政策，也驚醒了士大夫們沉睡在象牙之塔內的美夢。於是紛紛要求改革、更新。這時他們不再徘徊在程朱、陸王之間，他們所談的是中西學說調和的問題，如張之洞的「中學為體，西學為用」，康有為那充滿了科學想像的《大同書》，以及譚嗣同那雜糅了中國哲學、科學及基督教思想的《仁學》。

綜觀以上三個時期的發展，無論是經世致用之學，是史實考據之學，是科學實用之學，他們的一個共同的特色就是轉向於實用的知識，轉向於外界的物質。儘管他們所知所見非常有限，但在近代這個即將來臨的實用知識的大思潮中，他們畢竟帶動了一個最初的轉向。

(三)清代幾位和實用思想有關的學者

清代的思想界很複雜，有許多學者是在政治上貢獻了他們實用的思想；有許多學者是在科學的園地上從事於他們的實用研究。但在這裏我們所舉的幾位學者乃是在哲學上轉變風氣，而促成了實用思想的發展。

1.顧炎武的實事求是的精神

顧炎武（西元 1613–1682 年），字寧人，又稱亭林先生。江蘇崑山人。少年時他受母教，研讀儒家經典。明亡後，也接受母訓，不為清廷所用。他的思想厭惡王學末流的空談，而偏於程朱的學說。他雖然很尊重朱子，但比理學家們更為切實；他注重實際的事務。他到處遊歷，訪察民情風俗，寫下了《日知錄》、《天下郡國利病書》等主要著作。

顧炎武對於王學末流的空談心性是深惡痛絕的。他說：

> 劉石亂華，本於清談之流禍，人人知之。孰知今日之清談，有甚於前代者。昔之清談談老莊，今之清談談孔孟。未得其精而已遺其粗；未究其本而先

辭其末。不習六藝之文，不考百王之典，不綜當代之務。舉夫子論學論政之大端，一切不問。而曰一貫，曰無言。以明心見性之空言，代修己治人之實學。(《日知錄‧夫子之言性與天道》)

炎武說這段話的心情是沉痛的。

他一生為學，以「博學於文，行己有恥」為目標。「行己有恥」，是他為學的精神，雖然這話是出於他因亡國之痛而發的，但「行己有恥」的深一層意義，也就是指一個讀書人必須負起救世救民，移風易俗的責任，這才真是孔孟思想的內聖外王的道統。「博學於文」是他治學的方法。他的所謂博學並不是指泛覽詞章，而是重創造、貴博證。他一面博讀古書，勤作筆記；一面遊歷訪問，以求事實的參證。江藩曾說：

炎武留心經世之術，遊歷所至，以二馬二騾載書自隨。至西北阸塞、東南海陬，必呼老兵退卒詢其曲折。(江藩《漢學師承記》)

由於炎武這種為學的態度，使他所研究的方面非常廣，諸如社會、政治、經濟等問題他都有研究；而對經學、史學和音韻學方面也都有很大的貢獻；只是一生不談心性。所以他可以說是一位實用思想的開路先鋒，他真正的成就是在史學方面；而在哲學方面，還不如和他同時的王夫之。

2. 王夫之的實有而動的理論

王夫之(西元 1619–1692 年)，字而農，又稱船山先生。湖南衡陽人。船山幼承家學，博通經史、音韻之學。二十四歲時中舉。次年，張獻忠陷衡陽，以他父親為人質，試圖招降他。他自毀其身企圖交換其父，後來兩人終於伺機脫險。明亡時，他曾在衡山舉兵相抗，戰敗。又投靠桂王，因不滿王化澄弄權，上疏彈劾，反而被降罪。最後投靠瞿式耜。式耜殉難後，他對復明的希望完全幻滅，便決計退隱。在此後的四十年中，他杜門著書，從文字上去延續中國文化的生命。他的著述極多，有二百八十八卷，總為《船山全書》。在哲學方面，有《張子正蒙注》、《讀四書大全說》、《周易內外傳》、《思問錄內外篇》、《老子衍》、《莊子解》和《莊子通》等書。

船山的思想，批評佛家、老莊和陸王，而推尊程朱。如他說：

> 有儒之駭者起焉，欲以收顯名與厚實也；於是取〈大學〉之教，疾趨以附二氏之塗，以其惚忽空冥之見，名之曰此明德也，此知也，此致良知而明明德也。體用一，知行合，善惡混，介然有覺，頹然任之，而德明於天下矣。乃羅織朱子之過，而以窮理格物為其大罪。天理無存，介然之覺不可恃，奚怪其疾趨於淫邪，而莫之救。（《船山全書・格物致知補傳》）

這是批評陸王思想，像老莊、佛學一樣的空虛不實，而欠缺程朱派格物窮理的實際工夫。在這方面，船山特別推崇朱子即物窮理的思想。不過他對朱子的學說，仍然時有微詞，如他認為朱子所謂「一旦豁然貫通」（朱子《大學補傳》）有點類似於禪宗的頓悟。他對朱子把《易經》看作占卜之書，常有譏評。他不走朱子承襲濂溪「無極而太極」的思想路子，而贊同橫渠由太極而氣化的思想。他把朱子的理和橫渠的氣結合在一起，而說：「氣外無理，理外亦不能成氣。」（《讀四書大全說》）他之所以這樣作，乃是使理不落於虛無，不至於走入老莊和佛學的路上去。因為理與氣的合一，由於氣是物質之所本，所以理也就言之有物，而不致虛脫。

船山思想最得力的是〈易傳〉和橫渠的《正蒙》。他接受《正蒙》一書影響的是氣化的思想，不過他更進一步強調太虛不是空無，而是充滿了氣的實有。如他說：

> 夫其所謂太虛者，吾不知其何指也，兩間未有器耳；一實之理，洋溢充滿，吾未見其虛也。故張子曰：「由太虛有天之名。」天者理也，氣之都也，固非空而無實之謂也。（《船山全書・禮記章句》）

這是說太虛中充滿了氣，氣是實有的，所以太虛也是實有的。氣凝聚而為器，就其凝聚之後而言，太虛就是天地。所以在天地之間，充滿了器。有了器，就有形，就有了變動。在這裏，船山把這種實有論配合了〈易傳〉生生不息的思想，而構成了一個動變的宇宙觀。如他說：

> 盈天地之間皆器矣。器有其表者，有其裏者；成表裏之各用，以合用而底

於成。則天得之乾，地得之坤，非其縕焉者乎？是故調之而流動以不滯，充之而凝實以不餒，而後器不死而道不虛生。器不死，則凡器皆虛也；道不虛生，則凡道皆實也。(《船山全書・周易外傳》)

這是說在宇宙之間的器，是變動不居的，由虛而實，由實而虛，但整個器世界卻是不虛的。譬如一朵花，雖然有開，有謝，但這個世界中卻永遠有花。也就是說器物有生滅，而構成器物之道卻是永遠實有的。所以就器物的觀點來看，這個世界卻是新陳代謝、日新月異的。如他說：

質日代而形如一，無恆器而有恆道也。江河之水，今猶古也，而非今水之即古水；鐙燭之光，昨猶今也，而非昨火之即今火。水火近而易知，日月遠而不察耳。爪髮之日生而舊者消也，人所知也；肌肉之日生而舊者消也，人所未知也。人見形之不變，而不知其質之已遷，則疑今茲之日月，為邃古之日月；今茲之肌肉，為初生之肌肉，惡足以語日新之化哉！(《思問錄外篇》)

船山建立的這套實有的本體論和動變的宇宙觀，顯然是針對當時陸王派空疏的心學體系和佛道的虛無思想而發的。配合了這套體系，船山又建立了一套格物致知的修養工夫。雖然他在這方面是走程朱派的路子，但由於他主張動，而動不離人欲，所以他和程朱派不同的是，他不重視靜坐，他不主張廢人欲。宋明儒家，無論是程朱派或陸王派，似乎都強調靜坐，而他們靜坐的目的就是去人欲。但船山對於人欲卻有他一套積極的、正面的看法。如他說：

禮雖純為天理之節文，而必寓於人欲以見。雖居靜而為感通之則，然因乎變合以章其用。唯然，故終不離人而別有天，終不離欲而別有理也。(《讀四書大全說》卷八)

又說：

孟子承孔子之學，隨處見人欲，即隨處見天理。學者循此以求之，所謂不遠之復者，又豈遠哉。(同上卷)

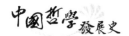

天理充周，原不與人欲相對壘。（同上卷）

人欲之各得，即天理之大同。（同上卷）

這種正視人欲，把人欲和天理連接的思想，可說是宋明儒家所沒有的觀念。

船山的這套實有的本體論、動變的宇宙觀和重視人欲的理論，正是構成實用思想最重要的基礎。

3. 顏元的實踐的功利主義

顏元（西元 1635–1704 年），字易直，號習齋。河北博野人。四歲時，父親被清兵所擄，死於瀋陽，母親改嫁。他寄養於朱家而長大。他自幼習武，後來又精研醫術，曾開館授徒。他最初好道家言，後來又遍讀性理學方面的著作，曾有志繼承程朱之學。可是在他五十歲以後，逐漸對程朱學派產生反感，而形成他反對理學的實踐思想。他主要的著作是所謂存性、存學、存治、存人的《四存編》。

習齋對程朱理學的反感有一段自述。他說：

> 予未南遊時尚有將就程朱附之聖門支派之意。自一南遊，見人人禪子，家家虛文，直與孔孟敵對，故破一分程朱始入一分孔孟。乃定以孔孟程朱為兩途，不願做道統中鄉愿矣。（《顏習齋先生年譜》）

自此以後，他對整個理學的反對是非常激烈，毫無妥協的餘地。習齋的思想就是建立在對宋明理學和佛道的批評上，我們可以歸納他的實用思想為兩點：一就是實踐，一就是功利。

所謂實踐，就是起而行。由於重視實行，他反對主靜、主敬之學。如他說：

> 吾遊北京，遇一僧敬軒，不識字，坐禪數月，能作詩，既而出關，則仍一無知人也。蓋鏡中花，水中月，去鏡水則花月無有也。即使其靜功綿延一生不息，其光景愈妙，虛幻愈深，正如人終日不離鏡水，玩弄其花月一生，徒自欺一生而已，何與於吾性廣大高明之體哉！故予論明親有云：「明而未親，即謂之明，非〈大學〉之明也。」蓋無用之體，不惟無真用，並無真體也。有宋諸先生，吾固未敢量，但以靜極有覺為孔子學宗，則斷不敢隨聲相和也。（《四存編·存學》）

這是說主靜之功，最多只能做到明心見性；如果不能親民，則這個所見的心性，就不是儒家真正的明德。他又批評主敬說：

> 敬字字面好看，卻是隱壞於禪學處。古人教灑掃即灑掃主敬；教應對進退即應對進退主敬；教禮、樂、射、御、書、數，即度數、音律、審固、磬控、點畫、乘除莫不主敬。故曰：「執事敬。」故曰：「敬其事。」故曰：「行篤敬。」皆身心一致加功，無往非敬也。若將古人成法皆舍置，專向靜坐、收攝、徐行、緩語處言主敬，乃是以吾儒虛字面做釋氏實工夫，去道遠矣！（《四存編·存學》）

這是說主敬應該就事上去實際的做，而不是在心上去空體驗。

接著，他甚之反對讀書著作。他說：

> 遠溯孔孟之功如彼，近察諸儒之效如此，而垂意於習之一字；使為學為教，用力於講讀者一二，加功於習行者八九，則生民幸甚，吾道幸甚；僕受諸儒生成覆載之恩，非敢入室操戈也。但以人之歲月精神有限，誦說中度一日，便習行中錯一日；紙墨上多一分，便身世上少一分。（《四存編·存學》）

這裏所反對的讀書，並非是指讀孔孟等重要的經典，而是指讀後代許多只在文字上堆砌，義理上玩弄的文字。這裏所反對的著作，乃是指後代學者對古代經典的煩瑣的注疏，及許多玄之又玄的性理學的作品。在這裏，習齋不僅攻擊宋學，同時也厭棄漢學。總之，他對於在文字上下工夫的一切學術，一筆的反對。

由此可見習齋所謂實踐，注重實際上的功利。如他說：

> 宋元來儒者卻習成婦女態，甚可羞。無事袖手談心性，臨危一死報君王，即為上品矣。豈若真學一復，戶有經濟，使乾坤中永享治安之澤乎！（《四存編·存學》）

又說：

> 古人是讀之以為學，如讀琴譜以學琴，讀《禮經》以學禮。博學之，是學

> 六府、六德、六行、六藝之事也。只以多讀書為博學,是第一義已誤,又
> 何暇計問、思、辨、行也?(《四存編‧存學》)

可見習齋所講的實踐,是指經世濟民的事業;他所求的知識,是限於應用的知識,這是他極端的功利思想。他為了實踐他的功利思想,曾寫了一卷〈存治編〉,其中談到王道井田、治賦、學校、封建、宮刑、濟時、重徵舉、靖異端等問題,正由於他不願在筆墨上多作文章,所以寫得非常簡單,有點語焉不詳。

㈣轉向中的挫折

以上我們簡介了三位與實用思想有關的學者,當然有清一代與這方面有關的學者還有很多,但他們的思想大致都可以歸納在以上三位學者的思想中。譬如近代學人特別注意的戴東原,他真正的成就是在樸學方面,雖然他的《原善》和《孟子字義疏證》在哲學上也有相當的分量。但他的思想中最主要的觀念是「血氣心知,性之實體也」(《孟子字義疏證》)及「理在欲中」(〈與段玉裁論理欲書〉),而這方面的思想在船山的學說中已有源頭,所以我們沒有對戴東原特別的加以介紹。不過值得我們注意的是東原生於炎武、船山和習齋之後。他對宋明理學家的全盤反對,和習齋是同一步調的,可是他在實用思想方面並沒有繼習齋而發揮,相反的,卻走入了習齋所反對的注疏考證的樸學的路子,這代表了什麼?這說明了清初煽起的這一實用思想的轉向,卻受到了挫折,而沒有轉出一片更廣更新的天地來。檢討這個原因,大致不外以下三點:

1.理論方面沒有深度

就以上所談的三位學者來說,炎武注重實事求是,他的功力似乎都用在史實的求證上,對於實用思想的理論沒有深入的研究。習齋主要的努力似乎是對宋明儒家及佛道兩家的批判,消極的破壞性極大,積極的建設性很少。唯一對於實用思想的理論有貢獻的是船山,他那種動變的宇宙觀,和科學思想是可以銜接的,他對於人欲的肯定,也是實用思想的一個很重要的基礎,可惜他的思想後繼無人。雖然東原對人欲的肯定上和他相繼,但東原在實用思想的理論上卻沒有系統的建樹,而把他的心力用在聲韻文字的考證上去了。所以有清一代雖有實用思想的這

一轉向，卻沒有深厚的理論體系支持他們的發展。

2.方法方面沒有基礎

這些實用思想的學者雖然口口聲聲叫實行，他們所謂實行最多也只是希望把孔孟的言教在生活上或政治上實踐出來而已。其實程朱的主敬，如果沒有和主靜連在一起，也是一種很好的實踐方法；陽明的致良知，如果沒有像王學末流一樣的流於空疏，也是一種很有效的實踐方法。所以在生活上的倫理實踐來說，程朱陸王的強調「下學而上達」和清代這些實用思想家所強調的並沒有兩樣。至於在政治方面，雖然程朱陸王並沒有在這方面多所貢獻，但清代的實用思想家也沒有提出多少具體而有效的方法來。

3.知識方面未能開新

既然要談實用，就必須承認進化的事實，就必須追求新的知識境界。進化的觀念雖然在船山的學說中已有提及，而且他對政治制度之因革也有新的看法，可惜未能有體系的發展出來。到了習齋手中，他那種近乎狂熱的實踐論，否定讀書與著作，其反作用，就是連知識的研究也被一筆抹煞了。

由於以上的原因，雖然清初已萌芽了實用的思潮，但他們仍然拘限在傳統的學術中，他們反對宋明儒家的空疏，他們講實用，卻沒有新的知識和方法，因此也就只有在名物訓詁，歷史考證上去找實證。這是實用思想受到挫折的原因。不過這一轉向已是時代的需要，思想發展的必然趨勢。只是在時間上還未成熟。這要一直等待到清末民初，西方的新知識，新方法大量的叩關而入，這一轉向才有了新的轉機。

二、民國以來中國哲學所遭受的衝擊

㈠民國初期中國哲學的轉機與危機

清末民初，中國歷史上起了一個從未曾有的大變局。滿清政府的被推翻，並不是意味著改朝換代，而是結束了幾千年來的專制政體。而隨著專制政體的結束，整個傳統的文化思想，必然會產生根本上的動搖。再加上這時正好西方的思潮，

挾著它文明進步的優勢，突然大量的闖關而入，於是造成了舊文化與新思潮的衝突，這一衝突，固然給清代的實用思想帶來了轉機，但也給中國哲學的前途帶來了不少的危機。

所謂轉機，是指清代的實用思想，雖然揚棄宋明儒學，但由於仍然拘限於舊學術，而缺乏新知識，所以逐漸的走上歧路。可是民國初年以來，西方科學的知識，哲學的新方法源源的輸入，使得實用思想有了更廣闊的天地。如梁漱溟、吳敬恆、胡適等學者，他們有的希望把儒家的理想加以新的實現，有的卻主張全盤的科學化。無論他們的見解有何不同，但他們不空談心性，而著重實用的態度卻是一致的。

所謂危機，是因為一方面他們對舊文化的懷疑，甚至厭棄，不僅反宋明儒學，反佛道，進而反孔孟，對於中國的文化思想作徹底的摧毀。另一方面由於對西方文化的認識不夠深入，因此對西方思想的吸收是表面的，膚淺的，囫圇吞棗的。他們把船山等人所主張的實有的本體論，一變而為唯物的史觀；他們把船山等人所提出的從人欲以見天理的修養方法，一變而為只講人欲，而無天理。如陳獨秀等人的宣揚唯物思想，這是在民國初期，中國哲學由於青黃不接，而落入了混亂，衝突的境地所遭遇到的危機。

(二)在新潮衝擊下的幾位關鍵性人物

1. 孫中山對新舊思想的融合

孫中山先生（西元 1866–1925 年），名文，字逸仙。廣東香山人。他早歲從兄住檀香山，後來進廣州博濟醫院，又入香港英文醫學院，畢業後，曾在廣州澳門等地行醫。但他深感做一位醫生，只能醫少數人的病，他有更大的宏願，是要醫國家，要救整個中華民族。所以後來他便放棄了行醫的生涯，而從事於艱辛和危險的革命事業。中山先生由於從小在國外居住，而且又是研究科學的，因此對西方的文化和科學的知識有著親身的體驗和深入的研究，所以他的革命和歷史上換朝改代所謂揭竿而起不同。他一面重視舊有的道德，固有的文化；一面吸收西方優良的政治制度、知識方法，融匯而成三民主義的一套思想。以三民主義來拯救中國文化，復興中華民族。他在革命上所採取的方法，也許是徹底的，決不妥協

的；但在新舊思想上所表現的態度，卻是溫和的，中道的。

中山先生是一位偉大的政治家，他在政治事業上的成就和政治思想上的貢獻，是大家所有目共睹的，這不是本書所要討論的範圍。至於在哲學方面，他雖然不是一位純粹的哲學家，也沒有留下純哲學方面的著作供我們鑽研，但在他的學說中，有許多思想卻極有深度，而又富有開創的精神。關於這點，我們可以從三方面來看：

㈠對道統的繼承

中山先生曾說明他革命思想的基礎在中國的道統：

> 中國有一道統，堯、舜、禹、湯、文、武、周公、孔子相繼不絕，余之思想基礎，即承此道統，而發揚光大耳。（《國父年譜》民國 10 年 12 月 23 日）

中山先生的這個道統，雖然就是韓愈和宋明儒家所指的道統，但他對道統繼承的方法和態度，卻不像程朱派的理學和陸王派的心學；也不像清初實用派的激烈的反對宋明儒學。他是用與西方政治學說的比較，來證明這個道統的重要。如他說：

> 中國有一段最有系統的政治哲學，在外國的大政治家還沒有見到，還沒有說到那樣清楚的，就是〈大學〉中所說的「格物、致知、誠意、正心、修身、齊家、治國、平天下」那一段話，把一個人從內發揚到外，由一個人的內部做起，推到平天下止。像這樣精微開展的理論，無論外國什麼政治哲學家都沒有見到，都沒有說出。這就是我們的政治哲學的知識中所獨有的寶貝，是應該要保存的。（〈民族主義〉）

這就是所謂內聖外王的工夫，在這裏可以看出中山先生是在源頭上抓住了這個道統的精神。

㈡對新思潮的消化

在當時，西方學術上有兩股最流行的思潮叩關而入：一是達爾文的進化論，一是馬克思的唯物論。當時的學者，不接受西方文化則已，否則，很少沒有被捲入這兩股思潮的漩渦中。雖然這兩股思潮都是運用科學的方法，但對於中國文化卻有著極大的摧毀力。中山先生處理這兩股思潮，卻有他極為高明的方法。他說：

作者則以為進化之時期有三：其一為物質進化之時期，其二為物種進化之時期，其三則為人類進化之時期。……人類初出之時，亦與禽獸無異，再經幾許萬年之進化，而始長成人性。而人類之進化，於是乎起源。此期之進化原則，則與物種之進化原則不同。物種以競爭為原則，人類則以互助為原則。社會國家者，互助之體也；道德仁義者，互助之用也。人類順此原則則昌，不順此原則則亡，此原則行之於人類當已數十萬年矣。然而人類今日猶未能盡守此原則者，則人類本從物種而來，其入於第三期之進化，為時尚淺，而一切物種遺傳之性，尚未能悉行化除也。然而人類自入文明之後，則天性所趨，已莫之為而為，莫之致而致，向於互助之原則，以求達人類進化之目的矣！（《孫文學說》第四章）

中山先生這段話並沒有完全否定達爾文進化論的科學研究，但他把達爾文的理論歸於第二階段的物種進化期，這是一半肯定，一半否定。至於他提出第三階段人性的進化期，是以互助為原則，以道德仁義為用，顯然這是融入了中國道統思想，而否定了講鬥爭，只重經濟的唯物史觀。

中山先生這種進化三期的說法，可以解答中國哲學史上對於性善性惡問題的懸案。因為就一般的理論來說，本然之性是善的，惡是由於氣質的因素或外物的引誘。但本然之性既然是善的，又為什麼受氣質的影響或受外物的引誘？在這方面，傳統的哲學家們始終站在形而上學的方面來解釋，總是交代得不清楚。至於中山先生的學說，是認為人性中之所以有惡，是由於人類由物種進化到人性時期的時間尚短，猶留有惡性的遺留，這是人性中之所以有惡，但人類已進入人性時期，由於互助合作的培養、道德仁義的教育，因此人類自然會逐漸脫離性惡，而進化到完美的境界。所以中山先生這套人性進化論，是運用新的科學知識而給予人類無限的希望，達到和宗教及形而上學一樣的理想。

㈢知難行易學說的建立

中山先生知難行易學說本是為了革命所作的心理建設。他說：

然而吾黨之士，於革命宗旨，革命方略，亦難免有信仰不篤，奉行不力之咎也。而其所以然者，非盡關乎功成利達而移心，多以思想錯誤而懈志也。

此思想之錯誤為何？即「知之非艱，行之惟艱」之說也。此說始於傅說說武丁之言，由是數千年來，深中於中國之人心，已牢不可破矣！（《心理建設・自序》）

傅說勸武丁說「知之非艱，行之惟艱」，本是指聽起來容易，行起來困難的意思，其目的也是勸武丁要注重實行。這和中山先生的思想是一致的，中國道統的精神就是注重實行。至於只逞口談，而忽略實行，這是後代學者的通病。中山先生的這一學說雖然是針對當時的革命情勢而發，但其精神卻是貫通了整個道統，承接了清初的實用思想，而有新的理想和目標。

2. 胡適對西方知識方法的介紹

胡適（西元 1891-1962 年），字適之。安徽績溪人。二十歲考取清華官費留學，獲得美國哥倫比亞大學哲學博士。回國後，即從事新思想的介紹。他所提倡的新文學運動，徹底的革掉了古文的命，使白話文成為當代通行的文字。他所鼓吹的新文化運動，卻功過參半。因為他一方面對傳統文化思想的排棄，非但沒有達到預期的目的，而且留下了許多不良的影響；他另一方面對西方思潮的介紹，固然對中國的近代化幫助不少，可是由於當時的急功近利，而走向了偏鋒。他的著作在哲學方面有《中國哲學史大綱》、《先秦名學史》（英文本）、《戴東原哲學》、《淮南王書》、《中國中古思想小史》、《中國中古思想史長編》、《胡適文存》等。

胡先生是民國初期以來，對中國學術思想界影響最廣的學者，對於他的努力和成就，可以分三方面來看：

㈠對傳統文化的攻擊

胡先生不僅反對佛家，反對道家，反對宋明儒家，而且連孔孟也一起反對，甚至連整個傳統的中國文化也一起反對。胡適先生之所以如此作，是他認為中國的舊文化與西方的新知識不能並存，唯有徹底的破除中國舊文化，才能輸入西方的新知識，因此他對中國舊文化的攻擊是不遺餘力的。他說：

現在有一些妄人要煽動你們的誇大狂，天天要你們相信中國的舊文化比任何國高，中國的舊道德比任何國好。還有一些不曾出國門的愚人鼓起喉嚨對你們喊道：「往東走！往東走！西方的這一套把戲是行不通的了！」我要

對你們說：不要上他們的當，……我們必須承認我們自己……不但物質機械上不如人，不但政治制度不如人，並且道德不如人，知識不如人，文學不如人，音樂不如人，藝術不如人，身體不如人。(〈介紹我自己的思想〉)

這是胡先生攻擊中國傳統文化的一個例子，他還舉了許多歷史上的事實，如太監、小腳、酷刑、貞節牌坊等來說明中國傳統文化的一無是處。由於他當時為新文化運動的領袖，而文筆又是非常犀利，富於煽動性，所以他的影響非常的大，幾乎使新文化運動變質為打倒孔家店運動，如陳獨秀、李大釗、吳虞等人都成了當時有名的打手。

㈡對新思想的介紹

胡先生曾自描他所受西方思想的影響說：

我的思想受兩個人的影響最大：一個是赫胥黎，一個是杜威先生。赫胥黎教我怎樣懷疑，教我不信任一切沒有充分證據的東西。杜威先生教我怎樣思想，教我處處顧到當前的問題，教我把一切學說理想都看作待證的假設，教我處處顧到思想的結果。這兩個人使我明瞭科學方法的性質與功用。(〈介紹我自己的思想〉)

赫胥黎教胡先生的是拿證據來；杜威教胡先生的是找證據去。所以他們兩人的影響歸結起來，也就是科學方法的只講證據。胡先生在美國曾為杜威的學生，後來又請杜威到中國講學，所以他介紹杜威思想對於當時的學術界的影響很大。但在這裏，我們不得不注意的一點是，杜威的實驗方法乃是他構成整個思想體系的基礎，也就是說杜威在這一套方法之上還有他對宗教、道德、藝術、宇宙的積極的看法，可是胡先生的介紹杜威思想，只截取他的這套方法，而且主要的目還是拿他這套方法來作為打擊中國傳統文化的幫手。於是在這套方法的運用下，凡是拿不出證據來的，他都一筆抹煞，於是影響所至，便造成了反宗教、反倫理，甚至反中國哲學的逆流。

㈢新方法的運用

胡先生接受西方思想影響而提出他的一套科學的方法，就是「大膽的假設，

小心的求證」。不過他沒有把這套方法用在科學的研究上，去發明新知識；而是用在文學、史學和哲學上。在哲學方面，他那本《中國哲學史大綱》便是這種方法運用下的產物。這本書有其歷史的地位，因為在他以前都沒有系統的中國哲學史的著作，像《宋元學案》、《五燈會元》等都是摘錄式的編纂，而不是用一貫的方法來寫的，所以胡先生這本書還是開路之作。就這本書的內容來說，他在史實的考證和名學的研究方面，的確下了很大的工夫，這是該書的貢獻和特色。可是由於他過分粘著在他的方法，結果是倒果為因，不是以他的方法去研究，而是從各派哲學中截取某一部分，來適應他的方法。譬如寫老子便替他戴上「革命家」的帽子，寫孔子便把忠恕兩字解作推理的方法，寫莊子便大談生物進化論和名學，這不是有意曲解了前哲的思想，便是誇大了前哲思想的某一小問題，而忽略了他們的真精神。胡先生的哲學方面的研究往往會有這種毛病，這是因為他信守不渝的所謂科學方法，只能在名詞上找證據，而無法在形而上或道德精神的天地中去體驗。也由於這個原因，使他在秦漢以後的哲學上產生了困難，因為佛學和中國禪宗以及宋明儒家裏面有太多拿不出證據的思想，所以胡先生的中古和近代哲學史，由難產而變成了未完成的遺著。

儘管胡先生這套方法在哲學的園地上沒有為我們開發出多少的成果，但在文學和史學上他卻頗多貢獻。這也正同清初的實用思想到了戴東原手中，一變而為漢學，一變而為考證的樸學。胡先生晚年的路線正是如此。

3. 熊十力對傳統哲學的復興

熊十力（西元 1885-1968 年），字子真。湖北黃岡人。他早歲從事革命運動，對科學很有興趣。到三十五歲時，才轉變而醉心於哲學。曾在歐陽竟無所創辦的南京內學院研究唯識，後來他發現唯識的思想空疏，不像儒家的思想正大，於是轉佛入儒。此後他的思想融合佛學，旁採西洋哲學，以構搭成一套以儒家傳統哲學為本的體系。他主要的著作有《新唯識論》、《佛家名相通釋》、《十力語要》、《讀經示要》、《原儒》等。

正當胡適先生等借西方思想的威勢大力推行新文化運動之時，另外有許多學者仍然醉心於傳統文化，如吳宓、劉伯明、柳詒徵、梁啟超、王國維、章太炎、陳寅恪、梁漱溟、錢基博、錢穆等。他們之中，有的也兼通西洋哲學，有的專心

於史學，但他們對中國傳統學術的研究與貢獻，卻平衡了當時來勢洶洶的新文化運動。

在這股平衡的勢力中，我們以熊十力先生為代表，這不僅是因為他純粹地在哲學上奮鬥，也不僅是因為他的著作具有代表性，而是他的門人及學友順著他的路子走，一直影響到今天的哲學界。

熊先生的思想大致可以從以下兩方面來探索：

㈠援釋入儒以建立新的玄學體系

熊先生的成名著作，是《新唯識論》。這本書也就是他援釋入儒的心路歷程。但從書名來看，很顯然的，他的那隻後腿仍然跨在佛學的天地裏。因為真正的儒家又那有興趣去談唯識。

自唐宋以來的儒家，他們建立思想體系的主要目標是對抗佛學，代替佛學。可是在他們建立了體系去代替的時候，因為他們的目的是代替，所以很自然的受到佛學的影響，使他們的體系裏又夾雜了很多的佛學。譬如宋明的儒家，其主要的對象是當時最流行的禪學，因此當他們建立的體系，又處處都和禪學有關，尤其是陽明的致良知，實在和禪學有似孿生。同樣熊先生正處歐陽竟無大弘唯識的當時，他自己曾深研唯識，所以他的《新唯識論》雖然企圖以儒家的思想來糾正唯識的錯誤，卻處處粘著在唯識上。如果是真正純粹的儒家，根本不在唯識上求新了。

這本《新唯識論》，熊先生自稱為玄學，可見他是以本體論為主。他為了要批評唯識論的本體，必須提出儒家的本體來。唯識論的本體是種子。他說：

> 他們肯定有現象，又推求現象底根本的因素，才建立種子。殊不知，所謂
> 心和物的現象，並非實有的東西，而只是絕對的真實顯現為千差萬別的功
> 用。他們見不及此。卻把我所謂用，看作實有的東西。又虛構所謂種子，
> 來作這些實物的因素。（《新唯識論》第四章）

這即是說明唯識論所建立的本體是虛構的，不實的。他為了要糾正這種錯誤，便到儒家的思想裏找到了這個本心，以這個本心為宇宙萬物的本體。但他要談儒家的本心，不能只談陸王，而必須推本於孔孟。可是孔子《論語》中沒有談到本心，

因此他認為仁就是本心。他提出證明說：

> 仁即本心，而治《論語》者顧不悟，何耶？孔子答門下問仁者，只令在實事上致力。易言之，即唯與之談工夫，令其由工夫而自悟仁體（即本心或本體），卻不曾剋就仁體上形容是如何如何，一則此非言說所及，二則強形容之，亦恐人作光景玩弄。孔子苦心處，後人固不識也。（《新唯識論》第八章）

接著他用「本體即工夫」、「工夫即本體」（《新唯識論》第八章），把孔子在《論語》中不談仁體或本心的問題解決了。但《論語》中不談，他又如何去談？於是他便把注意力集中到《易經》一書，因為《易經》一書多談天道，也即本體。為了強調《易經》，他更肯定的說：不僅十翼是孔子所作，甚至連爻辭、卦辭也是孔子所作（見《原儒》）。於是他便拿《易經》的思想當作孔子論仁體或本心的根據。這也是他整個思想的根源所在。由於〈易傳〉中所提到的易的本體是生生不已的，因此《新唯識論》的本體也是生生不已的；易的作用是透過乾坤或陰陽，而一翕一闢，因此《新唯識論》中所說的本體的作用也是一翕一闢的。不過〈易傳〉中所談變化的作用非常簡要，而且只講陰陽，並未談到氣化成物的作用。《新唯識論》卻和宋儒一樣大談理氣的問題。他認為理是本體，有其真實的存在。而氣是一種生生的動勢。氣和理是不可分的。如他說：

> 我以為理和氣是不可截然分為二片的。理之一詞，是體和用之通稱；氣之一詞，但從用上立名，氣即是用。（《新唯識論》第六章）

他講理、講氣，這是順承著橫渠和程朱的路子；而他強調理氣合一，又是兼採了船山的思想。另一方面這個理是本體，本體又是本心。而就本心上來講，他兼採了陽明的思想。因為這個本心是天地萬物的本體，儘管他認為本心即孔子的仁，但孔子不談，而孟子的心又都是就仁義禮智的發用上來說。到了明道和陸王一派才大談仁者與萬物同體，尤其陽明更特別強調心之仁與天地萬物為一體，所以在本心上，《新唯識論》可說是直承了陽明的思想。

　　從以上的分析看來，熊先生在《新唯識論》中的援釋入儒乃是根據《大易》

而兼採程朱陸王以及船山的思想。由於他具有豐富的創造力、想像力、悟力和分析力，所以構成了一套非常龐大的心學體系。這就哲學思辨來說，的確是近代的一部劃時代的巨構；但就儒家思想的精神來說，這本書卻暴露了兩個缺點：第一點，在體系上他處處對照唯識論來談，對於這個本心，既談轉變，談功能，又談成物，使人感覺到這個心也變成了種子。第二點，他也明知孔子不談仁體，是因為非言語可及和深恐後人玩弄光景，可是該書所論，豈不是正犯了這個毛病？談得愈細，而離本心也就愈遠了。這也正是熊先生在書中提及有人懷疑他不是援釋入儒，而是援儒入釋了。

　　㈡維護儒家以宣揚內聖外王之學

　　自熊先生寫了《新唯識論》之後，他的思想逐漸的掙脫了印度佛學的樊籬，而歸於儒家的學統。他不像宋明的儒家一樣，或偏於程朱，或偏於陸王，他也不像清代的某些儒家連程朱陸王一齊攻擊，他是把中國儒家的學統一起加以維護。如他說：

> 若堯、舜、禹、湯、文、周、孔子，以及程、朱、陸、王、船山、亭林之
> 在中國，其精神永遠普遍貫於一般人，盡未來際，無有斷絕。……吾國自
> 清世漢學家，便打倒高深學術，至今猶不改此度，愚且殆哉！又自清儒以
> 來，實用本領全不講求，迄今愈偷愈陋，中國哲學注重經世，所謂內聖外
> 王是也。今各大學文科學子，稍讀西洋哲學書，便只玩空理論，不自求真
> 理。（《讀經示要》卷二）

他為了維護儒家思想，首先寫了一本《讀經示要》，這是為了鼓舞當時與西化潮流對抗的讀經運動而寫的，可說是一本最好的儒家哲學概論。該書特別在前面提出《禮記》中〈大學篇〉的首章和〈儒行〉一文加以強調。這可以看出他一開頭便抓住儒家血脈。〈大學〉首章是宋明儒家都特別重視的，這暫且不論；至於〈儒行〉一文卻長期埋沒在《禮記》一書中，很少受人注意，而該文活生生的寫出一位儒家特立獨行，不亢不卑的節操，熊先生的推重此文，可見他對儒家精神的深契。

　　熊先生在晚年時本準備寫兩部巨著，一是討論知識方法問題的《量論》，一是發揮儒家思想的《大易廣傳》。由於年老體弱所以都沒有完成，但對於《大易廣傳》

一書的精義，他卻寫了一本《原儒》。這本書以《大易》為主，貫穿《春秋》、〈禮運〉和《周官》等經的思想，建構了一套儒家內聖外王之學。在內聖方面，他強調天人不二、心物不二和體用不二的功夫。如他說：

> 七十子相承之明訓曰：「善言天者，必有驗於人（漢人雖有曲解此言，以說災異，而其本義確非漢人所可假借。蓋七十子親承孔子之說，而其後學輾轉傳授也）。」此言天人不二。（《原儒・原內聖》）
>
> 心物皆本體固有之妙用，貌對峙而實統一，名相反而實相成。心物二者，不可缺一。缺其一，即不可成用。（《原儒・原內聖》）

他所謂天人不二和心物不二是奠基於體用不二的基礎上，由於用即是體，所以驗人可以證天；由於心物都是本體的妙用，所以就體上說，心物本是一體。在外王方面，他認為漢儒之把孔子思想當作擁護君主統治，以及民國以來許多激進派詆毀孔子為皇帝的護符，這是極大的錯誤。孔子外王的思想乃是：

> 同情天下勞苦小民，獨持天下為公大道，蕩平階級，實行民主，以臻天下一家、中國一人之盛。（《原儒・原外王》）

由於這本書寫於他年老多病之時，他時嘆構思乏力，所以就體系的嚴密來說不如《新唯識論》；但這本書已擺脫了佛學的色彩，完全是由六經中去發揮孔子內聖外王的思想，可說是有體有用，非常純粹的。

㈢在衝擊中的危機

上面我們介紹自民國建立到國民政府被迫遷臺這段期間的思想，以孫中山、胡適和熊十力三人為代表，當然不能完全概括當時學術的錯綜複雜。但他們三人代表了當時在思潮衝突中的三種不同的態度；其餘的學者，不是繼承他們的路子，便是穿梭其間，或走向極端。

中山先生對中西思想融合的態度是非常客觀、中正而平和的。可惜他一生奔波於革命，無暇專心於哲學方面的著作。他主要的思想都在於政治方面。不幸他逝世之後，政局一再的波動，外來思潮一再的叩關而入，在這空前的衝突下，整

個思想界便陷入了漆黑一片，大家都在那裏掙扎，都在那裏摸索。

胡適先生和熊十力先生正好站在相反的兩面。胡先生所吸收的是西方當今的新思潮，他的所謂科學方法是只適用於看得見的經驗界，他對形而上的價值是一筆的抹煞。不過他本人在整理古籍、史實考證方面尚有很多貢獻。而站在和他同一路線的人士，有的更有意走向極端，盡情的摧毀中國傳統哲學，破壞了固有的倫理道德，使當時的人心流於虛空。

熊先生則不滿於這種趨勢，才大力鼓吹復興中國傳統的哲學。但他又矯枉過正，只偏於本體界。他雖然也承認科學的知識對人生有益，可是由於他建立的玄學要籠罩一切，以致強調一切科學都包括在《大易》之中。如他說：

> 《易》之為書，名數為經，質力為緯，自然科學，靡不包通。（《讀經示要》
> 卷二）

儘管他的這種見解另有說辭，但他所言的用，都是即體而言，是一種形而上的用，或傳統的經世之用，對於新的科學知識和哲學方法卻非常欠缺。因此他的努力，只是一種迴響，在當時，並沒有產生可以挽轉整個思想界的影響力量。

也就在這時，一股馬克思唯物論的思潮乘我們思想界上不著天、下不著地的空虛之際暗襲而來，他們一面坐收漁利，佔取了被新文化運動所破壞了的領域；一面又藉政治上的實際鬥爭，取得了政權，再由政權而控制學術。於是便造成了近三十年來（按：本書初版於一九八三年），中國哲學文化所遭遇的分崩離析的命運。

三、中國哲學的展望

三十年前的初期，共產鐵幕的緊鎖，不僅窒息了中國哲學在大陸上的發展，也截斷了我們對它的關懷與了解。像熊十力的鬱鬱以終、梁漱溟的停筆不寫、馮友蘭的一再批判自己，使我們已可一葉知秋的看出中國哲學在大陸上的飽受摧殘。

至於臺灣和香港等地對於中國哲學研究的風氣，由三十年前初期的默默耕耘到近十幾年來的蓬勃發展，雖然給予我們莫大的鼓舞與希望，但平心靜氣的從整

個中國哲學的流變上來看，試問今天我們對中國的哲學，又持續了些什麼？代表了些什麼？開展了些什麼？對於這些問題，我們的答案是令人不滿意的。

在這裏，我們不能空談未來的中國哲學，也無法預料其發展。我們只能就過去及目前在中國哲學研究上的一些問題加以檢討，以作為中國哲學未來發展的一點借鏡。

㈠中國哲學精神的把握

我們談中國哲學，最基本的態度，便是應該認定中國哲學裏有許多好的思想必須加以保存和發揚，如果像某些學者，一個味兒地否定中國哲學，試想這樣的研究，還有什麼意義可言，他們最後的目的只是使中國沒有中國的哲學而已。

因此我們要談中國哲學，首先便必須抓住中國哲學的精神。當然關於中國哲學的精神，前代學者各有其看法，但我們歸納起來，還是不離「內聖外王」四字。不僅儒家完全講內聖外王之學，就是道家也自有其內聖外王的思想。甚至連內聖外王四字還是最早見於《莊子‧天下篇》中。

中國古代哲學家們談內聖外王，往往都偏重於內聖方面，雖然他們也重視外王，可是他們在內聖方面談得太多，把內聖的工夫講得太深，把內聖的目標提得太高，因此一輩子去實踐內聖都不易達到理想，又何論外王。至於他們談外王，還是從內聖上發揮出來的一點見解，而欠缺詳細的內容，具體的辦法。殊不知外王的事業必須有廣博的知識作基礎，而這些知識都是隨時代的變遷有所損益的。可是古代的許多學者談外王都只是依承前代的學說，而缺乏切中時弊的實際辦法。這是古代學者們談內聖外王而形成頭重腳輕，只能想而不能行的大毛病。

由於這種頭重腳輕的毛病，使得近代有些學者懷疑到內聖外王思想的不一貫。也就是說做內聖工夫的不一定能外王；而做外王事業的，不必要內聖。其實這都是把內聖過分玄學化了。如果我們就孔孟的精神來說，內聖就是仁心，外王就是仁政。內聖並不是指對內一定要達到聖人的境界，前人往往高推聖境，把這個境界樹得高高的，遠不可及。在這裏我們應想起慧能思想的意義，因為當時一般的佛學，把佛看得太高了，使成佛之路顯得太遙遠，以致困難重重，而不易實踐，所以他才講明心見性，一念頓悟。同樣內聖外王的這個內聖應該就其簡單的意義

來說，是指內在的，有一念為聖之心，也就是一念的仁心。這個仁心當然也不是像某些玄學家一樣，把它解作那微妙的本體。而簡單的說，乃是惻隱心，乃是恕道。用現在的話來說，就是要有人性，要有人權的思想。至於外王，簡單的說就是仁政。在儒家，仁政的理想是〈禮運篇・大同章〉的大同社會。今天世界上有很多國家已朝著這方面走，如北歐的一些小國，他們注重社會福利，使年輕人都能免費的接受高等教育；使年老的人都有適當的醫藥和生活的照顧。他們社會上的犯罪率更是非常的低。像這樣的社會離仁政的標準雖不中，也不遠了！

中山先生對中國固有道德的發揚有一套新的方法，譬如他對忠的解釋，便是把以前專門對君主講的忠，轉變為對國家人民講忠，同樣內聖外王的思想也應該有新的解釋，在過去講內聖外王，總是寄託於一位特殊的人物，他能在內聖方面做到極點，同時又能兼善天下，成就偉大的外王事業，像這樣的人物歷史上又有幾位？再說〈大學篇〉裏的格物、致知、誠意、正心、修身、齊家、治國、平天下的一段道理，古人只把這種工夫寄託在訓練個別人物的身上，試想歷史上又有幾位天縱之聖能夠把這八段工夫，集於一身的？由於求之不易，於是懷疑到格物致知與誠意正心是兩套工夫，不能一貫；又懷疑齊家、治國是兩回事，不能相提並論。其實這個毛病就出在把這八個綱目要求於一身，而依其次序加以訓練，當然是難之又難了。如果我們今天換一種新的看法，把這八個綱目看作政治上的八個重要的項目，格物是注重科學研究，致知是強調知識教育，誠意是心理建設，正心是精神修養，修身是道德訓練，齊家是鞏固家庭，治國是注重內政，而平天下是追求世界和平。這八個綱目便變成了全民所需要的問題，所息息相關的問題，而且是每個人都能參與的問題。如果一個國家的領袖能同時並行的注意這八個項目，好好的加以推行，使得每個人都受到影響，這也就等於每個人都參與了這八個綱目的訓練，而實受其益。這比起把一個人從格物致知，一步步的訓練到治國、平天下來，不是更為簡易直捷，而又有普遍性嗎？

今天我們要把握中國哲學的精神，就是要把有價值的理論實踐出來，而不是把它的學說講得愈來愈玄，以致變成了絕學。

㈡西洋思想方法的消融

中國哲學對外來思想的消融，已有過一次深刻的經驗，就是從漢末印度佛教的傳入，直到隋唐中國佛學的大盛，足足有六七百年的歷史。其間也經過不少衝突、排拒、生吞活剝、消化不良的階段。直到中國禪宗的產生，宋明理學的興起，印度佛學才真正被中國哲學所消融了。如果以此歷史的事實來看中西哲學的接觸，我們相信今天還只是一個開始，還有待我們耐心的，勿忘勿助的去耕耘，灌溉。

自民國以來，中國哲學便不斷地遭受西方思想的衝擊。在前一節中，我們曾提出孫中山、胡適和熊十力三人，這只是舉出對西潮反應的三種不同態度而已。自此以後，曾有不少的學者一面迎接西方的思想；一面徘徊於中國傳統；一面又應變求新，為中國哲學尋覓新的出路。但由於他們生於當代，有的學說尚未接受考驗和產生深長的影響；有的學說還在成長、發展中，因此我們無法加以定論。

在這裏，只能就對西洋思想方法消融這一點上，來檢討缺失，展望未來。

檢討我們過去對西方思潮的吸收，最主要的有兩個缺點：一是執於一偏的破壞性；一是玩弄名詞的膚淺病。

所謂執於一偏就是對西方思潮的吸收，只認定一家一派，或執著一種方法，而忽略了時代性、全盤性以及對中國文化的適應性，如今天在中國大陸上對於馬克思主義的盲目運用，完全以那些政治性的教條，橫加在中國哲學身上，就是犯了這種錯誤。至於像胡適先生的介紹杜威思想，強調科學方法，這本來是很好的，但如果只認定這種方法是唯一的尺度；這種思想是唯一的真理，而以它來論斷、來取捨中國的哲學，便會造成了一種偏執，只見中國哲學的史實，而不見中國哲學的精神。不僅杜威如此，其他像康德、黑格爾、尼采、沙特、胡賽爾等，如果加以偏用，都會走入偏執之途。主要原因是這些學者的思想在西方哲學上都只是一派，他們有其他各派思想加以平衡折衷，尚不致產生偏鋒的發展，可是我們的學者，把它們搬入中國來卻往往只強調一家，而沒有其他各派的調和，如果加以偏用，便會產生破壞性。

所謂玩弄名詞並非完全是西洋哲學上特有的毛病，中國傳統的學人也是常犯的。譬如這個「道」字在先秦哲學中，都是活潑潑的，可是到了漢代的學者，儘

是在「道」這個字上大作文章，弄得玄妙莫測，不知所云。這種毛病最容易發生在介紹外來的思想上。由於學術背景的不同，語言文字的迥異，而產生了格格不入的比附。譬如當印度佛學傳入中國的初期，所謂格義之學，是以道家的名詞來翻譯佛學，用無去釋空，用無為去描寫涅槃的境界，甚至用道去代替佛。在當時是言之鑿鑿，在今天看起來，顯然是風馬牛不相及。同樣在介紹西方哲學時，我們最先遇到的便是一大堆的西方術語，這些術語在西方哲學上都有其源遠流長的歷史，如果我們只把這些名詞囫圇吞棗地搬到中國哲學上，便會弄得張冠李戴，不知所以。譬如馮友蘭在《中國哲學史》上拿黑格爾的辯證法來描寫老子的思想，便犯了這種錯誤。再如宇宙論 (Cosmology) 一詞在西方哲學上有其特殊的範圍，它是研究宇宙的生成、發展和結構的學說。它和中國哲學裏的所謂天道便大有出入。因此如果貿然的把宇宙論扣在中國哲學的天道思想上，便顯得扞格而不通了。當然在中西哲學接觸的初期，這種錯誤是不可避免的，也是值得原諒的。嚴重的問題乃是在於某些學者，大量的運用西方非常艱澀的術語，同時，他自己轉譯時，又製造了許多不易為人所了解的名詞，以此來大論中國哲學。這樣的結果，一方面阻礙了吸收西方思想的正途；一方面也歪曲了中國哲學的形象；同時更使得後學者望而卻步，斷送了中國哲學的前途。

為了避免以上的兩種缺失，我們在吸收西方思潮上，至少有兩點最基本的認識：一是觀念的力求清晰；一是方法的兼互運用。

所謂觀念的清晰，這本是西方哲學的特色。儘管他們過分的講求，變成了觀念的遊戲。但他們發展出的這一套邏輯方法，畢竟是講究語言清晰，而且是有功於知識研究的。至於中國哲學雖然在源頭上便強調簡易之教，可是到了後來，卻被玄學家們談得玄之又玄，再加以後來印度佛學的融入，更走上了觀念混雜的路子，所以才有中國禪宗的產生，要不立文字。今天我們吸收西方思潮，便應採取他們對知識研求的方法，把中國哲學裏真正有價值的思想很鮮明的呈現出來，使它們有助於現代人的思考，有益於現代人的生活。譬如中國禪宗到了後來，造公案、講棒喝，弄得非常玄奧，而成了絕學。可是日本學者鈴木大拙透過西洋思想的方法，把它介紹給西方人，卻造成了今日佛學在西方的盛傳。今天我們運用西洋思想方法來治中國哲學，便應把握住這條使觀念清晰的路線。否則拿西方形而

上學 (Metaphysics) 來談中國的玄學，愈談愈玄，豈不是好像用西方的汽油來開中國的倒車，愈開愈遠了嗎!

所謂「方法的兼互運用」這句話有兩個重點，一是兼互，一是運用。今天有許多學者，往往過分強調西洋的方法，好像中國哲學就沒有方法。於是比較含蓄的看法是以西洋的方法來宣揚中國哲學的精神，其實這仍然是沿襲了張之洞的所謂「中學為體，西學為用」的理論。事實上，中國哲學自有其方法，只是這種方法都用在心性上或人事上，和西洋的知識方法路線不同而已。譬如這個「恕」字（吾師張起鈞教授便主張以恕道來推行世界性的大同之學），毫無問題的，是中國哲學最重要的精神之一。而如何實踐恕道，在中國哲學上，也自有其一套「己立立人」「己達達人」的方法。至於今日如何在社會上去推行恕道，一方面我們固然要用中國哲學的方法，從倫理方面去達到「老吾老以及人之老，幼吾幼以及人之幼」的理想；另一方面我們也需借助於西方思想去訂定制度，推行社會福利事業。所以說要解決今日的問題，便必須中西方法兼用。

再說另一個重點是運用。所謂運用，自有其運用的對象，這個對象必須是現代的，實際的問題。吸收西方思潮來治中國哲學，並不是研究中國古代的哲學而已，而是要解決今日和未來的問題。只把哲學看作提出問題，而不負責解決問題，這是過去某些哲學家的夢魘；只在書本上談中西哲學的交流，也始終是紙上談兵而已。所以今後我們要求中西哲學思想的交融，便必須在事上先做起。如果未能把中國的孝道思想變成一種適應現代人生活的必須途徑，再多拿幾個西洋的術語去高堆儒家哲學的聖境，也是徒然的。

今天在吸收西洋思想方法上，我們還只是一個播種者。但我們必須了解，要怎樣的播，便會有怎樣的果。在這條路上，實有賴於我們的學者，自覺地、開放地，尤其同心協力地去奮鬥。不求一人之力去完成，而有待於未來的開花結果。

㈢當前哲學教育的檢討

中國過去並無「哲學」兩字，這兩個字是由近代翻譯西文的 "Philosophy" 而來。今天我們雖然已通用哲學兩字去指孔孟、老莊、程朱、陸王等所講的那套學問，可是由於這兩個字與西方哲學的血緣關係，因此使近代許多學者都在意識型

態上拿西方的哲學為標準，不僅希望把中國的哲學談得和西方的哲學一樣，而且更有意要把中國的哲學建立成一套和西方哲學一樣的體系。殊不知中國哲學和西方的哲學有其不同的理境。中國哲學重內聖外王，重生命情趣；西方的哲學重知識的研究，重概念的分析。當然吸收西方哲學這方面的特長來補充中國哲學的不足，這也正是未來中國哲學發展的一個方向，但如果完全抹煞了中國哲學的精神，生吞活剝的拿西洋哲學的術語概念橫加在中國哲學身上，這便無異於用英文唱平劇，不知所云。

今天我們的哲學系本來應該是研究和發揚中國哲學的中心，可是由於為西方哲學的型態所影響，也變成了只講知識、概念的場所。尤其許多知識都是西方哲學史上爭論不決的意見，而不是新的，活的知識。因為在西方哲學史的發展上，他們有許多學科都分離出來，如心理學、社會學，甚至邏輯學，所以今天剩下來的西方哲學的知識也變成了概念的遊戲。而我們拿這些概念的遊戲來談中國的哲學，豈不是又變成了西方式的清談。記得顧炎武說：「昔日之清談談老莊，今日之清談談孔孟。」那麼我們二十世紀的清談，豈不是又變成了談康德、談沙特嗎？

要使我們的哲學系能夠發揮傳承和開展中國哲學精神的使命，便必須使學生們不僅懂得運用思考的法則，而且要運用這種法則去向科學、政治、社會等各方面探索。老實說，我們中國的哲學在內聖方面已談得太多了，而且也被前哲們談得太高明了，使我們在這方面實在沒有太多可以發揮的餘地，即使再談一些道德自我論或孝的本體論，也只是換換名詞，增加清談的情趣而已，並無補於事。但我們在外王方面卻非常欠缺。今天在科學、政治和社會各方面從事探索，而有成就的，很少是哲學系訓練出來的人才，這也就是說哲學系仍然是把學生們緊鎖在象牙之塔內。

還有一點更大的隱憂：不僅是緊鎖在象牙之塔內，而且是局限在前人預設的路子上。中國的學術自漢儒以來特別講究師承。師承說好聽一點是承先；說難聽一點是一成不變。本來承先必須能啟後，能啟後才算是承先。可是過分強調師承的毛病，不僅是一成不變，而且是路子愈走愈窄，愈走愈死。漢儒的師承最後就變成了迂儒。宋明的新儒家雖然不像漢儒那樣講師承，但仍然錯解了「繼絕學」的意義，只謹守先師的學說。無論程朱或陸王，他們直系的門人中幾乎都沒有邁

越先師的表現，所以程朱之學是愈走愈支離，陸王之學也是愈走愈空疏。他們的弟子們都要在傳了三四代之後，才稍微有點轉變，但不是由陸王轉程朱，便是由程朱轉陸王，始終在性理的路子上轉。到了清朝總算開門迎接了一點西風，從死路中轉出了一點生機，講究實用，可是被傳統師承的習性錮蔽已久，欠缺獨立思考和研究的本領，後來又把實用轉入了考證，又走進了漢儒的路子。中國近千年來的學術思想，就是如此一步步的愈走愈窄，愈走愈死。

今天中國哲學唯一的生路，就是要訓練新的一代，在精神上固然能直承中國古代哲學家們的抱負，要：

> 為天地立心，為生民立命；
> 為往聖繼絕學，為萬世開太平。（張載語）

但在研究和發展上，卻必須有獨立思考的能力，自發自主的人格。我們對前哲的思想學說，不只是接著去講，而是要接著去走；不只是接著去走，而是要多走出幾條新的路子來。

中國古代的哲人們（尤其唐宋以來）講內聖的學問講得太多了，講妙了，也講絕了，可是由內聖通向外王卻是一個瓶頸，始終講不下去，講不開來，於是內聖之學便阻塞在瓶口，形成了象牙之塔，粗看起來很漂亮，實際上卻變成了古董，只供玄學家們賞玩而已。這就是今天中國哲學發展史上最大的隱憂。

未來中國哲學之是否有生路，有前途，就要看我們新生的一代，能否打破這個瓶頸，打開外王的新天地，讓內聖活在外王之中。

中國哲學史話　　吳怡、張起鈞／著

作者以中國哲學特有的路數來詮釋中國哲學，並用通俗的語言、輕鬆的筆調，深入淺出地介紹中國哲人的思想。書中以思想家為單元，在橫向方面勾勒出各思想家和學派的中心理論，以及與當時其他思想家和學派的相互關涉；縱向方面則剖析各思想、理論的流演及發展，理出中國思想前後相繼、首尾連貫的統序。隱隱中，點出中國哲人為世道而學問的旨趣，使讀者對中國哲學的本來面目，有正確的認識。

新編中國哲學史（一）～（三下）　　勞思光／著

本書是當今哲學泰斗勞思光先生在中國哲學方面最重要的著作。作者認為，哲學史不能僅敘述事實，還要解釋理論。敘述事實是史學的工作，解釋理論則必須有確定的理論基礎與解析方法。這種基礎與方法就是寫哲學史的必要條件。本書即透過作者獨特的「基源問題研究法」，如庖丁解牛般，將上下數千年中國哲學的內涵，條分縷析呈現在讀者的眼前。

中國哲學史　　周世輔／著　周玉山／修訂

本書探究中國哲學的起源與演進，並與西洋哲學對照比較，期見中國哲學之未來趨勢，以促中華文化之復興。書中四十餘萬言，分論中國古代、中古、近代、現代的哲學思想，綱舉目張，言必有據，立論公允，而皆本原典。二十世紀七十年代，本書出版後，即風行海內外。今全面修訂，推出新版，盼有助於大學之教學，更有利於讀者之自修。

孟子　黃俊傑／著

在戰國時代那一段迅雷風烈的變局裡，孟子始終抱持著熾熱的淑世情懷，開展「知心——知性——知天」的生命哲學，主張「民為貴，社稷次之，君為輕」的政治思想，並樹立了「富貴不能淫，貧賤不能移，威武不能屈」的「大丈夫」人格典範。其思想充滿強韌的生命力，穿越了歷史的驚濤駭浪，深深影響著二千年來的東亞文化。讓我們一同躍入歷史的長河，與孟子偕行！

智慧的老子　張起鈞／著

本書作者以「智慧」一詞，顯示《老子》一書之精妙絕倫。老子之言，不過五千，然其意遠思深、語多超塵，率多直覺之體驗；論事衡物，大抵隨緣映照，乃能不受外物所限，而又識見真切、明智照鑑，足以使人身體力行，受益無盡。故本書不作哲理雕塑，悉就常識、常見立言，俾對《老子》一書真正影響後世之處，能有所闡釋，也讓讀者得見老子智慧之言。

法家哲學　姚蒸民／著

先秦法家思想，漢後殊多誤解。本書採政治觀點，用歷史眼光，以比較論證之方法，旁參西洋理念及近代知識，而為之辨正發抒，並就法家諸子之原貌，探求真蘊，而歸納於哲學範疇。始自先秦，終於清季，闡其宗派，論及餘波，凡其理致之能系統化者，均舉而詳之。允為法家哲學最具完整性之專著。

魏晉清談　唐翼明／著

本書為中外各種文字中，獨立而全面地研究魏晉清談的第一本專著。
作者以辛勤細心的態度，犀利獨到的眼光，分肌擘理、刮垢磨光，為
我們重新展示了魏晉清談之內容與形式的面貌，及其形成與演變的
輪廓。全書材料豐富，條理分明，分析深入，文字雅潔，凡研究中國，
尤其是魏晉的學術、思想與文化、文學者，皆不可不讀。